上海師範大學佛教文獻研究所
天聖山佛教文化研究院　　合辦

佛教文獻研究

第四輯

定源 主編

廣西師範大學出版社
·桂林·

圖書在版編目（CIP）數據

佛教文獻研究. 第四輯／定源主編. -- 桂林：廣西師範大學出版社，2024.9. --（漢文佛教文獻研究系列）. -- ISBN 978-7-5598-5287-8

Ⅰ. B948-53

中國國家版本館 CIP 數據核字第 20247LE847 號

佛教文獻研究（第四輯）
FOJIAO WENXIAN YANJIU（DI-SI JI）

出 品 人：劉廣漢
責任編輯：劉孝霞
裝幀設計：徐　妙
封面題字：方廣錩

廣西師範大學出版社出版發行

（廣西桂林市五里店路 9 號　　郵政編碼：541004
網址：http://www.bbtpress.com　　　　　　　　　）

出版人：黃軒莊
全國新華書店經銷
銷售熱線：021-65200318　021-31260822-898
運河（唐山）印務有限公司印刷
（唐山市蘆臺經濟開發區農業總公司三社區　郵政編碼：063000）
開本：787 mm×1 092 mm　　1/16
印張：22　　　　　　　　字數：349 千
2024 年 9 月第 1 版　　2024 年 9 月第 1 次印刷
定價：88.00 圓

主辦單位：上海師範大學佛教文獻研究所

天聖山佛教文化研究院

主　　編：定　源

副 主 編：侯　沖

編委會（以漢語拼音爲序）：

曹　凌　　　　　定　源

方廣錩　　　　　侯　沖

李際寧　　　　　［日］落合俊典

伍小劼　　　　　則　慧

目　錄

漢文大藏經研究

《佛教文獻研究》第四輯
2024 年，3—31 頁

《磧砂藏》研究新資料
——雲南省圖書館藏《磧砂藏》[*]

侯　沖　錢秉毅

内容摘要： 有關雲南省圖書館藏《磧砂藏》的情況，此前一直不詳。在初步核查整理後，可知包括昆華圖書館藏本和鳳儀北湯天藏本。其中不僅有數量可觀的宋版《磧砂藏》，還保存了一批重要的大藏經研究新資料。如宋版《大般若經》《大般涅槃經》和《佛說道樹經》及大量刊經信息。而元刷《磧砂藏》已經使用《普寧藏》補全全藏，明初刷《磧砂藏》四大部經已經非宋版而是天龍山藏經，歷史上未曾有過根據完整的《磧砂藏》版刷印的《磧砂藏》。不論什麼時候刷印的《磧砂藏》，都不存在一個標準本。相應地，現存《磧砂藏》也並無標準本。

關鍵詞： 《磧砂藏》；鳳儀北湯天；董賢；昆華圖書館；雲南省圖書館

作者單位： 侯沖：上海師範大學哲學系；錢秉毅：雲南省圖書館歷史文獻部

一、《磧砂藏》收藏與研究回顧

《磧砂藏》指由宋代平江府磧砂延聖院開始雕造的大藏經。延聖院在今江蘇吳縣陳湖，後改名磧砂禪寺。對於《磧砂藏》，李富華與何梅合著《漢文佛教大藏經研究》[1] 第七章已經綜合之前相關研究，有較爲

＊　本文爲上海市高校高峰高原學科建設計劃資助項目、教育部人文社會科學重點研究基地重大項目"中國民間流傳佛教儀式文獻整理與研究"（16JJD730007）、國家社科基金重大項目"漢文大藏經未收宋元明清佛教儀式文獻整理與研究"（17ZDA236）的階段性成果。

[1]　李富華、何梅：《漢文佛教大藏經研究》，宗教文化出版社，2003 年。

詳細的介紹和説明。此前較明顯的《磧砂藏》相關研究成果，部分已收入《〈磧砂藏〉研究論文選輯》[1]。爲便於下文展開，有必要先簡單回顧既有研究成果。鑒於目前所見國外相關研究成果不多，故僅歸納國内研究成果。

（一）國内外《磧砂藏》的收藏情況

1. 國内

（1）陝西開元寺、卧龍寺藏本

今藏陝西省圖書館。民國《影印宋磧砂藏經》的底本。由於有殘損，故在影印《影印宋磧砂藏經》時，另外配補了北平松坡圖書館（今國家圖書館）藏南宋《思溪藏》本三百四十一册，葉恭綽收藏南宋景定二年（1261）陸道源本《妙法蓮華經》七卷，普寧藏本（包括康有爲收藏本二百零七册、山西晉城青蓮寺藏本一百三十一卷、雲南省昆華圖書館藏本九十餘卷），福建鼓山湧泉寺藏《再刻毗盧藏》本《大般若經》十五卷、《大寶積經》一卷，還有南通狼山廣教寺、陝西第一圖書館和鎮江超岸寺藏的《永樂南藏》本。

（2）山西崇善寺藏本

今藏山西太原市崇善寺。保存完好。現存經本約五百五十一函一千二百四十九部五千四百一十八卷，始於地字函《大般若經》，終於弊字函《中峰廣錄》。該藏本在《影印宋磧砂藏經》之後發現，被認爲"鑒别它處藏本是否磧砂藏本的標準"[2]。

（3）國家圖書館藏本

現藏國家圖書館。經本始自《大般若經》，終於《中峰廣錄》。1966年，在柏林寺大殿佛像中被發現。1992年，在方廣錩先生指導下整理出兩千餘册。

另外，國家圖書館收藏《資福藏》本起首的《大般若經》六百卷，配補的也是《磧砂藏》本。

（4）雲南省圖書館藏本

元印本一百七十五册。經本鈐有"圓通寺大藏經"陽文朱印，《大

[1]　孫中旺主編：《〈磧砂藏〉研究論文選輯》，古吳軒出版社，2016年。
[2]　李富華、何梅：《漢文佛教大藏經研究》，第254頁。

般若經》卷末有"大檀越保義郎趙安國一力雕經一部六百卷"的刊記。

(5) 其他零藏本

包括北京文物局、北大圖書館、上海圖書館、南京圖書館、南京博物院、蘇州文物管理委員會、蘇州西園寺、四川圖書館、四川大學圖書館、四川師範大學圖書館、四川博物館、遼寧圖書館、旅順博物館等單位，均有《磧砂藏》零藏本。

2. 國外

(1) 美國普林斯頓大學圖書館藏本

原藏北京大悲寺。20世紀20年代爲美國人吉禮士（I.V. Gillis）發現並替美國商人葛斯德（Guion Moore Gest）購買。最先運到加拿大麥吉爾大學（Mc Gill University），後由普林斯頓大學圖書館收藏。共五千三百四十八本，近七百本是宋刻本，一千六百三十多本是元刻本，八百六十多本由明刻本配補，兩千一百多本是白紙抄配。

(2) 日本藏本

據不完全統計，日本所存中國宋代刻本佛經總數在八萬兩千冊以上。其中《磧砂藏》有七千多冊。[1]主要收藏單位及卷數爲：①南禪寺本，有延聖院刻版《大般若經》十卷。②杏雨書屋本，存四千五百四十八冊，始於天字函《大般若經》，終於感字函《宗鏡錄》。據説"這部藏經是日本嘉吉三年（1443）從朝鮮泊來的，先是由對馬宗氏收藏，後轉歸杏雨書屋"[2]。③西大寺本，存《大般若經》五百九十六卷。④法華寺本，存部分《大般若經》，磧砂版三百三十一卷。⑤宮內廳書陵部本，存《大般若經》五百七十九卷。⑥其他零散藏本。[3]

(二) 中國學者的《磧砂藏》研究

《磧砂藏》是現存最爲完整的宋元版大藏經之一。20世紀30年代，在上海"影印宋版藏經會"的努力下，《影印宋磧砂藏經》正式影印出版，

---

〔1〕 方廣錩：《關於漢文佛教古籍國家定級標準的幾個問題》，《西南民族大學學報》（人文社會科學版）2015年第8期。

〔2〕 李際寧：《中國版本文化叢書·佛經版本》，江蘇古籍出版社，2002年，第125頁。

〔3〕 有關國內外《磧砂藏》收藏情況的説明，主要參考了李富華、何梅《漢文佛教大藏經研究》第七章第一節，特此説明並致謝。

向國內外發行。該影印本以陝西開元寺、臥龍寺所藏明刊《磧砂藏》爲底本，殘損不足部分用其他刻本藏經補充，將原五百九十一函縮印爲五百九十一冊，另加卷首二冊，共計五百九十三冊。雖然後來在山西太原市崇善寺又發現保存完好的《磧砂藏》，影印本未能據之補殘，略存缺憾，但這一工作是中國佛教界的一大盛事，尤其是首冊内容，本身就是《磧砂藏》"最初、也是最系統的研究"[1]，爲學術界研究《磧砂藏》奠定了資料基礎，使中國佛教大藏經史的研究進入了一個新的階段。

《影印宋磧砂藏經》出版後，中國學者在《磧砂藏》相關研究領域主要形成以下九個方面的成果。

其一是美國普林斯頓葛斯德東方圖書館所藏《磧砂藏》的研究。開其先河者，是胡適先生。他於 1950—1952 年受美國普林斯頓大學的聘約，任該校"葛斯德東方書庫"庫長，率先對該書庫所藏原北京大悲寺《磧砂藏》做了介紹。他指出，該部藏經中有兩千三百多本是宋刻和元刻本。其中甚至包括《影印宋磧砂藏經》"經名失考，暫無從訪補者十一卷"中的七冊。排除因編號不同而未缺的兩卷外，真正無從訪補的實際只剩下"何八""何九"這兩冊。胡適的這一成果，是後來湯一介[2]、王菡[3]進一步介紹該部藏經和何梅討論《磧砂藏》待補卷冊的基礎。[4]

其二是以陝藏《磧砂藏》爲主體的相關研究。除基於《影印宋磧砂藏經》和陝藏《磧砂藏》對《磧砂藏》刻工及其工資進行討論外[5]，楊繩信還在《文物》上發表文章，對藏主、管主八、《磧砂藏》刊版年代和願文斷代準確性、陝藏《磧砂藏》刷印時間和願文的真僞性、關於《影

〔1〕　李際寧：《中國版本文化叢書・佛經版本》，第 120 頁。

〔2〕　湯一介：《記美國普林斯頓大學所藏〈磧砂藏〉》，參見《當代學者自選文庫——湯一介卷》，安徽教育出版社，1999 年，第 749—758 頁；孫中旺主編：《〈磧砂藏〉研究論文選輯》，第 46—53 頁。

〔3〕　王菡：《在美國所讀〈磧砂藏〉》，《文獻》2004 年第 2 期；孫中旺主編：《〈磧砂藏〉研究論文選輯》，第 104—112 頁。

〔4〕　李富華、何梅：《漢文佛教大藏經研究》，第 310—311 頁。

〔5〕　楊繩信：《從〈磧砂藏〉刻印看宋元印刷工人的幾個問題》，《中華文史論叢》第一輯，上海古籍出版社，1984 年，第 41—58 頁；孫中旺主編：《〈磧砂藏〉研究論文選輯》，第 9—27 頁。

印宋磧砂藏經》修版删削等問題進行探討。[1]魏光、張武智介紹了陝藏《磧砂藏》與康有爲的關係。[2]受歷史條件和文字釋讀能力的限制，楊繩信在《文物》上所刊文章的觀點存在一定問題，張新鷹撰文作了辨正。[3]當然，楊繩信的文章也提出了幾個值得注意的問題。後來李際寧對其中部分問題提出了自己釋讀的答案。[4]另有其他陝西學者對陝藏《磧砂藏》的來歷、刻書特點、文獻價值及該藏與康有爲的關係作了介紹[5]，關注陝藏《磧砂藏》並提出了扉畫、刻工和《磧砂藏》普查中發現的問題。[6]

其三是國家圖書館收藏《磧砂藏》的研究。對於這部原藏柏林寺藏經，主要整理者李際寧不僅介紹了該刻本的基本特點，還據之對《磧砂藏》的補版問題和藏版地點作了探討。[7]

其四是山西崇善寺藏《磧砂藏》的研究。何梅在這方面的研究成果較爲顯著。[8]除利用崇善寺藏本對宋元版《磧砂藏》相關問題進行探討外[9]，何梅還對該藏本的價值給予了較高評價。[10]

其五是對《磧砂藏》音義資料的研究。徐時儀、譚翠、王曦、邵睿、

〔1〕 楊繩信：《論〈磧砂藏〉》，《文物》1984 年第 8 期；孫中旺主編：《〈磧砂藏〉研究論文選輯》，第 28—41 頁。

〔2〕 魏光、張武智：《宋版〈磧砂藏〉及康有爲盜經》，《文博》1985 年第 2 期。

〔3〕 張新鷹：《論〈磧砂藏〉讀後》，《文物》1986 年第 9 期；孫中旺主編：《〈磧砂藏〉研究論文選輯》，第 42—45 頁。

〔4〕 李際寧：《杭州衆安橋楊家經坊與〈磧砂藏〉》，《文津流觴》2003 年 7 月刊（總第十期）；《佛教大藏經研究論稿》，宗教文化出版社，2007 年，第 208—212 頁；孫中旺主編：《〈磧砂藏〉研究論文選輯》，第 99—103 頁。

〔5〕 楊居讓：《佛國瑰寶〈磧砂藏〉》，《圖書與情報》2004 年 1 期。

〔6〕 姜妮：《根據普查結果，再探鎮館之寶〈磧砂藏〉》，《當代圖書館》2008 年第 3 期；孫中旺主編：《〈磧砂藏〉研究論文選輯》，第 113—123 頁。

〔7〕 李際寧：《北京圖書館藏磧砂藏研究》，《北京圖書館館刊》1998 年第 3 期；孫中旺主編：《〈磧砂藏〉研究論文選輯》，第 54—62 頁；《關於北京圖書館新發現的磧砂藏》，《佛教大藏經研究論稿》，第 68—82 頁。

〔8〕 何梅：《山西崇善寺藏〈磧砂藏〉本的價值》，《宗教學研究》1999 年第 1 期；《山西崇善寺〈磧砂藏〉本的價值》，《五臺山研究》2000 年第 2 期；孫中旺主編：《〈磧砂藏〉研究論文選輯》，第 63—79 頁。

〔9〕 何梅：《山西崇善寺藏〈磧砂藏〉本的價值》，《宗教學研究》1999 年第 1 期；《山西崇善寺〈磧砂藏〉本的價值》，《五臺山研究》2000 年第 2 期；《宋元版〈磧砂藏〉問題的研究》，《閩南佛學》第二輯，嶽麓書社，2003 年，第 365—375 頁；孫中旺主編：《〈磧砂藏〉研究論文選輯》，第 80—98 頁。

〔10〕 李富華、何梅：《漢文佛教大藏經研究》，第 254 頁。

陶玲、李蓓蓓、李廣寬等人在這個領域均有成果發表。[1]譚翠的成果數量相對稍多，她甚至出版了專門的研究著作。[2]

其六是以《磧砂藏》宋人題記爲基礎的相關研究。楊繩信利用《磧砂藏》宋元刊經題記討論了行第及其演變，研究宋元社會生活[3]，對相關研究有開先之功。但游彪利用刊經記探討宋代信衆的社會生活狀況尤其是精神狀態的兩篇論文，似乎更有影響。[4]

其七是宋元刻工資料的梳理。葉恭綽在參與編輯《影印宋磧砂藏經》過程中，已經梳理了該藏的刻工。[5]何梅指出了葉恭綽刻工名錄中存在的疏誤，並重新做了楷定。[6]李國慶梳理了《影印宋磧砂藏經》中的逐册刻工。[7]其中何梅由於結合所見《磧砂藏》原本做過辨析，儘管仍有可補者，但她的楷定仍有較大意義。

其八是《磧砂藏》扉畫研究。陝藏《磧砂藏》每函（字）首卷均有扉

　　〔1〕　徐時儀：《金藏、麗藏、磧砂藏與永樂南藏淵源考——以〈玄應音義〉爲例》，《世界宗教研究》2000 年第 2 期；耿銘：《玄應〈衆經音義〉異文研究——以高麗藏本、磧砂藏本爲基礎》，博士學位論文，上海師範大學，2008 年；譚翠：《〈可洪音義〉宋元時代流傳考——以〈磧砂藏〉隨函音義爲中心》，《中國典籍與文化》2009 年第 3 期；《〈磧砂藏〉隨函音義與漢文佛經校勘》，《西南交通大學學報》（社會科學版）2010 年第 1 期；孫中旺主編：《〈磧砂藏〉研究論文選輯》，第 124—131 頁；《〈磧砂藏〉隨函音義研究價值發微》，《古漢語研究》2011 年第 2 期；孫中旺主編：《〈磧砂藏〉研究論文選輯》，第 132—143 頁；《〈磧砂藏〉中所見〈内典隨函音疏〉逸卷考》，《中國典籍與文化》2011 年第 4 期；《〈磧砂藏〉隨函音義所見宋元語音》，《古漢語研究》2012 年第 2 期；王曦：《〈玄應音義〉磧砂藏系改動原文文字情況考察》，《合肥師範學院學報》2011 年第 4 期；邵睿：《影印宋版〈磧砂藏〉隨函音義聲類研究》，碩士學位論文，南京師範大學，2012 年；陶玲：《日本西大寺藏磧砂本〈内典隨函音疏〉小識》，《文獻》2012 年第 4 期；王曦：《〈玄應音義〉磧砂藏系與高麗藏系異文比較》，《古漢語研究》2012 年第 3 期；李蓓蓓、都興宙：《〈磧砂藏〉隨函音義韻部研究》，《現代語文》（語言研究版）2016 年第 1 期；李廣寬：《〈磧砂藏〉隨函音義所見宋代福建方音考》，《長江學術》2016 年第 1 期。
　　〔2〕　譚翠：《〈磧砂藏〉隨函音義研究》，中國社會科學出版社，2013 年。
　　〔3〕　楊繩信：《行第及其演變》，《西北大學學報》（哲學社會科學版）1994 年第 2 期。
　　〔4〕　游彪：《〈磧砂藏〉宋人題記的史料價值初探》，《史學史研究》2011 年第 4 期；《佛性與人性：宋代民間佛教信仰的真實狀態》，《北京師範大學學報》（社會科學版）2011 年第 5 期；孫中旺主編：《〈磧砂藏〉研究論文選輯》，第 144—174 頁。
　　〔5〕　葉恭綽：《磧砂延聖院小志》，《影印宋磧砂藏經》首册之二，上海影印宋版藏經會，1936 年，第 11—12 頁；《考古社刊》1936 年第 4 期，第 160—165 頁；孫中旺主編：《〈磧砂藏〉研究論文選輯》，第 268—270 頁。
　　〔6〕　李富華、何梅：《漢文佛教大藏經研究》，第 266—267 頁。
　　〔7〕　李國慶：《宋元刊〈磧砂藏經〉雕版刻工表解》，中國印刷史學術研討會，2006 年，第 315—329 頁；《全國圖書館古籍工作會議論文集》，2008 年，第 368—428 頁。

畫。《影印宋磧砂藏經》在十六張照片中選出了不同樣式的八種影印，每册依次訂入。[1]何梅在山西太原崇善寺考察時，在八幅之外又發現了一幅。[2]據目前對陝藏的普查，可知至少有十種。[3]張新鷹根據相關資料，對扉畫刊刻者陳寧做了詳細研究。[4]當然，考古學家宿白對扉畫的研究專業性更强。他不僅指出佛經扉畫始於元世祖[5]，還指出它們大部分都是"所謂'梵式'的土蕃式樣"[6]，主要部分來自薩迦寺院形象。

其九是《磧砂藏》與其他宋元藏經關係的研究。由於《影印宋磧砂藏經》時，缺損部分據包括《普寧藏》在内的其他經本補全，故該經出版後，往往會出現將《磧砂藏》與《普寧藏》等藏經相混的情況。吕澂先生較早對此做了討論。[7]何梅在考察山西太原崇善寺藏本的基礎上，明確提出區別《普寧藏》與《磧砂藏》的幾條意見。諸如刻工是鑒別版本的重要依據甚至是鑒別的關鍵之一。[8]在版式、扉畫和裝幀等方面，二者也略有不同等。[9]

（三）《磧砂藏》研究目前存在的問題

由於諸多原因，目前國内外《磧砂藏》研究仍然存在一些較爲突出的問題。主要有四：

1. 館藏信息欠準確。這些信息往往是從開始就存在的疏漏和失誤。如《漢文佛教大藏經研究》稱民國編輯影印《影印宋磧砂藏經》時，配補了"雲南省昆華圖書館藏本九十餘卷"《普寧藏》。但昆華圖書館原藏零本實際情況較爲複雜，並非都是《普寧藏》。《漢文佛教大藏經研究》爲什麼會説是《普寧藏》呢？檢索《影印宋磧砂藏經補頁表》，可以發現昆華圖書

————————

〔1〕　蔣維喬：《影印宋磧砂藏經始末記》，《影印宋磧砂藏經》首册之二，第 35 頁 a。

〔2〕　李富華、何梅：《漢文佛教大藏經研究》，第 284—285 頁。

〔3〕　姜妮：《根據普查結果，再探鎮館之寶〈磧砂藏〉》，《當代圖書館》2008 年第 3 期；孫中旺主編：《〈磧砂藏〉研究論文選輯》，第 117 頁。

〔4〕　張新鷹：《陳寧其人及回鶻文〈八陽經〉版刻地——讀馮家昇先生一篇舊作贅言》，《世界宗教研究》1988 年第 1 期。

〔5〕　宿白：《趙城金藏和弘法藏》，張曼濤主編：《大藏經研究彙編》（上），大乘文化出版社，1977 年，第 309 頁（注八）。

〔6〕　宿白：《元代杭州的藏傳密教及其有關遺迹》，《文物》1990 年第 10 期；《中國石窟寺研究》，文物出版社，1996 年，第 326—329 頁。

〔7〕　吕澂：《吕澂佛學論著選集》（三），齊魯書社，1991 年，第 1468、1474 頁。

〔8〕　李富華、何梅：《漢文佛教大藏經研究》，第 267、330 頁。

〔9〕　同上書，第 282—285 頁。

館被用作補頁的，共五册，計九處，但都標爲《普寧藏》。[1]查《影印宋磧砂藏經》第二百十九册所收《彌勒菩薩所問經論》卷三，如果屬於據昆華圖書館所補頁，其刻工陶桂（貴）嚴乃《磧砂藏》刻工[2]，當屬《磧砂藏》。第五百八十四册所收《大元至元法寶勘同總錄》，爲元僧慶吉祥等集，《普寧藏》未及收，但《磧砂藏》則收入。這就說明，民國編輯影印《影印宋磧砂藏經》時，《影印宋磧砂藏經補頁表》稱據雲南昆華圖書館藏《普寧藏》補頁的，實際上並非真的就是《普寧藏》。[3]下文將指出，昆華圖書館所藏《磧砂藏》中，甚至還有未被《影印宋磧砂藏經》利用的重要信息，說明昆華圖書館所藏被用於《影印宋磧砂藏經》中的經本，數量較爲有限，並非九十餘卷都用了，更並非都是《普寧藏》。另外，《漢文佛教大藏經研究》稱雲南省圖書館藏《磧砂藏》有"元印本一百七十五册"。但初步整理後，可知經本鈐有"圓通寺大藏經"陽文朱印的，實際上有六百餘册。當然，《漢文佛教大藏經研究》中這兩條信息存在的問題，都是在這些資料最開始被著錄時就已經存在。

2. 相關研究不均衡。目前研究較多的，主要是美國普林斯頓葛斯德東方圖書館所藏《磧砂藏》、國家圖書館藏《磧砂藏》和山西崇善寺藏《磧砂藏》。陝藏《磧砂藏》儘管有數篇文章，但受研究者專業限制，深入不足，至今尚有較大的開拓空間。其他各地散藏的零本，由於缺乏專業研究人員，至今相關成果仍較有限。

3. 對境外藏本的研究了解不多。事實上，儘管日本藏《磧砂藏》尤其是杏雨書屋藏本保存較爲完整，始於天字函《大般若經》，終於感字函《宗鏡錄》，總數達四千五百四十八册，但由於該藏"一向少有資料"[4]，相關研究至今未見。西大寺本《大般若經》五百九十六卷和宮內廳書陵部本《大般若經》五百七十九卷，雖然保存的《磧砂藏》本《大般若經》數量較多，尤其是西大寺本《大般若經》是較爲完整的"宋刊原版《磧砂藏》的資料"[5]，但

---

〔1〕《影印宋磧砂藏經補頁表》，《影印宋磧砂藏經》首册之二，第46—63頁。

〔2〕李富華、何梅：《漢文佛教大藏經研究》，第267頁。

〔3〕事實上，在《影印宋磧砂藏經》首册之二所收蔣維喬《影印宋磧砂藏經始末記》中，已經稱昆華圖書館所藏爲"磧砂殘本"。見《影印宋磧砂藏經》首册之二，第36頁 b。

〔4〕李際寧：《北京圖書館藏磧砂藏研究》，《北京圖書館館刊》1998年第3期；《中國版本文化叢書·佛經版本》，第125頁；《佛教大藏經研究論稿》，第69頁。

〔5〕李際寧：《中國版本文化叢書·佛經版本》，第128頁。

也未見特別討論。即使是介紹較多的葛斯德東方圖書館所藏《磧砂藏》，所見也僅只是簡單的分類説明，未見詳細的目録，對其了解仍然較爲有限。以此，對境外藏本研究現狀的了解以及專門的研究，目前顯然有相當大的拓展空間。

4. 缺少必要的辨析。目前用來討論《磧砂藏》的，主要是《影印宋磧砂藏經》。但該影印本主要以陝藏明初刻本爲主，又配補過其他藏經，故不能忠實反映元代印本的實際情況，在使用過程中，有必要參考其他藏本，落實與其他宋元刻本之間的異同。如果未作必要的辨析，將非《磧砂藏》本當《磧砂藏》本使用，甚至將明初刻本直接當宋元刻本使用，所得結論難免存在疏漏甚至錯誤。[1]如楊繩信由於將妙嚴寺刻本《大般若經》視爲《磧砂藏》原刊《大般若經》，以《影印宋磧砂藏經》作爲統計依據，認爲《磧砂藏》刻工人數“最少應爲六百七十七人，比葉氏統計數多二百五十五人”[2]，就是因缺少辨析而得出的錯誤認識。姜妮等人“對《磧砂藏》的刻工也進行了統計，最終結果爲六百八十九人”[3]，同樣屬於因缺少辨析而得出的錯誤結論。李國慶在缺少辨析的情況下，僅僅根據《影印宋磧砂藏經》即編制《宋元刊〈磧砂藏經〉雕版刻工表解》[4]，其誤相同。

二、　雲南省圖書館藏《磧砂藏》新資料

（一）既有介紹及存在問題

上文提到，《漢文佛教大藏經研究》對雲南省圖書館館藏《磧砂藏》信息的敘録欠準確。但這一情況的出現是有原因的。因爲雲南省圖書館此

---

〔1〕　何遠景《内蒙館藏五臺本〈磧砂藏〉小考》（《五臺山研究》1987 年第 5 期）一文，正文首句即稱“内蒙古圖書館藏有《磧砂藏》一册”，標題也與之相應。但文章結尾一段却説“把此卷定爲《磧砂藏》也許不大準確……此卷或許爲《普寧藏》之一册”，讓人不知所云。由於《磧砂藏》本中並無至元刊經，《影印宋磧砂藏經補頁表》明確標示第一百三十三册白字號 11—29 上據康有爲藏《普寧藏》補頁，因此該作者實際上是把《普寧藏》當作《磧砂藏》討論了。

〔2〕　楊繩信：《從〈磧砂藏〉刻印看宋元印刷工人的幾個問題》，《中華文史論叢》第一輯，第 57 頁。

〔3〕　姜妮：《根據普查結果，再探鎮館之寶〈磧砂藏〉》，《當代圖書館》2008 年第 3 期；孫中旺主編：《〈磧砂藏〉研究論文選輯》，第 122 頁。

〔4〕　李國慶：《宋元刊〈磧砂藏經〉雕版刻工表解》，《全國圖書館古籍工作會議論文集》，2008 年，第 368—428 頁。

前的著錄，本身就存在欠確之處。如内部影印使用的《雲南省圖書館善本書目》"子部·宗教類"的相關著錄有兩條：

　　　平江府磧砂延聖院新雕藏經一千五百三十二種六千三百六十二卷　宋釋法忠、清圭、德璋等輯　宋紹定四年至元至二年平江府磧砂延聖院刻　吳興妙嚴寺等地續刻　五百三十八册　甲三八一／三四五三·一　存五百六十卷
　　　平江府磧砂延聖院新雕藏經一千五百三十二種六千三百六十二卷　宋釋法忠、清圭、德璋等輯　宋紹定四年至元至治二年平江府磧砂延聖院刻　吳興妙嚴寺等地續刻　一百七十五册　甲三八一／三四五三　存一百七十六卷〔1〕

　　上面這兩條著錄，表明《磧砂藏》收經一千五百三十二種，六千三百六十二卷。雲南省圖書館藏兩部，一部存五百三十八册，五百六十卷，一部存一百七十五册，一百七十六卷。著錄中的"吳興妙嚴寺等地續刻"，與明初刊印各地《磧砂藏》相符，與雲南省圖書館所藏《磧砂藏》則不盡相符。而且這兩部藏經之間的區别，也未見明言。
　　到了公開出版的《雲南省圖書館藏善本書錄》中，著錄"釋家類"時有文說：

　　　磧砂藏六千三百六十二卷　南宋刻元補明遞修本　存一百七十六卷，五百一十二册
　　　南宋紹定間，蘇州磧砂延聖院所刊藏經，世稱"磧砂版"，凡六千三百餘卷。相傳宋乾道間，有寂座禪師得陳湖費氏之洲曰磧砂，築庵其中，後漸恢廓，遂成著名之延聖院。刻經始於理宗紹定四年（1231），迄元武宗至大二年（1309）。〔2〕

　　這裏顯然是將前引書中的兩條著錄合爲一條。但"存一百七十六卷，五百一十二册"，卷數與册數如此不相對應，前所未見，也與館藏不符。

---

〔1〕《雲南省圖書館善本書目》，第47頁a，"子部·宗教類"。
〔2〕李友仁主編：《雲南省圖書館館藏善本書錄》，雲南出版集團公司、雲南人民出版社，2009年，第168頁。

不僅館藏著錄存在一定問題，前此相關介紹也頗有失實。如李孝友先生多次著文介紹雲南省圖書館藏佛教典籍，對《磧砂藏》和《普寧藏》有如下説明：

據《滇釋記·玄堅、雪菴傳》記載：元武宗至大三年（1310年），"雲南省大臣奏請《大藏》以薪荒服，特旨於古杭，命僧錄司管巴領琅函三藏，傳至善闡，分供筇竹、圓通、報恩三刹，以畀僧尼轉閲，乃命師主教法門護持藏經。"這次南傳的《大藏經》乃是宋元間平江府磧砂延聖院刊刻的《磧砂藏》的刻成卷帙，由於全屬民間募刻，鐫版非常精工，字體初效柳書，入元後兼有趙體秀麗筆意，藝術價值及文物價值都較高，現存一千五百三十二種，六千三百六十二卷，五百三十八册，此種大藏在西安開元、臥龍兩寺雖也藏有，但僅存十分之八，三十年代初期據以影印發行，由於已非全帙，曾借雲南度藏的兩百多册補配印行，成為全部。元仁宗延祐三年（1316年），再次向雲南頒賜《大藏經》，據筇竹寺《聖旨碑碑文》記載："要賜《藏經》與筇竹寺裏，命玄堅和尚住持本山，轉閲以祝聖壽，以祈民安。"這次頒賜經卷，余杭南山普寧寺刊刻的《普寧藏》，這部《大藏經》的版刻具有元刻本風格，字體在歐趙之間，行楷間錯，而且圖像版式均繼承了《思溪藏》與《磧砂藏》之優點。現存六千零一十卷，八百零八册。除山西太原崇善寺存有全部外，要算雲南度藏最多，而且存有複本。到了延祐七年（1320年），又第三次送《大藏經》到雲南，據李源道撰《創修圓通寺記》記載："巖之南建殿三楹，以度《藏經》，經舟致於杭，上所賜也。"這次所賜仍係《普寧藏》，雲南此藏度有複本，道理就在於此。[1]

除引文有疏漏外，上引文字在叙述《磧砂藏》等藏經及其傳入雲南的次數方面，多有混亂不清之處。

其一是表述不清。如稱《磧砂藏》"現存一千五百三十二種，六千三

---

[1] 李孝友：《淺談雲南的佛教典籍》，《雲南社會科學》1986年第1期；《雲南佛教典籍度藏概況》，載雲南省編輯組編《雲南地方志佛教資料瑣編》，雲南民族出版社，1986年，第310頁。兩處文字略有出入，此處據《雲南地方志佛教資料瑣編》引錄。

百六十二卷，五百三十八册”、《普寧藏》“現存六千零一十卷，八百零八册”，與上引文“磧砂藏六千三百六十二卷　南宋刻元補明遞修本　存一百七十六卷，五百一十二册”如出一轍。雖然由於不同佛經的字數多少不同，種數、卷册數不能一一對應，但像上述種數、卷册數相互間出入如此之大，顯然是讓人難以理解的。

其二是引用資料未作考辨。如引《滇釋紀》、筇竹寺《聖旨碑碑文》和李源道撰《創修圓通寺記》，來說明元朝皇帝“三次”送《大藏經》到雲南，卻未能清楚交代，何以在武宗至大三年至仁宗延祐七年（1310—1320）的十年時間内，元朝皇帝要三次送《大藏經》到雲南？爲什麽第一次送的是《磧砂藏》，後面兩次卻送的是《普寧藏》？如果史志記載不清楚，何以不使用實物資料爲輔證？

其三是某些資料無從證實。如稱《磧砂藏》“三十年代初期據以影印發行，由於已非全帙，曾借雲南庋藏的兩百多册補配印行，成爲全部”，未知何據。在《影印宋磧砂藏經》中，我們目前僅見數種。再如稱《普寧藏》“除山西太原崇善寺存有全部外，要算雲南庋藏最多，而且存有複本”，同樣找不到確證。[1]

其四是所説與實物資料不符。就目前保存在雲南省圖書館鈐寺院藏經印的經本來看，賜給筇竹、圓通和報恩三寺的，核心是《磧砂藏》，而不是《普寧藏》。保存在雲南省圖書館的《普寧藏》，既有昆明楞嚴寺藏趙賜等人印藏經，也有大理趙州法藏寺藏經、大理段觀音明造經。但它們都是私人出資刊印，非元朝皇帝所賜，而且也不是筇竹寺、圓通寺、報恩寺藏經。因此上引文中元朝皇帝一次賜雲南《磧砂藏》、兩次賜《普寧藏》之説，找不到可以證明其成立的實物資料。

可以説，此前對雲南省圖書館館藏《磧砂藏》的介紹，長期以來一直混亂不清。[2]

---

〔1〕　參見李富華、何梅《漢文佛教大藏經研究》第 338—344 頁對國内外《普寧藏》存本的介紹。

〔2〕　受此影響，何梅也認爲雲南省圖書館藏《普寧藏》是元延祐三年（1316）印本。事實上，雲南省圖書館藏這兩部《普寧藏》是元至正九年（1349）六月刊本和八月刊本。詳見侯沖《“滇藏”考》，方廣錩主編：《藏外佛教文獻》第十三輯，中國人民大學出版社，2010 年，第 406—416 頁；侯沖：《“白密”何在——雲南漢傳佛教經典文獻研究》，廣西師範大學出版社，2017 年，第 227—235 頁。

（二）雲南省圖書館館藏《磧砂藏》新資料

内部影印使用的《雲南省圖書館善本書目》著錄該館藏有兩部《磧砂藏》，一部即昆華圖書館藏本，一部則來自鳳儀北湯天。前者往往鈐有"昆華圖書館存"朱印。包括部分《普寧藏》零本。甚至其中一冊與後者一樣，鈐有"圓通寺大藏經"陽文朱印和"御賜圓照興祖禪寺大藏經"墨印。其中部分卷冊被用於配補《影印宋磧砂藏經》。後者元代原藏昆明地區各寺院，是明代初年董賢從昆明圓通寺、筇竹寺、圓照寺等佛寺收集攜到大理，大部分鈐有"圓通寺大藏經"，少部分鈐有"御賜筇竹寺大藏經""普照寺藏經""圓覺大藏"陽文朱印和"御賜圓照興祖禪寺大藏經"墨印。但同樣包括部分《普寧藏》經本。由於它們的組成都較爲複雜，迄今尚未全部整理清楚，故這裏不對其卷冊數作介紹，僅根據已經整理資料，披揭新發現資料，彰顯其價值。

（1）昆華圖書館藏本

根據此前的文字記載，似乎昆華圖書館所藏有的不少經本被用於配補《影印宋磧砂藏經》。但事實上並非如此，因爲在原昆華圖書館所藏經本中，除包括與《影印宋磧砂藏經》相同的宋紹定五年（1232）九月《大方廣三戒經》卷中（乃二）、淳祐三年（1243）四月八日《楞伽阿跋多羅寶經》卷二（身二）、大德六年（1302）二月《信力入印法門經》卷二（伏二）、大德十年（1306）正月《顯揚聖教論》卷一（尺一）、大德十年八月《阿毗曇》卷一（比一）、大德十年九月《阿毗曇》卷十一（兒一）、大德十年十月《四分比丘尼戒本》（受五）等刊經記外，目前還發現了未見於《影印宋磧砂藏經》的六則新資料，其中宋代的兩則、元代的四則。

一是《佛說無量壽經》卷下（乃九）音義後紹定五年四月的刊經記：

　　吳江縣南印定庵比丘慧明結緣敬書
　　平江府吳江縣寧境華嚴寶塔教院、今寄久詠鄉南印里輯
　　善庵比丘文戒、小師比丘宗顯，謹發心回施長財玖拾捌
　　貫文官會，恭入　磧砂延聖院大藏經坊，命工刊
　　《佛說無量壽經》板一部二卷，永遠流通，佛教所集
　　功德，用報四恩，利益三有。廣爲法界一切含靈，俱出苦輪，
　　齊成佛道。仍報薦

先和尚濛闍梨、小師宗茂闍梨覺靈增崇品位，

先考王大郎淨日、先妣杜氏二娘子淨月、叔王二郎覺富、

先繼考陸三五承事覺希、繼妣太君李氏十三娘子覺度、

先兄王三乙郎，洎門中三代宗親，同生淨域者。

歲次壬辰紹定五年四月結制日，比丘文戒謹願。

勸緣僧善成、法澄、法如、法昇、法超、志圓

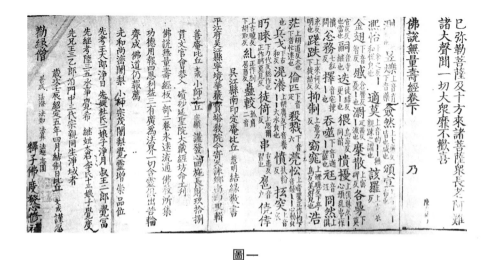

圖一

《影印宋磧砂藏經》中，僅在《佛說無量壽經》卷上音義後見刊經記，卷下音義後的刊經記則未見，因此這是此前未見提及的《磧砂藏》刊經記。其中"磧砂延聖院大藏經坊"的稱謂，在目前所知刊經記中時間最早，是研究《磧砂藏》雕造機構的重要資料。將《佛說無量壽經》卷上、卷下兩條刊經記文字進行比較，還可以有兩個新認識。其一是《佛說無量壽經》卷下刊成的時間，比《佛說無量壽經》卷上刊成的時間早一個月，這是目前所知《磧砂藏》設立刊經局最早的時間。其二是宋人使用的"小師"，有時相當於"徒弟"。

二是《無上依經》卷上（傷四）音釋後嘉熙三年（1239）二月的刊經記：

大宋國嘉興府華亭縣北郭追遠庵道者顧覺臻，

茲者發心回施長財捌拾貫文，恭入

平江府城東延聖院大藏經坊，刊造

《無上依經》上卷，永遠流通。聖教所集功德，回向

真如實際。奉福三界萬靈，十方真宰，法界冤親，同成種智者。

時嘉熙三年二月　日，道者顧覺臻謹題。

幹雕經板僧可暉、善成、可閑、法來、法澄、法昇、志圓募緣

都勸緣住持釋法超。[1]

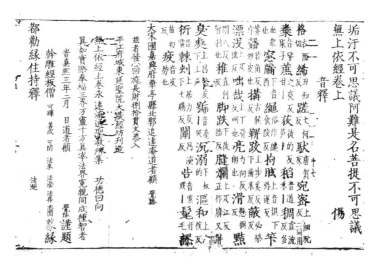

圖二

三是《攝大乘論本》卷下（嚴五）大德十年三月刊經記：

平江路磧沙延聖寺住持比丘志蓮，發心謹施白米三十五石，入刊經局工匠食

用，助刊大藏經板。所集功德，先願

國泰民安，風調雨順。更冀山門平善，經局興隆，佛教流通，眾生正信，

四恩等報，三有齊資，法界冤親，同圓種智。大德十年歲在丙午三月　日題。

四是暫缺經名和千字文號的刊經記：

---

　　[1]　王菡《在美國所讀〈磧砂藏〉》（2004 年第 2 期）據所見美國普林斯頓大學東亞圖書館葛思德書庫藏《磧砂藏》，已經引錄過這條材料。但如果國內已有保存，則可以不需要從國外輸入相關信息。

奉佛女生寶善、寶安、寶閏、寶喜、寶親、三寶奴、觀慶、

　洪奴、巧奴、阿吉、吉祥奴、寶奴，闔家眷屬等，謹捨淨

財，刊雕

　大藏經文。上報

　四恩，下資三有。願捨識之後，同生極樂世界，面禮彌陀，

　親蒙授記。

　　大德十一年四月八日謹願。

五是《佛說大乘菩薩藏正法經》卷四（霸四）尾題後的刊經記：

前松江府提控湯之純，捨梨板刊雕大藏經文。上報

　四恩，下資三有。願之純捨命之後，願生

　西方淨土。

　　大德十一年四月十三日意。

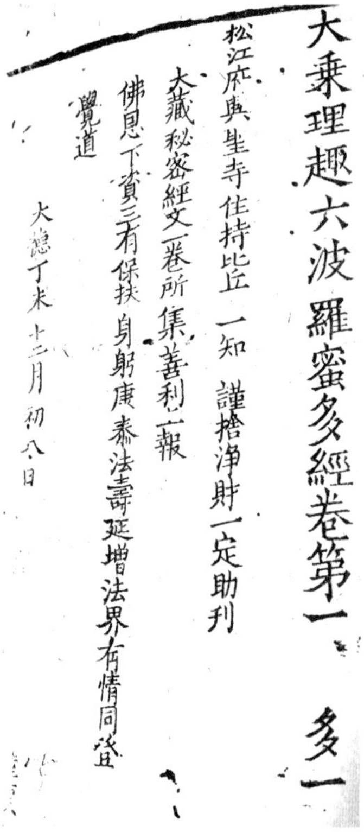

圖三

六是《大乘理趣六波羅密多經》卷一（多一）尾題後刊經記：

松江府興聖寺住持比丘一知謹捨淨財一定，助刊

　大藏秘密經文一卷。所集善利，上報

佛恩，下資三有。保扶身躬康泰，法壽延增，

　法界有情，同登

　覺道。

　　大德丁未十二月初八日　　謹願。

第一、第三、第四、第五、第六條刊經記，此前均未見披揭。第六條由於懷寧王在五月已即皇帝位，但未改元，故稱"大德丁未"而不再稱"大德十一年"，是當時政局變化的忠實反映。而松江僧錄管主八元大德十年至翌

年十二月刊印千字文編號"武"字至"遵"字的秘密經，"松江府興聖寺住持比丘一知謹捨淨財一定，助刊大藏秘密經文一卷"等文字，清楚證明了這一事實。

　　（2）鳳儀北湯天藏本

　　董賢在《趙州南山大法藏寺碑》中提到，法藏寺元代曾從杭州請到藏經，放在大華藏寺。"至大明聖世，洪武壬戌春，天兵入境，經藏毀之。余等儉歲之中救得二千許卷，安於石洞。數年之間，均念斯之聖教唯啓半珠，未窺全寶。予等前去滇池，於大悲、圓通二寺之中，請得五千餘卷，將來本郡，合爲一藏。"〔1〕現藏雲南省圖書館的原鳳儀北湯天藏經，確實既包括鈐有"大理趙州南山華藏寺大藏經"墨印的《大般若經》，也包括鈐有"圓通寺大藏經"陽文朱印的《大般若經》，還包括原昆明大悲寺（楞嚴寺）的《大般若經》，而且複本極少，組合特點極爲明顯，說明董賢所說有據可查。但他所說的顯然只是約數，因爲原鳳儀北湯天藏經，除原華藏寺、圓通寺和大悲寺藏經外，至少還包括原藏大理的弘聖寺塔殿大藏尊經、金相寺大藏經和鄧川州萬福寺藏經，原藏昆明普照寺、覺照寺、圓照寺、天皇敕賜大德寺、大大德寺、報恩寺大藏經的殘存藏經。還有數種未見印鑒，但顯然爲《磧砂藏》《普寧藏》和《弘法藏》的大藏經零本。這裏特別指出這一點，是想說明，對於原鳳儀北湯天藏經的認識，不是簡單貼標籤就可以解決問題的。如果不逐冊做全面的整理清點，這批經典將永遠是一筆糊塗賬。

　　基於何梅對宋元刻本大藏經的研究，我們初步整理了鳳儀北湯天藏本《磧砂藏》。它們大都鈐有"圓通寺大藏經"陽文朱印。其中不僅有數量可觀的宋版《磧砂藏》〔2〕，還保存了一批重要的大藏經研究新資料。新資料主要包括以下幾類：

　　其一是趙安國刊本《大般若波羅密多經》。這批刊經由趙安國出資刊印，卷末往往刊有"大檀越保義郎趙安國一力雕經一部六百卷""大檀越保義郎趙安國一力刊經一部六百卷""大檀越保義郎趙安國一力刊經六百

　　〔1〕　董賢：《趙州南山大法藏寺碑》，雲南省編輯組：《白族社會歷史調查》（四），雲南人民出版社，1991年，第78—79頁。

　　〔2〕　孫中旺主編：《〈磧砂藏〉研究論文選輯》，卷首附數張《磧砂藏》照片，均爲元刊經本，可見宋本已不易得。

卷”“大檀越成忠郎趙安國一力刊經一部六百卷”“都勸緣大檀越成忠郎趙安國”等類文字。其中數册卷首卷末的書寫人名、刻工名，可以補正何梅勘正的《磧砂藏》書寫人名和刻工名。如《大般若經》卷一百二十一卷末“莒溪金珙書”數字，可知金珙爲書寫人。但這個名字未見於何梅“參加《磧砂藏》經文書寫的六十一人”〔1〕名單。《大般若經》卷一百二十七尾題前有“姑蘇吳邑陳梓國正書”數字，其中的“陳梓國正”，同樣未見於何梅“參加《磧砂藏》經文書寫的六十一人”名單。《大般若經》卷一百四十九卷尾有刊經記“張浦里管友聞齋沐敬書。藉此良/緣，普報四恩，廣及三宥。法界冤親/，同沾利樂者”。其中的管友聞，在何梅“參加《磧砂藏》經文書寫的六十一人”名單中也未見。據初步統計，雲南省圖書館所藏鈐有“圓通寺大藏經”陽文朱印的趙安國刊本《大般若波羅密多經》，有一百餘册。

趙安國刊本《大般若波羅密多經》爲元代圓通寺大藏經，而圓通寺在元代延祐六年（1319）重建完成，故圓通寺大藏經即延祐七年（1320）元朝皇帝所賜本。它們都是宋版元印本。這説明至遲在元延祐七年，《磧砂藏》原刻《大般若經》的版尚存。當時妙嚴寺刻本也尚未開雕。此前呂澂先生曾推測《影印宋磧砂藏經》之《大般若經》的“原刻當是由於宋末兵火被毀了”〔2〕，雲南省圖書館藏鈐有“圓通寺大藏經”陽文朱印的這批《大般若經》，證明了呂澂先生的這個推測不成立。

其二是宋版《大般涅槃經》。鳳儀北湯天藏本《大般涅槃經》有兩類：一類千字文號與《至元法寶勘同總錄》完全相同，有十餘册，可歸爲《弘法藏》。一類千字文相同，但分屬《磧砂藏》和《普寧藏》，共二十七册。第一類没有刊工題記，暫不討論。這裏僅討論有寺院印章和刊經題記的二十七册《磧砂藏》和《普寧藏》。

鈐寺院印章的二十七册《大般涅槃經》中，鈐有“圓通寺大藏經”朱印的有二十一册，鈐有“普照寺大藏經”朱印的有六册。按千字文來計，邇字十册，一字一册，体字十册，率字六册。邇一卷首有“建安黃雲刊”、卷末有“昆山縣市邑張億之敬書壹函”、邇四卷首尾均有“傅方刊”、邇九卷首有"樵陽高桂刊"、体六卷末有"顏顯祖敬書"、率一卷末有"顏顯祖書""傅方刊"、率二卷末有"高桂刊"，均爲《磧砂藏》寫經人或刊工，故它們均爲《磧砂藏》。但体一、体二、体四、体五和体七計五册，雖然均鈐有"圓通寺大藏經"朱印，但它們都是《普寧藏》。体二第一個折頁處有"子成"，体一、体五都有道安刊經記。体四、体七與前三册同一風格。尤其是它們的千字文號都作"体"而不是"體"。也就是說，有寺院印章的二十七册《大般涅槃經》，有二十二册爲宋版。

何梅已經指出，"現存明代刷印的《磧砂藏》中，自天字至奈字函的《大般若經》六百卷、龍字至宇字函的《大寶積經》一百二十卷和邇字至率字函的《大般涅槃經》四十卷，已改用湖州吳興妙嚴寺刻本"[1]。妙嚴寺刻本的四大部經即《華嚴經》《大寶積經》《大般涅槃經》和《大般若經》，刊刻於元泰定元年至至正九年（1324—1349）。[2]這就是說，明代刷印的《磧砂藏》已經沒有宋版的四大部經。

現藏雲南省圖書館的原鳳儀北湯天藏藏經本，《華嚴經》目前僅見卷八一册（拱八），由於資料較少，詳情有待進一步研究。《大寶積經》千字文號與《至元法寶勘同總錄》相同，屬於《弘法藏》。但其中的《大般若經》和《大般涅槃經》，則是元代刷印的宋版。如果日本杏雨書屋本《磧砂藏》也是明代刷印的話，則雲南省圖書館所藏就是海內外唯一《大般若經》和《大般涅槃經》均保存有宋版的《磧砂藏》。

其三是宋版《佛説道樹經》，一册，無寺院印章，首尾完整。卷首有包括"雍庭禮李氏施財"和"孫祐刊"文字的扉畫。首題"佛説道樹經"，首題下有千字文號"必"。尾題"佛説道樹經"，尾題下有千字文號"必"。最末半頁爲王楝刊經記：

拱衛大夫清遠軍承宣使入內內侍省押班提點內軍器庫主管往來國信所編勒令所都大提舉誥命祥符縣開國佰食邑七伯戶　王楝
　　施財刊板，流通
　　聖教。普爲有情，同開

---

〔1〕 李富華、何梅：《漢文佛教大藏經研究》，第285頁。
〔2〕 同上書，第287頁。

佛慧者。

景定五年八月　日點對讀經幹緣僧　准吉　謹題

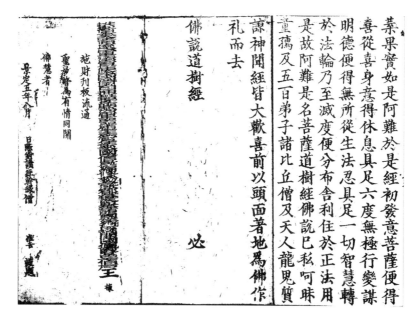

圖四

　　此經經名見於宋端平元年（1234）目錄。據王棟刊經記，可知爲宋景
定五年（1264）刻本。此經此前未見於《影印宋磧砂藏經》，何梅可能在
山西崇善寺藏本《磧砂藏》中也未見此册〔1〕，而僅在全面覆刻《磧砂藏》
的《洪武南藏》中見到該經，故以爲是《洪武南藏》在《磧砂藏》之外的
新增典籍。〔2〕如果日本杏雨書屋本《磧砂藏》也未見此經，則此本可能爲
海內外孤本。

　　此經本及上面提到的宋版《大般若經》和《大般涅槃經》的存世，證
明南宋寶祐六年（1258）延聖院遭遇火灾後，不僅大藏經板幸免於難，而
且在失火後的宋代，《磧砂藏》的刊刻仍然繼續。咸淳年間仍有數種刊
經〔3〕無疑也證明了這一點。

---

　　〔1〕　但她曾提到此經卷末的刊經記。參見李富華、何梅《漢文佛教大藏經研究》，第
263頁。

　　〔2〕　李富華、何梅：《漢文佛教大藏經研究》，第388—389頁。

　　〔3〕　葉恭綽：《磧砂延聖院小志》，《影印宋磧砂藏經》首册之二，第7頁a。

其四是其他宋元新刊經記。文字最長的是毀字號《佛說長者子制經》音釋後的宋嘉熙二年（1238）可閑、志圓的刊經記：

嘉興府華亭縣東榮橋東街北面南居住奉　佛弟子沈旺，同妻蘇氏施
　　財伍阡入平江府延聖院刊造經板。所集功德，保安家門清
吉，人口安寧。
華亭縣望仙橋南水東面西居住奉　佛弟子茆旺，同妻母姚氏、妻李氏
　　施財伍阡入延聖院刊造經板。所集功德，保安家眷吉祥如
意者。
華亭縣平步橋西街北面南居住奉　佛女弟子王氏千一娘，施財伍阡入
　　延聖院刊造經板。所集功德，保安身宮安泰，福壽延長者。
華亭縣平步橋西面南居住奉　三寶弟子鮑二叔，同妻沈氏二娘並
家眷等
　　施財伍阡刊經一紙。所集功德，報答四恩三有。仍乞保佑妻
沈氏二娘子身宮安泰者。
平江府延聖院化緣僧慧靜化到念　佛會內善男信女香錢，添助刊
經一紙。
　　功德奉爲會內施財男女，各人現生快樂，他報之中，二嚴俱備者。
　　幹緣僧善成　可揮　可閑　法來　法澄　法昇　志圓
嘉興府華亭縣平步橋東街北面南居住奉　佛弟子郭忠，同妻
　　畢氏一娘施財貳拾阡恭入平江府　延聖院，刊造
　　《大乘離文字普光明藏經》板一卷。所集功德，奉報　四恩
三宥。仍
　　作他生善種，解脫宿世罪尤。仍保家眷安寧，吉祥如意者。
嘉興府華亭縣郭邑德風橋南街西面東居住奉　佛女弟子龍氏
　　五娘，施財壹拾伍阡恭入平江府　延聖院，刊造
《長者子制經》板一卷。所集功德，用作來生之善果，解脫宿世之罪
　　尤。仍保安家眷吉祥如意者。嘉熙二年十一月日，幹緣僧可閑
志圓謹題。

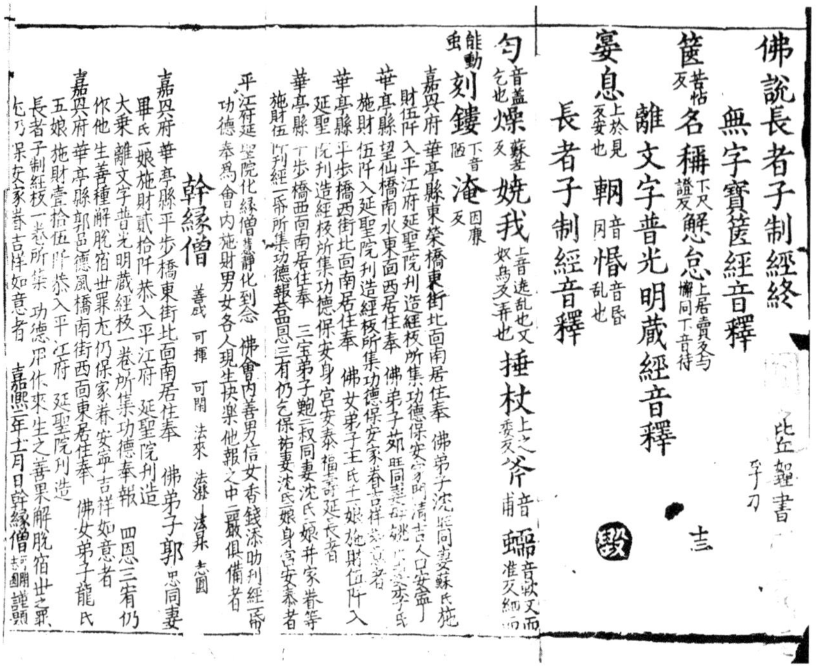

圖五

另有文字稍短的，如在十號《正法華經》卷第十尾題前有"昆山縣市邑住張億敬書一部"的刊記，音釋後又有刊經記：

> 大宋國嘉興府華亭縣修竹鄉四十一保儀鳳里奉
> 佛弟子承信郎錢　林，同妻朱氏　妙果，今遇
> 平江府磧砂延聖院開雕　大藏經板，謹施淨財壹阡貫文
> 入局，刊造大藏《正法華經》一部十卷。余錢刊刻別經。

其他新資料尚有不少，限於篇幅，不再一一引錄。

三、《磧砂藏》有標准本嗎？

呂澂先生曾指出："《磧砂版藏經》開始是準備依照思溪圓覺禪院本寫刻的，中間一度停頓後，又參照元代普寧寺版大藏經續刻，因此，它和這兩種刻版有密切關係，可想而知。在全藏裏又配用妙嚴寺版《大般若經》和《寶積經》另本，補充了管主八募刻的秘密經版，所以又和這些刻本的

母版有其淵源（妙嚴寺刻《般若》等四大部是參照福州、思溪、普寧、磧砂和弘法五版的，管版從弘法寺藏經選出則又淵源於遼金刻藏）。在宋、元各種大藏經刻板中再没有像磧砂版這樣關係複雜的了。"[1]事實既然如此，那麽，是否有一個《磧砂藏》標準本呢？或者説，何梅指出用太原崇善寺藏本作爲"鑒别它處藏本是否磧砂藏本的標準"是否能成立呢？

在回答這個問題之前，我們先對雲南省圖書館藏經本鈐有"圓通寺大藏經"陽文朱印的這部藏經的組成做一個綜合的説明。

雲南省圖書館藏宋元藏經，所鈐藏經印包括圓通寺、筇竹寺、報恩寺、圓照寺、覺照寺、普照寺、大德寺、大大德寺等寺院，楞嚴寺（大悲寺）則有專門的《贖取藏經記》，表明元代傳到昆明地區的藏經最少有十部。就具體的藏經來説，則包括《元官藏》《磧砂藏》和《普寧藏》等。目前保存經本數量最多的，一是圓通寺的《磧砂藏》，二是楞嚴寺的《普寧藏》，而且都是罕見的珍本。限於本文主題，這裏只説圓通寺的《磧砂藏》。

上文提到，初步整理後，可知雲南省圖書館所藏經本鈐有"圓通寺大藏經"陽文朱印的，實際上有六百餘册，其中包括趙安國刊本《大般若波羅密多經》一百餘册。這批經本的一個特點，就是在每個函（千字文號）第一册的後面，甚至不只是在某函第一册的後面，都有這樣一個刊經願文：

> 上師三寶佛法加持之德，
> 皇帝、太子、諸王覆護之恩，管主八誓報
> 四恩，流通正教。累年發心印施漢本大藏經五十餘藏，四大部經三十
> 餘部，《華嚴》大經一千餘部，經律論疏抄五百餘部，《華嚴道場懺》百餘部，
> 《津濟焰口施食儀軌》《梁皇寶懺》《藏經目錄》、諸雜經典不計其數。金銀字
> 書寫《大華嚴》《法華》等經，共計百卷。裝嚴佛像，金彩供

---

〔1〕呂澂：《呂澂佛學論著選集》（三），第 1468 頁。

儀，刊施佛像圖本，

齋供十萬餘僧，開建傳法講席，日逐自誦《大華嚴經》一百部。心願未周，

欽覩

聖旨，於江南浙西道杭州路大萬壽寺，雕刊河西字大藏經板，三千六百

二十餘卷，華嚴諸經懺板。至大德六年完備。管主八欽此勝緣，印造三

十餘藏，及《華嚴大經》《梁皇寶懺》《華嚴道場懺儀》各百餘部，《焰口施食儀

軌》千有餘部，施於寧夏、永昌等路寺院，永遠流通。裝印西蕃字《乾陀般

若》《白傘蓋》三十餘件，經咒各千餘部，散施土蕃等處，流通讀誦。近見平

江路磧沙延聖寺大藏經板未完，遂於大德十年閏正月爲始，施財募

緣，節續雕刊，已及一千餘卷。又見江南閩浙教藏經板，比直北教藏缺

少秘密經律論數百餘卷，管主八發心，敬於大都弘法寺取到經本，就

于杭州路立局，命工刊雕圓備，裝印補足直北腹裏、五臺、関西、四川、江

南、雲南、高麗等處大藏教典，悉令圓滿。集斯片善，廣大無爲，回向

真如實際，裝嚴無上佛果菩提，

西方教主無量壽佛、觀音菩薩、勢至菩薩、清淨海眾菩薩。祝延

皇帝萬歲，

聖后齊年，太子、諸王，福壽千春，

帝師法王，福基鞏固。時清道泰，三光明而品物亨；子孝臣忠，五谷

熟而人民育。上窮有頂，下及無邊，法界懷生，齊成佛道者。

大德十年丙午臘月成道日，宣授松江府僧錄管主八　謹願。

同施經善友杜源、李成，幹辦印經僧可海、昌吉祥，

檢校秘密經律論鞏昌府講經持律沙門義琚，

檢校秘密經律論前吉州路報恩寺開演沙門克己，

檢校秘密經律論秦州講經持律沙門海雲。

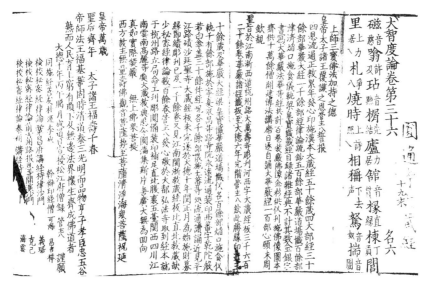

圖六

除個別文字略有不同外，這個願文並見於日本善福寺、中國國家圖書館和山西崇善寺藏《磧砂藏》，此前曾被披揭。[1] 稍有不同的是，這個願文較其他地方所藏多出了"雲南、高麗等處"六字，説明是管主八專爲印施"雲南、高麗等處"而刻。與鈐有"圓通寺大藏經"陽文朱印一樣，這批經典每函第一册卷末的這個願文，提醒我們在整理它們時，要作爲批量資料處理。因爲，雲南省圖書館藏《宗鏡録》，雖然爲《普寧藏》經本，但在每函第一册的卷末，如綺字號和説字號的第一册後面，我們也發現了這樣的願文。

上文我們在介紹雲南省圖書館藏宋版《大般涅槃經》時提到，鈐寺院印章的二十七册《大般涅槃經》中，鈐有"圓通寺大藏經"朱印的有二十一册。雖然大部分"圓通寺大藏經"朱印的經本都是《磧砂藏》，但体一、体二、体四、体五和体七這五册，儘管鈐有"圓通寺大藏經"朱印，却都

〔1〕 李際寧：《中國版本文化叢書·佛經版本》，第120頁；李富華、何梅：《漢文佛教大藏經研究》，第291—292頁。

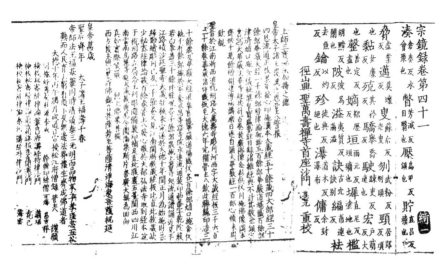

圖七

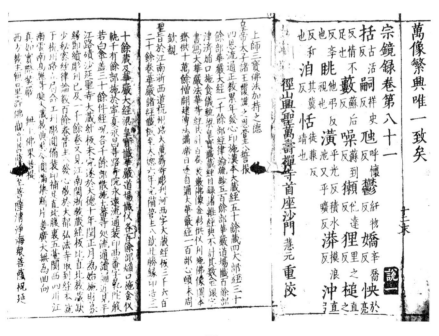

圖八

是《普寧藏》。其中体一、体五卷末都有《普寧藏》刊刻重要人物道安法師寫的刊經記。体一後的刊經記是：

　　大藏經局伏承，嘉興縣柿林鄉廿八都居奉
　　佛弟子優婆塞崔原明，施財助刊

大藏經尊經板壹卷。功德用悼

先兄崔圓公庵主、先弟崔息公庵主，增崇

品位。 至元十八年三月 日，杭州路南山普寧寺住山釋道安 題。

体五後的刊經記是：

大藏經局伏承， 嘉興縣柿林鄉廿八都居奉

佛弟子陳百二將仕，施財刊

大藏尊經板壹卷。功德上薦

考妣二親，同超

淨土。 辛巳年三月 日，杭州路南山普寧寺住山釋道安 題。

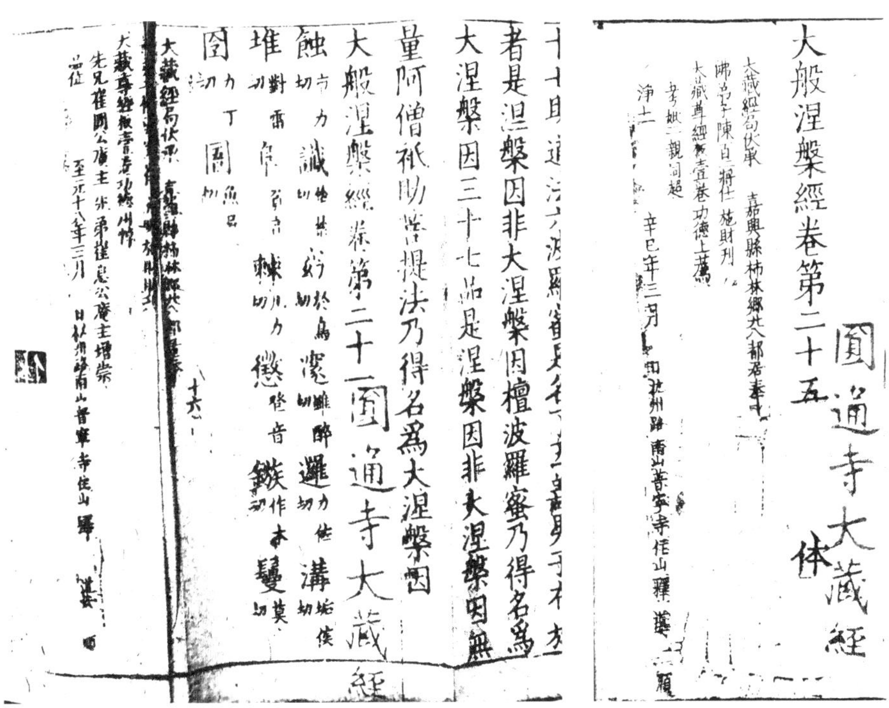

圖九

這就說明，在雲南省圖書館藏經本鈐有"圓通寺大藏經"朱印的《磧砂藏》中，包括著名僧人道安刊《普寧藏》本《大般涅槃經》；在雲南省圖書館藏經本每函第一冊卷末有管主八專爲印施"雲南、高麗等處"而刻願文的《磧砂藏》中，包括有《普寧藏》本《宗鏡錄》。元代刊《磧砂藏》，已經包括了非《磧砂藏》經本。

元刊《磧砂藏》中包括了《普寧藏》本《大般涅槃經》，與當時《磧砂藏》中四大部經刻板漫漶殘損和某些經未刻完有關。[1] 從雲南省圖書館藏經本鈐有“圓通寺大藏經”朱印的《磧砂藏》來看，其中宋版《大般若經》和《大般涅槃經》，刻板確實已經存在漫漶殘損的明顯證據。將《普寧藏》本《大般涅槃經》與《磧砂藏》宋版《大般涅槃經》配合流通，實屬無奈之舉。

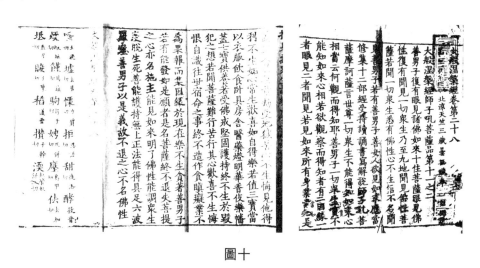

圖十

不容忽視的事實是，《磧砂藏》從開雕到完工，前後經歷了近百年時間。在宋版《大般若經》和《大般涅槃經》已經漫漶殘損的時候，一些原來計畫刊刻的經還沒有刻好。在刷印《磧砂藏》時，不可避免存在兩種情況：一種是在全藏沒有刊印完工時，使用其他藏經的刊本來彌補未刊的經；另一種是在全藏刊印完工後，宋代刊刻並印刷流通的版已經漫漶殘損，只能使用新刊版的四大部經版來代替宋版。這兩種情況，決定了《磧砂藏》刷印時，從來都沒有使用過完整的《磧砂藏》版。也就是説，在歷史上，顯然未曾有過根據完整的《磧砂藏》版刷印的《磧砂藏》。不論什麼時候刷印的《磧砂藏》，都不存在一個標準本。用太原崇善寺藏本作爲

---

〔1〕　李際寧：《中國版本文化叢書·佛經版本》，第 120 頁；李富華、何梅：《漢文佛教大藏經研究》，第 286 頁。

“鑒別它處藏本是否磧砂藏本的標準”，因之没有成立的前提。

四、結　論

　　古語有“禮失求諸野”之説。對於宋元大藏經研究來説，目前保存下來的經本不算少，域外日本、美國保存的資料，此前已經引起廣泛的關注。但雲南省圖書館所藏《磧砂藏》，其價值在此前並未得到應有的認知。

　　受資料限制，此前宋元大藏經的研究儘管取得一定成績，但仍有相當多問題未得到解决，從而留下可以進一步拓展的空間。雲南省圖書館所藏鈐有“圓通寺大藏經”朱印的《磧砂藏》，最初保存在昆明。但它們是因爲董賢將其攜帶到大理才被保存下來。它們是宋元《磧砂藏》研究的新資料，保存了此前未曾發現的珍稀資料。它們證明了雲南漢地佛教資料，是唐代以降漢傳佛教的代表性個案。不論是在佛教科儀還是在大藏經領域，對雲南漢傳佛教的研究，就是對整個漢傳佛教的研究。隨著這批資料得到進一步整理，它們在宋元《磧砂藏》研究領域的價值，將會逐漸得到彰顯。

《佛教文獻研究》第四輯
2024 年，33—75 頁

西園寺藏《磧砂藏》零本考
——西園寺藏經樓藏書研究之一

樓曉尉

内容摘要： 西園寺藏《磧砂藏》零本數種，實物與現有三種既刊古籍書目所錄館藏單位、數量等信息有差異，經由館藏《磧砂藏》零本的調查、測量，並透過比對、分析經册之版本信息、特徵，覆核書目信息、影印本圖錄等，以及在查閱西園寺檔案的基礎上，確認西園寺實藏《磧砂藏》零本九册十六種，其中玄應《一切經音義》卷十一（納四）和《文殊師利根本一字陀羅尼法》等四經合卷（效三），計二册，爲《蘇州市古籍善本書目錄》《中國古籍善本書目》《中國古籍總目》三目所未收。又，補訂古籍書目著錄失誤二例：一者《善夜經》等四經合卷一册，實屬靈巖山寺藏，原非西園寺所有；二者《蘇州市古籍善本書目錄》所錄《鬼問目連經》等三經同卷一册之刻工應仕卿，當作應仲卿。另於補訂書目著錄信息之際，就館藏《磧砂藏》零本著錄失誤的歷史背景、同册並存兩種版式現象及《磧砂藏》刻工等予以討論。

關鍵詞： 西園寺；磧砂藏；零本；古籍書目；版式
作者單位： 蘇州戒幢佛學研究所

一、 引　言

西園寺藏書，素有"冠絕東南，載譽全國"之稱。古藏經樓現藏七萬餘册書籍中，包括古籍和普通圖書。古籍具唐、宋、元、明、清各代諸種版本，其中不乏孤品、精品，如唐代寫經《大般若經》《瑜伽論》、元僧善繼血書《華嚴經》（含名人題跋七册）、明清稀見禪宗文獻、清雍正書"宗風直脉"抄卷（含《臨濟傳法錄》），實爲中國現存漢傳寺院藏書所鮮見。

《磧砂藏》爲南方系大藏經的重要代表之一[1]，其與《普寧藏》《洪武南藏》《永樂南藏》《永樂北藏》《嘉興藏》《龍藏》皆有密切的淵源關係，本藏歷經宋元刊刻、明遞修，在宋元各種大藏經刻版中再無如《磧砂藏》這般關係複雜。[2]又，陝藏《磧砂藏》原本部分殘缺，致影印本以他本補版。正因《磧砂藏》版式複雜，一般不易接觸本藏，而據影印本又難以充分開展版本研究，故今所見二十五篇《磧砂藏》的文獻學研究論文中，述及版式討論的，僅何梅先生所撰《山西崇善寺藏〈磧砂藏〉本的價值》和《山西崇善寺〈磧砂藏〉本的價值》兩篇。[3]西園寺所藏《磧砂藏》零本，一則所藏《大方便報恩經》、玄應《一切經音義》兩冊，可補影印本《磧砂藏》之缺；二則既刊古籍書目對西園寺藏《磧砂藏》零本的著錄存在經冊失收、版本信息缺失、他家藏品誤錄西園寺名下等情形；三則對西園寺《磧砂藏》零本中宋元刊刻、明遞修版式情況予以梳理，又對所存同冊中並存兩種版式等情況予以討論。如是，本次研究既可補訂既刊

---

〔1〕 方廣錩、竺沙雅章將漢文刻本大藏經分作南方（江南藏）、北方（契丹藏）、中原（開寶藏）三個系統（參見竺沙雅章《第二部　宋元版大藏經的系譜》[《宋元佛教文化史研究》，汲古書院，2000 年，第 281—291 頁]、方廣錩《中國寫本大藏經研究》[上海古籍出版社，2006年，第 24、343、400、418、536、657 頁]的相關論述），李富華則將漢文刻本大藏經分作開寶藏、契丹藏、崇寧藏、永樂南藏四個系統（參見李富華《也談漢文佛教大藏經的系統問題》，《漢文大藏經國際學術研討會論文集》，上海師範大學，2007 年 9 月，https://www.douban.com/group/topic/17036765/2019-5-27）。

〔2〕 參見呂澂《磧砂版藏經》，《呂澂佛學論著選集》卷三，齊魯書社，1991 年，第1468 頁。

〔3〕 何梅：《山西崇善寺藏〈磧砂藏〉本的價值》，《宗教學研究》2000 年第 1 期，第 61—69 頁；《山西崇善寺〈磧砂藏〉本的價值》，《五臺山研究》2000 年第 2 期，第 16—21 頁。此二文內容相近，後匯入何梅撰《宋元版〈磧砂藏〉研究》（李富華、何梅：《漢文佛教大藏經研究》，第 282—285 頁）。又，《大藏經研究彙編》（上下）（張曼濤主編：《現代佛教學術叢刊》10、17，大乘文化出版社，1977 年）中葉恭綽《歷代藏經考異》、周叔迦《大藏經雕刻源流紀略》、李圓淨《歷代漢文大藏經概述》、胡適《記美國普林斯頓大學的葛思德東方書庫藏〈磧砂藏經〉原本》、橋本凝胤《宋版一切經考》、小川貫弌《元版〈杭州藏〉和〈磧砂藏〉》（《大藏經的成立與變遷》，藍吉富主編：《世界佛學名著譯叢》25，華宇出版社，1985 年，"第十二章　元版杭州藏和磧砂藏"，第 75—82 頁），所記《磧砂藏》版式中的行款或謂之同與《思溪藏》，餘等未言。

又，安上法師《邊幹邊學，刻苦鑽研，努力做好古籍善本編目工作》《西園現存藏經》二文述及《磧砂藏》零本內容甚簡（參見紀華傳編著《安上法師：生平與著述》，甘肅人民出版社，2010 年，第 85、95—96 頁）。其在《邊幹邊學，刻苦鑽研，努力做好古籍善本編目工作》中提及自己曾撰《磧砂考》一文，但筆者於西園寺檔案館查閱安上法師個人檔案時，並未尋得。

古籍書目之缺失、訛誤及其原由，又可澄清西園寺藏《磧砂藏》實存經册的數量、版式等情況。

二、 西園寺藏《磧砂藏》零本調查述略

調查工作嚴格依照西園寺古籍管理規定進行[1]，前後共計五次，分別於 2016 年 11 月 11 日、11 月 18 日、11 月 19 日、12 月 16 日及 2019 年 6 月 16 日。參與調查的人員有樓曉尉及張利娟二人。樓曉尉負責對古籍的測量、拍照及相關版本考察，張利娟負責信息記録。館藏《磧砂藏》零本計九件（册），每件經測量、拍照後，記録各項版本信息，待所有信息匯總後再與六種書目、影印《磧砂藏》本同經覆核、比對，如是發現西園寺藏《磧砂藏》零本的品種、數量、版本形態等實際情況與書目信息、影印本《磧砂藏》同經間存在若干差異之處。

三、 書目所録西園寺藏《磧砂藏》零本

1970 年 7 月至 1973 年 12 月中旬，明開、安上兩位法師對收藏於西園寺藏經樓的西園寺、寒山寺的圖書進行了整理、著録。1978 年全國古籍善本書總目編輯工作啓動，當時爲方便蘇州地區西園、靈巖、寒山三寺所藏古籍的普查、鑒定、登記、上報工作的開展，遂於當年 10 月將靈巖山寺所需鑒定的古籍移置西園寺藏經樓，待上報工作結束後再將靈巖、寒山二寺古籍擇期分還。[2]然而，在上報善本書目時，除《龍藏》目下注明西

---

〔1〕　遞呈申請查閲古籍善本報告，經普仁大和尚批準，並得到藏主法宗法師的大力支持與配合，如此方能使調查工作順利進行，於此敬表謝悃。

〔2〕　關於靈巖山寺古籍暫存西園寺的情況，參見明開法師《蘇州佛教志稿》《劫後回憶録》（李尚全編著：《明開法師：生平與著述》，甘肅人民出版社，2008 年，第 156、216 頁）和安上法師《西園戒幢律寺簡志》、《三中全會以來市佛協工作的總結》（紀華傳編著：《安上法師：生平與著述》，第 118、165 頁）。又，《西園和寒山寺經書目録》（定本）中列有"四十三、寒山寺經書"一節，其下詳列寒山寺古籍品種、數量，靈巖山寺暫存古籍品種、數量則可參見《靈巖寺經書拿來整理統計》（檔案卷宗號 SZXY-001-0038-001，西園寺檔案館）和安上法師《蘇州市佛協八二年工作總結彙報》（1983 年 3 月 15 日，第 28 頁，檔案卷宗號 2.2-1999-5，西園寺檔案館）。靈巖山寺古籍於 1983 年歸還（《安上法師：生平與著述》，第 118 頁），寒山寺古籍歸還時間闕如。

園寺二部、寒山寺一部外，餘者皆未作區分，館藏單位一概著錄爲西園寺，如靈巖山寺藏《普寧藏》一千六百六十二册、《永樂南藏》一千三百十一册等皆列入西園寺名下。正因西園、寒山、靈巖山三寺的古籍存在特殊分合情況，致西園寺內部的館藏書目和既刊古籍書目之間所著錄的西園寺藏古籍名錄存在著一定的差異。

（一）六種書目的形成及其關係概説

已知現存著錄西園寺藏佛教類古籍名錄者，凡六種，分別是《西園和寒山寺經書目錄》（館藏詳目）稿本（1974）和定本（1974）兩種[1]、《西園寺藏經樓登記目錄》（館藏登記簡目，約 20 世紀 90 年代末）[2]、《蘇州市古籍善本書目錄》（1980）、《中國古籍善本書目·子部》（綫裝本，1994；精裝本，1996）[3]、《中國古籍總目·子部》（2010）各一種。六目形成簡況分述如次：

1.《西園和寒山寺經書目錄》分稿本、定本兩種，各存一册。[4] 1970年 7 月至 1973 年 12 月，明開、安上兩位法師整理、清點古藏經樓經書，待短暫休整後，明開法師於 1974 年 3 月末至 7 月下旬間編制寺藏經書目錄，在歷經近五年的經書整理和相關資料彙編的基礎上，形成了今存經書目錄稿本和定本。[5] 此二目皆屬西園寺內部藏書目錄，爲六目中最先編

---

[1]《西園和寒山寺經書目錄》由明開法師編寫於 1974 年，具體時間從 1974 年 3 月 28 日至 29 日，5 月 14 日至 7 月 19 日，用時 69 天，一式五册，上交相關部門三册，今存一册（參見《明開日記 16 號·工作手册 1973.6.4—80.1 ［1973 年至 1980 年工作手册（賢）］》，檔案卷宗號 SZXY-2.1-0009，西園寺檔案館）。今所存一册定本爲五册之一，而稿本則是定本編輯的基礎文本。雖寺藏經書目錄的編輯時間僅兩個月，但實則是明開法師等經歷近五年經書整理、記錄相關資料，如《明開日記 1·在西園整理龍藏等經書（徐德賢備忘錄）》等的基礎之上方能順利編輯而成。

[2]　按：《西園寺藏經樓登記目錄》，此名稱爲筆者所加。

[3]《中國古籍善本書目》於 1985—1996 年先以綫裝本出版，後於 1989—1998 年再以精裝本出版，此信息爲上海古籍出版社顧莉丹請教責編吳旭民老師後相告，謹此謝忱。

[4]　2019 年 7 月 6 日，筆者陪同上海師範大學定源法師、伍小劼於藏經樓調查佛教懺儀類文獻時，於待整理經書書櫃中發現《西園和寒山寺經書目錄》稿本一册。封面題有"經書目錄"四字，據法宗法師説以筆迹而論，應爲明開法師所抄。

[5]　參見明開法師《明開法師自傳四種》《劫後回憶錄》（《明開法師：生平與著述》，第 68、94、96、107—109、211—215 頁），《明開日記 1 號·在西園整理龍藏等經書（徐德賢備忘錄）》（檔案卷宗號 SZXY-2.1-0008，西園寺檔案館），《明開日記 16 號·工作手册 1973.6.4—80.1（1973 年至 1980 年工作手册［賢］）》（檔案卷宗號 SZXY-2.1-0009，西園寺檔案館），《明開日記 19·二册，1979.12.21—1981.9.1（明）（1979 年工作手册第二册·蘇州市佛教協會）》（檔案卷宗號 SZXY-2.1-0009，西園寺檔案館）。

纂。稿本和定本二本相較，於類目、類名、内容處稍異。一者，類目設
置，稿本設四十三類，較定本少"寒山寺經書"一類。二者，類名制定，
如定本中弘化社經書、佛學工具書、文物室和石室内經書、待處理經書，
稿本分作弘化社出版經書、佛教辭典等、放在前文物室櫥内和石室内的經
書及不要的經書。三者，書目内容，如"四十二、文物室和石室内經書"
中，《報恩經》，稿本作"報恩經 1 册，元（可能定《普寧藏》版本）"，
定本作"報恩經 1 册，元"。本目所設四十四類圖書，若從性質而論，包
括古籍類（文獻名、册數、版本）和非古籍類（文獻名、册數）；若從圖
書所有權人而言，則屬於西園寺和寒山寺。本目中，正式編目具有完整書
目信息的圖書六萬三千二百二十九册，待處理而無書目信息的圖書一萬一
千五百三十二册（綫裝、梵夾裝及其他圖書資料）[1]，兩項總計七萬四千
七百六十一册。[2]

2.《西園寺藏經樓登記目錄》，一册。約 20 世纪 90 年代末[3]，法宗
法師擔任藏主後，組織寺院護法居士對藏經樓所藏部分圖書重新予以登
記，並由居士據實物登記且製成表單。登記表内容包括序號、書名、數
量、存放櫃子、備注五項，共列 48 號（類），實用 33 號（類），有 15 個
號空缺未用[4]，總計三萬二千九百二十八册。本目與《西園和寒山寺
經書目錄》（定本）相較，除第 45 至 48 號，即國學書籍、醫學、地理、
道教經、玄奘師譯四類（合計九百二十三册）之外，餘類目、類名、序
號與《西園和寒山寺經書目錄》（定本）完全一致。若扣除第 45 至 48 號
四類新增類目的册數，則藏經樓原藏圖書中三萬二千零五册經重新
登記。

---

[1] 按：法宗法師告知，待處理圖書在其擔任藏主後由沈延平老居士初步整理、分類，惜
未編纂成册。

[2] 據明開、安上編撰《西園和寒山寺經書目錄》（定本），1974 年。
按："上報善本書統計表"所載西園未編經書一萬一千册（西園園林藏經樓《上報善本書統
計表》，1979 年 8 月 4 日，檔案卷宗號 SZXY-001-0038-001，西園寺檔案館；《安上法師：生平與
著述》，第 100 頁），此應是《西園和寒山寺經書目錄》編製過程中，又整理出一批文獻，故致二
處所記待處理經書的數量相差五百三十二册。

[3] 按：書目上未予記錄具體的成書時間，筆者就此曾詢問過法宗法師，其說大致於
1999 年擔任藏主後最初幾年，準確的時間則因年代久遠已無從記得。

[4] 按：十五個號未用，包括第 26 至 28、30、33 至 41、43、44 未列類目，爲空白欄。

3.《蘇州市古籍善本書目錄》，綫裝油印本，上下兩册。本目由蘇州市圖書館編印於 1980 年，屬於 1976 年 12 月至 1983 年 8 月編輯《中國古籍善本書目》工作的階段性成果。[1]本目雖名爲《蘇州市古籍善本書目錄》，實僅包括蘇州市圖書館、江蘇師範學院（今蘇州大學）、蘇州市文管會（藏品今屬蘇州博物館）、西園寺、蘇州中醫院、蘇州醫學院圖書館六家古籍收藏單位古籍善本目錄之彙編，版本信息著錄規範而較詳。1978 年 3 月至 1979 年 8 月，西園寺作爲蘇州市古籍編目協作單位參與《全國古籍善本書目》編目工作，其間於 1978 年 10 月，爲便於靈巖山寺擬上報古籍的鑒定而將擬上報古籍轉存西園寺藏經樓，與此前已保存於西園寺的寒山寺經書待鑒定、編目後一並列入西園寺名下上報。[2]故而，《蘇州市古籍善本書目錄》所列西園寺古籍，實則分屬於西園、寒山、靈巖山三寺。

4.《中國古籍善本書目》，綫裝鉛印本，七函四十三册。[3]本書始於 1976 年 12 月召開善本書目籌備會，在經過前期各地古籍普查後，於 1980 年 5 月至 1981 年 8 月各地書目卡片匯集北京，1981 年 10 月起進行書目編纂，1983 年 8 月轉入定稿階段，經、史、子、集、叢五部陸續完成校訂。經部首先完成定稿，於 1986 年 10 月由上海古籍出版社首發《中國古籍善本書目·經部》，隨後叢、史、子、集諸部依次

---

[1]　編輯工作的起止時間參照顧廷龍《中國古籍善本書目編輯經過》（《圖書館學通訊》1986 年第 4 期，第 9—10 頁）、冀淑英《〈中國古籍善本書目〉後記》（《北京圖書館館刊》1996 年第 2 期，第 79—83 頁），以及駱偉《〈中國古籍善本書目〉爲何屢遭盜版侵權？》，http://blog.sina.com.cn/s/blog_4e4a788a0100agm4.html 2018-10-24。

[2]　參見許培基《蘇州市古籍善本書目錄序》（《蘇州市古籍善本書目錄》，蘇州市圖書館，1980 年，第 1—2 頁）；明開法師主編《蘇州佛教志稿》《劫後回憶錄》（《明開法師：生平與著述》，第 156、215—216 頁）；安上法師《邊幹邊學，刻苦鑽研，努力做好古籍善本編目工作》《西園戒幢律寺簡志》，（《安上法師：生平與著述》，第 84、118 頁）；安上法師《蘇州市佛協八二年工作總結彙報》（1983 年 3 月 15 日，第 28 頁，檔案卷宗號 2.2-1999-5，西園寺檔案館）；《上報善本經統計表》（檔案卷宗號 SZXY-001-0005-017，西園寺檔案館）。

[3]　本書後又出版精裝本，計九册。各部出版情況如次：《中國古籍善本書目》（經部）綫裝一函五册（1985）、精裝一册（1989），《中國古籍善本書目》（史部）綫裝二函十册（1991）、精裝上下二册（1993），《中國古籍善本書目》（子部）綫裝一函八册（1994）、精裝上下二册（1996），《中國古籍善本書目》（集部）綫裝二函十五册（1996）、精裝上中下三册（1998），《中國古籍善本書目》（叢部）綫裝一函五册（1989）、精裝一册（1990）。

出版。[1]《中國古籍善本書目》和《蘇州市古籍善本書目錄》同屬全國古籍普查的成果，二目的主要差別反映在著錄信息的詳略之上。

　　5.《中國古籍總目》，精裝本二十六册。本書是截至 2009 年所知中國現存漢文古籍的總目錄，全面反映了當時中國主要圖書館及部分境外圖書館現存漢文古籍的品種、版本及館藏地。本書編纂於 1992 年至 2009 年，由國家圖書館、北京大學圖書館、上海圖書館等十一家圖書館古籍編目人員組成編委會，並由國家圖書館、上海圖書館、南京圖書館、北京大學圖書館、湖北省圖書館、天津圖書館承擔具體各部編纂，本目是以各館館藏古籍目錄、專科目錄，以及經核對修訂後的部分條目爲其書目編纂基礎數據。正是由於本目的編纂工作的基礎數據並非源自最新的古籍普查信息，而是來自現刊館藏古籍書目，雖部分條目經訂正訛誤，如上海博物館曾參與本次編纂，對《中國古籍善本書目》中上海博物館館藏數據訛誤予以修訂，剔除二十種未收藏於上海博物館的古籍品種，但畢竟“部分”的表述過於含糊，以致無法確知實際的修訂範圍、細目。[2]

　　六目差異具三端：一者，收錄區域範圍廣狹有別。寺藏三目爲寺院内部的館藏目錄，《蘇州市古籍善本書目錄》是蘇州地區六家古籍收藏單位善本書目，餘三目則屬於全國性的古籍善本書目和古籍書目。二者，書目著錄內容詳略不一。《蘇州市古籍善本書目錄》最爲詳盡，餘五目皆不及此目。三者，成書、出版時間先後不一。西園寺經目中的《西園和寒山寺經書目錄》成書時間最早，編纂於 1974 年 7 月，而《蘇州市古籍善本書目錄》《全國古籍善本書目·子部》《中國古籍總目·子部》分別於 1980

　　〔1〕　參見《〈中國古籍善本書目〉在京開始總編》，《北圖通訊》1980 年第 3 期，第 49 頁；沈津：《〈中國古籍善本書目〉在上海著手定稿》，《圖書館雜志》1983 年第 3 期，第 23 頁；冀淑英：《〈中國古籍善本書目〉後記》，《北京圖書館館刊》1996 年第 2 期，第 79—81 頁；顧廷龍：《中國古籍善本書目編輯經過》，《圖書館通訊》1986 年第 4 期，第 9—10 頁；駱偉：《春華秋實——記〈中國古籍善本書目〉的編輯工作歷程》，《圖書館論壇》2010 年 10 月（第 30 卷第 6 期），第 284—285、287 頁；宮愛東、韓錫鐸：《初論〈中國古籍善本書目〉的編纂及其歷史功績》，《傳統文化與現代化》1999 年第 3 期，第 88—89 頁；《〈中國古籍善本書目〉（經部）正式出版發行》，《圖書館通訊》1986 年第 4 期，第 10 頁。
　　〔2〕《中國古籍總目·子部·前言》，中華書局、上海古籍出版社，2010 年，第 1—4 頁；《中國古籍總目編纂說明》，第 5 頁；柳向春：《上海博物館參與“中國古籍總目項目”情況綜述》，《天一閣文叢》第九輯，第 108—109 頁；楊牧之：《中國古籍總數普查工作的重大成果——兼談〈中國古籍總目〉的特點》，《中國新聞出版廣電報》2013 年 1 月 21 日第 5 版；趙昌平：《〈中國古籍總目〉：傳承與創新》，《中華讀書報》2013 年 1 月 16 日第 9 版《書評周刊》。

年、1994 年（綫裝）/1996 年（精裝）、2010 年出版。

六目雖相互獨立，但彼此間却有著一定的相承關係。所謂的相承關係，主要是指書目數據之間具有遞承關係，尤其是《蘇州市古籍善本書目錄》《全國古籍善本書目》《中國古籍總目》三目數據具有緊密的聯繫。《蘇州市古籍善本書目錄》《全國古籍善本書目》，同屬中國古籍善本書目的先後工作成果，二者間具有直接的數據遞承轉錄關係，而《蘇州市古籍善本書目錄》《全國古籍善本書目》與《中國古籍總目》，雖無直接工作關係，但由於《中國古籍總目》的編纂方式，使得其與前二目具有了間接的數據轉錄關係。

（二）書目著錄情況及其差異

因西園寺三種寺藏經目中，《西園和寒山寺經書目錄》之稿本與定本所記《磧砂藏》零本內容一致，故據定本予以説明。五種書目著錄西園寺藏《磧砂藏》零本的數量、內容詳略不一，今將五目所載《磧砂藏》零本信息移錄如次：

1.《西園和寒山寺經書目錄》（1974）

本目載《磧砂藏》零本九冊十六種[1]，其目如次：

（1）《一切經音義》，一冊，南宋磧砂藏版本。[2]

（2）《宗鏡錄》，一冊，南宋磧砂藏版本。[3]

（3）三經同卷，一冊，元。[4]

（4）三經同卷，一冊，元大德十年。[5]

---

[1]《西園現存藏經》和《上報善本書統計表》中，共著錄宋元《磧砂藏》九冊十六種（西園園林藏經樓《上報善本書統計表》；《安上法師：生平與著述》，第 95—96、100 頁）。又，此中《善夜經》等四經同卷屬於靈巖山寺，餘皆存西園寺。

[2]《中國古籍總目·子部》第 6 冊（上海古籍出版社，2010 年），第 2778—2779 頁：《一切經音義》二十五卷，唐玄應撰，宋元間磧砂延聖院刻明永樂印本（缺卷二至三、六至七、十一至十二、十五）。

[3]《中國古籍總目·子部》第 6 冊，第 2790 頁：《宗鏡錄》一百卷，宋釋延壽集，元平江路磧砂延聖寺刻（缺卷一至二、四至十一、十三、十五、十九、三十五至三十六、七十九、九十八、一百）。

[4] 原目中三經同卷、四經同卷皆未注明所含經名，按語所著經名是與善本卡片、實物對勘後所得。

按：三經，即《大悲心陀羅尼修行念誦略儀》《妙吉祥平等觀門大教王經略出護摩儀》《金剛頂超勝三界經説文殊五字真言》。又，稿本條目下於"（）"內備注"可能定普寧版本"。

[5] 按：三經，即《鬼問目連經》《雜藏經》《餓鬼報應經》。

（5）四經同卷，一册，元。[1]

（6）《歷代三寶紀》，一册，明。[2]

（7）《雜阿含經》，一册，永樂甲午。[3]

（8）《中阿含經》，一册，永樂甲午。[4]

（9）《報恩經》，一册，元。[5]

2.《西園寺藏經樓登記目錄》（約20世紀90年代末）

本目載《磧砂藏》零本十册，其目如次：

（1）《歷代三寶紀》，一册（4號），善1，明。

（2）三經同卷，二册（8號），善1，元。

（3）四經合卷，一册（9號），善1，元。

（4）《雜阿含經》卷第七册，一册（10號）善1，明。

（5）《中阿含經》卷第十一册，一册（11號），善1，明。

（6）《大方便報恩經》，一册（12號），善1，元。

（7）三經同卷，一册（15號），善1，元。

（8）《一切經音義》卷十一，一册（20號），善1，南宋。

（9）《宗鏡錄》，一册（21號），善3。

　　三經同卷者，《西園和寒山寺經書目錄》（定本）著錄兩册，《西園寺藏經樓登記目錄》著錄三册。本次調查實見兩册，即上報兩册。此二册所貼“抄家物資”標籤上的登記編號與《西園寺藏經樓登記目錄》之“四十二、文物室和石室内經書”編號相同，即分別是8號和15號。抄家物品登記依一號一物之編號規則，如此不應出現多物同號的情況，且

---

　　〔1〕　按：四經，即《文殊師利根本一字陀羅尼法》《曼殊室利菩薩咒藏中一字咒王經》《十二佛名神咒校量功德除障滅罪經》《稱贊如來功德神咒經》。

　　〔2〕《中國古籍總目·子部》第6册，第2778頁：《歷代三寶紀》十五卷，隋費長房撰，宋元間磧砂延聖院刻（缺卷一、三）。

　　〔3〕稿本條目下於“（）”内備注“版式與南藏相似”。《中國古籍總目·子部》第6册，第2765頁：《雜阿含經》五十卷，南朝宋釋求那跋陀羅譯，元平江路磧砂延聖寺刻永北印本（缺卷三十二、四十；卷三十殘）。

　　〔4〕稿本條目下“同上”，即同《雜阿含經》。《中國古籍總目·子部》第6册，第2765頁：《中阿含經》六十卷，晉釋僧伽提婆譯，元平江路磧砂延聖寺刻永北印本。

　　〔5〕稿本條目下於“（）”内備注“可能定普寧版本”。《中國古籍總目·子部》第6册，第2756頁：《大方便佛報恩經》七卷，漢□□譯，宋元間磧砂延聖院刻（存卷一，卷四、七殘）。

　　按：經名全稱作《大方便佛報恩經》。

登記目錄之前的書目所載和實物皆爲一册，故據此可認爲《西園寺藏經樓登記目錄》將抄家物資 8 號誤記作兩册，亦即《磧砂藏》零本數仍作九册。

3.《蘇州市古籍善本書目錄》第一册（1980）

本目載西園寺藏《磧砂藏》零本爲八册十五種，其目如次：

（1）《雜藏經》一卷　元大德刻《磧砂藏》本，與《鬼問目連經》《餓鬼報應經》合一册。[1]

（2）《雜阿含經》五十卷　元刻《磧砂藏》，明永樂杭州朱家經坊印本，一册，有圖，梵莢，存一，卷七。

（3）《虛空藏菩薩能滿諸願最勝心陀羅尼求聞持法》一卷　宋刻《磧砂藏》本，與《佛說拔除罪障咒王經》《佛說一切功德莊嚴王經》《佛說善夜經》合一册。[2]

（4）《大方便佛報恩經》七卷　宋刻《磧砂藏》本，一册，存一，卷七。

（5）《大悲心陀羅尼修行念誦略儀》一卷　元大德刻《磧砂藏》本一册，與《妙吉祥平等觀門大教五經略出護摩儀》《金剛頂超勝三界經說文殊五字真言勝相》合一册。[3]

（6）《中阿含經》六十卷　元刻《磧砂藏》，明永樂杭州朱家經坊印本，一册，梵莢，存一，卷十一。

（7）《宗鏡錄》一百卷　元延祐二年刻本，一册，存一，卷八十八。

（8）《歷代三寶紀》十五卷　元刻《磧砂藏》，明永樂杭州朱家經坊印本，一册，梵莢，存一，卷十一。

4.《中國古籍善本書目·子部》卷二十“釋家類·大藏”（1996）

《磧砂藏》於本目中載有兩個條目，即宋紹定四年至元至元二年（1231—1265）平江府磧砂延聖院刻本（10297）和宋紹定四年至元至元二

---

〔1〕　按：三經同卷，分錄作三個條目（《蘇州市古籍善本書目錄》，第 23、26、31 頁）。

〔2〕　按：四經同卷，分錄作四個條目（《蘇州市古籍善本書目錄》，第 25、26 頁）。
《中國古籍總目·子部》第 6 册：《佛說拔除罪障咒王經》一卷，唐釋義淨譯，宋元間磧砂延聖院刻；《佛說一切功德莊嚴王經》一卷，唐釋義淨譯，宋元間磧砂延聖院刻；《虛空藏菩薩能滿諸願最勝心陁羅尼求聞持法》一卷，唐釋輸波迦羅譯，宋元間磧砂延聖院刻；《佛說善夜經》一卷，唐釋義淨譯，宋元間磧砂延聖院刻（第 2758 頁）。

〔3〕　按：三經同卷，分錄作三個條目（《蘇州市古籍善本書目錄》，第 29、30 頁）。

年平江府磧砂延聖院刻元明遞修本（10298）。於"10297"下著錄"蘇州西園寺"（館藏地代號1685），但未著錄具體的經名、册數。[1]

5.《中國古籍總目·子部》第6册"釋家類·大藏之屬"（2010）[2]

本目於《磧砂藏》下著錄"蘇州西園寺＊"[3]，但僅錄三經同卷二册六種的信息，細目如次：

（1）《鬼問目連經》一卷，漢釋安清譯，元大德間刻，蘇州西園寺。[4]

（2）《雜藏經》一卷，南朝宋釋法顯譯，元大德間刻，蘇州西園寺。[5]

[1]《中國古籍善本書目·子部》下册，上海古籍出版社，1996年，第884、1390頁。

按：10297和10298，所著錄收藏磧砂藏單位十七家，名目如下：北京圖書館（即今國家圖書館前身）、北京大學圖書館、北京市文物局、上海圖書館、太原崇善寺、遼寧省圖書館、旅順博物館、陝西省圖書館、南京圖書館、南京博物院、蘇州市文物管理委員會、蘇州西園寺、四川省圖書館、四川大學圖書館、四川師範學院圖書館、四川省博物館、雲南省圖書館。又，北京圖書館、遼寧省圖書館在10297、10298號下皆有著錄。

[2]《中國古籍總目·子部》第6册"釋家類·大藏之屬·磧砂藏"中，與西園寺藏零本相同文本著錄情況如下：

（1）《文殊師利根本一字陀羅尼法》《曼殊室利菩薩咒藏中一字咒王經》《十二佛名神咒校量功德除障滅罪經》《稱贊如來功德神咒經》，宋咸淳二年平江府磧砂延聖院刻，國圖（第2752頁）。

（2）《大方便佛報恩經》，宋元間磧砂延聖院刻（存卷一，卷四、七殘）（第2756頁）。

（3）《虛空藏菩薩能滿諸願最勝心陀羅尼求聞持法》《佛説拔除罪障咒王經》《虛空藏菩薩能滿諸願最勝心陀羅尼求聞持法》《善夜經》，宋元間磧砂延聖院刻（第2758頁）。

（4）《中阿含經》，元平江路磧砂延聖院刻明永樂印本（第2765頁）。

（5）《雜阿含經》，元平江路磧砂延聖院刻明永樂印本（缺卷三十二、四十；卷三十殘）（第2765頁）。

（6）《鬼問目連經》《雜藏經》《餓鬼報應經》，元大德間刻，蘇州西園寺（第2768頁）。

（7）《歷代三寶紀》，宋元間磧砂延聖院刻（缺卷一、三）（第2778頁）。

（8）《一切經音義》，宋元間磧砂延聖院刻明永樂印本（缺卷二至三、六至七、十一至十二、十五）（第2778—2779頁）。

（9）《宗鏡錄》，元平江路磧砂延聖院刻（缺卷一至二、四至十一、十三、十五、十九、三十五至三十六、七十九、九十八、一百）（第2790頁）。

（10）《大悲心陀羅尼修行念誦略儀》《妙吉祥平等觀門大教王經略出護摩儀》《金剛頂超勝三界經説文殊五字真言》，元大德十至十一年釋管主八刻，蘇州西園寺（第2794頁）。

[3]《中國古籍總目·子部》第6册，第2740頁。

按："蘇州西園寺＊"，"＊"指"殘本未能著錄其存缺卷次者，收藏機構簡稱後加'＊'號"。又，"稀見刻本、稿抄批校本之收藏機構著錄從詳，通行常見之本因所在多有，著錄從略"（《中國古籍總目·子部》第1册《中國古籍總目編纂説明》中，第7頁）。

本目另著錄二十一家零本收藏單位，其中國內十六家收藏單位同《中國古籍善本書目》，國外五家零本收藏單位，即美國普林斯頓大學圖書館、美國哈佛大學燕京圖書館、日本奈良西大寺、日本大阪杏雨書屋、日本東洋文庫。

[4]《中國古籍總目·子部》第6册，第2768頁。

[5] 同上。

（3）《餓鬼報應經》一卷，晉□□譯，元大德間刻，蘇州西園寺。[1]

（4）《大悲心陀羅尼修行念誦略儀》一卷，唐釋不空譯，元大德十至十一年（1306—1307）釋管主八刻，蘇州西園寺。[2]

（5）《妙吉祥平等觀門大教王經略出護摩儀》一卷，遼釋慈賢譯，元大德十至十一年釋管主八刻，蘇州西園寺。[3]

（6）《金剛頂超勝三界經說文殊五字真言》一卷，唐釋不空譯，元大德十至十一年釋管主八刻，蘇州西園寺。[4]

核勘如上五種書目，五目共著錄西園寺藏《磧砂藏》零本十册二十種。其中兩種寺藏內部館藏目錄所錄《磧砂藏》零本的品種、數量一致，計九册十六種。三種外部既刊目錄著錄不一，其中僅蘇州地方古籍書目完整著錄西園寺藏《磧砂藏》零本信息，餘兩種全國性古籍書目所記西園寺藏《磧砂藏》零本信息不周。因三種外部公開既刊目錄間及與寺藏內部書目間的著錄信息不一，故爲使五目著錄信息的差異清晰地予以呈現，今列五目對照表如次（見表一）：

表一　五種書目著錄西園寺藏《磧砂藏》零本情況對照表

序號	經　名	册數	西園書目A	西園書目B	蘇善目錄	中善書目	中古總目	備　注
1	一切經音義	1	*	*	○	○	○	本册上報，但三種外部既刊書目未作著錄
2	宗鏡錄	1	*	*	*	○	○	
3	大悲心陀羅尼修行念誦略儀		*	*	*	○	*	
4	妙吉祥平等觀門大教王經略出護摩儀	1	*	*	*	○	*	三經同卷
5	金剛頂超勝三界經說文殊五字真言		*	*	*	○	*	

[1]《中國古籍總目·子部》第6册，第2768頁。
[2] 同上書，第2794頁。
[3] 同上。
[4] 同上。

（續表）

序號	經　名	册數	西園書目A	西園書目B	蘇善目錄	中善書目	中古總目	備　注
6	鬼問目連經		＊	＊	＊	○	＊	三經同卷
7	雜藏經	1	＊	＊	＊	○	＊	
8	餓鬼報應經		＊	＊	＊	○	＊	
9	文殊師利根本一字陀羅尼法		＊	＊	○	○	○	四經同卷（未上報）
10	曼殊室利菩薩咒藏中一字咒王經	1	＊	＊	○	○	○	
11	十二佛名神咒校量功德除障滅罪經		＊	＊	○	○	○	
12	稱贊如來功德神咒經		＊	＊	○	○	○	
13	虛空藏菩薩能滿諸願最勝心陀羅尼求聞持法		○	○	＊	○	○	四經同卷（靈巖山寺藏）
14	佛說拔除罪障咒王經	1	○	○	○	○	○	
15	佛說一切功德莊嚴王經		○	○	○	○	○	
16	善夜經		○	○	○	○	○	
17	大方便佛報恩經	1	＊	＊	＊	○	○	
18	歷代三寶紀	1	＊	＊	＊	○	○	
19	中阿含經	1	＊	＊	＊	○	○	
20	雜阿含經	1	＊	＊	＊	○	○	

　　說明：（1）縮略語：①西園書目A，即《西園和寒山寺經書目錄》；②西園書目B，即《西園寺藏經樓登記目錄》；③蘇善目錄，即《蘇州市古籍善本書目錄》；④中善書目，即《中國古籍善本書目》；⑤中古總目，即《中國古籍總目》。
　　（2）使用符號：①＊，表示著錄；②○，表示未著錄。
　　（3）備注："中善書目"未載零本細目信息，"中古總目"僅載部分零本信息。

　　三種外部公開既刊書目中，因《中國古籍善本書目》《中國古籍總目》二目所錄西園寺《磧砂藏》零本信息並不完備，加之《蘇州市古籍善本書目錄》已包含了《中國古籍善本書目》《中國古籍總目》所錄全部信息。又，西園寺内部三種寺藏目錄中，善本書目部分相同，而《西園和寒山寺經書目錄》（定本）著錄信息相對更爲完整，故通過比對《西園和寒山寺經書目錄》（定本）、《蘇州市古籍善本書目錄》二目，即可了知《磧砂藏》零本著錄内容的差異。

　　經比對《西園和寒山寺經書目錄》（定本）、《蘇州市古籍善本書目錄》二目，其中七册十一種，二目皆著錄（經名細目見上表）。另，三册九種，即《善夜經》等四經同卷一册、《稱贊如來功德神咒經》等四經同卷一册、《一切經音義》一册，二目著錄不一。其中《善夜經》等四經同卷一册爲《蘇州市古籍善本書目錄》所錄，而《稱贊如來功德神咒經》等四經同卷、《一切經音義》二册爲《西園和寒山寺經書目錄》所錄。

四、 西園寺《磧砂藏》零本的版本考察

　　本次《磧砂藏》零本考察，在西園寺藏經樓善本書庫中共檢得《磧砂藏》零本九册十六種，與《西園和寒山寺經書目錄》（稿本、定本）、《西園寺藏經樓登記目錄》著錄經目一致；《蘇州市古籍善本書目錄》所錄八册十五種中，四經同卷一册之除《虛空藏菩薩能滿諸願最勝心陀羅尼求聞持法》《佛説拔除罪障咒王經》《佛説一切功德莊嚴王經》《善夜經》屬於靈巖山寺所有[1]，未獲，餘皆檢得。《一切經音義》二册雖見於上報記錄[2]，但不知何故，《蘇州市古籍善本書目錄》之玄應《一切經音義》條目下，僅著錄蘇州市圖書館藏清道光刻本四册，未收錄西園寺《磧砂藏》本。《稱贊如來功德神咒經》等四經同卷一册未見於《上報善本書統計表》，故亦未收錄於《蘇州市古籍善本書目錄》。

　　西園寺《磧砂藏》零本，經折裝，除玄應《一切經音義》爲青色紙書衣，餘皆磁青色細麻布書衣。西園寺現藏《磧砂藏》零本的其他版本具體信息詳見表二。

---

　　[1] 關於《善夜經》等四經同卷一册屬於靈巖寺的討論，詳見後文“書目著錄西園寺藏《磧砂藏》零本信息的差異與原由”。

　　[2]《磧砂藏》本玄應《一切經音義》上報信息見於《西園現存藏經》（《安上法師：生平與著述》，第 96 頁）。

表二　西園寺藏《磧砂藏》零本版本信息表

序號	題名	卷數/存數	千字文號	音釋	簾文/紙質	版面尺寸/紙數	板框尺寸	行格	版心（函號/版次/刻工）	牌記	扉畫	紀年	備注
1	鬼問目連經	一卷/卷一	言六	有	2.5	29×56 17紙 存17紙	上下單邊 24.5×56	三十行/版，每版五個半紙，六行十七字/半葉	言六 一至十七 應仲卿	無	有	元大德十年丙午臘月	三經合卷 卷首"言六"以毛筆重描，卷尾刊記"上師三寶佛法加持之德"
2	雜藏經												
3	餓鬼報應經												
4	大悲心陀羅尼修行念誦略儀	一卷/卷一	横一	無	2.5	30×56 16紙 存9紙	上下單邊 24.6×56 25.3/2.4×56.5/56.3（58.6）	三十行/版，每版五個半紙，六行十七字/半葉	横一 乙至八、十五 陳、應	無	無	—	三經合卷 紙之情況：第一紙之第一半葉缺，第五紙之第二紙之第一半葉缺，第四、五，第八紙之第四葉缺，第九第十五半葉缺，第十五紙之第五半葉缺，至梵語蘭札文 a ra pa ca na，第十六紙缺
5	妙吉祥平等秘密最上觀門大教王經略出護摩儀												
6	金剛頂超勝文殊五字真言												

（續表）

序號	題名	卷數	存數	千字文號	音譯	簾文/紙質	尺寸/紙數	版邊	行款	版次	牌記	扉畫	紀年	備注
7	文殊師利根本一字陀羅尼法						29.5/30×56 6紙 存6紙	上下單邊 24.5/24.8/25×56.3	三十行/版,每版五個半紙 六行十七字/半葉	效三乙至六	無	無	—	
8	曼殊室利菩薩咒藏中一字咒王經		一卷	效三	—	2.5							—	四經合卷
9	十二佛名神咒校量功德除障滅罪經						29.5×56 8紙 存6紙	上下單邊 25/25.2×56.3	一紙三十行,每版五個半葉,每半葉六行十七字	效一至六	—	—	—	缺紙情況：第六紙之第一半葉,第二半葉首行存,餘紙缺;第七、八紙缺。第三、四經版心鑴經名。十二佛(名),稱贊如來
10	稱贊如來功德神咒經										—	—	—	
11	中阿含經	六十卷	卷十一	夙一	無	2.5	31×56 17紙 存17紙	上下單邊 24.3/24.5×56.4	一紙三十行,每版五個半葉,每半葉六行十七字	夙一,乙至七末趙	有(卷末荷蓋蓮座形,韋陀)	有	永樂甲午	卷尾牌記外鑴"杭州在城眾安橋北朱家經坊印行"

（續表）

序號	題名	卷數	存數	千字文號	音釋首	廉文/紙質	版　　式				牌記·扉畫	紀年	備　注
12	雜阿含經	五十卷	卷七	之七	有	2.5	31×56 18紙 存18紙	上下單邊 24.3/24.8/25×56/56.5(59.5)	一紙三十行，每版五個半葉，每半葉六行十七字	之七，一至十八 末 起刊	有(卷首祥雲形，卷末荷蓋蓮座形)	永樂甲午	卷首經牌鬯，鈐陽文"南王慈氏大藏經記"楷書朱印，卷尾牌記外鎸"杭州在城眾安橋北朱家經坊印行"
13	大方便佛報恩經	七卷	卷七	器七	有	2.5	35.8×56(65) 14紙 存14紙	上下單邊 第一、二紙 26.2×56.2(65)，第三至十四紙 25.8×56.2(65)	一紙三十行，每版五個半葉，每半葉六行十七字	器七乙至十四	無	—	十六面(半葉)補抄(補抄情況詳見下文)
14	宗鏡錄	一百卷	卷八十八	說八	無	2.5	34/30×56.3 15紙 存8紙	上下單邊 24.5×56.3	一紙三十行，每版五個半葉，每半葉六行十七字	說八一至元之	無	—	缺紙情況：第八紙之第四、五個半葉缺，餘紙缺半葉

（續表）

序號	題名	卷數	存數	千字文號	音釋	簾文/紙質	版式				牌記	扉畫	紀年	備注
15	歷代三寶紀	十五卷	卷十一	席一	有	2.5	31×56.8(60)/24 紙/存 24 紙	上下單邊 24.3/25/25.2×56/56.8(60)	一紙三十行，每版五個半葉、每半葉六行十七字	席一，乙至二十四末 范華	有（卷首祥雲形，卷尾荷蓋蓮座形，草陀座像）	一	永樂甲午歲	第二十至二十四紙左下角殘損。卷首題名下鈐首楷書"南王陽文慈氏大藏經記"長方朱印、卷尾牌記外鐫"杭州在城荣女橋北米家經坊印行"。第二十四紙左欄中刻"一丨丈十四丨四十六"
16	一切經音義	二十五卷	卷十一	納四	無	2.5	31/32×56/56.4/56.3/20 紙/存 20 紙	上下單邊 24.5×56/56.4/56.3	一紙三十行，每版五個半葉、每半葉六行十七字	納四，一至二十末	無	無	無	第六紙之第五個半葉和第十九紙之第二、三個半葉下葉空白處各鐫有押花圖案〔1〕

說明：此表所錄尺寸皆爲厘米（cm）。

〔1〕　此押花圖案用於止空白頁面爲墨所污，此據定源法師轉述方廣錩先生的說法。

　　《磧砂藏》爲宋刻、元補、明遞修本，今存在宋、元、明三種版本形態，據上統計與宋、元、明三本的版本形態特徵，以及卷首所附扉畫（此爲元刻明遞修本的特徵之一）〔1〕，西園寺藏《磧砂藏》零本亦包括宋、元、明三種版本形態。何梅先生經實物考察後認爲宋、元刻《磧砂藏》版式上主要存在兩點不同：一者，每册經本首末經題下的標注不同。宋刻版僅注千字文函號，元刻版在千字文函號下增加册次，有的還在首册的千字文函號及册次上或在其下，又添加此函的收經卷數。二者，版間的小字注文不同。宋刻版的注文一般記有千字文函號、經名及卷次、版次、刻工名，元刻版則記有千字文函號及册次、版次、刻工名。〔2〕又，宋、元版《磧砂藏》的刻工、刊記亦有不同，册首附扉畫亦爲元、明版《磧砂藏》版的特徵之一。據已有研究所知版本特徵並以《磧砂藏》原本與西園寺藏本的對勘，是確定西園寺藏本的版本性質的重要參照係，然而原本不易獲見，故以影印本比勘。〔3〕據宋、元、明《磧砂藏》版刻特徵，西園寺藏《磧砂藏》零本的刻本形態性質如次：

　　1. 宋（元）刻本（二册）

　　《大方便佛報恩經》卷七（器函），《西園現存藏經》和《蘇州市古籍善本書目錄》將本册定作宋刻《磧砂藏》本。〔4〕《大方便佛報恩經》卷七（器七）册首經題下注千字文函號“器”，版間注文記千字文函號及册次、版次，如第二紙“器七、三”。四經同卷之《文殊師利根本一字陀羅尼法》

---

　　〔1〕 李際寧：《北京圖書館藏磧砂藏研究》，《北京圖書館館刊》1998 年第 3 期，第 72—73 頁；李富華、何梅：《漢文佛教大藏經研究》，第 285 頁。

　　〔2〕 何梅：《山西崇善寺藏〈磧砂藏〉本的價值》，《宗教學研究》1999 年第 1 期，第 65 頁；李富華、何梅：《漢文佛教大藏經研究》，第 282—283 頁。

　　〔3〕 現已刊行影印磧砂藏，共計四種，分別是《影印宋磧砂藏經》（六十函五百九十三册，影印宋版藏經會，1934—1936 年），《宋版磧砂大藏經》（四十册，新文豐出版公司，1988 年），《磧砂大藏經（影印宋元版）》（一百二十册，綫裝書局，2005 年），《磧砂大藏經》（一百二十册，弘化社，2017 年）。新文豐版爲民國版之縮印本（豎排一葉三版），弘化社版爲民國版之重排本（豎排一葉一版）。又，綫裝書局版爲放大重排（豎排一葉一版），于友先《影印宋元版磧砂大藏經·序言》中稱：“這次整理刊印的《磧砂藏》，底本是根據陝西的藏本，又以他本與零本參校。”（《影印宋元版磧砂大藏經》第一册，綫裝書局，2005 年，第 4 頁）然而，綫裝書局版並未如民國版（《影印宋磧砂藏經》）透過《影印宋磧砂藏經補頁表》的形式如實呈現諸經版本使用情況，且亦並未明確重拍開元、臥龍二寺所藏磧砂藏，故疑此版仍爲民國版之翻印本。雖已刊四種《磧砂藏》影印本，然其實爲一，即民國版《影印宋磧砂藏經》，故對勘依民國版影印本爲據。

　　〔4〕 《安上法師：生平與著述》，第 95 頁；《蘇州市古籍善本書目錄》第一册，第 29 頁。

《曼殊室利菩薩咒藏中一字咒王經》《十二佛名神咒校量功德除障滅罪經》《稱讚如來功德神咒經》（效三），册首“四經合卷”下注千字文函號及册次“效三”，而後二經之《稱讚如來功德神咒經》《十二佛名神咒校量功德除障滅罪經》經名下注千字文函號“效”。版間注文記有兩種不同的形式：一者，前二經採用千字文函號及册次、版次，如“效三、二”。二者，後二經採用千字文函號、經名、版次，如“效、稱讚如來、二”“效、十二佛、四”“效、十二佛名、五”。此二册若按何梅所述宋、元版《磧砂藏》之特徵，則兼具宋、元版刻特徵。[1]

2. 元刻本（四册）

分別是三經同卷之《鬼問目連經》、《雜藏經》、《餓鬼報應經》（言六）、《一切經音義》（納四）、《宗鏡錄》（說八），三經同卷之《大悲心陀羅尼修行念誦略儀》、《妙吉祥平等觀門大教王經略出護摩儀》、《金剛頂超勝三界經說文殊五字真言》（橫一）。定此三册爲元刻版《磧砂藏》，其因具四端：

（1）從元刻版式和刻工而論。《鬼問目連經》等三經同卷，版間記有千字文函號及册次、版次、刻工名，如“言六、二，一、應仲卿”，“應仲卿”屬於《磧砂藏》刻工[2]；《宗鏡錄》卷八十八（說八），版間記有千字文函號及册次、版次、刻工名，如“說八、六，一、元之”，《磧砂藏》刻工名中載有王元之。[3]又，《大悲心陀羅尼修行念誦略儀》等三經同卷屬於管主八刊二十八函秘密經之一，本册版間有刻工名“陳、應”，其爲刊刻秘密經刻工之一。[4]

（2）從元刻版刊記而論。《鬼問目連經》等三經同卷，卷尾刊記載有管主八於元大德十年（1306）丙午臘月撰“上師三寶佛法加持之德”願文，此屬於元刻《磧砂藏》的特徵之一。

（3）從元刻版《磧砂藏》收經而論。宋、元刻本大藏經中，僅《磧砂

〔1〕 按：二册版本屬性的討論，見後文“西園寺《磧砂藏》異本之檢討”。

〔2〕 李富華、何梅：《漢文佛教大藏經研究》，第267頁。

〔3〕 參見葉恭綽《磧砂延聖院小志》，《磧砂嘉興大藏經總目錄索引》，第46頁；《漢文大藏經研究》，第267頁；野澤佳美：《元版大藏經と刻工：附·磧砂藏および普寧寺藏刻工一覧（稿）》，《立正大學文學部論叢》第112輯（2000年9月20日），第54頁。

〔4〕 何梅：《宋元版〈磧砂藏〉研究》，李富華、何梅：《漢文佛教大藏經研究》，第290—296頁；“二十八函秘密經目錄一覧表”，李富華、何梅：《漢文佛教大藏經研究》，第699頁。

藏》收録《大悲心陀羅尼修行念誦略儀》等三經同卷（横一）。《宗鏡録》，於宋、元刻本大藏經及函號而言，雖《磧砂藏》《普寧藏》二藏皆收，然本册刻工"元之"爲《磧砂藏》之屬，故本册歸於《磧砂藏》。又，宋刻版《磧砂藏》之端平目録（《平江府磧砂延聖院新雕藏經律等目録》）終於"合"函，横、説二函未在其列。然而，由於宋刻版《磧砂藏》經卷，是按照端平目録編次雕造，而元大德年後的刊版則改依《普寧藏》，且此二函號亦見於《普寧藏》目録[1]，故横、説二函屬元刻版《磧砂藏》。

（4）從刊刻時間而論。何梅所製"《磧砂藏》元刻版及第五至十位住持刊經目録一覽表"中，載有《宗鏡録》卷四十三、四十五、四十六、四十七、四十九、六十、六十三、六十四、六十六、六十八、七十一、七十四、七十六、七十八、九十二、九十三、九十五、九十六皆爲延祐二年（1315）刊刻，西園寺本雖未載紀年，但按以上所反映同書刊刻卷次順序，本册爲卷八十八，似應於同年或稍後雕刻，故亦屬元刻版《磧砂藏》。

3. 元刻明遞修本（三册）

分別是《中阿含經》卷十一、《雜阿含經》卷七、《歷代三寶紀》卷十一。[2]定此三册爲元刻明遞修本《磧砂藏》，其因具有三端：

（1）從元刻版式而論。三册皆具元刻版《磧砂藏》特徵，經題下注千字文函號及册次，版間注文記千字文函號及册次、版次，如《雜阿含經》卷七題名下"之七"，版間注文記作"之七、十一"。

（2）從刻工名而論。《中阿含經》（夙一）、《雜阿含經》（之七）、《歷代三寶紀》（席一）三册版心所見刻工名分別是"趙"[3]"玘刊"[4]"范華"[5]。

〔1〕 參見李富華、何梅《漢文佛教大藏經研究》，第 279 頁；《杭州路餘杭縣白雲宗南山大普寧寺大藏經目録》，《昭和法寶總目録》第二册，第 269 頁。

〔2〕《蘇州市古籍善本書目録》中，將《雜阿含經》《中阿含經》《歷代三寶紀》分別定作"元刻磧砂藏明永樂杭州朱家經坊印本""元刻磧砂藏明永樂杭州朱家經坊梵夾"（《蘇州市古籍善本書目録》第一册，第 24、30、34 頁），而《西園現存藏經》中列於"元刻《磧砂藏》本"下（《安上法師：生平與著述》，第 95 頁）。

〔3〕 可參見《影印宋磧砂藏經》第 261 册，第 1—9 頁。按：第一紙鎸"趙"，餘十六之未鎸刻工名。

〔4〕 可參見《影印宋磧砂藏經》第 271 册，第 57—66 頁。按：第一紙鎸"玘刊"，餘十七紙未鎸刻工名。

〔5〕 可參見《影印宋磧砂藏經》第 452 册，第 1—12 頁。按：第一紙鎸"范華"，第二、七、十三、十四、二十四紙鎸"范"，第五紙鎸"華"，餘十七紙未鎸刻工名。

然 “趙” 氏〔1〕、 “玘刊”〔2〕、 “范華”〔3〕，皆見於磧砂、普寧二藏，爲判定其究竟，今從勘定《中阿含經》《雜阿含經》《歷代三寶紀》三册的同函經册所見刻工名歸屬，而據此確定三册刻工的歸屬。

　　一者，夙函十册，《中阿含經》卷十一至二十。檢視影印本《磧砂藏》，夙三（卷十三）、夙五（卷十五）、夙九（卷十九），計三册無刻工名，餘卷十一、十二、十四、十六、十七、十八、二十，計七册鐫有刻工名，分別是趙、趙、益、尹一清、勝之/公、黃文斌、徐友山〔4〕，卷十一、十二僅鐫 “趙” 姓無名，趙氏者，於磧砂、普寧二藏刻工名錄中有多位，難以分辨歸屬。又，尹一清、黃文斌、徐友山屬《磧砂藏》刻工；益、勝之二名，僅見於《磧砂藏》刻工，即鄭益（或高益之、何益之、徐友益、姚友益、楊益之、文益）、翁勝之。〔5〕如是據刻工名而論，卷十四、十六、十七、十八、二十之五册均歸屬《磧砂藏》，而卷十一、十二之二册，雖從單册難以斷定歸屬，但從本函其他册數的情況而言，是册寺藏《中阿含經》屬於《磧砂藏》無疑。

------

　　〔1〕《磧砂藏》刻工名錄中，凡趙氏者，何梅著錄五人，即趙必堅、趙良、趙良甫、趙良富、趙聖；野澤佳美著錄六人，即趙必堅、趙堅、趙良、趙良富（趙良冨）、趙良甫、趙宗。參見李富華、何梅《漢文佛教大藏經研究》，第 267 頁； “磧砂藏刻工一覽（Ⅱ）”，《元版大藏經と刻工：附・磧砂藏および普寧寺藏刻工一覽（稿）》，第 55 頁。又，《普寧藏》刻工名錄中，凡趙氏者，何梅著錄八人，即趙必、趙必堅、趙堅、趙普、趙乾、趙生、趙祥、趙秀；野澤佳美著錄八人，即趙乾、趙秀、趙祥、趙崇孟、趙生、趙必堅（趙必、趙堅、必堅）、趙普、趙良貿。參見李富華、何梅《漢文佛教大藏經研究》，第 337 頁；《元版大藏經と刻工：附・磧砂藏および普寧寺藏刻工一覽（稿）》，第 58 頁。

　　〔2〕《磧砂藏》刻工名錄中，何梅、野澤佳美皆著錄有玘大師（李富華、何梅：《漢文佛教大藏經研究》，第 266 頁； “磧砂藏刻工一覽 ［Ⅱ］”，《元版大藏經と刻工：附・磧砂藏および普寧寺藏刻工一覽 ［稿］》，第 54 頁）；野澤佳美又著錄有陳玘（ “磧砂藏刻工一覽（Ⅱ）”，《元版大藏經と刻工：附・磧砂藏および普寧寺藏刻工一覽 ［稿］》，第 55 頁）。又，《普寧藏》刻工名錄中，何梅著錄六人，即陳玗玘、玗玘、俞崇玘、崇玘、明玘、高玘（李富華、何梅：《漢文佛教大藏經研究》，第 335—337 頁）；野澤佳美著錄五人，即明玘 ［僧］、俞崇玘、崇玘、陳玗玘、高玘（《元版大藏經と刻工：附・磧砂藏および普寧寺藏刻工一覽 ［稿］》，第 56—58 頁）。

　　〔3〕 李富華、何梅：《漢文佛教大藏經研究》，第 266、335 頁；《元版大藏經と刻工：附・磧砂藏および普寧寺藏刻工一覽（稿）》，第 54、57 頁。

　　〔4〕《影印宋磧砂藏經》第 261 册，第 1、9 下、27、45 下、56、56 下（57、58 下）、65 下、91 頁。

　　〔5〕 李富華、何梅：《漢文佛教大藏經研究》，第 266—267 頁； “磧砂藏刻工一覽（Ⅱ）”，《元版大藏經と刻工：附・磧砂藏および普寧寺藏刻工一覽（稿）》，第 54—55 頁。

　　按：何益之，爲野澤佳美收錄於《磧砂藏》的刻工名錄，野澤氏將益之、益一亦收錄於《磧砂藏》的刻工名錄。勝之，野澤佳美錄作 “翁（公）勝之”。（ “磧砂藏刻工一覽 ［Ⅱ］”，《元版大藏經と刻工：附・磧砂藏および普寧寺藏刻工一覽 ［稿］》，第 55 頁）又，若以 “公” 名，磧砂、普寧二藏均可見之。《磧砂藏》中，何梅錄有申公，野澤佳美無；《普寧藏》中，公正、王公、文公，何梅、野澤佳美皆錄。（李富華、何梅：《漢文佛教大藏經研究》，第 335—336 頁； “普寧藏刻工一覽”，《元版大藏經と刻工：附・磧砂藏および普寧寺藏刻工一覽 ［稿］》，第 56、58 頁）

　　二者，之函十册，《雜阿含經》卷一至十。檢視影印本《磧砂藏》，之三（卷三）一册未鐫刻工名，餘卷一、二、四、五、六、七、八、九、十，計九册鐫有刻工名，分別是翁勝之刊/公/翁文泳[1]、趙[2]、熊[3]、□（形近"清"。文中字迹不清楚者用□表示）之[4]、李君祥/李[5]、巳刊、周/下[6]、陳明[7]、德甫刊[8]。李君祥、陳明，屬《磧砂藏》刻工[9]，熊、□（疑作"清"）之、德甫刊所鐫名，亦僅《磧砂藏》刻工中有對應的，分別爲熊道瓊（或熊虘）、楊清之、陈德甫。[10]如是而論，之函九册屬《磧砂藏》，"之七"《雜阿含經》屬於《磧砂藏》亦無疑。

　　三者，席函十册，《歷代三寶紀》《衆經目錄》各五册。《歷代三寶紀》五册，卷十一至十五。檢視影印本《磧砂藏》本，卷十一至十五的刻工名分別是范華、方云/道[11]、應貴卿[12]、孫[13]、宗亮刊[14]。方云、應貴

　　〔1〕《影印宋磧砂藏經》第271册，第1、1下、2、2下、3、6下、8、9下頁。
　　〔2〕同上書，第10頁。
　　〔3〕同上書，第30下頁。
　　〔4〕同上書，第39下頁。
　　〔5〕同上書，第50下、51、52、52下、57頁。
　　〔6〕同上書，第67下、68下、69下、70下、71頁。磧砂、普寧二藏中，有周氏刻工，但名中未見"下"，其他刻工名中亦未見。
　　〔7〕同上書，第67頁。
　　〔8〕《影印宋磧砂藏經》第271册，第87頁。
　　〔9〕李富華、何梅：《漢文佛教大藏經研究》，第266頁；"磧砂藏刻工一覽（Ⅱ）"，《元版大藏經と刻工：附・磧砂藏および普寧寺藏刻工一覽（稿）》，第54頁；《磧砂延聖院小志》，《磧砂嘉興大藏經總目索引》，第46頁。按：野澤佳美未錄"陳明"。
　　〔10〕李富華、何梅：《漢文佛教大藏經研究》，第266—267頁；"磧砂藏刻工一覽（Ⅰ、Ⅱ）"，《元版大藏經と刻工：附・磧砂藏および普寧寺藏刻工一覽（稿）》，第54—55頁。按：野澤佳美將"熊虘"列入"磧砂藏刻工一覽（Ⅰ）"，並記作"熊虘"（熊庚）［建寧府］，餘列入"磧砂藏刻工一覽（Ⅱ）"。
　　〔11〕《影印宋磧砂藏經》第452册，第13—25頁。按："席二"共二十五紙，第一紙鐫"方云"，第二、四至六、七至九、十一至十四、十六至二十五紙鐫"方"，第三至六、九、十紙鐫"道"，十五紙未鐫刻工名。
　　〔12〕同上書，第25下—37頁。"席三"共二十四紙，第一至三、九紙鐫"應貴卿"，第四至八、十一、十二、十五至十八、二十、二十二、二十四紙鐫"應"，餘五紙未鐫刻工名。
　　〔13〕同上書，第37下—47下頁。按："席四"共二十一紙，第一、二、六、七、九、十六、十八紙無，第三至五、八、十至十五、十七、十九至二十一紙鐫"孫"。
　　〔14〕同上書，第48—58頁。按："席五"共二十一紙，第一紙鐫"宗亮刊"，第二至十三紙、第十五至二十一紙鐫"宗"，第十四紙鐫"宗亮"。
　　按：野澤佳美於《磧砂藏刻工一覽（Ⅱ）》著錄作"邵宗亮""柳宗亮"（《元版大藏經と刻工：附・磧砂藏および普寧寺藏刻工一覽［稿］》，第54—55頁），何梅著錄作"邵宗良"（李富華、何梅：《漢文佛教大藏經研究》，第266頁），然從刻本所顯字形而論，"亮"是，非"良"。《元版大藏經と刻工：附・磧砂藏および普寧寺藏刻工一覽（稿）》，第54—55頁。

卿、宗亮僅屬《磧砂藏》刻工。[1]“席二”之二十五紙中，除鐫“方云、方”外，第三至六、九、十紙鐫“道”字，《磧砂藏》《普寧藏》刻工未見“方道”，而於《磧砂藏》《普寧藏》含有“道”字的刻工名存多人，《磧砂藏》刻工名有朱志道、熊道瓊、沈道、道達、吳道、盛道六人[2]，《普寧藏》刻工名有小道、珂道人、蔡文道、濮道（卜道）、嚴道仁、嚴千三道、馬道、真道、姜道人九人。[3]雖《磧砂藏》《普寧藏》二藏均含有“道”字的刻工名，然“方云”屬《磧砂藏》刻工，如是同册（席二）應不可能存在有六紙爲《普寧藏》刻工鐫刻情況。又，孫氏者，《磧砂藏》《普寧藏》刻工分別有孫漢甫、孫允中和孫劉、孫賓、孫沉[4]，而影印本未明此册有補版，且字形、版式與其他四册同，故可認定“席四”册之“孫”氏應屬《磧砂藏》刻工。

　　《衆經目錄》五册，卷一至五。檢視影印本《磧砂藏》本，卷一至五的刻工名分別是熊[5]、徐友巖/君玉[6]、曾元亨[7]、陳雷[8]、文郁[9]。熊氏刻工，如前所述屬《磧砂藏》刻工；徐友巖、曾元亨亦屬《磧砂藏》刻工[10]；君玉、文郁僅見於《磧砂藏》刻工名錄，其所對應刻

---

　　[1]　李富華、何梅：《漢文佛教大藏經研究》，第266—267頁；“磧砂藏刻工一覽（Ⅱ）”，《元版大藏經と刻工：附·磧砂藏および普寧寺藏刻工一覽（稿）》，第54—55頁。

　　[2]　同上。

　　[3]　李富華、何梅：《漢文佛教大藏經研究》，第335—337頁；“普寧藏刻工一覽（Ⅱ）”，《元版大藏經と刻工：附·磧砂藏および普寧寺藏刻工一覽（稿）》，第56—58頁。按：何梅未錄“卜道”。

　　[4]　李富華、何梅：《漢文佛教大藏經研究》，第267、336頁；《元版大藏經と刻工：附·磧砂藏および普寧寺藏刻工一覽（稿）》，第55、57頁。按：何梅未錄“孫賓”。

　　[5]　《影印宋磧砂藏經》第452册，第58下—69下頁。按：“席六”共二十三紙，第一至四、七至十三、十五、十六、十九至二十三紙鐫“熊”，餘五紙未鐫刻工名。

　　[6]　同上書，第70—79頁。按：“席七”共十九紙，第一紙鐫“徐友巖刊”，第二、三紙鐫“友”，第四至八、十一、十二、十四、十五、十七紙鐫“玉”，第十四紙鐫“君玉”，餘五紙未鐫刻工名。

　　[7]　同上書，第79下—92頁。按：“席八”共二十六紙，第二紙鐫“曾刊”，第三、六、七、十、十一、十五、十六、十八至二十六紙鐫“曾”，第十四、十七紙鐫“元亨”，餘六紙未鐫刻工名。

　　[8]　同上書，第92下—96頁。按：“席九”共八紙，第一紙鐫“陳雷刊”，第二紙鐫“陳”，第五紙鐫一字，漫漶不清，疑形近“陳”，餘五紙未鐫刻工名。

　　[9]　同上書，第96下—103頁。按：“席十”共十四紙，第一、九、十二至十四紙鐫“文郁”，第六、八紙鐫“郁”，第七、十紙鐫“文”，餘五紙未鐫刻工名。

　　[10]　李富華、何梅：《漢文佛教大藏經研究》，第267頁；“磧砂藏刻工一覽（Ⅱ）”，《元版大藏經と刻工：附·磧砂藏および普寧寺藏刻工一覽（稿）》，第55頁。

工名分別是潘君玉、章文郁、文郁。[1]陳雷，何梅著錄於《普寧藏》刻工名錄，葉恭綽、野澤佳美則皆著錄於《磧砂藏》刻工名錄。[2]何梅認爲葉恭綽所錄《磧砂藏》刻工名錄中有四十二人並非《磧砂藏》刻工，其中“陳雷”被認爲屬於《普寧藏》刻工。[3]然此中有誤，其一，《影印宋磧砂藏經補頁表》未見本函有補頁情况，亦即本函爲《磧砂藏》經册；其二，《衆經目錄》四册屬於《磧砂藏》刻工所鑴，餘一册却爲《普寧藏》刻工，實不存此可能，故“陳雷”屬《磧砂藏》刻工應無誤。

如上所述，雖“范華”於《磧砂藏》《普寧藏》二藏刻工名均有之，然席函十册中有九册皆屬於《磧砂藏》刻工鑴之，於刻書工作實情、字形、版式等而論，“席一”亦應屬《磧砂藏》刻工“范華”所鑴。由刻工可知，館藏《歷代三寶紀》（席一）屬《磧砂藏》。

（3）從扉畫、牌記而論。三册所存扉畫、牌贊、蓮花牌記、韋陀像雕版風格一致，蓮花牌框外皆鑴“杭州在城衆安橋北朱家經坊印行”，牌記内記有“永樂甲午歲”（永樂十二年［1414］）。此三册屬《磧砂藏》之元刻明遞修本，經文版式符合元刻《磧砂藏》特徵，扉畫、牌贊等則爲明代經坊鑴刻，並於明代刷印裝幀成册。《中阿含經》卷十一、《雜阿含經》卷七扉畫内皆有蓮花牌記“平陽府襄陵縣在城信人王滿禄捨財刊造大藏聖像祈保自身吉祥如意”，以及祥雲形龍牌經贊“皇圖永固、帝道遐昌、佛日增輝、法輪常轉”[4]。蓮花牌上題内容如下：

平陽太平慈氏寺印裝藏典　　伏承覩此勝緣發心施財請贖大藏，

〔1〕李富華、何梅：《漢文佛教大藏經研究》，第 266、267 頁；“磧砂藏刻工一覽（Ⅱ）”，《元版大藏經と刻工：附・磧砂藏および普寧寺藏刻工一覽（稿）》，第 55 頁。按：“文郁”單列見於“磧砂藏刻工一覽（Ⅱ）”（《元版大藏經と刻工：附・磧砂藏および普寧寺藏刻工一覽［稿］》，第 54 頁）。

〔2〕李富華、何梅：《漢文佛教大藏經研究》，第 335 頁；《磧砂延聖院小志》，《磧砂嘉興大藏經總目錄索引》，第 46 頁；“磧砂藏刻工一覽（Ⅱ）”，《元版大藏經と刻工：附・磧砂藏および普寧寺藏刻工一覽（稿）》，第 55 頁。

〔3〕李富華、何梅：《漢文佛教大藏經研究》，第 267 頁。

〔4〕明遞修本，參見李際寧《〈磧砂藏〉明代經板尚存》（《佛經版本》，第 130—134 頁）與何梅《宋元版〈磧砂藏〉研究》（李富華、何梅：《漢文佛教大藏經研究》，第 296—302 頁）。《〈磧砂藏〉明代經板尚存》中“圖五六　明代補修本《磧砂藏》”，《佛吉祥德贊》卷下末所見蓮花牌記、韋陀像與《歷代三寶紀》卷十一末相近（第 133 頁）。

顯密尊　經　字函捨入。　本寺常住安奉供養看閱流通功德上報　四
恩、下資三有，增現生之福壽，作來世之津梁，隨喜見聞咸開佛慧
者。永樂甲午歲[1]　月　日住山　善惠（按：德）敬題。

平陽府隸屬山西，今檢清覺羅石麟《山西通志·寺觀志》卷一百六十
八"襄陵縣"下錄有"慈氏院在縣東南安南梁村，唐開元中建，宋太平興
國二年賜額，國朝康熙九年重修"[2]。願文爲請經之用，其與韋陀像、扉
畫、牌贊均爲明代杭州楊家經坊所刻，待刷經後附於經首末，如是既明受
贈寺名，又可稱頌捐經人的功德。此三册所存蓮花牌記、韋陀像，與《佛
經版本》中所載明代杭州楊家經坊補修本《磧砂藏》的形製、字形、雕刻
風格一致。[3]故而，此三册明本亦應屬《磧砂藏》明印本。又，《雜阿含
經》經首所鈐朱色陽文印"南王慈氏大藏經記"和扉畫、牌記所載"王滿
祿捨財刊造大藏聖像""平陽太平慈氏寺印裝藏典"，亦見於 2010 年嘉德
拍賣會所現《摩訶僧祇律》一册之上[4]，可見此原爲王滿祿供奉於太平寺
之大藏，唯因寺院後毀乃至流失寺外。民國影印本，即西安開元寺、臥龍寺
未見有此印。如是亦可説明，《磧砂藏》存在宋、元、明不同時代的印本。
　　如上所述，西園寺所藏《磧砂藏》零本具有宋、元、明三類版本。今
以版本類型表呈西園寺《磧砂藏》諸本的版本簡況（見表三）。

表三　西園寺藏《磧砂藏》零本版本類型表

版式類型	經名、函號	特　徵	備　注
宋（元）刻本	大方便佛報恩經（器七）	大方便佛報恩經卷第七、失譯、器 器七、三（四、五、六、七、八，十一、十二、十三）	兼具宋、元兩種版式

[1]　按：永樂甲午，即永樂十二年（1414）。
[2]　《文淵閣四庫全書》第 548 册，上海古籍出版社，2003 年，第 220 頁。
[3]　《〈磧砂藏〉明代經板尚存》，《佛經版本》，第 133 頁。
[4]　"法顯譯　摩訶僧祇律卷第二十八（一册）"，雅昌藝術品拍賣網 https://auction.ar-tron.net/paimai-art97034401 2019-10-10。按：拍賣信息上，將拍品誤作《永樂南藏》。由函號之"仕"、版式可知，當屬《磧砂藏》本。

（續表）

版式類型	經名、函號	特　徵	備　注
宋（元）刻本	文殊師利根本一字陀羅尼法、曼殊室利菩薩咒藏中一字咒王經、十二佛名神咒校量功德除障滅罪經、稱贊如來功德神咒經（效三）	四經合卷、前二與文殊根本儀軌經第八卷大輪一字品同本、效三 稱贊如來功德神咒經、效 十二佛名神咒校量功德除障滅罪經、效 效三、二（三、四、五） 效、稱贊如來、二效、 十二佛、四效、 十二佛名、五	兼具宋、元兩種版式
元刻本	鬼問目連經、雜藏經、餓鬼報應經（言六）	卷尾刊記"大德十年丙午臘月，管主八" 三經同卷、言六 餓鬼報應經、言六 言六、二（三、四、五、六、七、八、九、十、十一、十二、十三、十四、十五、十六）	扉畫
	一切經音義（納四）	一切經音義卷第十一、納四 納四、二（三、四、五、六、七、八、九、十、十一、十二、十三、十四、十五、十六、十七、十八、十九）	—
	宗鏡錄（説八）	宗鏡錄卷第八十八　説八 説八、二（三、四、五、六、七、八）	扉畫
	大悲心陀羅尼修行念誦略儀、妙吉祥平等觀門大教王經略出護摩儀、金剛頂超勝三界經説文殊五字真言（橫一）	三經同卷、橫一 橫一、三（四、五、六、七、八，十五）	屬於二十八函秘密經

（續表）

版式類型	經名、函號	特　徵	備　注
元刻明遞修本	中阿含經（夙一）	蓮花牌記"永樂甲午歲"	扉畫，卷末荷蓋蓮座形，韋陀像，扉畫內牌記"平陽府襄陵縣在城信人王滿祿捨財刊造大藏聖像祈保自身吉祥如意"
	雜阿含經（之七）	蓮花牌記"永樂甲午歲"	扉畫，卷首祥雲形龍牌、卷末荷蓋蓮座形，扉畫內牌記"平陽府襄陵縣在城信人王滿祿捨財刊造大藏聖像祈保自身吉祥如意"
	歷代三寶紀（席一）	蓮花牌記"永樂甲午歲"	卷首祥雲形龍牌、卷末荷蓋蓮座形，韋陀像

五、　西園寺藏《磧砂藏》零本的相關討論

　　通過西園寺藏《磧砂藏》零本冊數、版本等的梳理勘定，此中有若干情況實須探討，諸如西園寺藏經書目錄與既刊古籍目錄之間所著錄信息差異所形成的歷史原由，西園寺個別《磧砂藏》經冊具有特殊的版本形態，如是：一者可澄清西園、靈巖山、寒山三寺之間藏書流轉變遷的史實及利於今後善加使用既刊古籍書目；二者明了《磧砂藏》版本的多樣性，亦可爲鑒定《磧砂藏》作借鑒。

　　（一）書目著錄西園寺藏《磧砂藏》零本信息的差異與原由

　　六種書目所著錄西園寺藏《磧砂藏》零本，合計爲十冊二十種，今西園寺實藏九冊十六種，二者相差一冊四種。此冊爲四經合卷之"虛空藏菩薩能滿諸願最勝心陀羅尼求聞持法、佛說拔除罪障咒王經、佛說一切功德莊嚴王經、善夜經"，是冊僅《蘇州市古籍善本書目錄》收錄，餘五種目

均未收錄。未載之因在於本册實屬靈巖山寺所有，原爲鑒定、上報善本之便而暫存西園，其後於 1983 年歸還，故《西園和寒山寺經書目錄》和《西園寺藏經樓登記目錄》均無須載錄。安上法師《三中全會以來市佛協工作的總結》中説道："在整理善本書時，文管會爲便於整理保持，把部分圖書從靈巖寺取出，存放在西園。因此上報善本書目時包括靈巖寺的 14種 4 673 册 9 472 卷。"[1] 靈巖山暫存西園寺的古籍信息可見於《靈巖寺經書拿來整理統計》，是文云"宋刻磧砂藏本四種合一册四卷（原標明）上報"[2]。《善本書著錄統計》《西園現存藏經》[3] 中僅《善夜經》等爲四經同卷一册屬於宋刻，故知本册必爲靈巖山寺所有。[4]

　　因靈巖山寺、寒山寺的古籍善本於 1970 年至 1979 年暫存於西園寺藏經樓，並由明開法師、安上法師等整理、鑒定、編目後予以上報書目，故導致既刊古籍書目與實物、六種書目彼此之間的著錄信息存在著一定的差異。差異所涉書目，不僅包括本文已述《磧砂藏》，還有《普寧藏》《永樂南藏》等多種古籍，上報書目中所涉靈巖山寺古籍簡況可參見安上法師《西園現存藏經》，凡條目題名前標有"（靈）"的古籍屬靈巖山寺所有，寒山寺的古籍則僅有《龍藏》上報，且於書目皆有注明。[5]

　　（二）使用西園寺藏書目與既刊古籍書目的注意事項

　　爲避免今後普查、調閲西園寺藏古籍時，因書目著錄信息的差異而可能引發的誤導、誤解，在使用書目時，如下三點應予注意：

---

　　〔1〕《安上法師：生平與著述》，第 165 頁。按："保持"，據文意疑應作"保存"或"保管"。又，靈巖山寺古籍暫存西園寺的記錄亦可見於安上法師《蘇州市佛協八二年工作總結彙報》（檔案卷宗號 2.2-1999-5，西園寺檔案館，1983 年 3 月 15 日，第 28 頁）。

　　〔2〕檔案卷宗號 SZXY-001-0038-001，西園寺檔案館。按：《靈巖寺經書拿來整理統計》中，列出二十種，其中十三種未上報，而安上法師《三中全會以來市佛協工作的總結》中僅載十四種，二者數量不同，其因如何暫不知曉。

　　〔3〕西園園林藏經樓《上報善本書統計表》（檔案卷宗號 SZXY-001-0005-017，西園寺檔案館）和《西園現存藏經》（檔案卷宗號 SZXY-001-0038-001，西園寺檔案館），後收錄於《安上法師：生平與著述》（第 95、100 頁）。

　　〔4〕《善書統計》（1979.5.10）"元刻磧砂藏本"下載："4.新加　拔除業障咒王經等四經同卷，羊三，有延聖院比丘清滿書。"（檔案卷宗號 SZXY-001-0005-007，西園寺檔案館）《善書統計》的標題旁記有"8 月上報有調整"，安上法師編制於 1979 年 8 月 4 日之《上報善本書統計表》中《善本書著錄統計》《西園現存藏經》，則將本册歸入宋刻磧砂藏（檔案卷宗號 SZXY-001-0005-017，西園寺檔案館），如是可知本册前後出現宋、元兩種斷代，而不同的斷代是與《磧砂藏》刊刻時間相關的。

　　〔5〕《安上法師：生平與著述》，第 94—99 頁。

　　一者，西園寺内部書目是考察寺藏古籍的基礎。《西園和寒山寺經書目錄》（稿本、定本）和《西園寺藏經樓登記目錄》，乃至古籍普查時所製作的善本卡片，此皆屬於西園寺藏古籍的最原始記錄，其可作爲實物核勘及與其他書目對照的基礎。然此三目所載信息不一，《西園和寒山寺經書目錄》之稿本、定本，前者載有西園寺書目，後者包括西園、寒山二寺書目[1]，《西園寺藏經樓登記目錄》則僅有西園寺藏經書的部分目錄。因寺藏經書三目著錄信息並不完整，包括書名、版本等多有缺失，且古籍與普通書混編，故查檢古籍書目並不十分方便。如《磧砂藏》零本列於“四十二、文物室和石室内經書（記入文物交接清單中）”下，未將《磧砂藏》零本多經合刊經册中所含經名一一列出，如是對普查、調閱會帶來一些不便。[2]若以善本而言，則還可借助西園寺藏經樓所存古籍善本卡片核查、調閱古籍[3]，如善本卡片中著錄《磧砂藏》者，凡九張，與本次調查結果一致。

　　二者，重視蘇州地方古籍書目著錄信息。《蘇州市古籍善本書目錄》是蘇州古籍小組於 1977 年至 1979 年爲編纂全國古籍善本書總目而形成的地方古籍善本書目，所著錄内容翔實、明晰，其中所收西園寺古籍實分屬西園、靈巖山、寒山三寺。此目可補《全國古籍善本書目》《中國古籍總目》兩種全國古籍書目所錄信息不足之缺，然百密一疏，誠如冀淑英先生在《〈中國古籍善本書目〉後記》中所說：“惟著錄之書數量甚大，實地得見原書者，僅占少數，限於水平，難免有不妥和錯誤失漏之處，敬祈讀者批評指正。”[4]《蘇州市古籍善本書目錄》《全國古籍善本書目》《中國古籍總目》三目之間，因存在著較爲緊密的著錄信息關聯，以至於可能出現

---

　　〔1〕 1973 年 12 月 1 日至 14 日，明開法師於藏經樓整理寒山寺經書，並將此編入《西園和寒山寺經書目錄》。《明開日記 16 號·工作手册 1973.6.4—80.1（1973 年至 1980 年工作手册［贤］）》載：“寒山寺經書，1 日至 14 日，整理出 8 400 餘册，餘 7 捆待處理。”（檔案卷宗號 SZXY-2.1-0009，西園寺檔案館）

　　〔2〕 按：未記入“四十二、文物室和石室内經書”類目下，亦有文物級別的古籍，如《龍藏》《徑山藏》及宗派類典籍中明清版單刻本古籍等。

　　〔3〕 按：已知善本卡片十套，所記時間從 1978 年 5 月至 1979 年 8 月 1 日，本次所用善本卡片首張記“⑦2，1978 年 11 月 27 日，蘇州市鑒定小組鑒定後”，每張卡片正反兩面書寫，對古籍善本的版本情況有較爲詳細的記錄。

　　〔4〕 冀淑英：《〈中國古籍善本書目〉後記》，《北京圖書館館刊》1996 年第 2 期，第 83 頁。

的訛誤皆易因因相承，如西園、靈巖山、寒山三寺古籍館藏地的誤錄則爲明例，《全國古籍善本書目》和《中國古籍總目》並未因古籍歸還於原藏地而修正書目信息，甚至出現新問題。[1]

三者，謹慎使用全國性古籍總目中的大藏經著錄信息。因《全國古籍善本書目》和《中國古籍總目》無法將龐大的佛教大藏經之細目一一納入，如《磧砂藏》凡六千餘卷，一千四百餘種，故著錄大藏經時絕大部分是以整部的形式著錄，以至於每家收藏單位（尤其是零本收藏單位）的細目無法一一注明。如是，凡古籍收藏單位所藏佛典屬於大藏經零本的，則需要仔細核查古籍書目相關條目，若兩種全國古籍書目中所錄西園寺藏《徑山藏》《永樂南藏》《普寧藏》，則可參考《蘇州市古籍善本書目錄》卷下三種藏經細目附注。

（三）西園寺藏《磧砂藏》零本之版本著錄勘正與異本討論

西園寺藏《磧砂藏》零本九冊十六種，經勘察實物，並與書目、影印本比較後，發現一冊所鐫刻工名可校正既刊古籍書目著錄之誤，另有三冊異本，其中兩冊並存宋、元兩種版式，餘一冊可補影印本之缺。

1. 古籍書目著錄訛誤勘正

《鬼問目連經》等三經同卷，包括《鬼問目連經》《雜藏經》《餓鬼報

---

〔1〕《蘇州市古籍善本書目錄》和《中國古籍善本書目》，同屬中國古籍善本書目編纂的前後成果，二目所著錄信息具有相應的關聯性。又，西園、靈巖山、寒山三寺古籍統一由西園寺上報。又，雖《中國古籍善本書目・子部》出版於 1994 年，而靈巖山寺古籍於 1983 年已歸還，但編輯周期長，故二目誤將靈巖山寺和寒山寺古籍著錄於西園寺下，實可理解。《中國古籍總目》編纂於 1992 年至 2009 年，其古籍書目數據來自各館藏書目錄彙編，僅對部分條目予以訂正（參見《中國古籍總目編纂説明》，《中國古籍總目・子部》，第 5 頁），既然僅是對部分書目修訂，是書出現數據紕漏，則完全可以理解。《中國古籍總目》中，西園寺古籍著錄訛誤，不僅有館藏地，還有卷數等情況。今僅呈一例。

《中國古籍總目》將西園寺藏釋惠月金銀字書《大方廣佛華嚴經》一卷（卷七十七），誤作六卷。《中國古籍善本書目》著錄作：《大方廣佛華嚴經》八十卷，唐釋實叉難陀譯，元至元二十八年釋惠月金銀寫本。存六卷，二十一至二十五、七十七。10420（1685×、2787×）（《中國古籍善本書目・子部》第 2 冊，第 897、1393 頁）；《中國古籍總目》著錄作：《大方廣佛華嚴經》八十卷，唐釋實叉難陀譯，元至元二十八年釋惠月金銀寫本，蘇州西園寺＊（存卷二十一至二十五、七十七）、新都寶光寺（《中國古籍總目・子部》第 7 冊，第 3231 頁）。《中國古籍善本書目》中，"1685×、2787×"，二數分別是蘇州西園寺和新都寶光寺的館藏單位代號，×表示缺卷次者。《中國古籍善本書目》雖未言明存卷的分屬，但也不會因此誤解皆歸入西園寺或寶光寺。然而，《中國古籍總目》則不知何故直接將六卷劃入西園寺。事實上，西園寺僅存第七十七卷，餘卷二十一至二十五藏於寶光寺。參見《元代金銀粉書〈華嚴經〉》，馮修齊：《寶光寺》，四川人民出版社，2004 年，第 96—97 頁。

應經》。西園寺本，是冊一紙 29 厘米×56 厘米，版高 24.4 厘米，寬 56 厘米。第一紙首題"三經同卷"，左依次分題"鬼問目連經、雜藏經、餓鬼報應經"，函號"言六"二字以墨筆重書。第一、二紙折縫下鐫刻"應仲卿"，《影印宋磧砂藏經》本亦作"應仲卿"。《蘇州市古籍善本書目錄》之"鬼問目連經一卷"條目下[1]，錄作"□（應）仕卿"。檢《磧砂藏》刻工名錄僅見應仲卿[2]，西園寺本刻工名位於折縫處，字形極易受翻檢致損。應，原本雖略殘，然就整體而言，作"應"是；仲，《蘇州市古籍善本書目錄》錄作"仕"，其源自西園寺本"仲"墨色淡化，聲旁"中"墨迹不明，使之形近"仕"，然圖片經放大後，依筆勢仍可斷其爲"仲"。

卷尾有元大德十年（1306）松江府僧錄管主八刊印題記，刊記內容如次：

上師三寶佛法加持之德

皇帝、太子、諸王覆護之恩，管主八誓報

四恩流通正教累年，發心印施漢本大藏經五十餘藏，四大部經三十餘部，華嚴大經一千餘部，經律論疏抄五百餘部，華嚴道場懺百餘部，津濟焰口施食儀軌，梁皇寶懺，藏經目錄，諸雜經典不計其數，金銀字書寫大華嚴、法華等經，共計百卷。裝嚴佛像、金彩供儀，刊施佛像圖本，齋供十萬餘僧，開建傳法講習，日逐自誦大華嚴經一百部，心願未周。

欽睹。

聖旨於江南浙西道杭州路大萬壽寺雕刊河西大藏經板三千六百二十餘卷，華嚴諸經懺板至大德六年（1302）完備，管主八欽此勝緣印造三十餘藏及華嚴

大經、梁皇寶懺、華嚴道場懺儀各百餘部，焰口施食儀軌千有餘部，施於寧夏永昌等路寺院永遠流通，裝印西番乾陀般若、白傘蓋三十餘件，經咒各千餘部，散施吐蕃寺處流通讀誦。近

---

[1]《蘇州市古籍善本書目錄》第一冊，第 26 頁。

[2]《磧砂藏中所題刻經人名》，《影印宋磧砂藏經》首冊之二，《磧砂嘉興大藏經總目索引》，第 46 頁；李富華、何梅：《漢文佛教大藏經研究》，第 264 頁；"磧砂藏刻工一覽（Ⅱ）"，《元版大藏經と刻工：附·磧砂藏および普寧寺藏刻工一覽（稿）》，第 54 頁。

見平江路磧砂延聖寺大藏經板未完，遂於大德十年閏正月爲始施財募緣，節續雕刊已及一千餘卷，又見江南閩浙教藏經板，比直北教藏缺少秘密經律論數百餘卷，管主八發心敬於大都弘法寺取到經本，就於杭州路立局，命工刊雕圓備，裝印補足直北、腹裏、五臺、關西、四川、江南、雲南、高麗等處大藏教典，悉令圓滿[1]，集斯片善，廣大無爲，回向

真如實際裝[莊]嚴，無上佛果菩提[2]，

西方教主無量壽佛、觀音菩薩、勢至菩薩、清淨海衆菩薩，

祝延

皇帝萬歲

聖后齊天、太子諸王福壽千春，

帝師法王福基鞏固。時清道泰，三光明而品物亨；子孝臣忠，五穀熟而人民育。上窮有頂，下及無邊，法界懷生，齊成佛道者。

　大德十年丙午臘月成道日，宣授松江府僧錄　管主八　謹願

　　同施經善友杜源、李成　幹辦印經僧　可海、昌吉祥

　　檢校秘密經律論鞏昌府講經持律沙門　　義琚

　　檢校秘密經律論前吉州路報恩寺開演沙門　　克己

此刊記亦見於山西崇善寺藏本“踐”字函《大宗地玄文本論》卷三末[3]，《蘇州市古籍善本書目錄》據此定本册爲元大德刻《磧砂藏》本。[4]又，加之版式符合《磧砂藏》元刻版特徵，“應仲卿”屬《磧砂藏》刻工[5]，故而西園寺本三經同卷（《鬼問目連經》《雜藏經》《餓鬼報應經》）一册屬《磧砂藏》無疑。

---

〔1〕《大宗地玄文本論》刊記與之稍異，作“裝印補足直北、腹裏、關西、四川處大藏教典”，而法門寺藏《大樂金剛不空真實三摩耶般若波羅蜜多理趣經》與《鬼問目連經》等三經同卷（李富華、何梅：《漢文佛教大藏經研究》，第 292 頁）。

〔2〕本錄文依據原卷行款，何梅錄文作“回向真如實際，裝嚴無上佛果菩提”（李富華、何梅：《漢文佛教大藏經研究》，第 292 頁）。

〔3〕李富華、何梅：《漢文佛教大藏經研究》，第 291 頁。按：《大宗地玄文本論》刊記錄文中，“秘密”作“秘蜜”（李富華、何梅：《漢文佛教大藏經研究》，第 292 頁）。

〔4〕《蘇州市古籍善本書目錄》第一册，第 26 頁。

〔5〕刊記錄文中，凡刊記文字爲俗字、異寫字的，皆以“〔　〕”補入相應的正字。

2. 西園寺藏《磧砂藏》異本之檢討

《磧砂藏》異本，主要是指《磧砂藏》中具有特殊版本和影印本所缺本經册。其一，《磧砂藏》之特殊版本經册。《磧砂藏》有宋刻、元續補刻、明代修版三類版本，就已有《磧砂藏》版本研究而論，三者之間是截然區分的。然而，通過西園寺藏本的考察並查閱影印本《磧砂藏》經册，却發現《磧砂藏》中存在兩種版式並存於同册的特殊版本形態。其二，《磧砂藏》影印本之缺本經册。因陝西開元、卧龍二寺所藏《磧砂藏》殘缺，故民國影印《磧砂藏》時遂以他本配補，所用配補版本包括宋《思溪藏》、元《普寧藏》、《毗盧藏》（元延祐補刻）、宋景定陸道源本、明《永樂南藏》。[1]西園寺本《磧砂藏》零本所對應的影印《磧砂藏》同本中，除《大方便報恩經》和《一切經音義》兩種分別使用《思溪藏》本、《永樂南藏》本和《普寧藏》《永樂南藏》本配補外[2]，其餘十四種皆聲明爲《磧砂藏》原本。經比勘十四種《磧砂藏》經册之影印本與西園寺本，唯《文殊師利根本一字陀羅尼法》等四經合卷一册與影印本同册版刻相異，餘者無異。西園寺本《大方便報恩經》與《一切經音義》兩種，影印本是以他本配補，未見《磧砂藏》本原貌，故對此二册的版刻情况略作討論。

（1）關於《磧砂藏》經册中同册並存兩種版式的現象

何梅先生對宋、元版《磧砂藏》版式差異的判别來自古書調查，然若依此特徵作爲判斷依據，西園寺所藏《大方便報恩經》和《文殊師利根本一字陀羅尼法》等四經合卷則兼具宋、元兩種版式，那麼究竟是《磧砂藏》存在宋、元混合裝，還是宋刻《磧砂藏》存在著多種版式形態？

A.《文殊師利根本一字陀羅尼法》等四經合卷（效三）

西園寺本，是册四經合卷，效三，一册。未予上報，僅著録於西園寺内部書目。前後二經分作六紙、八紙構成，一紙 29.5 厘米×56 厘米。前二經（《文殊師利根本一字陀羅尼法》《曼殊室利菩薩咒藏中一字咒王

---

〔1〕　參見朱慶瀾《影印宋磧砂版大藏經序》《影印宋磧砂藏經補頁表》（《磧砂嘉興大藏經分册目録、分類目録、總索引》，第 8、69—80 頁）及何梅《宋元版〈磧砂藏〉研究》（李富華、何梅：《漢文佛教大藏經研究》，第 253 頁）。

〔2〕　《影印宋磧砂藏經補頁表》，《磧砂嘉興大藏經分册目録、分類目録、總索引》，第 73、76 頁。

經》），版心鐫效三、乙至六，六紙存六紙，版高 24.8/24.5/25 厘米，寬 56.3 厘米；後二經（《十二佛名神咒校量功德除障滅罪經》《稱讚如來功德神咒經》），版心鐫效、經名（十二佛［名］、稱讚如來）、一至八，八紙存六紙，版高 25.2/25 厘米，寬 56.3 厘米，第六紙之第一半葉、第二半葉首行存，餘紙缺，第七、八紙缺。單號紙數鐫於第一、二半葉折縫，雙號紙數鐫於第二、三半葉折縫。

影印《磧砂藏》本《文殊師利根本一字陀羅尼法》等四經合卷爲《磧砂藏》原本[1]，西園寺本較之影印本，於字形、字距非常接近，西園寺本字形更爲方正飽滿，筆鋒銳利，油墨明晰，影印本筆鋒則稍顯圓潤、鋒藏筆畫間，此或具二因：其一，西園寺本屬初印本、影印本屬後印本使然；其二，字迹因影印質量而影響其影像質量，究其何因所致，一時無緣親見影印本所據原書，故難從油墨、紙張、尺寸判定一二，然而二本的刻字筆畫和文字却存有相異之處。今舉三類：

一者，字形不一。《稱讚如來功德神咒經》第一紙第四行“詔”字之聲符“召”，西園寺本與影印本字形不一（圖一）。《曼殊室利菩薩咒藏中一字咒經》第六紙第五行“藏”字，影印本缺筆。又，“經”之形旁“糸”，西園寺本“幺”之結體較影印本更具險峻之勢（圖二）。

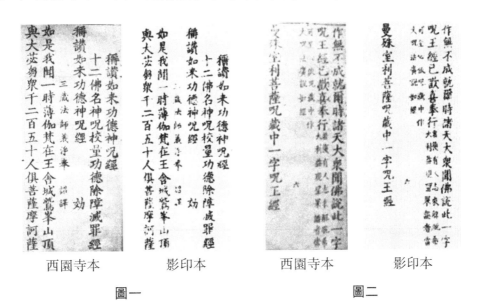

西園寺本	影印本		西園寺本	影印本
圖一			圖二	

〔1〕《影印宋磧砂藏經》第 166 册（效），宋版藏經會，民國二十三年（1934）。

　　二者，字距不一。《曼殊室利菩薩咒藏中一字咒經》第六紙第五行，"曼殊"二字位置略異，西園本"朱"（殊之聲符）之豎筆與"又"（曼之形符）字中心相近，而影印本則近"又"字捺筆出鋒處（圖二）。

　　三者，千字文函號標注不一。後二經之第三紙第二半葉，即《稱贊如來功德神咒經》經名下千字文函號，西園寺本作"効"，影印本作"効三"（圖三）。此或如何梅先生所言，"由於對宋、元刻版式的不同缺乏瞭解，從而導致修版錯誤"[1]。

西園寺本　　　　　　　　影印本

圖三

　　西園寺本的版式、字形等，就整體而言，與影印本及同函他經相較極爲相近，然西園寺本册的"抄家物資"標籤上記作元代，同時，西園寺本和影印本在版式上皆並存《磧砂藏》何梅所稱的宋、元刻版特徵，即本册前二經符合元補版刻特徵，後二經則符合宋版刻特徵。本册卷首經題"四經合卷"下注"効三"，前二經版間注文記有千字文函號及册次、版次，如"効三、二"，此與元刻版相應；後二經經題下注"効"，版間注文記有千字文函號、經名、版次，如"効、十二佛、四"，"効、稱贊如來、二"，却與宋刻版相應，據此，本册屬宋、元刻版的混合裝。又，西園寺本後二經"稱贊如來功德經竟"下函號作"効"，而影印本却作"効三"，且此與

〔1〕　李富華、何梅：《漢文佛教大藏經研究》，第283頁。

册首四經合卷下"三"的字形、字勢不一，同一刻工於一卷所現同字異化殊難解釋，此或如何梅先生所謂修版工人不明版式誤增使然（圖四）。

西園寺本				影印本			
册首（前二經）第一紙第一葉	後二經第一紙第一葉	後二經第三紙第二葉	後二經第三紙第三葉	册首（前二經）第一紙第一葉	後二經第一紙第一葉	後二經第三紙第二葉	後二經第三紙第三葉
効三	効	効	効	効三	効	効三	効

圖四

　　又，本函刻工名僅見於二經合卷中，於《大孔雀王神咒經》之第一紙版間記"黃昇"，葉恭綽謂之《磧砂藏》刻工。[1]何梅認爲葉恭綽誤將《普寧藏》刻工編入《磧砂藏》刻工名錄，故遂將此刻工編入《普寧藏》刻工名錄。[2]野澤佳美先生對葉恭綽刻工名錄亦有討論，但仍將"黃昇"編入《磧砂藏》刻工。[3]元刻本《磧砂藏》與元刻本《普寧藏》的版式幾乎難以分辨，而刻工是鑒別二藏的關鍵之一。[4]若依何梅刻工名錄爲據，莫非此函是元《普寧藏》本。然而，《普寧藏》版間注文却無經名，且何梅及其他先生皆未述及《普寧藏》版式之版間注文存在多種形態，如是可知何梅判斷有誤，"黃昇"仍應屬於《磧砂藏》刻工。同樣，將《磧砂藏》刻工誤作《普寧藏》刻工，還有鐫刻彦琮《衆經目錄》卷四（席九）的陳雷。[5]

　　B.《大方便佛報恩經》（器七）

　　《大方便佛報恩經》，七卷，西園寺本存卷七，器七，一册。本册十四紙，存十四紙，其中有十六面（半葉）補抄。第一、二紙 26.2 厘米×56.2

　　〔1〕《磧砂延聖院小志》，《磧砂嘉興大藏經總目索引》，第 46 頁。

　　〔2〕李富華、何梅：《漢文佛教大藏經研究》，第 267、335 頁。

　　〔3〕"磧砂藏刻工一覽（Ⅱ）"，《元版大藏經と刻工：附·磧砂藏および普寧寺藏刻工一覽（稿）》，第 55 頁。

　　〔4〕李富華、何梅：《漢文佛教大藏經研究》，第 331 頁。

　　〔5〕詳見"四、西園寺《磧砂藏》零本的版本考察"之"3.元刻明遞修本（三册）"中刻工名的相關討論。

（65）厘米，硬黃紙，與後十二紙不同，第三至十四紙 25.8 厘米×56.2（65）厘米。第一、二紙紙張、字形、板框與後相異，第一、二紙 26.2/26 厘米×56.2（65）厘米，第三至十四紙 25.8 厘米×56.2（65）厘米。本冊有十六面（半葉）補抄，用紙如原卷，板框皆以手工繪製，具體情狀如次：

第一紙之第三半葉，其第四、五行之第八字下補抄；第一紙之第四、五半葉補抄；第二紙之第一、二半葉補抄；第二紙之第三半葉，其第一至四行部分補抄，補抄經文分別對應“汝密自作方便，遠捨而去，勿令伴知……卿自殺人”與“於我何益……爾時諸賊聞是語已”段；第九、十紙補抄，補抄經文對應“（以）忍辱因緣……一一相好復有無量（百千種微妙相好）”。

影印本《大方便佛報恩經》僅二十三紙屬於《磧砂藏》原本，即第 2 至 5 頁、第 6 下至 9 頁、第 31 下至 35 上〔1〕，餘皆以《思溪藏》《永樂南藏》補之。西園寺本《大方便佛報恩經》（卷七）一冊恰爲影印本所缺。西園寺本卷首鈐有“茹福明堂”陽文朱印，卷尾鈐有“茹氏福如長■珍藏”陰文朱印。卷尾“大方廣佛報恩經卷七”下鐫“薛薹住持［長］銘祝香禮誦”。本行字形稍扁，書寫兼有隸書風格，與全冊其他字體的形態、書寫風格相異，疑爲後補刻添入。〔2〕又，陰文中寺名、住持名諱皆因原卷漫漶不清，以致無法完全確認。今據殘存構件，暫比定作“薛薹”“［長］銘”，然“長銘”，《磧砂藏》刊刻住持中未見與此相同或相近者名號。又，“祝香”爲禪林用語，多見於清規文獻，故疑此刊刻寺院、住持或與禪宗有某種關聯。

經冊之“抄家物資”標籤上記“（元）宋”，“宋”以紅筆書寫，經冊中又夾箋紙一枚，其上安上法師記“真的。（空二字）磧砂可以。疑磧砂藏（■印）”。《上報善本統計表·西園現存藏經》〔3〕、善本卡片“文 12”

---

〔1〕《影印宋磧砂藏經補頁表》，《磧砂嘉興大藏經分冊目錄、分類目錄、總索引》，第 73 頁。

〔2〕對本冊鈐印、卷末經題下注文的判定，筆者在與本所研究生劉雨晨、慧勇法師的商討中深受啓發，謹表謝忱。

〔3〕《上報善本統計表》，1978 年 8 月 4 日（檔案卷宗號 SZXY-001-0005-017，西園寺檔案館）。其之前的《善本書統計》（1979 年 5 月 10 日）中，未著錄《大方便佛報恩經》（檔案卷宗號 SZXY-001-0005-007，西園寺檔案館）。

（經潘天禎簽字確定）〔1〕、《蘇州市古籍善本書目錄》皆認定本册爲宋刻《磧砂藏》本。〔2〕本册千字文函號於經題下行，即記“失譯、器”，此屬於宋版《磧砂藏》版式特徵。十四紙中有十一紙存版間注文的形式爲函號及册次、版次，即第一紙“乙”、第三紙“器七、三”、第四紙“器七、四”、第五紙“器七、五”、第六紙“器七、六”、第七紙“器七、七”、第八紙“器七、八”、第十一紙“器七、十一”、第十二紙“器七、十二”、第十三紙“器七、十三”、第十四紙“十四”，此却爲元刻《磧砂藏》版式特徵。

　　透過補頁表可知影印本《大方便佛報恩經》卷一、四存《磧砂藏》本二十三紙，如是殘頁經題下、版間注文情況如次：

　　卷一：第2至5頁，存八紙。器一、三，器一、四，器一、五，器一、六，器一、七，器一、八，器一、九，器一、十。

　　卷一：第6下至9頁，存七紙。器一、十二，器一、十三，器一、十四，器一、十五，器一、十六，器一、十七（經名下函號“器一”），十八紙無版間注文。

　　卷四：第31頁下至35頁上，存八紙。第九紙版間無注文，器四、十，器四、十一，器四、十二，器四、十三，器四、十四，器四、十五，器四、十六。〔3〕

　　由上可知影印本《大方便佛報恩經》卷一、四所存二十三紙，具有元刻《磧砂藏》特徵〔4〕，而西園寺本《大方便佛報恩經》則兼具兩種不同版式，如是可知，《磧砂藏》本《大方便佛報恩經》現存經册具有兩種版式並存的情況。〔5〕

　　如上所述，通過對西園寺本《文殊師利根本一字陀羅尼法》等四經合卷（效三）及《大方便佛報恩經》（器七）兩册的考察，其二皆於同册並

　　〔1〕　按：此經南京圖書館古籍部主任潘天禎鑒定後修改，未改定前作“元刻普寧藏本”。參見⑦-2，“經市鑒定小組鑒定後抄寫的卡片”，1978年11月27日。
　　〔2〕《安上法師：生平與著述》，第95頁；《蘇州市古籍善本書目錄》第一册，第29頁。
　　〔3〕《影印宋磧砂藏經》，第189册。
　　〔4〕　按：卷一（器一）音釋下題“天台柏崖倪（時中）課生徒暇書”，“倪（時中）”屬於磧砂藏經文書寫人員。參見何梅先生統計《磧砂藏》經文書寫名錄（李富華、何梅：《漢文佛教大藏經研究》，第266頁）。
　　〔5〕　按：又，本册版刻具某些特殊之處，須應留意，第七紙版心所鐫函號、紙數與其他紙不同，“器七”二字間留一字空，二者紙數“七”爲陰文並於圓形中，而其他紙“器七”二字間無空，紙數均爲陽文，而此情形未見於影印本中。

存兩種不同的版式，若依何梅對宋、元版《磧砂藏》的判斷標準，則可稱之爲經冊並存宋、元版式。何梅《宋元版〈磧砂藏〉研究》中，以薑函《摩訶般若波羅蜜經》爲例，說明宋刻《磧砂藏》版間注文的特徵。然本函十冊（除第一冊首頁補頁）的經題下均記作函號及冊次，却符合書中所云元刻《磧砂藏》經題下標注的特徵，即"薑二"至"薑十"，且何梅未提及修版之説。於書中檢討修版致誤時，以知函爲例，此函第五、六、九、十冊爲宋刻《磧砂藏》，第一、二、四、七、八冊爲元刻《磧砂藏》。何梅經與崇善寺藏本核對後，認爲影印本第五、六、九、十冊經題下冊次皆爲修版誤添，其中"知六"崇善寺本《佛説最勝佛頂陀羅尼淨除業障經》經題下爲"四、知"，並於脚注中説明"本函經名下是冊次，屬特殊情況"[1]。薑函暫無緣覆核開元、卧龍二寺藏本，先不論函號下冊次是否爲本有，抑或誤增。崇善寺本《佛説最勝佛頂陀羅尼淨除業障經》（知六）經題下所見冊次却是實際存在，且何梅稱其爲"屬特殊情況"。同時，西園寺本《文殊師利根本一字陀羅尼法》等四經合卷（效三）和《大方便佛報恩經》（器七）呈現所謂兩種版式並存於同冊的現象，且兩種版式並存於同冊的情況，亦出現在效函二經合卷（效六）中。[2]二經合卷（效六），共十二紙。第一經《大孔雀王神咒經》，四紙，版間注文記函號及冊次、版次、刻工，如"一、黄昇""效六、二""效六、三""效六、四"；第二經《佛説大孔雀王雜神咒經》（《佛説大金色孔雀王咒經》），八紙，其版間注文記作經名、版次，"孔雀王咒、二""孔雀王、三""孔雀王八、四""孔雀王十"。[3]如是可知，此二經合卷（效六）亦存在兩種版式並存的情況。

　　由是而言，效三、效六、器七、知六、薑函皆存在兩種版式並存於同

---

〔1〕　李富華、何梅：《漢文佛教大藏經研究》，第282—284頁。

〔2〕　效函收錄十一部經，影印本第一、二經是以《思溪藏》本補頁，即《佛説觀自在菩薩如意心陀羅尼咒經》《如意輪陀羅尼經》（《影印宋磧砂藏經補目表》，第73頁；《影印宋磧砂藏經》第166冊，第1—2頁），餘九經爲磧砂藏本。《佛説孔雀王咒經》，二經合卷之《大孔雀王神咒經》《佛説大孔雀王雜神咒經》，《大金色孔雀王咒經》《佛説大孔雀咒王經》，經名下注函號及冊次，分別爲"效四、效五""效六""效七""效八、效九、效十"。又，《佛説大孔雀王咒經》，"效八"十六紙，"效九"二十一紙，其中第八紙僅函號及冊次而無版次，"效十"十八紙，第六紙版間無注文（《影印宋磧砂藏經》第166冊，第51—78頁）。

〔3〕　《影印宋磧砂藏經》第166冊，第41—46頁。按：第二經版次記錄有兩個特殊情況需要留意：一者，版次按二經紙數總量計算，第三紙版次作兩個數字，分別是八、四，第六紙版次作"十"，八、十即按二經用紙總量計；二者，誤刻或修版，第八紙版次作"九"。

册的情況，那麼，究竟是以元代經板損壞而需補刻經板，抑或是以宋刻版本身具有兩種形態的版間注文，抑或説元代刻工補刻時部分仿刻宋刻版的版式[1]，究竟屬於何因，只待普查全藏後再作論述。

《大方便佛報恩經》
卷七之卷首

《大方便佛報恩經》
卷七之版間

《大方便佛報恩經》
卷七之卷尾

圖五

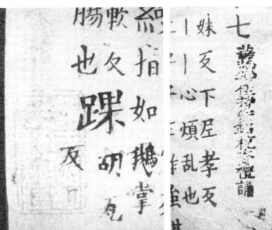

卷首收藏印

卷尾收藏印

卷尾經題下

圖六

[1]　關於此宋、元版刻混裝的原因，筆者與落合俊典、池麗梅兩位先生的討論獲益良多，尤其是池麗梅教授對版刻複雜性的提醒，在此深表謝悃（會見時間 2019 年 6 月 9 日）。

（2）西園寺藏影印本《磧砂藏》缺失經冊

影印本《磧砂藏》缺頁部分，以宋《思溪藏》、元《普寧藏》、明《永樂南藏》等配補，而西園寺藏《大方便佛報恩經》（器七）、《一切經音義》（納四）二冊均爲影印本《磧砂藏》所缺。《大方便佛報恩經》（器七）之版本情況前文已述，此略之，今僅討論《一切經音義》（納四）一冊。

《一切經音義》，玄應撰，二十五卷。《磧砂藏》爲階、納、陞、弁四函二十五冊，西園寺本存卷第十一（納四）。是冊一紙 31/32 厘米×56/56.4/56.3 厘米，版高 24.5 厘米，寬 56/56.4/56.3 厘米。內夾籤條上寫“磧砂藏—宋—88 南宋。64 年春沈維鈞先生和上海師範學院圖書館長陳子彝鑑定”[1]（圖七）。本冊用《阿毗達磨發智論》卷第七（懷）護套包裝[2]，護套內葉題“一切經音義卷十一　元刻磧砂藏本”，在寺藏善本草稿卡中初定作宋刻，後以朱筆改作元刻，而在經修訂後的善本卡最終仍定作宋刻。今從版式而論，是冊經題下注千字文函號及冊次“納四”，版間注文記作函號及冊次、版次，如“納四、二”“二十末”，從此兩者所反映版式而論，應屬元刻《磧砂藏》本。又，納函七冊，卷八至十四，據《影印宋磧砂藏經補頁表》，可知納函中《磧砂藏》本存八十九紙，包括卷八至十、卷十三至十四。[3]西園寺本與此同函《磧砂藏》本相較，版式基本相同，僅各卷所鐫撰者的形製略有差異（圖八）。西園寺本與階、陞、弁三函所存《磧砂藏》本相較，亦同屬元刻版式。[4]

---

〔1〕　沈維鈞對青銅器、金石均有研究，1951 年於蘇州圖書館工作，後調任蘇州市文管會專職委員（參見《蘇州市志·人物》之沈維鈞條，《蘇州市志》第一冊，江蘇人民出版社，1995 年，第 863 頁）。陳子彝是近代著名的圖書館學家、文獻學家。曾任職於江蘇省立蘇州圖書館十年之餘，後歷任上海師範學院圖書館第一副主任、主任（館長）。據統計，今上海師範大學（由上海師範學院升格而成）現存古籍十四萬冊，其中約有百分之八十是 1956 年至 1965 年間由陳子彝經手入藏（參見馬國平《陳子彝先生事跡考錄》，《上海高校圖書情報工作研究》2017 年第 3 期，第 61 頁；孫中旺《陳子彝對圖書館事業的貢獻述略》，《圖書館雜志》2017 年第 6 期，第 43、45、46 頁）。

〔2〕　按：《磧砂藏》《普寧藏》二本《阿毗達磨發智論》皆有懷函（《平江府磧砂延聖院新雕藏經律論等目錄》卷下，《昭和法寶總目錄》第一冊，第 938 頁；《杭州路餘杭縣白雲宗南山大普寧寺大藏經目錄》卷三，《昭和法寶總目錄》第二冊，第 259 頁）。

〔3〕　《影印宋磧砂藏經補頁表》，《磧砂嘉興大藏經分冊目錄、分類目錄、總索引》，第 76 頁。按：即《影印宋磧砂藏經》第 459 冊，第 1 頁至 18 頁，第 21 頁下至 24 頁，第 46 頁至 68 頁。

〔4〕　階、陞、弁三函存《磧砂藏》本情況如下：階函存第 1 頁至 11 頁上，第 35 頁至 45 頁上，第 46 頁至 52 頁，第 69 頁至 71 頁；陞函存第 11 頁下至 56 頁，即卷十六至二十；弁函存卷二十一至二十五，皆爲《磧砂藏》本。

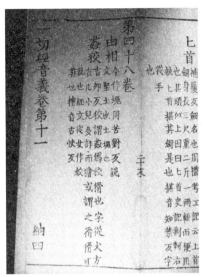
《一切經音義》卷第十一卷尾

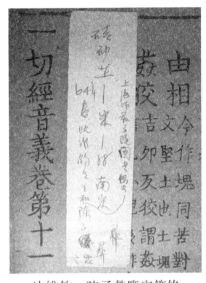
沈維鈞、陳子彝鑒定簽條

圖七

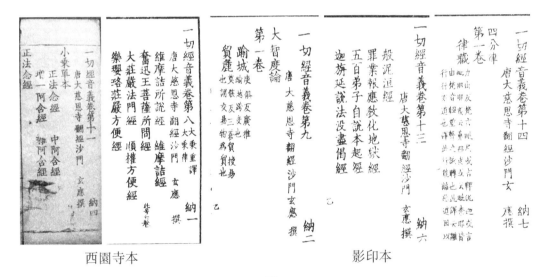

西園寺本　　　　　　　　　　　　　　　影印本

圖八

說明：影印本卷十第一紙爲《永樂南藏》，故不列入表内。

附　記

　　定源法師、侯沖教授在審閱本文後，就文中不足之處提出諸多寶貴意見及具體的修改建議，鄙人據此予以改訂，在此深表謝忱。

域外佛教文獻研究

《佛教文獻研究》第四輯
2024 年，79—109 頁

東亞佛教視域下的《高王經》研究
——日本新出古抄本及其文獻價值

池麗梅

內容摘要：在中國佛教經典流傳史上，北朝時期出現的《高王經》是在民間信仰與政治勢力的共同影響下而形成的疑僞經，它是研究中古佛教與政治關係的代表案例之一。關於《高王經》研究，前人對該經的起源、信仰、流傳等方面已做了深入探討。但至今爲止，有關該經東傳日本的經過尚不十分清楚。本文根據日本古文書中的相關記載，指出《高王經》是由日僧道慈初傳至日本，而且通過對日本新出金剛寺古抄本的考察，揭示出該經從"古本形態"到"近本形態"之間，在民間和官方的共同推動下，存在著過渡階段的文本傳世。此問題的發現，對推進《高王經》文本研究具有重要意義。

關鍵詞：《高王經》；道慈；唐代寫經；金剛寺聖教

作者單位：東京國際佛教學大學院大學

一、序　論

在中國佛教經典流傳史上，有不少篇幅簡短的經典。提到簡短經典，大多數人可能會聯想到《般若波羅蜜多心經》（以下簡稱《心經》）。事實上，還有一部誕生於中國北朝時期並且在民間流傳至今的新奇佛典——《高王觀世音經》（該經別名衆多，以下簡稱《高王經》），比《心經》還要少十三個字，並且絕大部分內容來自其他佛經的摘抄。像這樣一部簡短而又缺乏原創性的摘抄佛經，自 6 世紀誕生以來，伴隨著神奇的靈驗故事，其內容不斷被擴充，至今仍以早晚課誦本的形態流行於世。《高王經》

的普及程度雖然遠不及《心經》或《法華經‧普門品》（俗稱《觀音經》）等耳熟能詳的佛經，但作爲一部中國的"草根經典"，其内容不僅富有傳奇色彩，而且和前兩部佛教的"真經"也有密切關係。

《高王經》是一部以觀音信仰爲宗教背景而創作的佛典，換句話説，它是一部中國佛教疑僞經。在北朝華北地區，曾經涌現出衆多的"草根經典"，用於簡潔平易地闡釋《觀音經》内容，它們均命爲"佛説觀世音經"。遺憾的是，除《高王經》之外，其他這類經典幾乎失傳殆盡。《高王經》之所以能夠得以傳世流通，除了該經具有宗教實踐特色外，還有某些政治因素。例如《高王經》中的"高王"，就是東魏時代不可一世的權臣武將高歡。《高王經》以高歡冠稱經名，揭示出高歡對該經的弘傳推動和影響。《高王經》作爲"佛説觀世音經"的衆多經典之一，由於高歡政治勢力的介入，故在同類經典中脱穎而出，以絶對優勢占據了流通和傳世的機遇，與此同時，《高王經》的流傳和普及，賦予了高歡統治勢力的神聖外衣，有效地樹立了這位權臣在民間，尤其在河北一帶的權威。當權者利用佛教來鞏固强化政治統治的現象並不多，但以人名來冠稱佛經的事例實爲罕見。在這個意義上，《高王經》堪稱研究中古佛教與政治關係的絶佳事例之一。

從唐武周至開元年間，《高王經》經過短暫的入藏。作爲一部"草根經典"，能夠證明《高王經》的來歷，僅有一段離奇的神僧授夢傳説。也就是説，與大部分傳世的疑僞經不同，《高王經》從未試圖僞裝成西天佛説的"真經"。但是，在《高王經》華麗變身成爲入藏典籍之際，在形式上經歷了一定程度的包裝。在當時，就以《心經》這部極具權威的佛典爲樣板，用來打造《高王經》的參考模式。可以説，無論是《高王經》的起源還是後來的歷史演變，都爲我們思考中國佛教疑僞經的形成與流傳提供了嶄新視角。

關於《高王經》的研究，國内外持續發現和整理了各種形態的《高王經》文本。[1]在此基礎上，自1935年至2016年的八十年間，學界對《高王經》的起源、文本分期和譜系、信仰源流等方面做了較爲深入的研究，

---

[1]　關於《高王經》的已知文本，參照拙論《〈高王觀音經〉的源流和傳承——先行研究與現存文本綜述》，《隋唐遼宋金元史論叢》（中國社會科學院）第八輯，2018年7月。

積累了許多學術成果。[1]《高王經》研究的先驅者之一是日本學者牧田諦亮先生，他在 1964 年發表《中國佛教における疑經研究序說——敦煌出土疑經類をめぐって》[2] 後，於 1966 年發表了《高王觀世音經の成立》一文[3]，此文的增訂版，後改題爲《高王觀世音經の出現——北朝佛教の一斷面》，收入牧田先生的專著《六朝古逸觀世音靈驗記の研究》[4]。

牧田先生對《高王經》的關注，一方面是他關注觀音靈驗記以及與觀音相關的疑僞經所反映的觀音信仰發展各類文獻的結果；另一方面更爲直接的契機，是由於吐魯番遺書中疑僞經文本的發現。在《高王觀世音經の出現》一文中，牧田先生雖提及法藏敦煌遺書伯 3920 號[5]，但他的直接研究對象是保存於日本的出口常順所藏吐魯番寫本《佛説觀世音折刀除罪經》（推定爲 8 世紀抄本）。他在《高王觀世音經の出現》一文末，採用與《大正藏》第 85 册所收本（部分）[6] 對照的方式，首次公開了該寫本錄文。隨後，該寫本圖版在《高昌殘影：出口常順藏トルファン出土佛典斷片圖錄》[7] 中首次公開。然而，關於該寫本的解題，遲至《高昌殘影釋錄：トルファン出土佛典の研究》[8] 一書付梓時才得以完成。

《高王觀世音經の出現》一文，作爲該經研究的先驅之作，除了介紹新出的資料吐魯番本之外，其内容主要有三個方面的拓展和貢獻。第一，對《高王經》的經名起源進行了考證。由於《高王經》的經名最早出現在

〔1〕 關於《高王經》的先行研究，參照拙論《〈高王觀音經〉的源流和傳承——先行研究與現存文本綜述》。

〔2〕 牧田諦亮：《中國佛教における疑經研究序說——敦煌出土疑經類をめぐって》，《東方學報》（京都）第 35 號，1964 年，第 383—384 頁。

〔3〕 牧田諦亮：《高王觀世音經の成立》，《佛教史學》第 12 卷第 3 號。

〔4〕 牧田諦亮：《六朝古逸觀音靈驗記の研究》，平樂寺書店，1970 年，第 157—178 頁。此文後删了副標題，收入牧田先生的《疑經研究》，京都大學人文科學研究所，1976 年。2014 年，牧田諦亮著作集編纂委員會編輯《牧田諦亮著作集》第 1 卷《疑經研究》（臨川書店，2014 年），其中也收錄了《高王觀世音經の出現》（第 305—325 頁）一文，但内容没有明顯修改。

〔5〕 桐谷征一在其《高王經》研究的奠基之作《僞經高王經のテキストと信仰》（《法華文化研究》第 16 號，1990 年，第 1—67 頁）中首次登載了法藏敦煌遺書伯 3920 號的圖片和錄文，並與《大正藏》本列表比較。

〔6〕《大正藏》第 85 册所收，第 1426 頁中下。

〔7〕 藤枝晃：《高昌殘影：出口常順藏トルファン出土佛典斷片圖錄》，法藏館，1978 年。

〔8〕 藤枝晃：《高昌殘影釋錄：トルファン出土佛典の研究》，法藏館，2005 年，第 131—133 頁，"寶車菩薩經，觀世音折刀除罪經合卷"條。

北朝正史《魏書·盧景裕傳》附錄中的一則靈驗譚，因此牧田先生在梳理北魏末年乃至東魏時代的政治戰略等歷史背景的脉絡中，厘清了盧景裕的生涯和事迹，以及與佛教的關聯；並且指出《盧景裕傳》附靈驗記中的“高王觀世音［經］”中的“高王”即東魏權臣高歡。第二，該文討論了《高王經》的信仰與流傳，其中列舉了正史和佛教史書以及類書中的十四種收錄《高王經》的相關記載，推測北齊魏時，《魏書》中收錄《高王經》靈驗譚的目的是爲了通過《高王經》來贊譽高歡之遺德。第三，該文在脚注（第 322 頁，注 18）中，根據大日本古文書的兩條記載，指出《高王經》傳來日本的兩種資料綫索：其一，天平十年（738）十一月九日的本經返送狀；其二，天平十二年三月十七日的經卷納櫃賬之中，記載了“己”字櫃中藏納《觀世音經》百三十二卷，在這些經典中，除了《觀世音菩薩授記經》以外，還記載了“《高王觀世音經》一卷，白紙、黄表、紫綺緒、紫檀軸”。

　　自牧田先生之後，學界關於《高王經》的起源及其信仰、流傳等課題也有深入的研究和探討。但關於《高王經》傳至日本的過程，由於在日本一直没有發現該經傳本，所以至今没有任何進展。近年來，隨著日本各地古寺藏書調查和研究的進展，其中《高王經》的古抄本也引起前輩學者的關注。筆者承蒙博士後階段的學業恩師落合俊典教授的好意，獲得一種金剛寺聖教藏 11 世紀抄寫的《高王經》圖版，落合教授鼓勵筆者就該抄本展開研究。以此因緣，筆者在本文中，首先，通過整理奈良時期古文書中與《高王經》相關的記載，勾勒出《高王經》東傳日本的過程和奈良時代的抄寫概況。其次，介紹金剛寺聖教本《高王經》及其文本來歷。最後，結合金剛寺聖教本《高王經》的内容文本，進一步分析金剛寺聖教本的底本源流，確認該抄本對於《高王經》文本研究的重要意義。

二、《高王經》初傳日本及其抄寫
——以奈良時期古文書記錄爲綫索

　　（一）《高王經》的入藏問題

　　《高王經》産生於 6 世紀中葉左右的中國北朝時代，雖然正史、志怪以及佛教史傳中多處記載該經的誕生傳說（即孫敬德故事），但是現存中古文獻中未見有任何資料引用該經的内容。直到武則天治世的天册萬歲元年（695），由佛授記寺沙門明佺等七十名高僧奉敕撰集而成的《大周刊定衆經目録》（以下簡稱《大周録》）之中，才首次將《高王經》編入藏經。該目録卷七將《高王經》視爲"無譯主經"之一，並記載其緣起云：

> 高王觀世音經一卷
> 右北齊代有囚，罪當極法，夢見聖僧口授其經。至心誦念，數盈千遍，臨刑刀折，因遂免死。今《高王經》也。見《齊書》及《高僧傳》、琳法師《辯正論》。然其經體，即《法華經》中稱念觀音，皆蒙願遂，隨類化誦，救苦衆生。[1]

另外，在《大周録》卷十四入藏録中，《高王經》被歸爲"小乘修多羅藏"的單譯經之一。[2]這是《高王經》自問世以來，首次也是唯一一次被編入中國佛教大藏經。

好景不長，智昇在《開元釋教録》（730 年左右成書）入藏録中，將《高王經》與《淨度三昧經》《最妙勝定經》《觀世音三昧經》等十部所謂"古舊録中僞疑之經"一起正式排除在藏外。[3]另外，該目録卷十八"別録中疑惑再詳録"中有一段關於《高王經》的考證：

> 高王觀世音經一卷（亦云《小觀世音經》，半紙餘）
> 右一經，昔元魏天平年中，定州募士孫敬德在防造觀世音像。年滿將還，在家禮事。後爲賊所引，不堪考楚，遂妄承罪。明日將刑，其夜禮懺流淚，忽如夢睡見一沙門教誦救生觀世音經，經有諸佛名，令誦千遍，得免苦難。敬德驚覺，如夢所緣，了無參錯，遂誦一百遍。有司執縛向市，且行且誦，臨刑滿千，刀下所

---

〔1〕　CBETA（2019），T55, no.2153, p.416a1—7.

〔2〕　Ibid., p.468a7.

〔3〕　《開元釋教録》卷二十："淨度三昧經三卷，法社經二卷，毗羅三昧經二卷，決定罪福經一卷，益意經二卷，救護身命濟人病苦厄經一卷，最妙勝定經一卷，觀世音三昧經一卷，清淨法行經一卷，高王觀世音經一卷（或云折刀經），淨度經下十部一十五卷，並是古舊録中僞疑之經。周録雖編入正文，理並涉人謀，故此録中除之不載。"（CBETA〔2019〕，T55, no.2154, p.699b27—c10）

之，折爲三段，皮肉不傷。易刀又斫，凡經三換，刀折如初。監司問之，具陳本末，以狀聞承［臣］相高歡，乃爲表請免死。因此廣行於世，所謂《高王觀世音經》也。敬德還，設齋迎像，乃見項上有三刀痕。見《齊書》及《辯正論》《内典録》等。（撰録者曰：此經《周録》之内編之入藏，今則不然。此雖冥授，不因傳譯，與前僧法所誦何殊？何得彼入僞中，此編正録？例既如此，故附此中。）[1]

顯然，智昇在決定《高王經》入藏問題上，是經過深思熟慮的。他參照"《齊書》及《辯正論》《内典録》"等考證了《高王經》的來歷，之後指出此類經典屬於"冥授，不因傳譯"，並基於編録體例的規定，決定將《高王經》劃於録外。《開元釋教録》關於《高王經》的記載，反映了開元年間經本的特徵，從中可以獲得幾點重要的提示：當時的正式經名爲《高王觀世音經》，一卷本，文字分量約"半紙餘"，並有《小觀世音經》或《折刀經》等別名。

《高王經》經歷了武周時代的短期入藏，到開元年間又被判定爲僞經而被排除藏外，直至二十世紀初日人刊刻《大正新修大藏經》等藏經之際，才得以復歸佛藏之中。然而，《高王經》在民間流傳過程中，所呈現出長久而蓬勃的生命力與其入藏的多舛命運和備受各代學僧冷落的現象形成鮮明的對比。或許因爲《高王經》的内容簡短精練、信仰實踐特色濃厚，雖然未經高僧的認同，以及未借助佛教大藏經這樣有組織系統的傳承和流通，但該經文本的現存狀況，無論從數量上看，還是從流傳的多元媒介而言，可以説是超乎尋常的。此外，不僅在中國，而且在日本古文書中有多條記録，顯示出《高王經》自從傳至鄰國日本奈良朝以後，在官方和貴族私設的寫經機構中多次被抄寫。

（二）《高王經》初傳日本以及奈良時期的寫經記録

關於奈良時代的佛教一切經研究，日本古代史學家通過正倉院文書的解析，已經取得長足的進展。根據《日本書紀》記載，一切經傳來日本[2]

---

〔1〕 CBETA（2019），T55，no.2154，pp.674c30-675a14.

〔2〕 此段總結，主要參照宮崎健司《日本古代の寫經と社會》（塙書房，2006 年）中的《日本古代の寫經——奈良時代を中心として》，尤其是第 3—5 頁中的相關論述。

可以追溯到白雉二年（651）十二月的攝津味經宮的一切經誦讀。[1]另據《續日本紀》記載，可知此後佛教典籍陸續由入唐僧、遣唐使、唐僧等傳至日本。例如，660年左右歸國的入唐日僧道昭帶回了衆多經論[2]，養老二年（718）道慈也應該請來了佛典[3]，最確定的是天平七年（735）玄昉請回了《開元釋教録》著録的五千餘卷佛典[4]，此後還有天平勝寶六年（754）唐僧鑒真及其同期日本的遣唐使請回的佛典。[5]唐朝一切經的陸續傳來，推動了日本奈良朝的一切經抄寫事業。相關記録，最早可以追溯到天武天皇二年（673）三月的川原寺抄經。[6]現存可以確定最古的一切經本，是附有天平六年願文的聖武天皇御願一切經本《佛説七知經》（檀王法林寺藏）。[7]

宮崎健司先生指出："寫經的具體事相，可以根據書寫内容、主體、目的進行分類。首先，從内容上可以分爲'一切經（大藏經）'和'個別寫經'。前者是獲知當時的佛教理解狀況的材料，後者可以説是呈現了具體的信仰動向的材料。其次，根據書寫的主體，又可分爲'國家寫經'和'民間寫經'兩大類；前者揭示了國家佛教的展開狀況，具有政治史、思想史的意義，而後者則顯示民衆對於佛教思想的接受情況，具有思想史性意義的材料。"[8]奈良時代寫經不僅只有"一切經"，另外還有由皇族、貴族等顯貴人士發願，在國家寫經機構書寫的"間寫經"[9]和民間抄寫的"個別寫經"等。[10]

山下有美先生將天平至寶龜年間抄寫的日本一切經分爲三類："第一，

---

〔1〕《日本書紀》"白雉二年十二月晦條"。

〔2〕《續日本紀》"文武天皇四年三月己未條"。

〔3〕《續日本紀》"天平十六年十月辛卯條"。

〔4〕《續日本紀》"天平十八年六月己亥條"。

〔5〕《續日本紀》"天平寶字七年五月戊申條"。

〔6〕《日本書紀》"天武天皇二年三月是月條"。

〔7〕參照榮原永遠男《天平六年の聖武天皇發願一切經——寫經司と寫一切經司》，載《奈良時代の寫經と内裏》，塙書房，2000年，第37—54頁。該論文最初登載於續日本紀研究會編《續日本紀の時代》（塙書房，1994年）。

〔8〕宮崎健司：《日本古代の寫經と社會》，第4頁。

〔9〕薗田香融：《南都佛教における救濟の倫理（序説）——間寫經の研究—》，載《日本宗教史研究》4，法藏館，1974年。

〔10〕此段總結，主要參照宮崎健司《日本古代の寫經——奈良時代を中心として》，尤其是第3—5頁中的相關論述。

皇后宮職系統寫經機構抄寫的一切經；第二，內裏系統寫經機構抄寫的一切經；第三，其他寫經所抄寫的一切經。”[1] 其中，占據重要地位並爲此後日本一切經樹立了典範的皇后宮職系統的光明皇后御願經（五月一日經）和內裏系統的孝謙天皇御願一切經（景雲一切經），又被稱爲“敕定一切經”[2]。山下先生認爲，五月一日經和景雲一切經這兩種“敕定一切經”是“由國家創作並認定的最高權威的一切經”，“在組成結構上，皆以開元入藏錄爲基準集結大乘小乘經律論賢聖集傳，另外加入了別生、疑僞、錄外的經律論以及章疏，極力網羅現有佛典的一切經”[3]。宮崎健司先生根據山下先生的論述，總結了敕定一切經的三項共同特徵：

（1）國家性寫經機構（包括皇后宮職系寫經機構和天皇內裏系寫經機構）組織抄寫。

（2）這些敕定一切經具有權威性，是後世一切經的標準文本。

（3）一切經的目錄結構很有特色（雖以《開元釋教錄》入藏錄爲基準，另外補充了其他別生經、疑僞經、目錄外經、章疏等）。[4]

關於日本“敕定一切經”中收錄別生經、疑僞經、目錄外經的理由，山下先生指出，古代日本的僧人並不具備甄別佛典真僞的專業知識，在這種情況下，和疑僞經混同或者和別生經的重複相比，他們更爲擔憂的是真經的遺漏。所以即使《開元釋教錄》羅列了種種理由來説明不該採納入藏的經典，但是當時的日本並沒有完全依從《開元釋教錄》的評判基準，而是爲了避免遺漏，暫且將別生經、疑僞經、目錄外經一起並入一切經中，可見他們對於疑僞經沒有太大的反感。[5]目前，尚無證據確證五月一日經或景雲一切經中包含《高王經》，但是，當時皇后宮職寫經所或貴族宅邸私設寫經所曾經大量抄寫該經的事實，已被正倉院古文書中的記載所證實。在奈良時代的古文書當中，至少可以找到十二條《高王經》的相關記錄（參見文末附錄），這有助於我們理解《高王經》傳來日本和日本傳本

〔1〕 山下有美：《五月一日經〈創出〉の史的意義》，載《正倉院文書研究》7，1999 年，第 47 頁。

〔2〕 山下有美：《日本古代國家における一切經と對外意識》，載《歷史評論》586，1999年，第 32 頁。

〔3〕 同上，第 32—33 頁。

〔4〕 宮崎健司：《日本古代の寫經—奈良時代を中心として—》，第 10 頁。

〔5〕 山下有美：《日本古代國家における一切經と對外意識》，第 35—36 頁。

之間的淵源。作爲古文書研究的門外漢，筆者無法解析全部的相關記錄，只能在參考專家見解的基礎上，僅就其中比較重要的幾條略談一二。例如，其中最早的一條記錄，見於天平十年十一月九日的正倉院文書，具體內容如下：

> 本經返送狀略
> （續續修十六帙二）
> （中略）
> 高王觀世音經一卷
> 請觀世音菩薩消伏毒害陀羅尼咒經（一卷）　合五十五卷
> 　　　　　　　大寺之本
> 十年十一月九日件本經返送如前　請河人成
> 　　　　　付辛國人成　給赤萬呂
> 　　　　　　　　　　川原人成[1]

這是一份附有天平十年十一月九日的歸還本經（底本）的書單。其中所記"大寺"，就是靈龜二年（716）遷入平城京的大官大寺，也就是後來的大安寺；而"大寺之本"，就是指大官大寺的經本。養老二年（718）回國的入唐僧道慈（?—744）曾經參與大官大寺的營建，養老七年（723）元正天皇曾下賜該寺一五七九卷的一切經（"元正天皇請坐大安寺一切經"）。[2]天平九年（737）四月六日，皇后宮職曾致書大安寺三綱，請求借貸雜經五十五卷（正集四十四⑤、二ノ二八～二九），大安寺當天借給皇后宮職二十四卷的經本。這份"本經返送狀"，就是天平十年十一月九日，皇后宮職向大安寺歸還所借二十四卷經本的報告。[3]皇后宮職提出借

---

〔1〕《大日本古文書》7，第192—194頁。
〔2〕 山下有美先生在《五月一日經〈創出〉の史的意義》第68頁的注（103）中指出："根據天平十九年的大安寺伽藍緣起并流記資財帳，可知該寺當中收藏著元正天皇於養老七年三月二十九日請坐的一切經一五七九卷（部帙卷數如別錄二卷）（大日本古文書第二卷，第629頁），作爲一切經其規模雖不算大，當初寫經所借用的本經應該就是這套一切經中部分經本。時代推移，大安寺本後來又於天平勝寶二年十一月二十八日向東大寺寫經所借出了十二部三十三卷的經本（塵芥二十一裏，大日本古文書第十一卷，第258頁）。"
〔3〕 山下有美：《五月一日經〈創出〉の史的意義》，第58頁。

用的五十五卷中的確含有《高王經》，但是它並不在上述借貸和歸還記錄
中所提及的二十四卷經本當中，所以我們無法完全肯定該經確實被送到皇
后宮職並進行抄寫。另一方面，通過該條古文書的記載，可以肯定的是天
平九年四月，皇后宮職曾經計劃抄寫包括《高王經》在內的五十五卷雜
經，並且該計劃的實施仰賴於大官大寺所收藏的經本。

　　另外一條天平十二年（740）七月八日的正倉院文書的內容如下：

> 寫經所啓
> （續續修十四帙一）
> 寫經所啓　自常目錄寫加經論疏
> 合　八百十五卷（中略）
> 高王觀世音經一卷（中略）
> 　以上大官寺本（中略）
> 　天平十二年七月八日　石村布勢麻呂
> 　　　　　　　　　　　　　　　　大田廣人[1]

　　榮原永遠男先生認爲，這份現題爲“寫經所啓”的古文書，是由
“北大家寫經所向皇后宮職提交的，關於自家之寫經事業按照‘常目錄’
進行抄寫當中，於某一期間‘加寫’的經典名單；該名單中列舉的各種
佛典並非應時的個別抄寫，而是作爲一切經寫經事業整體性展開的寫
經”[2]。北大家寫經所進行的一切經書寫事業，始於天平十二年（740）
四五月前後，直到翌年七月左右仍在持續。當時抄寫的一切經於天平十五
年（743）八月以前納入元興寺後，又被稱爲“元興寺北宅一切經”。元興
寺北宅一切經的實體，其實就是附有天平十二年三月十五日願文，於北大
家寫經所抄寫的藤原北夫人發願一切經。該一切經採用的本經（即底本）
是從各處借來的經本的集合，與五月一日經的經本不盡一致。天平十五年
五月，五月一日經改變方針並擴大了抄寫對象以後，藤原北夫人發願一切

---

　　[1]《大日本古文書》7，第 486—491 頁。
　　[2] 參照榮原永遠男《北大家寫經所と藤原北夫人發願一切經》，載《奈良時代の寫經と
內裏》，第 281—320 頁。該論文最早登載於虎尾俊哉編《律令國家の政務と儀禮》（吉川弘文館，
1995 年）。

經中獨具的經本（也就是與五月一日經不同的部分）被納入了抄寫對象。[1]

僅就《高王經》而言，藤原北夫人發願一切經本（也就是後來的元興寺北宅一切經）的底本，乃是從“大官寺”借來的經本（大官寺本）。所謂“大官寺”，和我們前面談到的“本經返送狀”中的“大寺”相同，就是指大官大寺（大安寺）。也就是說，天平十二年七月左右，無論是北大家寫經所抄寫藤原北夫人發願一切經本《高王經》時採用的底本“大官寺本”，還是幾年前皇后宮職計劃借貸的“大寺之本”，其實都是大官大寺（大安寺）的藏本。從皇后宮職和北大家寫經所都不得不向大官大寺（大安寺）借貸《高王經》底本的情況來看，估計玄昉從唐請來的經典群中應該不包括《高王經》的經本。另一方面，考慮到養老二年回國的道慈爲大官大寺營建所做出的貢獻，以及養老七年的元正天皇“請坐大安寺一切經”，上述兩份古文書中記載的“大寺之本”或“大官寺本”不但有可能是元正天皇“請坐大安寺一切經”中的文本，其淵源甚至有可能回溯到道慈攜帶歸國的開元六年（718）以前的唐代寫經。畢竟，這也是《大周錄》入藏後又被智昇《開元釋教錄》排除藏外的疑僞經典傳至奈良朝的主要渠道之一。

伴隨天平十五年五月以來五月一日經的目錄擴增，若元興寺北宅一切經本《高王經》當時也被納入五月一日經的補寫對象的話，那麼五月一日經本《高王經》的淵源也應該是“大官寺本”。

《高王經》等經典既然不能按照一切經的入藏目錄排列，那麼奈良朝又是如何分類管理的呢？根據天平十二年的一條正倉院文書的記載[2]，可知當時《高王經》已同其他衆多觀世音經典集中進行收藏和管理。

經卷納櫃賬
（續修後集廿三）（中略）

---

[1] 此段總結，主要參照榮原永遠男《北大家寫經所と藤原北夫人發願一切經》，載《奈良時代の寫經と内裏》，尤其是第281—320頁中的相關論述。
[2]《大日本古文書》7，第197—221頁。

己櫃（中略）

高王觀世音經一卷（白紙黃表　紫綺緒　紫檀軸）（中略）

十二年（740）三月十七日爲本請　辛國人成　萬呂

通過這條文書，可以確認兩點史實：第一，天平十二年三月十七日以前，東大寺寫經所確實有抄寫《高王經》；第二，《高王經》抄本和《觀世音經》《觀世音菩薩陀羅尼經》《觀世音菩薩授記經》《請觀世音經》等觀音類經典，以及其他經本一同收藏在“己”字號經櫃中。

除了上述按經文内容分類保管的方式以外，後來又出現一種按目錄分類的方式。這一點，我們可以從一份雖未注明日期，但被劃分爲寶龜四年（774）類的正倉院文書中找到根據。

○雜經目錄

（續續修十二帙十一）

雜經六帙

別生經（中略）

淨度三昧經二卷（綵帙）　法社經二卷

益意經一卷　救護身命經十部十卷（粗帙）

觀世音三昧經三部三卷（一卷柒軸/色紙/一卷紫綾表）　清淨法

行經一卷

高王觀世音經二部二卷

右七經並是古舊錄中僞疑之經，周錄雖編入正文，理涉人謀，故此錄中除之不載。[1]

這是一份以《開元釋教錄》卷末所附“不入藏錄”爲雛形，根據當時寫經所見在文本的實情而製作的藏經目錄（或者説是管理賬目）。[2]當時的做法，是將包括別生經和疑僞經在内的“錄外”典籍的現存文本，按照“不入藏錄”的排列順序，收集在“雜經”類中，

〔1〕《大日本古文書》23，第 125—128 頁。

〔2〕參照宮崎健司《天平勝寶七歲における〈大寶積經〉の勘經》，第 326 頁。

分六帙保管。[1]

　　雖然通過正倉院古文書記錄可知奈良時代曾經多次抄寫《高王經》，遺憾的是，至今尚未發現該經的奈良時代寫本。僅就筆者所知，現在唯有兩件日本寫本，都收藏在金剛寺聖教中。在下一節中，筆者將重點介紹其中的一件平安時代寫本。

三、 日本新出古抄本《高王經》概要
——以平安時期金剛寺聖教本爲中心

　　天野山金剛寺坐落於大阪府河内長野市，是日本真言宗御室派的大本山。寺内不僅擁有國寶級並被指定爲重要文化財產的建築和佛像，還珍藏著約四千五百卷的寫本一切經、古文書，以及近萬件的聖教藏本。赤塚祐道博士在《金剛寺聖教——上乘房禪惠の書寫活動》一文[2]中指出："在寺院資料的分類中，除一切經和古文書以外，都被歸類爲聖教。金剛寺的聖教，大部分是密教經律論的注釋書或禮拜本尊的作法次第書，以及相關的口傳書、傳承的印信和嗣法的記錄等。但是，縱觀聖教的整體內容，就會發現內藏資料涉獵領域非常廣泛，不祇限於真言宗，還遍及佛教其他宗派，以及日本古典文學等典籍。"[3]

　　至今爲止，學者們已經在金剛寺聖教中發現衆多的珍貴寫本。佛教方面的典籍包括以下三類：第一，中國淨土教祖師曇鸞（476—542）著《無量壽經論注》（卷下），有保延四年（1138）題記，這是該著作現存的最早寫本。[4]第

---

　　[1]　這種分類方法或許始於天平十五年以後，因爲據說天平十五年五月以後，原定按照《開元釋教目錄》入藏錄來抄寫的五月一日經改定了方針，開始全面加抄"入藏錄"以外的別生經、疑偽經，以及中朝的佛典注疏。其中，應該也包括《開元釋教錄》"不入藏錄"所列的各種錄外別生經、疑偽經，因此才有上述的"雜經目錄"出現。

　　[2]《金剛寺一切經の總合的研究と金剛寺聖教の基礎的研究》（平成16～18年度科學研究費補助金基盤研究（A）報告書：課題番號15202002，研究代表者・落合俊典）第1分册，2007年，第468—489頁。

　　[3]　赤塚祐道：《金剛寺聖教——上乘房禪惠の書寫活動》，第470頁。

　　[4]　參照三宅徹誠《金剛寺藏〈無量壽經論注〉卷下》，載《金剛寺一切經の總合的研究と金剛寺聖教の基礎的研究》第1分册，2007年，第490—493頁；三宅徹誠：《金剛寺藏保延四年寫〈無量壽經優婆提舍願生偈注〉卷下》（影印・翻刻・訓讀・解題），《金剛寺藏保延四年寫本より見た日本における〈無量壽經優婆提舍願生偈注〉の傳承》，載《日本古寫經善本叢刊第三輯：觀無量壽經・無量壽經優婆提舍願生偈注卷下》，國際佛教學大學院大學學術フロンティア實行委員會，2008年，第353—493頁。

二，推定鎌倉初期寫本的《般舟贊》（殘卷），這是另一位中國淨土祖師善導（613—681）的《依觀經等明般舟三昧行道往生贊》的珍貴寫本。[1]第三，鎌倉時代刊本《選擇集》上卷、室町時代寫本《選擇集》下、《黑谷上人語燈錄》卷三、南北朝至室町時代的寫本《念佛要文抄》（擬題）等，這些都是日本淨土教的重要文獻。另外還有《遊仙窟》[2]《注好選》[3]《三寶感應要略錄》[4] 以及《佚名諸菩薩感應抄》[5]《佚名孝養說話集抄》[6]等文學著作的古寫本，這些也是極爲重要的發現。

自《開元釋教錄》以來，《高王經》沒被列在入藏錄，所以平安時代的一切經中收錄該經的機率不高。幸運的是，在金剛寺聖教中，收藏了兩件附有書寫題記的《高王經》寫本。其一，該本附有享保十年（1725）四月廿七日覺殿書寫的題記、題名爲"佛說高王觀音經"的江戶時期寫本（聖教編號：第53箱第155號），反映出《高王經》明代以降的後世傳本形態；其二，該本附有康平七年（1064）三月二十三日賴宴書寫的題記、題名爲"高王觀世音經"的平安時代寫本（聖教編號：第18箱第1號），說明了《高王經》自古本邁向近本的過渡時期形態。以下重點介紹平安時代寫本（以下簡稱"金剛寺本"）。

（一）平安時期金剛寺聖教抄本概要

"金剛寺本"首尾完備，折頁綫裝，一冊，共4葉。首葉外題"高王觀音經"，左下角寫有"賴宴△△△△△"，首葉正面和第二葉表面之間

〔1〕 南宏信·長谷川浩亨：《金剛寺藏〈般舟贊〉（斷簡）》，載《金剛寺一切經の總合的研究と金剛寺聖教の基礎的研究》第1分冊，2007年，第494—499頁。

〔2〕 參照束野治之編《金剛寺本遊仙窟》，埼書房，2000年。

〔3〕 參照後藤昭雄編《金剛寺藏注好撰》（和泉書院影印叢書12），和泉書院，1988年。

〔4〕 參照後藤昭雄監修、大阪大學三寶感應要略錄研究會編《金剛寺本〈三寶感應要略錄〉の研究》，勉誠出版，2007年。

〔5〕 箕浦尚美：《菩薩の靈驗譚と要文の集成——金剛寺藏〈佚名諸菩薩感應抄〉の方法》，同朋大學人文學會《同朋文化》第12號，2017年，第93—111頁。

〔6〕 箕浦尚美：《金剛寺藏〈佚名孝養說話集抄〉》，載《金剛寺一切經の總合的研究と金剛寺聖教の基礎的研究》第1分冊，2007年，第500—506頁；《金剛寺藏〈佚名孝養說話集〉翻刻》，傳承文學研究會：《傳承文學研究》第58號，2009年，第48—54頁；《偽經と說話——金剛寺藏佚名孝養說話集をめぐって》，說話文學會：《說話文學研究》第44號，2009年，第82—92頁；《佚名孝養說話集》の翻刻（第409—422頁）·解題（第524—530頁），載《天野山金剛寺善本叢刊》第1期第2卷"因緣·教化"，勉誠出版，2017年。

蓋有"天野山金剛寺"的方形朱印。從第二葉表至第四葉表，全部爲墨書文字，一葉7行，每行13—15字。現按原文格式錄文如下（句讀爲筆者所加）：

高王觀音經
　　賴宴△△△△△
高王觀世音經
觀世音菩薩，南无佛、南无法、南无僧。
佛國有緣，佛法相因，常樂我有緣。
佛説南无摩訶般若波羅蜜，是大
神咒，南无摩訶般若波羅蜜，是大
明咒，南无摩訶般若波羅蜜，是无
上咒，南无摩訶波羅蜜，是无等
等咒。南无淨光秘蜜佛、法藏佛、師
子吼神足幽王佛、高須彌燈王佛、法
護佛、金剛藏師子遊戲佛、寶勝、
藥師琉璃光佛、普光功德山王佛、善
住功德寶王佛、六方六佛名號、東方
寶光月殿妙尊音王佛、南方樹根
華王佛、西方造王神通焰華王佛、北方
月殿清淨佛、上方无數精進寶
首佛、下方善寂月音王佛、釋迦牟
尼佛、彌勒佛。中央一切衆生在佛
土界中者，行住於地上，及與虛空
中。慈愛於一切，各令安隱休息。晝
夜修持心，常誦念此經偈，消伏於
毒害。即説咒曰：
離婆離婆帝　　求訶求訶帝
陀羅尼帝　　尼訶羅帝
毗梨摩尼帝　　莎婆訶

高王觀世音經

右北齊代有因（囚）罪當極法，夢
見聖僧口授其經。至心誦念，數
盈千遍，臨刑刀折，因遂免死。
今高王經也。見《齊書》及《高僧傳》、
法琳師（琳法師）《辨正論》。然其經體，即
《法華經》中稱念觀音，皆蒙願
遂，隨類化［誦］救苦衆生。
　康平七年三月廿三日於宇治院賴宴
　　　　　　　　奉書了

　　如上可知，"金剛寺本"的書寫內容由三個部分構成：第一部分，從首題至尾題部分的經文。第二部分，經文後的跋文。第三部分，是最後"康平七年三月廿三日於宇治院賴宴/奉書了"的題記。

　　首先，爲了了解"金剛寺本"（或其底本）抄寫的歷史背景和文本淵源，對上述第三部分的書寫題記進行分析。根據題記，可知該本（或者其底本）的書寫年代爲"康平七年三月二十三日"，抄寫人爲"賴宴"，抄寫地點爲"宇治院"。"宇治院"亦名"宇治平等院"或"平等院"，坐落在京都府宇治市内的宇治川河畔，目前占地面積爲 20 232.3 平方米，1994年被指定爲世界文化遺產。該院山號爲朝日山，平安朝開始以阿彌陀如來爲本尊，現由天台宗系塔頭最勝院和淨土宗系塔頭淨土院協同管理。

　　宇治地處奈良、京都、近江的交通要衝，因其氣候宜人和山水景勝，自平安時代初期開始就有貴族於當地營建別業（別莊）。據《扶桑略記》寬平元年（889）十二月條中記載，左大臣源融的宇治鄉別業，據説這是"宇治院"的前身。寬平七年八月，源融過世後，其"宇治別業"成爲宇多天皇（867—931）的領地，開始稱爲"宇治院"[1]，此後宇治院由宇多天皇的孫子六條左大臣源重信（922—995）繼承。10 世紀末，宇治院被

―――――――――――――

　　〔1〕《花鳥餘情》第二十五。

左大臣藤原道長接管後，稱爲"宇治殿"[1]。藤原道長於寬仁三年（1019）三月出家，相傳他於治安三年（1023）八月十一日曾在宇治殿奉修法華八講。萬壽四年（1027）十二月，藤原道長過世，宇治殿由其長子賴通繼承。[2]

平安時代的有些日本人認爲，永承七年（1052）爲末法時代之始，就在這一年三月二十八日，關白賴通將宇治殿改爲佛寺，安置佛像，號稱"平等院"，並置僧六人，奉修法華三昧。[3]就在平等院初設的當天，寺門派園城寺的大僧正明尊接管了初代平等院執印。[4]平等院創建的第二年，即天喜元年（1053）三月四日，阿彌陀堂（即今鳳凰堂）落成，堂內供奉自京都請來的佛師定朝親製的阿彌陀如來坐像，作爲平等院的本尊。[5]康平六年（1063）十月，玄奘三藏、婆羅門僧正、行基菩薩的三件袈裟被奉納入新建的平等院寶藏閣中。[6]康平七年十一月九日，園城寺僧正覺圓接管平等院執印。[7]治曆二年（1066），平等院初設"一切經供料"，置僧三人，每日讀誦。[8]翌年十月五日，冷泉天皇首次蒞臨平等院。[9]延久元年（1069）五月二十九日，平等院首次奉修"一切經會"後，自翌年開始，將每年三月三日定爲舉行"一切經會"

---

〔1〕《花鳥餘情》第二十五。

〔2〕關於平等院的創建乃至延久元年平等院一切經會爲止的概略，主要參照福山敏男《平等院の歷史》（《平等院大觀》第一卷"建築"，巖波書店，1988年，第7—14頁）改寫而成。

〔3〕《扶桑略記》記載："永承七年三月二十八日癸酉。左大臣捨宇治別業爲寺。安置佛像。初修法華三昧。號平等院。"《帝王編年記》記載："永承七年壬辰。始入末法……三月二十八日。關白左大臣以宇治別業爲佛寺。平等院供養。便置六口僧被修法華三昧。"《伊呂波字類抄》載："平等院。永承七年三月二十八日（癸酉）。關白左大臣賴通。（御年六十一）改宇治別業爲寺（五間四面）。中尊大日（東向）。"

〔4〕《平等院執印次第》（《法中補任》所收）記載："（寺門滿大僧正）明尊（永承七年三月二十八日任。宇治殿御代）。"

〔5〕《定家朝大臣記》"天喜元年條"載："（二月）十九日，參宇治殿，申刻歸洛，御佛奉渡（丈六阿彌陀佛一體）。丑刻出京，午刻奉座佛壇……三月四日甲辰，有平等院□□堂供養事（記在別）。"《扶桑略記》記載："天喜元年三月四日甲辰，關白左大臣，平等院內建立大堂，安置丈六彌陀佛像，咄百口高僧，設其供養，准御齋會。佛像莊嚴古今無雙。"

〔6〕藤原明衡：《宇治寶藏袈裟記》（康平六年十月記），載《本朝續文粹》卷十一。

〔7〕《平等院執印次第》（《法中補任》所收）記載："（寺門僧正）覺圓（康平七年十月九日任。後二條殿御代）。"

〔8〕《永承三年高野御參詣記》背文書，治曆二年八月十三日御祈願所年中相折帳，《平安遺文》三一一○一○。

〔9〕《扶桑略記》記載："治曆三年十月五日庚戌，天皇車駕幸臨宇治平等院。"

的時間。[1]

　　通過上述史實，雖然無法查證"賴宴"的具體身份和地位，但是至少可以明確他在宇治院抄寫《高王經》時的"康平七年三月二十三日"，正是平等院寶藏閣落成的第二年，也是覺圓接管平等院執印的那一年。當時，平等院剛創建十多年，重要殿堂和寶藏閣陸續落成，迎來輝煌的鼎盛時期，想必其中的藏書也非常豐富並且淵源正統。在這個意義上，"金剛寺本"（或者其底本）的抄寫年代雖說是 11 世紀中葉，相當於中國北宋英宗的治平元年（1064），但其淵源却未必就是北宋新傳文本，有可能繼承了自古流傳於日本奈良朝寫經的譜系。

　　接著，讓我們討論"金剛寺本"的第二部分内容，也就是《高王經》後書寫的一段跋文：

　　　　右北齊代有因（囚）罪當極法，夢見聖僧口授其經。至心誦念，數盈千遍，臨刑刀折，因遂免死，今高王經也。見《齊書》及《高僧傳》、法琳師（琳法師）《辨正論》。然其經體，即《法華經》中稱念觀音，皆蒙願遂，隨類化［誦］救苦衆生。

　　這段跋文的出典，就是附載於《大周錄》卷七末尾的文字，是用於解釋《高王經》來歷的那段説明。除了"金剛寺本"中有個別錯字（因＝囚）、漏一"誦"字以外，兩者内容完全相同。

　　在各國收藏的不同時代的《高王經》文本中，唯有"金剛寺本"附有上述跋文。雖然不能完全否定是賴宴本人在抄寫《高王經》時從《大周錄》中摘抄，但是這種可能性極小。畢竟《大周錄》流傳到日本之後，并沒有產生很大影響，因爲大多數奈良時代的敕定一切經（主體部分），所依據的都是《開元釋教錄》的入藏錄；但是，平安時代的一切經往往依據的是《貞元新定釋教目錄》。雖然《開元釋教錄》將《高王經》劃出入藏錄以外，但是該錄中附有一段嚴密的翔實考證，用來説明《高王經》的來歷，内容遠比《大周録》所記載的準確和嚴密，此後的《貞元新定釋教目録》也完全繼承了《開元釋教録》的記載。也就是説，這段跋文被加入《高王經》抄本的時代，應該在《大周録》已經問世以後，《開元釋教録》尚未出現之前的這段時間。若附加此段跋文乃日人所爲，那麽也應該發生在 735 年玄昉將《開元釋教録》請回日本以前。若《開元釋教録》問世並且流傳到日本以後才附加了上述跋文的話，則很難解釋爲何置《開元釋教録》（或後來的《貞元新定釋教目録》）的記載於不顧，反而别有用心地去摘録《大周録》，這顯然是有悖常理的。

在此，讓我們回想《高王經》初傳奈良朝之後的抄寫情況。如同前節考證，當時寫經機構採納的《高王經》底本不是玄昉請來本，而是在玄昉以前就已經傳入奈良朝的大官大寺藏本。而大官大寺本的底本，有可能是道慈攜帶歸國的，傳承了開元六年以前唐代寫經的文本。同樣，“金剛寺本”的上述跋文，在《高王經》末附加了來自《大周録》跋文的情況，很可能反映了奈良朝抄本，也就是道慈的將來本——大官大寺本這一脈相承的《高王經》文本的特徵。因爲，道慈回國的養老二年，相當於唐開元六年，那時《開元釋教録》尚未問世，《大周録》作爲一切經目録尚有一定影響力。所以，或者是道慈請回的《高王經》經本已附有《大周録》的記載，或者是在大官大寺本的抄寫時有人將《大周録》的記載摘録到了《高王經》的文本中，兩種可能性都有。但是，無論哪一種可能，最早將那段跋文摘録到《高王經》經本當中的做法，出現在《大周録》成書的 695 年以後、《開元釋教録》問世或者傳至日本的 735 年以前的概率肯定是最高的。以此爲依據，筆者推測，1064 年賴宴於宇治院抄寫的“金剛寺本”《高王經》（或其底本），傳承的應該是前代的奈良寫經，而奈良寫經本《高王經》的淵源則有可能追溯到道慈攜回本的開元六年以前的唐代寫經。

（二）金剛寺聖教本《高王經》的文本定位

現在，讓我們來看“金剛寺本”書寫内容中最爲核心的第一部分，也就是《高王經》的經文内容。經文首尾完備，首題和尾題均作“高王觀世音經”。經文始自“觀世音菩薩，南无佛、南无法、南无僧”，終至“即説咒曰：離婆離婆帝，求訶求訶帝，陀羅尼帝，尼訶羅帝，毗梨摩尼帝，莎婆訶”。經文的起止方式既不同於北朝至唐代初期的《高王經》古本形態，也不同於唐末五代時期的近本雛形，屬於自古本形態向唐末五代左右形成的近本雛形的發展過渡時期的文本。[1]這一過渡期，大約起始於武周時代，歷經中唐，終至 10 世紀左右。反映這一時期的《高王經》文本，包括以下四種敦煌遺書本和一種"金剛寺本"。

（1）甘肅省博物館藏（016G）貞元十九年後敦煌寫本，下文簡稱"甘博本"。[2]

（2）俄敦 531 號（推定唐代寫本），下文簡稱"俄敦 531 號"。[3]

―――――――――

〔1〕《高王經》現存文本的種類和數量繁多，先學們根據經文內容增補的遞進，將它們大致劃分爲三個時期。現在存在兩種不同的三期分法，第一種是王惠民（2011）提出的三期分法：（1）將東魏本、亞洲藝術館本、哥倫比亞大學藏本、房山石經二本、俄敦 531 號本、吐魯番本歸類爲維持了該經原貌的早期版本，相當於張總（2006）提出的古本階段。（2）伯 3920 號附加了咒語等增補，屬於第二階段，相當於張總（2006）提出的近本階段。（3）俄藏黑水城西夏本等以後，包括韓、日刊本等增補了序文，咒語等文本，劃分爲第三階段。這種分法的優點是突出了（2）法藏本所代表的《高王經》發展階段，但問題是（3）中，將俄藏黑水城西夏本等文本，與繼承了明代以後經本特徵的韓、日刊本等同分一類的做法並不合理。

此外，張總（2016）提出了另外一種古、近三個階段的分類（分期）法：（1）北朝隋唐時代，經文以佛名爲主的古本階段。（2）宋、遼、金和西夏本，增出四種明觀音句和真言咒語等，此爲近本階段。（3）明清、民國乃至當代流通的文本，擴增了誦經功德和八大菩薩名等，皆屬今本階段。

筆者對（3）今本階段沒有涉獵，因此不作評論，但是對（2）的分類持有疑問，因爲它沒有明確伯 3920 號的定位。筆者猜測，張總（2016）的用意是將該本歸類爲近本階段。但是，法藏本和俄藏黑水城等出土本（例如：TK117、TK118）相比，雖然和 TK118 的經文內容基本一致，但是也有顯而易見的差異，那就是黑水城漢文本附有記載了靈驗記的序文，這一點在法藏本代表的發展階段尚未成形。因此筆者認爲，法藏本應該歸類於古本階段。同時，古本階段的經本有必要再細分爲三個時期，一是北朝到唐初的文本，二是唐初的文本，三是武周至唐末五代的文本（即本篇文章所要討論的過渡期文本）。

〔2〕甘肅省博物館收藏有一件 15 葉折本寫經（甘博 016G），內文連續書寫了《勸善經》《佛說地藏菩薩經》《佛說摩利支天經》《佛說如來成道經》《佛說延壽命經》《佛說續命經》《佛說觀世音經》《佛說智盛光大威德消灾吉祥陀羅尼經》八部佛經。據甘肅藏敦煌文獻編委會段文傑主編的《甘肅藏敦煌文獻》（全 6 卷，甘肅人民出版社，1999 年，第 4 卷，第 373 頁）中的題解所言："本件爲厚白麻紙，繩裝冊葉，缺封面。冊高 14.8 厘米，冊寬 10.3 厘米。天頭 2.1 厘米，地腳 1.2 厘米，無界欄。單頁書 10 行至 14 行不等，行 10 至 16 字。共 15 頁，總 173 行。"另外，山崎［2014］（第 54 頁）根據《勸善經》末尾題記"貞元拾玖年廿三日下"判斷，此後收錄的《佛說觀世音經》（內文相當於《高王經》）應爲貞元十九年以降書寫。甘博 016G "佛說觀世音經"的圖版，收錄在《甘肅藏敦煌文獻》（第 4 卷，第 141 頁）中。

〔3〕俄羅斯科學院東方研究所聖彼得堡分所收藏的敦煌遺書中，包括一件無紀年的寫本斷片。現存部分不含首題，經文起自"佛說觀世音經一卷受持讀誦千遍"迄至"神通艷華王佛北方月"，相當於《高王經》的經文。因此，《俄藏敦煌文獻》第 6 冊（ДХ00001-ДХ00600）（上海古籍出版社、俄羅斯科學出版社東方文學部，1996 年）首次公開此本圖版時，將其定名爲"佛說高王觀世音經"（第 346 頁）。孟列夫主編《俄藏敦煌漢文寫卷叙錄》（上下冊，袁席箴、陳華平中譯，上海古籍出版社，1999 年）的題解云："殘卷，20.5×25。部分手卷，首尾缺。11 行，每行 16 字。紙色白，略發黃，紙質薄。畫行細。楷書。無題字。（8～10 世紀）。"（上冊，第 496 頁）

（3）英藏敦煌寫本斯 6268 號（推定唐代寫本），下文簡稱“斯6268 號”。[1]

（4）日本大阪金剛寺聖教康平七年寫本，即“金剛寺本”。

（5）法藏敦煌寫本伯 3920 號（推定 10 世紀寫本），下文簡稱“伯3920 號”。[2]

這些文本的變化非常顯著，對《高王經》內容的增補顯著且複雜。將11 世紀中葉書寫的“金剛寺本”定位於《高王經》的這一演變階段，一是因爲該本的底本源流有可能上溯至 8 世紀初以前的唐代傳本，二是根據經文內容的增補狀況判斷的結果。

上述五種文本，根據增補內容的多寡，還可以再分爲以下三期：

（1）前期擴增本：甘博本、俄敦 531 號。這兩件雖有殘缺，但可以互補，共同反映這一時期的變化特色。

（2）中期擴增本：斯 6268 號、“金剛寺本”。這兩件屬於新出文本，分別反映《高王經》文本從古本階段向近本階段發展過渡的兩條不同的增補脉絡。

（3）後期擴增本：伯 3920 號。這件內容形態，體現了《高王經》歷經武周時代、中唐時期的擴增，迄至 10 世紀左右最終形成的狀態。這一形態，同時融合了擴增時期所分化的兩條增補脉絡的特徵，而形成了《高王經》的近本雛形，不僅終結了《高王經》文本變化顯著的擴增階段，也爲俄藏黑水城出土的宋代文本所代表的《高王經》近本階段的形成奠定了基礎。

---

〔1〕　至今已出版的英藏敦煌遺書圖錄中，唯有早期的黃永武主編的《敦煌寶藏》（第 45冊，第 188 頁）收錄了斯 6268 號敦煌遺書。由於當時將該寫卷命名爲“佛説延壽命神咒經”，該寫卷尚未引起《高王經》研究者的關注。斯 6268 號是一張寫本斷片，首尾嚴重破損，其書寫內容是在缺首題和起首經文的《高王經》之後，連續書寫《佛説延壽神咒經》內容。

〔2〕　法國國家圖書館藏敦煌遺書中，包括一件無紀年的漢文寫本，即伯 3920 號。《法國國家圖書館藏敦煌西域文獻》第 30 冊（Fonds Pelliot Chinois 3917—4020）（上海古籍出版社，2003 年）公開了伯 3920 號的黑白圖版（第 51—161 頁），《高王觀世音經》收錄在第 160—161頁。另外，法國國家圖書館的網站上（http://gallica.bnf.fr/ark:/12148/btv1b8300237j.r＝Pelliot％20chinois％203920?rk＝21459；2）公開了該號的彩色圖版，並附有詳細解題。據其所言，該寫本第 1—3 葉散失，現存第 4—221 葉（兩面書寫），每葉用紙大約高 28.8 厘米，寬 8.4 厘米，推測書寫年代爲“901～1000 年”，即 10 世紀。上書十三部密教經典，最後一部爲《高王觀世音經》（第 220 正面至第 221 葉背面）。在此略稱伯 3920 號上書《高王經》爲“P.3920G”。

1. 前期擴增本

前期擴增本在結構和内容上繼承了《高王經》穩定期文本的基本形態，在自古以來的九佛名號的基礎之上有所增補。也就是在"金剛藏獅子遊戲佛"和"藥師琉璃光佛"之間，增補了"寶勝佛"，形成了擴增階段特有的十佛名號。"寶勝佛"的增補，屬於該階段文本的特點之一，這一變化被後世《高王經》的近本形態所繼承。還有一點值得注意，甘博本的書寫内容毫無疑問是我們熟知的《高王經》的經文，但是甘博本書寫的首題明確寫爲"佛説觀世音經"，尾題爲"佛説觀世音經一卷"。作爲經名的"高王經"最初出現在南北朝的東魏時代，其原意是指"高王版"的"佛説觀世音經"。時至唐代初期"高王觀世音經"成爲該經的正式名稱，後來還由此衍生出"佛説高王觀世音經"的名稱。甘博本的書寫年代推定爲中唐的貞元十九年以後，該卷的首尾題作"佛説觀世音經"，顯示出中唐時期該經作爲"佛説觀世音經"在民間流傳的軌迹。

2. 中期擴增本

中期擴增本在《高王經》文本演變歷史中，是增補最爲密集和複雜的階段。過去由於資料的缺乏，學者們尚未意識到這一演變階段的存在，通常是採用甘博本以前的文本來分析《高王經》的古本形態特色，而將伯3920號以後、明代以前的文本籠統地歸類爲"近本"形態。但是，筆者最近收集到的兩件文本，也就是斯6268號和"金剛寺本"的書寫内容顯示，在《高王經》的古本形態和近本形態的雛形（伯3920號）之間，存在一個重要的過渡階段。在這個過渡階段，曾經分化出兩條不同經文的發展脉絡：其一，斯6268號所反映的經文内部的擴增；其二，"金剛寺本"反映出對經文結構上的調整。兩條發展脉絡都對後世的《高王經》文本演變產生了決定性的影響。

首先，雖然斯6268號繼承了《高王經》前期文本的基本形態，但有以下重大增補。

（1）皈依讚嘆摩訶般若的部分。自古以來唯有"大神咒""大明咒""無等等咒"的組合，但是斯6268號中增補了"無上咒"。這部分的全文變成："佛説南□□□□□□□□□，南無□□波若是大明咒，南□□□□若是無上咒，□無摩訶波若是無等等咒。"雖然有很多文字破損，但是不難看出"大神咒""大明咒""無上咒""無等等咒"的組合排列已經完成。

（2）新增六組佛號。斯 6268 號繼承了前期文本的内容，没有增加"寶勝佛"，但是在九佛名號的後面，首次增加了"過去七佛、未來賢劫千佛、千五百佛、萬五千佛、五百華勝佛、百億金剛藏佛"的六組佛號。

（3）經後偈語。古本階段的《高王經》基本上是以"消伏於毒害"一句來結束經文，但是斯 6268 號在這一句之後，又增補了一整段偈語："十方觀世音，一切諸菩薩，誓願救衆生，稱名悉解脫。恐有薄福者，殷重爲解説，但是有因緣，讀誦口不輟，誦經滿千遍，念念心不絕，水焰不能傷，刀兵立摧折，恚怒生歡喜，死者變成活。莫言此是虚，諸佛不忘説。"古本階段的《高王經》的特徵之一，在於雖然此經題名"高王觀世音經"，但是經文主要由幾組佛號整合而成，文中没有提及觀世音菩薩的功德和現世利益。自斯 6268 號中所增補的上述偈語，不但消解了本經的經題與内容不統一的矛盾，也突出了《高王經》的核心意義在於它與普門品中觀世音菩薩救度苦厄思想的呼應關係。這一段偈語的出現，應該是在"高王經"或者"佛説觀世音經"在民間的弘傳過程中，針對當時弘法教化的現實需求應運而生的增補。

其次，根據"金剛寺本"的增補情況，來分析《高王經》經本的另外一條發展脉絡。"金剛寺本"在經文内容上的重要增補，主要有以下幾點：

（1）皈依贊嘆摩訶般若部分。自古《高王經》皈依贊嘆摩訶般若部分，多寫作"佛説南無摩訶般若是大神咒，南無摩訶般若是大明咒，南無摩訶般若是無等等咒"。但是，"金剛寺本"不但在"摩訶般若"後補上了"波羅蜜"，還和斯 6268 號同樣，增補了"無上咒"，於是經文變成了"佛説南無摩訶般若波羅蜜是大神咒，南無摩訶般若波羅蜜是大明咒，南無摩訶般若波羅蜜是無上咒，南無摩訶波羅蜜是無等等咒"。

（2）十佛名號。古本階段的《高王經》都是九佛名號，後來在"金剛藏獅子遊戲佛"和"藥師琉璃光佛"之間，增補"寶勝佛"，成爲過渡階段文本的標志之一。在這一點上，"金剛寺本"採用十佛名號的做法，體現了這一階段文本的特徵。如前所述，斯 6268 號在九佛名號之後，新增了"過去七佛"等六組佛號。但是，"金剛寺本"并没有出現這部分的增補；同樣，自斯 6268 號開始出現的"十方觀世音，一切諸菩薩"云云的經後偈語，也没有出現在"金剛寺本"中。

（3）三皈依。古本階段的《高王經》開經後有這樣一段偈語："觀世音菩薩，南無佛，佛國有緣，佛法相因，常樂我緣。"但是，"金剛寺本"在"南無佛"後，增加了"南無法、南無僧"，將對觀世音菩薩的皈依，轉化成了對佛、法、僧的三皈依。

與上述經文內容上的增補相比，"金剛寺本"更爲顯著的特徵，還在於結構上的調整。

首先，自古以來《高王經》的一個重要特色，就是開篇標示"佛説觀世音經（一卷）"，並強調讀誦功德爲"讀誦千遍，得度苦難，拔除生死罪"。這一特色，自北朝直到唐代初期，一直維持不變。雖然斯6268號卷首殘破，但依稀可見"罪"字，可以推測該本中留存了"讀誦千遍，得度苦難，拔除生死罪"這幾句標志性經文。但是，在"金剛寺本"中已經完全看不到這幾句話，經文起始云："觀世音菩薩，南無佛、南無法、南無僧。"後世的《高王經》文本也都採納和沿襲這種開篇方式。

其次，與經首的變化遙相呼應的是，在經文"消伏於毒害"之後，增補了七佛滅罪真言："即説咒曰：離婆離婆帝　求訶求訶帝　陀羅尼帝　尼訶羅帝　毗梨摩尼帝　莎婆訶。"同樣，這段咒語也被後世《高王經》的文本所繼承。

以上通過對斯6268號和"金剛寺本"的內容分析，可知《高王經》的古本階段和後世的近本階段之間，確實存在顯著變化的過渡階段，這個階段所發生的改變，將直接影響後世文本的形成。並且，斯6268號和"金剛寺本"之間的顯著差異，揭示出這個階段的經文變化，並非一脉單傳的遞增關係，而是存在兩條不同的發展脉絡：第一，斯6268號主要是在《高王經》的原有框架之下，增加了六組佛名來充實經文本身；再於經後附加了一段平白易懂、朗朗上口的偈語，來凸顯受持觀世音菩薩的功德和現世利益。這種增補反映了《高王經》在民間傳播過程中，應對現實問題和需求而產生的內容變化。第二，"金剛寺本"所反映出的變化，主要還是經文的結構和形式上的調整。例如，雖説開篇標明"佛説觀世音經"和讀誦功德是《高王經》的標志性特色，但是作爲佛教經典，這種開經方式顯然不夠規範。這就是爲何《高王經》開篇那段不合佛經體例的"佛説觀世音經一卷讀誦千遍，得度苦難，拔除生死罪"之文，自"金剛寺本"以來完全被刪除的理由。事實上，"金剛寺本"所反映的《高王經》的變動，歸根結底都是指向同一個目標，那就是經文形式上的規範化。例如，古本階段的經文云"觀世音菩薩，南無佛，佛國有緣，佛法相因，常樂我緣"，此處的"南無佛"無非是指皈依觀世音菩薩，並無深意。但是，"金剛寺本"在"南無佛"後，追加了"南無法、南無僧"，具足了三皈依的形態。這種做法，在形式上看似完整，但從內容而言，完全是畫蛇添足。同樣，皈依贊嘆摩訶般若的部分，自古多爲"佛說南無摩訶般若是大神咒，南無摩訶般若是大明咒，南無摩訶般若是無等等咒"的組合，當變成爲"佛說南無摩訶般若波羅蜜是大神咒，南無摩訶般若波羅蜜是大明咒，南無摩訶般若波羅蜜是無上咒，南無摩訶波羅蜜是無等等咒"之後，就顯得更爲完整而正規。最後也是最爲重大的變動，就是在經後追加的七佛滅罪真言，"即說咒曰：離婆離婆帝　求訶求訶帝　陀羅尼帝　尼訶羅帝　毗梨摩尼帝　莎婆訶"，無非也是爲了讓《高王經》這部土生土長的中國撰述典籍看上去更爲正規。換句話說，更加接近"佛教真經"的形式。《高王經》經文的典範化改訂的參照模式，顯然就是《般若波羅蜜多心經》。畢竟這兩部簡短的經典，無論在文字分量上，還是內容上（皈依贊嘆摩訶般若），都是極爲接近的。

　　"金剛寺本"所反映出的《高王經》經文的典範化改訂，其動機、目的、著眼點都和斯 6268 號有著本質上的差異。如果說斯 6268 號反映了《高王經》在民間的發展脉絡和特色的話，那麼"金剛寺本"體現出的則是更高層次的官方性文本的變化趨勢。這種變化能夠發生的契機，應該就在於《高王經》從一部民間流行的弘法經本，華麗升格成爲入藏經典的轉折點，也就是《大周錄》成書的 7 世紀末前後。此時，再結合"金剛寺本"的淵源和來歷，我們有理由相信，"金剛寺本"《高王經》的內容，反映的應該就是 7 世紀末到 8 世紀初的唐代入藏文本的形態。這一時期形成的《高王經》的經文結構，對後世的《高王經》文本形成了決定性影響，這一點可以通過伯 3920 號或者黑水城出土的漢文文獻得到證實。

　　3. 後期擴增本

　　擴增後期本就是經過前期和中期的重要增補，最終發展成型的文本形態，這個階段的代表性文本是伯 3920 號。由於伯 3920 號處於《高王經》古本形態向近本形態過渡的交界，先學們傾向於將其劃分爲"近本"一類。筆者則認爲，近本形態的最顯著特徵，是在於經文之前附加的一段講述《高王經》來歷的序文，而伯 3920 號並不具備這一特徵，因此應將其歸類爲古本形態的最後一期文本。這種文本形態的出現，不但宣告了以經文自身的内容和結構變化爲主的《高王經》古本形態演變的終結，也爲近本形態的出現和發展奠定了經文的基礎與雛形。

審視伯 3920 號的文獻内容，相當於在"金剛寺本"内容的基礎之上，再加入斯 6268 號的兩處重要增補：其一，增補了"過去七佛、未來賢劫千佛、千五百佛、萬五千佛、五百華勝佛、百億金剛藏佛"的六組佛號；其二，增補了經後的那段偈語"十方觀世音，一切諸菩薩，誓願救衆生，稱名悉解脱。恐有薄福者，殷重爲解説，但是有因緣，讀誦口不輟，誦經滿千遍，念念心不絶，水焰不能傷，刀兵立摧折，恚怒生歡喜，死者變成活。莫言此是虚，諸佛不忘説"。

在前代文本中未見，僅屬於伯 3920 號獨特之處的增補内容不多，主要有以下幾點：

（1）歷來《高王經》經本中都包含"觀世音菩薩，南無佛，佛國有緣，佛法相因，常樂我緣"這幾句經文。其中"常樂我緣"四字，至"金剛寺本"時變成"常樂我有緣"五個字，待到伯 3920 號最終變成"常樂我淨，有緣佛法"八字，這也是"常樂我淨"詞組首次出現在《高王經》中。

（2）六方六佛名號之後，"釋迦牟尼佛"之前，新增了"無量諸佛、多寶佛"兩組佛號。

（3）在經文"消伏於毒害"之前，新增了"能滅生死苦"一句。

（4）在經文"消伏於毒害"之後，新增了"那摩大明觀世音、觀明觀世音、高明觀世音、開明觀世音、普王如來化勝菩薩"的五菩薩聖號。並且爲了接續後面的七佛滅罪真言，又在聖號之後追加了"念念誦此偈，七佛世尊"九字，爲下文"即説咒曰"提供了主語。

具備上述内容的伯 3920 號，就是《高王經》古本形態歷經幾期的擴增後，最終形成的文本形態。該階段的文本，與前期文本相比，可以説是以擴增中期的"金剛寺本"形態的《高王經》爲基礎，再融入斯 6268 號出現的增補内容而形成的。若與俄藏黑水城出土西夏漢文寫本中發現的《高王經》的後期文本相比，可知雖然宋代以後的近本形態增附了序文，僅就經文本身而言，伯 3920 號已經完全具備了近本形態的雛形。換句話説，《高王經》近本形態雛形的最主要成因，就是武周時代以來流通於不同時期的《高王經》經本的兩種發展趨勢——官方入藏典籍和民間流通文本——在唐末五代時期的匯流。

四、結　論

綜合以上考察，本文爲了勾勒《高王經》在日本的早期流傳情況，主要以奈良和平安時期的寫經記錄和現存文本爲焦點。首先，通過奈良時代古文書中《高王經》的相關記載，推測《高王經》傳來日本的歷史及其奈良時代的抄寫情況。結果顯示，《高王經》初傳奈良朝後，曾多次在官方寫經機構被抄寫；但是，當時所採納的《高王經》底本並非玄昉於天平七年（735）的請來本，而是此前就已經流傳於奈良朝的大官大寺藏本。筆者推測，大官大寺本或者其底本，極有可能是日僧道慈於養老二年從中國請回日本的唐代寫經。至今爲止，雖然尚未發現《高王經》的奈良寫本，但是正倉院古文書中的記錄有助於我們確認奈良寫本的底本淵源，爲我們理解後來平安時期《高王經》寫本源流提供了重要綫索。

其次，本文重點介紹了一件收藏在金剛寺聖教中的寫本，此本附有"康平七年三月廿三日於宇治院賴宴/奉書了"的書寫題記，題爲"高王觀世音經"。通過分析"金剛寺本"的題記，指出該本的底本源流很可能繼承了奈良寫經，即道慈將來本——大官大寺本一系的《高王經》文本。"金剛寺本"的特色之一，是文中附有一段抄自《大周錄》的跋文。最早將這段跋文摘錄到《高王經》經本中的時間，應該在《大周錄》成書的695年後至《開元釋教錄》問世或者傳至日本的735年以前。然而，這期間攜帶佛典歸國的最重要人物，就是718年返回日本的道慈。根據這兩點，1064年賴宴於宇治院抄寫的"金剛寺本"《高王經》（或其底本），參照的應該是前代奈良時期的寫本，而奈良寫本的淵源則又可以追溯到道慈帶回日本的唐代寫經（或其抄本）。

最後，"金剛寺本"內容也同樣具有特色。"金剛寺本"既不同於北朝至唐代初期的《高王經》古本形態，也不同於伯3920號的近本雛形，屬於古本形態向唐末五代左右而形成的近本雛形的發展過渡時期的文本。迄今爲止，學界對於過渡時期文本的存在一無所知，只能默認《高王經》自古本形態開始，飛躍性地發展到近本形態。這一問題，直到筆者最近關注的斯 6268 號和"金剛寺本"這兩種新出文獻之後，才得以確認在《高王經》的古本形態和近本形態雛形之間，存在一個重要的過渡階段。

此階段跨越的歷史年代，大約起始於武周時代，歷經中唐時期，迄至 10 世紀左右，這段時間是《高王經》文本演變史上增補最爲密集和複雜的階段。在這個過渡階段，曾經分化出兩種完全不同經文的發展綫索：其一，從斯 6268 號中，反映了經文内部的擴增；其二，在"金剛寺本"中，反映出對經文結構上的調整。如果說斯 6268 號反映出《高王經》在民間的發展軌迹和特色的話，那麼"金剛寺本"則體現出更高層次的官方所推動的文本的變化趨勢。"金剛寺本"應該是在《大周錄》成書的 7 世紀末前後，《高王經》從民間流通的弘法經本，轉變爲入藏經典之際所發生的結構性調整。結合"金剛寺本"底本來源的考察，可以確信"金剛寺本"内容反映了 7 世紀末到 8 世紀初的唐代入藏文本的形態。

上述兩條發展軌迹，對後世《高王經》文本演變産生了決定性影響。這一點，可以在古本形態發展的最終階段的文本伯 3920 號中得到充分印證。伯 3920 號的内容，若與前期文本相比，可以説是以"金剛寺本"《高王經》的形態爲基礎，再融入斯 6268 號所增補的内容而綜合形成的。若與增附序文的宋代以後的近本形態相比，僅就經文本身而言，伯 3920 號已經完全具備了近本形態的雛形。也就是說，《高王經》近本雛形的最主要的形成因素，就是武周時期以來，不同時期流通的《高王經》經本的兩種發展軌迹，即官方入藏典籍和民間流通文本在唐末五代時期的匯流。

"金剛寺本"和斯 6268 號發現的重大意義在於，它們共同揭示出《高王經》自武周、中唐時期以來迄至 10 世紀以前，在民間和中原地區分別形成的經本，雖然其動機、目的、著眼點完全不同，但是它們同爲非常重要的兩條發展軌迹。事實上，《高王經》自從東魏時代冠以"高王"名稱以來，一直在民間弘通和官方推動的兩股力量互動與張力之下持續變化的，而這種演變的高峰時期就是自古本形態向近本雛形過渡的歷史時期。宋代以後，作爲藏外佛經，《高王經》主要在民間流通並逐步變化，但是由於欠缺明顯的張力和動力，經文本身没有再發生結構上的增減。

附錄：

序號	和曆年月日	本　　文	出典名
1	天平八年（736）九月二十九日	○寫經請本帳 （續續修十六帙八） 自天平八年九月廿九日始經本請和上所 …… 十三年四月十九日從寫經司請僧正所本經 …… 天平十二年四月七日赤萬呂 未寫本經（僧正所在）（中略） 高王觀世音經一卷（下略）	大日本古文書（編年文書），7/54—89
2	天平十年（738）十一月九日	○本經返送狀略 （續續修十六帙二）（中略） 高王觀世音經一卷（中略） 請觀世音菩薩消伏毒害陀羅尼咒經（一卷）　合五十五卷大寺之本 　十年十一月九日件本經返送如前　請河人成 　　　　　　　　付辛國人成　給赤萬呂 　　　　　　　　川原人成	大日本古文書（編年文書），7/192—194
27	天平十一年（739）十月十八日	○雜經書寫注文 "春宮" 高王觀世音經十卷（中略） 右四十四卷經令寫　宣光信尼 十月十八日奉事高屋赤萬呂 給出紙八十紙　深綠十六張　淺綠三十張　垣津幡三十四張	大日本古文書（編年文書）24/109
3	自天平十年至十五年（738—743）	○經卷納櫃帳 （續修後集廿三）（中略） 己櫃（中略） 高王觀世音經一卷（白紙黃表　紫綺緒　紫檀軸）（中略） 十二年三月十七日爲本請　辛國人成　萬呂	大日本古文書（編年文書）7/197—221
4	天平十二年（740）七月八日	○寫經所啓 （續續修十四帙一） 寫經所啓自常目錄寫加經論疏 合　八百十五卷（中略） 高王觀世音經一卷（中略） 　　以上大官寺本（中略） 天平十二年七月八日　石村布勢麻呂大田廣人	大日本古文書（編年文書）7/486—491

（續表）

序號	和曆年月日	本　文	出典名
7	天平勝寶元年（749）八月十九日	○檢定經并雜物等帳 （續續修十四帙八） （中略） 疏所櫃納 元年八月十九日檢定文案 依間仰給奉寫經納櫃（中略） 雜經納經（中略） 又雜經納經（第二者）（中略） 高王觀世音經十卷 （中略） 以前經論疏并雜物等檢定如件故案 　　　天平勝寶元年八月十九日他田水主村山首麻呂	大日本古文書（編年文書）11/42—48
10	天平勝寶四年（752）（五月十六日類收）	○寫書所間寫經疏目錄 （續續修十二帙五） 一切經以外經論律并疏（中略） 高王觀世音經十卷 心經十卷 金剛般若經三卷 右於甲可宮所寫奉者	大日本古文書（編年文書）12/293—297
11	天平勝寶五年（753）二月十一日	○種種觀世音經并應用色紙注文 種種觀世音經（中略） 高王觀世音經一卷（一紙）目錄外（中略） 天平勝寶五年二月十一日	大日本古文書（編年文書）12/411
12	天平勝寶五年（753）二月十一日	（中略） 高王觀世音經一卷〈一〉目錄外（中略） 右十八卷見本在	大日本古文書（編年文書）12/413
14	天平勝寶五年（753）（五月七日類收）	○寫經納櫃目錄 （續續修十二帙十裏） （中略） 高王觀世音經一卷	大日本古文書（編年文書）12/459

（續表）

序號	和曆年月日	本　文	出典名
22	類收・年月日闕	○雜經目錄 （續續修十二帙十一） 雜經六帙 別生經（中略） 淨度三昧經二卷（綵帙）　法社經二卷 益意經一卷　救護身命經十部十卷（粗帙） 觀世音三昧經三部三卷（一卷柒軸/色紙/一卷紫綾表） 　清淨法行經一卷 高王觀世音經二部二卷 　右七經並是古舊錄中偽疑之經，周錄雖編入正文，理 　涉人謀，故此錄中除之不載。	大日本古文書 （編年文書） 23/125—128
23	類收・年月日闕	○雜經目錄 （續修後集三十六） （中略） 佛説高王觀世音經一卷	大日本古文書 （編年文書） 23/134—138

《佛教文獻研究》第四輯
2024 年，111—138 頁

日本新出寫本《止觀記中異義》考論

則　慧

内容摘要：荆溪湛然弟子道邃在中日天台教學史上具有重要地位，他撰述頗多，《止觀記中異義》是他在止觀思想方面的重要著作。本書成立於貞元二十一年（805），由入唐僧最澄最早攜回日本，至今尚存數種傳本。《續藏經》已收入本書内容（"續藏經本"），此爲大家所習見。經本文考察，現知最早《止觀記中異義》的文本則有叡山文庫藏"真如藏本"。通過"真如藏本"和"續藏經本"的比較，發現後者文本有缺失。本文即在介紹新出"真如藏本"的基礎上，指出"續藏經本"的問題，並談談"真如藏本"的文獻價值。

關鍵詞：道邃；止觀記中異義；真如藏本；續藏經本；逸文

作者單位：中國人民大學

一、序　論

唐代天台"中興之祖"荆溪湛然（711—782）的嗣法弟子興道道邃（推定 735—811）對晚唐天台宗的發展做出了重要貢獻。比如在天台教學方面，他對湛然的學説進一步展開，其思想成爲晚唐天台學的主要組成部分之一。在天台教學傳播方面，他傳法給日本天台初祖最澄[1]（766—

---

[1]《佛祖統紀》卷八"道邃傳"記載："澄既泛舸東還，指一山爲天台，創一刹爲傳教，化風盛播，學者日蕃，遂遥尊邃師爲始祖，日本傳教實起於此。"見 CBETA（2019），T49, no. 2035，p.190a17-19。

822），使天台宗成爲國際性的佛教宗派。[1]

　　道邃的撰述頗多，然而多數被後人疑爲僞作，其中《止觀記中異義》（以下簡稱《異義》）則普遍認爲是他在天台止觀方面的唯一真撰。研究道邃的著作和思想，該書具有兩點重要意義：第一，該書是了解他的止觀思想，以及湛然以後天台止觀學説變遷的重要著作。第二，由於道邃的疑僞著作較多，至今未有定論，該書可以作爲檢定道邃疑僞著作的參照標準之一。[2]遺憾的是，該書在中國早已散逸，歷代大藏經皆未收錄，僅被日本編纂的《續藏經》卷五十五所收（以下簡稱"續藏經本"）。《續藏經》是日本學者前田慧雲和中野達慧兩人主持編纂，其底本來源於日本國内各地博物館、圖書館、公私文庫以及寺院等機構所珍藏的寫本或刻本，因此本書被收入《續藏經》的因緣，恐怕還要追溯到它東傳日本的情況。

　　貞元二十一年（805），《異義》被最澄請回日本，之後在日本輾轉流通，至今仍有多種傳本存世。本文探討的日本叡山文庫所藏的《異義》古寫本（以下簡稱"真如藏本"）即是其中之一。筆者獲知該寫本的因緣，是因 2018 年研究《異義》時，發現日本天台僧寶地房證真（1124—1208）所撰《止觀私記》中，引用有《異義》内容達 14 條，而其中 8 條可以與"續藏經本"對應，另有 6 條未見於"續藏經本"，由此得知"續藏經本"

---

　　[1]《中國佛教通史》中對晚唐天台宗的展開有如下評述："在湛然'中興台宗'後的近二百年間，中晚唐和五代的天台宗平穩發展，國清寺系代有傳人，保持了天台宗法脉的延續；同時，在這一時期，更有不少著名的文人學士皈依天台宗或醉心於天台學，擴大了天台宗在社會上的知名度；更爲重要的是，在這一時期，天台宗還傳到了日本，並且天台學在朝鮮半島也得到了進一步的研究和傳播，從而使得天台宗從中國佛教一躍而爲東亞佛教——這是天台宗國際化的第一步，爲天台宗在地緣佛教中首次爭得了重要的地盤。可以説，中晚唐和五代的天台宗呈現出了形式多樣的扇形擴散的發展態勢，已不再是此前局促的綫性發展。"見賴永海主編《中國佛教通史》卷六，江蘇人民出版社，2010 年，第 172 頁。

　　[2]　迄今爲止關於道邃的研究並不多見。此前研究主要集中在他和最澄之間的交往，以及圍繞他的三部疑僞作（《天台法華玄義釋籤要決》十卷、《天台法華疏記義決》十卷、《摩訶止觀論弘決纂義》八卷）進行討論。此三部疑僞作從 20 世紀 40 年代至 90 年代一直被日本學界所關注，其中以清水谷善澄爲代表的學者認爲是日本道邃的著作，以常盤大定爲代表的學者認爲是中國道邃的著作，但至今未有定論。見清水谷善澄《播磨道邃に就いて》，載《叡山學報》7，第 329—355 頁；大久保良峻：《三大部要決をめぐる一、二の問題》，《天台學報》33，第 68—73 頁；大久保良峻：《三大部要決の教學について》，載《天台思想と東アジア文化の研究：塩入良道先生追悼論文集》，山喜房佛書林，1991 年，第 217—230 頁；常盤大定：《續・支那佛教の研究》，春秋社，1941 年，第 131—202 頁。

或爲殘本。[1]隨後，筆者通過查詢《昭和現存天台宗書籍綜合目錄》（以下簡稱《澁谷目錄》），得知"真如藏本"的基本情況[2]，並於 2019 年 7 月赴叡山文庫對原本進行了調查。管見所及，迄今爲止學界尚未涉及"真如藏本"的研究。本文的考察，希望能揭示"真如藏本"的文獻價值和研究意義。

二、《止觀記中異義》的成書時間及其流傳

最澄在中國求法期間（804—805），不僅學習天台學，而且還抄寫了大量佛教典籍帶回日本，其中就包含有《異義》。《異義》卷末有記載以下一段話[3]：

> 此本緣欲還本國，草草，出不委悉，慮不周施，權與記少乖，亦各有眉目。後人覽者，詳而鏡諸也。[4]

文中"此本緣欲還本國"，是指貞元二十一年，最澄即將回國，請乾淑集錄《異義》（"此本"），並希望將該書帶回日本（"本國"[5]）。然而，由於最澄臨近回國，使乾淑集錄《異義》的時間比較倉促，所以只能"草草"完成這項工作。在這樣背景下，導致本書"出不委悉，慮不周施"，即本書的文本結構非常簡要，未能詳細解說。此外，文中還指出《異義》的內容爲"權與記少乖"，其中"記"當指湛然的《摩訶止觀輔行傳弘決》（以下簡稱《弘決》）一書，即《異義》內容與《弘決》相異。

---

[1]　筆者於 2019 年 5 月 29 日在國際佛教學大學院大學"佛教學特殊研究"會上，發表的《道邃記〈止觀記中異義〉的基礎研究——現存テキストと逸文》（未刊）一文中，對"續藏經本"的文本質量以及《止觀私記》的引用文獻進行過探討。

[2]　澁谷亮泰：《昭和現存天台宗書籍綜合目錄》，法藏館，1978 年，第 48 頁。

[3]　常盤氏對這一段話進行過解讀分析，從"此本緣欲還本國，草草出不委悉，慮不周。施權與記少乖，亦各有眉目，後人覽者，詳而鏡諸也"的分段標點來看，他的理解似乎有誤。見常盤大定《續·支那佛教の研究》，第 195 頁。

[4]　CBETA（2019），X55，no.918，p.741b13-15.

[5]　筆者於 2019 年 12 月 8 日在北京大學發的《興道道邃和西明寺道邃關係考辨》一文中，認爲"本國"指日本。見國際天台學大會論文集《從天台到比叡》，2019 年，第 240—255 頁。

也就是説，道邃在閲讀《弘決》時，認爲該書解釋《摩訶止觀》的内容略有偏頗，故而給予糾正。筆者檢討《異義》内容後，發現該書雖然指出《弘決》存在的問題，但並未進行全面系統的論述。因此，文中提示“後人覽者，詳而鏡諸也”。

《異義》對《弘決》提出異説，表明道邃的觀點不同於湛然。每條異説中可見“記不説”“記云”“記意不引”等指示性文字，與之相對應的爲“和尚云”“師意”“師意不爾”以及“師意不然”等回答。通過文本的對比，發現“和尚”或“師”後面的内容，正好與前面“記”的意思相反，因此“和尚”或“師”應該是集錄者乾淑之師道邃。另外，在《傳教大師將來越州錄》（以下簡稱《越州錄》）等諸目錄書中，將《異義》作者記載爲“邃座主記，天台沙門乾淑集”〔1〕。根據“邃座主記”來看，恐怕是道邃在閲讀《弘決》之際，將自己不同於《弘決》中的見解批注在該書的文面上，然後他的弟子乾淑將這些批注集錄成《異義》一書。那麼，由於該書是道邃的批注，所以他不可能自稱“師意”，應該是乾淑在集錄時，在道邃的批注之前添加“師意”兩字，以表明道邃獨自的見解。

此外，乾淑不僅集錄了《異義》，還親自撰述了道邃的傳記《道邃和尚行業迹》（以下簡稱《行業迹》），在該書卷末記載了以下這段話：

> 至今年二月，因勾當本國教門，且暫停耳。但乾淑隨和上，始得十年，在前之事，悉不具知，略書而已。〔2〕

《行業迹》是道邃傳記文獻中最爲翔實的史料，最初被收錄於最澄的《顯戒論緣起》之中。從引文内容來看，貞元二十一年（805）二月（“今年二月”），由於最澄要回國擔任弘法之職，因此即將結束在中國的求法活動。此時，最澄希望將傳法師道邃的生平事迹記錄下來帶回日本，於是請求同門乾淑撰述《行業迹》一文。從文中“乾淑隨和上，始得十年，在前之事，悉不具知，略書而已”來看，乾淑應該是在短時間内完成本書。

---

〔1〕 “淑”原本作“濟”，可能爲誤植，今改。以下皆同。見 CBETA（2019），T55，no. 2160，p.1059a4.

〔2〕 CBETA（2019），T51，no.2069，p.103c21-23.

否則，如果時間充足的話，道邃早年的事迹，他完全可以詳細地詢問之後再記録下來；或者他完成《行業迹》之後，再請道邃添筆也是可行的。根據當時的背景，道邃不僅傳法給最澄，還指導他抄寫天台典籍。除此之外，還爲時任台州刺史的陸淳講解天台止觀，因此他的去務非常繁忙。[1]在這種情況下，乾淑只能將自己跟隨道邃十年間的所見所聞記録下來，然後直接交給最澄。此外，結合上段引文中"此本欲還本國，草草……"的文脉來看，乾淑以較短的時間集録《異義》，然後交給即將回國的最澄。由此可見，《異義》和《行業迹》應該在同一時間成書，即貞元二十一年二月左右。

貞元二十一年，《異義》東傳日本後，一直被歷代天台僧所重視，這一點從以下諸目録的記載可見一斑。

表一　《異義》的成書時間與其流傳情況

目録名稱	成書年代	著者	著録情況	文獻出處
《越州録》	805	最澄	止觀記中異義一卷　邃座主記，天台沙門乾淑集	《大正藏》卷五十五，第 1059a4 頁。
《天台宗章疏》	914	玄日	止觀記中異義一卷　道邃記，乾淑集	《大正藏》卷五十五，第 1135c24 頁。
《東域傳灯目録》	1094	永超	止觀中異義一卷　道邃記，乾叔集	《大正藏》卷五十五，第 1162b9 頁。
《大唐國法華宗章疏目録》	1556	不明	道邃和尚　止觀記中異義一卷	《大日本佛教全書》卷一，第 259b 頁。
《釋教諸師制作目録》	1667	前川茂右衛門	止觀記中異義　道邃記，乾淑集，一卷	《大日本佛教全書》卷二，第 375b 頁。
			道邃和尚　止觀記中異義一卷	《大日本佛教全書》卷二，第 379b 頁。

[1]　二人（最澄、義真）至延曆廿三年四月，奉詔過海，唐貞元廿年八月到明州，九月廿六日達臨海，蒙（台）州牧陸（淳）郎中，安置於龍興寺淨土院，遇郎中請天台山禪林寺傳法大德僧道邃講《止觀》，旋與本國勾當，抄寫教法，並授菩薩戒。後入天台巡禮，廣又抄習。前後總計三百餘卷。見園城寺編《園城寺文書》第 1 卷，講談社，1998 年，第 92 頁。此外，户崎氏認爲，道邃的天台思想給予陸淳很大的影響，兩人交往密切。見户崎哲彦《唐代中期の文學と思想——柳宗元とその周邊》，滋賀大學經濟學部研究叢書第 18 號，1990 年，第 20 頁。

（續表）

目錄名稱	成書年代	著者	著錄情況	文獻出處
《諸師制作目錄》	1703	懷山玄海寫	道邃和尚　妙樂第一弟子　一止觀記中異義一卷	《大日本佛教全書》卷二，第337a頁。
《諸宗章疏錄》	1790	謙順	止觀記中異義一卷　道邃記，乾淑集	《大日本佛教全書》卷一，第100b頁。

　　貞元二十一年五月，最澄在越州（今浙江省紹興市）龍興寺滯留期間，將求法抄寫的典籍目錄整理成《越州錄》一書，然後帶回日本。不久，最澄於貞元二十一年七月十五日將該目錄作爲入唐求法的成果之一，進獻給當時的嵯峨天皇（809—823在位）[1]，説明《越州錄》中記載的典籍内容翔實可靠。《越州錄》以後，延歷寺玄日（846—922）和華嚴宗圓超（861—925）以及三論宗安遠（生卒年不詳），於延喜十四年（914）奉醍醐天皇（897—930在位）的敕令，分別搜集本宗的章疏教典進獻朝廷。其中，玄日以中日天台宗的經論典籍爲搜集對象，編成《天台宗章疏》獻上。可見，《異義》東傳日本後的百年間，作爲中國天台宗的重要典籍一直被重視，並再次獻於朝廷。此外，興福寺僧永超（1014—1095）以中日佛教相關的經、律、論的注釋書，以及各宗要典和史傳等資料爲中心，著錄相關書名、卷數及作者等信息[2]，編纂成《東域傳燈目錄》一書。隨後，永超於寬治八年（1094），對該書進行校訂，然後獻於比叡山的青蓮院。[3]另外，《大唐國法華宗章疏目錄》的編撰者不明，成書年代可能爲室町時期（1336—1573），該書與弘治二年（1556）抄寫的《日本國天台宗章疏目錄》應該是同一時期成書的。[4]此後，前川茂右衛門的書商於寬文七年（1667）刊刻發行的《釋教諸師製作目錄》[5]、懷山玄海（生卒年不詳）於元禄十六年（1703）抄寫的《諸師製作目錄》[6]、謙順

---

〔1〕《大日本佛教全書》第91卷解題三，講談社，1973年，第280頁。
〔2〕同上書，第256頁。
〔3〕高山寺典籍文書綜合調查團編：《高山寺本東域傳燈目錄》第19卷，東京大學出版社，1999年，第287—289頁。
〔4〕《大日本佛教全書》第91卷解題三，第275—276頁。
〔5〕同上書，第261頁。
〔6〕同上書，第259頁。

（1740—1812）於寬政二年（1790）編纂的《諸宗章疏錄》[1]等三部目錄書中全部收有《異義》。總之，從以上諸目錄的記載情況來看，説明9世紀初至18世紀之間，《異義》作爲天台要典，在日本廣泛流通。除以上諸目錄記載外，日本天台僧在著書立説時，還廣泛引用《異義》的文本。如日本天台學問僧寶地房證真於1207年撰述的《止觀私記》、天台僧光謙（1652—1739）的《摩訶止觀輔行講錄》，以及癡空（1780—1862）的《摩訶止觀輔行講義》等著作中多處引用《異義》的文本內容[2]，可見該書對日本天台思想的展開有一定的影響。

三、“真如藏本”概況

據《渋谷目錄》記載，收藏於叡山文庫的“真如藏本”是現存《異義》文本最早的文獻。叡山文庫坐落於日本京都府大津市的比叡山，於1921年爲紀念最澄誕辰一千一百年而專門設立的佛教圖書館。該文庫主要收藏日本平安至江戶時期的貴重寫本和刊本，其中包括比叡山寬永寺天海大僧正（1536—1643）的“天海藏書”約一萬一千四百餘冊，以及東塔實俊大僧正（1618—1702）收藏的“真如藏書”約九千六百餘冊，總數約十一萬冊的藏書文獻。

根據筆者考察，“真如藏本”的書志信息如下：

“真如藏本”爲冊子本，一卷，共十二紙，首尾二紙空白，正文十紙，楷書抄寫，無墨欄。封面原題簽破損不存，後貼入新的藏書題簽“比叡山真如藏書/部數1571/書冊5677/昭和廿九年八月十日寄託”。封面右側墨書“□□東塔□□淨教□”等字，封面後第一紙爲空白，其後爲正文，每紙高約25.5厘米，長約16.5厘米，每紙7行，每行1至17字不等。每紙文面上有墨筆及朱筆的日文訓點、句讀、訂正和删除綫等記號，眉頭有兩處異本校勘文字。卷中僅個別文字蟲損，全卷保存狀態良好。第二紙（第一紙爲空白）有首題“謹錄邃和尚與記中異義”，題下“天台弟子乾淑集”，首題右側小字墨書“三門東塔南谷　淨教房　真如藏　卅六雨”等

---

〔1〕《大日本佛教全書》第91卷解題三，第262頁。
〔2〕見拙論《道邃記〈止觀記中異義〉的基礎研究——現存テキストと逸文》（未刊）。

字。第十一紙尾題"止觀異義一卷"，題記"永仁六年十一月七日書寫畢/仙英/一校了　相似沙門禪叡"。第十二紙爲空白，後爲封底。

根據以上信息，"真如藏本"是仙英於永仁六年（1298）抄寫，後經禪叡校勘。該寫本封面墨筆所寫的收藏機構名破損不全，僅"東塔"和"淨教"等字可以判讀，將之與第二紙首題右側書寫的小字對比，可知該寫本原藏於三門東塔南谷淨教房的真如藏，説明該寫本原爲實俊大僧正的私人藏書，然後於昭和二十九年（1954）八月，從實俊大僧正的"真如藏"移入叡山文庫。

"真如藏本"的校勘者禪叡的傳記不明，生卒年不詳。然而，日僧圓珍（814—891）抄寫的《止觀科節》[1]卷末附載有以下題記：

> 於越州開元寺抄寫此文。大中九年二月十日，日本國天台問法沙門圓珍記。義海是法藏和上作，俗姓康，本胡，依儼受華嚴，儼依杜順，禪師姓杜，此文殊化身，具如傳錄。永仁六年三月十八日一校了，相似沙門　禪叡。[2]

根據以上題記，可知《止觀科節》是圓珍於大中九年（855）二月十日在越州開元寺抄寫完成。《止觀科節》東傳日本後，禪叡於永仁六年三月十八日對其進行了校勘。將此題記與"真如藏本"卷末進行對照，可知校勘《止觀科節》和《異義》的禪叡是同一人。也就是説，禪叡在永仁六年三月十八日完成《止觀科節》的校勘後，時隔八個月，仙英抄寫了"真如藏本"，然後禪叡又對"真如藏本"進行了校訂。可以確定仙英與禪叡都是 13 世紀末期的人物。

前文已述，《異義》主要是對《弘決》提出的異説。然而，從另外一方面而言，該書與《弘決》一樣，同屬於《摩訶止觀》的注釋書。從《止觀科節》中"科節"兩字來看，本書是對《摩訶止觀》的内容進行簡略地

---

〔1〕　本書成立於 9 世紀中期，作者不明。見坂本廣博《止觀科節をめぐって》，《智證大師研究》，同朋舍出版，1989 年，第 635—651 頁。

〔2〕《止觀科節》收錄於《智證大師全集》卷二和《續藏經》卷五十五，其中"永仁六年三月十八日一校了相似沙門　禪叡"等字僅著錄於《續藏經》，在《智證大師全集》中未見。參見 CBETA（2019），X55，no.917，p.740a20。

概括和解釋。據本文考察，《止觀科節》還引用了《異義》的一段文本内容[1]，可見兩書之間的關係非常密切。基於《異義》和《止觀科節》同爲入唐求法僧從中國請回日本的天台典籍，同爲《摩訶止觀》的注釋書，以及兩書成書與東傳日本的時間相隔僅五十年左右，因此，兩書傳入日本後，被後人傳抄，其抄本可能作爲《摩訶止觀》的注釋書一類，被同時保存在比叡山的某座寺院，所以禪叡同時對《止觀科節》和"真如藏本"進行了校訂。

四、"真如藏本"的文本内容——"續藏經本"問題

"續藏經本"作爲流通本，被研究者廣泛使用。管見所及，至今爲止學界關於《異義》的研究皆依"續藏經本"，而"真如藏本"尚未有人關注。以下通過"真如藏本"和"續藏經本"的比較，探討兩種文本之間的差異。在此基礎上，揭示出"真如藏本"的文獻價值。（以下表格中，根據兩本的内容，對其進行分段和標點，然後配序列號。另外，"續藏經本"見《續藏經》卷五十五，第740b6—741c14頁，各段文字具體頁碼從略。）

表二　"真如藏本"與"續藏經本"文本對照

序號	真如藏本	續藏經本
1	謹錄邃和尚與記中異義　天台弟子乾淑集	謹錄邃和尚止觀記中異義　天台弟子乾淑集
2	序中云"無漏總中三"者，記家意易知。和尚云："將三界爲三即所止，無漏爲一即能止。從前'次修無漏，止三界獄'中來，故用三界爲三，無漏爲一，合爲四也。"	序中云"無漏總中三"者，記家意易知。和尚云："將三界爲三即所止，無漏爲一即能止。從前次修無漏，止三界獄中來，故用三界爲三，無漏爲一，合爲四也。"
3	次云"一經一説如此"者，指前"常啼等"是。師意："'常啼等'，但是成華嚴之一意，故言'一説如此'。"	次云"一經一説如此"者，記指前"常啼等"是。師意："'常啼等'，但是成華嚴之一意，故言一説如此。"

---

[1]《止觀科節》："還轉四句不見未貪（欲）滅，欲貪欲生。記云：剩生字。道邃和尚云：不剩。"見 CBETA（2019），X55，no.917，p.737c23-24。

序號	真如藏本	續藏經本
4	言"餘經亦然"者，記云："諸經未引者尚多。"師意不爾："但指下所引諸經是也。'疑者云'者，猶聞上'餘經亦然'語，故請引云'願誠證'也。"	言"餘經亦然"者，記云："諸經未引者尚多。"師意不爾："但指下所引諸經是也。'疑者云'者，猶聞上餘經亦然語，故請引云'願聞誠證'也。"
5	次"簡非"中，記云："先心次道。"師意云："但是雙標心道意門。何以得知？據後釋'十心'中，皆云'發心行道'。以此驗之，知無別也。"	次"簡非"中，記云："先心次道。"師意云："但是雙標心道章門。何以得知？據後釋十心中，皆云'發心行道'，以此驗之，知無別也。"
6	次"或先起是心，後起非心"者，記云："是即菩提，非即十非。"師意云："是即二乘，非即九非也。何以知之？據後云'是非並簡'，驗知也。"	次"或先起是心，後起非心"者，記云："是即菩提，非即十非。"師意云："是即二乘，非即九非也。何以知之？據後云'是非並簡'，驗知也。"
7	次"咄中兩番"者，記意："前番約是非相對。是即菩提，非即十非。後番約內外。內謂二乘，外謂九非、爲二邊。雖一往分折，猶恐前單約內心，後約心境也。"師意云："前一，但就十爲內外並等。後番採用，後是心對十非。簡是謂菩提，非謂十非。<u>由是此羸弱爲十非，二邊所動。言'二邊'，即生死爲有邊，涅槃爲無邊，故云：'內外混和也。'"</u>	次"咄中兩番"者，記意："前番約是非相對，是即菩提，非即十非。後番約內外，謂二乘外謂九，非爲二邊。雖一往分折，猶恐前單約內心，後約心境也。"師意云："前一，但就十爲內外並等。後番採用，後是心對十非，簡是謂菩提，非。"
8	次四弘中，末後釋疑云"若爾"者，記云："先徵次釋。"師意云："但通釋疑，無徵釋之異。據後'一徵塵爲大千經卷'，將爲通釋，則知前無別徵也。"	無
9	次六即後料簡，記分爲三番。師意："但有二，中間一番番，但是再出初番，非初分即。"	無
10	次大行中意止觀中，"觀如來"至"莊嚴文"，記中文句分爲三："初碟境，次觀成見佛，三悲智。"師意不爾："將對三觀。初觀如來，空也。次見佛，假也。莊嚴，中也。據後常行意止觀中，亦作三觀。計亦例然。"	無

（續表）

序號	真如藏本	續藏經本
11	次非行非坐中於觀中，記云："別對三乘。"師意："通對，據後結中'若起大悲'，不言對三陀羅尼。又皆云'若'者，故知由心不同，無別對也。"	無
12	次止觀歷諸善事中者，記云："用十二事意。"今師意："但是總標檀意，非通六度意也。"	無
13	次正六度中，記云："前十二事共論檀，今一一事各論六者，爲五嚴。"師意不爾："但前十二事共論檀，後一一事各論六。後尸亦然也。但文略不出耳。驗後尸中，亦云十二事亦然，故知也。"	無
14	次"行中寂然有定相下"，記將重釋定惠。師意："但是結成三昧。從'行中寂然有定相'至'生貪著'，是空三昧；從'以方便生'，是無相三昧；從'行者'下至'大論'處點，是無作三昧。據後正結，知是示前，非胸臆也。"	無
15	次"隨自意歷諸惡中"，言"還轉"者，記云："將推下三句，言還轉成六十四句。"師意："六十四句但是一向推未言'還轉'。今言'還轉'者，直是將'欲貪欲生'推'未貪欲滅'，還成四句，例前則有一百二十八句而不剩，亦不重出。"	無
16	次"通德料簡中"，記初分三："先問答，次正釋，後又二番但合爲一。"師意："三番問答。初番問答，先問次答；答中二：'先出古，次正釋。'引古二：'初正次行。'據前問中'云何字義縱橫？云何字義不縱橫？'等，合爲一問。驗知卷中，古今雙答也。"	無

（續表）

序號	真如藏本	續藏經本
17	次權實，後料簡。事理章問，次廣解。次懺見罪中第七，記言："縱字本却呼。"師意："却字，此爲補縱恣三業。此例合。"	無
18	次棄蓋中於理，言"利使五蓋障於真諦。如前"，記指"隨自意後文邪空之人"。師意："但近取犯戒中，因空破戒是見也。"	無
19	次結"二十五法中立名"者，記將"令且"下結。師意："將'亦不無觀'下結。據引經意，但至'及內外觀'，經文則盡。故知將此'亦不無觀'爲立名，由合爲一段也。"	結"二十五法中立名"者，記將"令且"下結。師意："亦將'不無觀'下結。據引經意，但至則及內外觀，經又則盡，故知將此亦不無觀爲立名由，合爲一段也。"
20	生起十章末，結云"終至聖人方便"，記獨將二乘菩薩二境對圓方便。師意："但是兩教方便，但未證前。又約發時未證入位，故通名方便。圓教通用十境爲方便，不局二乘菩薩爲方便也。言方便者，但是二乘菩薩未證真前爲方便，證真了不名方便，亦不證發。"	生起十章末，結云"終至聖人方便"，記獨將"二乘菩薩三境對圓方便"。方師意："但是當教方便，但是當未證前，又約發時未論入位，故通名方便。圓教通用十境爲方便，不局二乘菩薩爲方便也。言方便者，但是二乘菩薩未證真前爲方便，證真了不名方便，亦不論發。"
21	又私料簡中，云"無漏陰轉成法性陰"者，記云："滅後界外受法性身，呼爲法性陰。"師意："但是身得便是法性不待滅後也。"	又私料簡中，云"無漏陰轉成法性陰"者，記云："滅後界外受法性身，呼爲法性陰。"師意："但即身得便是法性，不待滅後也。"
22	又云"常見之人異念斷"者，記將內外凡爲異念。經自釋異念者，八人也，人即忍也，忍即由也。	又云"常見之人異念斷"者，記將"內外凡爲異念"。經自釋異念者，八也，忍人也，人即忍也，即因也。
23	又次言"先尼小信尚不可得"者，記云："小乘信。"師意云："但是小信心也。"	又次言"先尼小信尚不可得"者，記云："小乘信。"師意云："但是少信心也。"

（續表）

序號	真如藏本	續藏經本
24	又"矢石"者，記云："可知有言：'兩人共戰他，一用石，一用矢，戰勝時各言有意，故二人諍其矢石有意。'又有言：'六國時，鶉銜矢長一尺八寸，墮魏王殿前。王命朝臣共議，有言矢者，有言石者，故言各與矢石也。'時有知人，後來言：'不須此諍，此從衛國來，衛人長大，以用石爲矢也。'""今不用此意，但顯前諍意也。"	又"矢石"者，記云："可知有言：'兩人共戰他，一用石，一用矢，戰勝時各言有功，故二人諍其矢石有功。'又有言：'六因時，鶉銜矢長一尺八寸，墮〔1〕魏王殿，王命前朝臣共議，有言矢者，有言石者，故言名與矢石也。'時有智人，後來言：'不須此諍，此從衛國來，衛人長大，以用石爲矢也。'""今不用此意，但取前諍意也。"
25	又安心中法行安心中，言："我觀法相散睡不除，尚爲説止有大功能。"記不別釋。師云："似五停心觀。止是壁定，似數息觀；止是淨水，似不淨觀；止是大慈，似慈悲觀；止是大明咒，似十二因緣觀；止是佛，似念佛觀。"師意如此對也，記不釋。	又安心中法行安中，言："我觀法相觀睡不除，當爲説止有大功能。"記不別釋。師云："以五停心觀。止是譬定，似數息觀；止是淨水，似不淨觀；止是大慈，似慈悲觀；止是大明咒，似十二因緣觀；止是佛，似念佛觀。"師意如此對也，記不釋。
26	又大經後料簡中，言"四四十六門"者，記不説。師意云："生門破一切法，生門立一切法，生門亦破亦立，生門非破非立，餘門乃至滅門亦如此，故有三十二門也。"	又大經後料簡中，言"四四十六門"者，記不説。師意云："生門破一切法，生門立一切法，生門亦破亦立，生門非破非立，餘門乃至滅門亦如是，故有三十〔2〕門也。"
27	又會三毦提中，言"五衆和合故名衆生"者，記將證前法波羅毦提。師意："正是受波羅毦提，屬五衆是法攝。衆生假名，故屬受也。"	又會三毦提中，言"五衆和合故名衆生"者，記將證前法波羅毦提。師意："正是受波羅毦提，五衆是法，既屬法攝。衆生假名，故屬受也。"
28	又相待假中自作三假，云"無生法塵"者，記言："因成相待中用觀推之，已得無生之解，對此無生解，故言：'無生法塵。'"師意不爾："但相待中自有三假，言'無生法塵'者，即是無爲之法，是無生法塵也。"	又相待假中自作三假，云"無生法塵"者，記言："因成相續中用觀推之，已得無生之解，對此無解，故言：'無生法塵。'"師意不爾："但相待中自有三假，言'無生法塵'者，即三無爲之法，是無生法塵也。"

〔1〕 "續藏經本"的底本"藏經書院本"作"隨"。
〔2〕 "續藏經本"的底本"藏經書院本"作"三十"。

（續表）

序號	真如藏本	續藏經本
29	又思假中，從"若下界貪重"至"非貪耶"，記云："彼有多並，但引一，故云'一並'。"師意："'一並'下，是止觀家破毗曇。雖如是難，恐失佛意，故云'但佛有時對緣別說'。不應言毗曇全非，故云：'假名何定。'"	又思假中，從"若下界貪輕至非貪耶"，記云："彼有多並，但引一，故云'一並'。"師意："'一並'下，是止觀家救毗曇。"意云："雖如是難，恐失佛意，故云'但佛有時對緣別說'，不應言毗曇全非，故云：'假名何定。'"
30	又破思假中，云"次第斷"及"超斷"者，記意不引。師意："但得名處別。言'次第'者，初用無漏智先斷見，次斷思惟五品便入滅者，得受斯陀含向名。言'超'者，初用世智，斷欲界五品思竟，後斷見時即是斷五品思也，故言'超'。以世智斷惑弱，故只得次第斷第三品。後由受多家生，故言'家家'。後例然。"	又破思假中，云"次第斷及超斷"者，記意不引。師意："但得名處，別言'次第'者，初用無漏智先斷見，次斷思惟五品便入滅者，得受斯陀含向名。言'超'者，初用世智，斷欲界五品思竟，後斷見時即是斷五品思也，故言'超'。以世智斷惑弱，故只同次第斷第一二品，後由受多家生，故言'家家'。後例然。"
31	又料簡"超不超"後，"瓔珞"下，師意："是證圓四句。"記不説。	又料簡"超不超"後，"瓔珞"下，師意："是證圓四句。"記不説。
32	又五種不淨後，觀心無常中，云"此籠破繫斷即不還"者，記云："無學方名繫斷不還。"師意："但是一期命終，名繫斷不還，故云'印壞文成'也。"	又五種不淨後，觀心無常中，云"破繫斷去不還"者，記云："無學方名繫斷不還。"師意："但是一期命終，名繫斷不還，故云'印壞文成'也。"
33	又攝十八不共法中，餘五不出，但總結而已，記但云："攝在惠及解脱無減中，但粗略對當。"師意："推'法界次第'意，將'常照三世爲三衆生心不須更觀而爲說法'，爲'無異想'。'不失先念'爲'惠，無減'也。餘如文。"	又攝十八不共法中，"餘五不出，但總結而已"，記但云："攝在慧〔1〕及解脱無減中，粗略對當。"師意："推法界次第意，將常照三世爲三衆生，心不須臾〔2〕，觀而爲說法，爲無異想，不失先念爲慧，無減也。餘如文。"
34	言"作宗明義"者，記意："諸論但約當教，未若止觀通有四教。"師意不然："但是經共論約宗多少也。"	言"作宗朝義"者，記意："諸論但約當教，未若止觀，通有四教。"師意不然："但是經共論約宗多少也。"

---

〔1〕"續藏經本"的底本"藏經書院本"作"惠"。以下"慧"字皆同。
〔2〕"續藏經本"的底本"藏經書院本"作"更"。

（續表）

序號	真如藏本	續藏經本
35	此本緣欲還本國，草草，於不委，慮不周施，權與記少乖，亦有眉目。後人覽者，詳而鏡諸也。	此本緣欲還本國，草草，出不委悉，慮不周施，權與記少乖，亦各有眉目。後人覽者，詳而鏡諸也。
36	止觀異義一卷	無
37	永仁六年十一月七日書寫了/仙英/一校了　相似沙門禪叡	無
38	無	《十不二門指要抄》的引文（省略）
39	無	《佛祖統紀》的引文（省略）
40	無	日本寶地《私記》云："有《記中異義》一卷，是道邃和尚於《弘决》外引出異義，弟子乾淑聞而述之。"（已上）

　　如上表所示，"真如藏本"的文本結構，可分爲五個部分。第一，表中序號 1，是"真如藏本"的首題。第二，表中序號 2 至 34，是"真如藏本"的正文內容，即道邃對《弘决》提出的三十三條異説。第三，表中序號 35，是乾淑對《異義》的成書背景及其文本體裁的説明。第四，表中序號 36，是"真如藏本"的尾題。第五，表中序號 37，是"真如藏本"的題識。此外，"續藏經本"的文本結構，可分爲四個部分。第一，表中序號 1，是"續藏經本"的首題。第二，表中序號 2 至 7、19 至 34，是"續藏經本"的正文內容，即道邃對《弘决》提出的異説（二十二條）。第三，表中序號 35，是乾淑對《異義》的成書背景及其文本體裁的説明。第四，表中序號 38 至 40，是《異義》的附錄，即《十不二門指要抄》《佛祖統紀》以及《止觀私記》的三條引用文獻。[1]

　　通過"真如藏本"和"續藏經本"文本結構的比較，可知有四點差

---

　　[1]　拙論《道邃記〈止觀記中異義〉的基礎研究——現存テキストと逸文》（未刊）一文中，對"續藏經本"的底本及其特徵進行過探討，其結論爲"續藏經本"的底本現藏於京都大學圖書館藏經書院文庫，由刊本和手抄本組合而成（以下簡稱"藏經書院本"）。其中刊本部分於 18 世紀前後刊刻，內容爲《異義》的正文以及《十不二門指要抄》和《止觀私記》的引用文獻；手抄本部分爲《續藏經》的編纂者抄錄，內容爲《十不二門指要抄》《佛祖統紀》《道邃和上書》《行滿和上印信》《行滿和尚施與物疏》以及《贈日本求法沙門最澄》等六種文獻。"續藏經本"承襲了"藏經書院本"的刊本部分，以及六種手抄本中《佛祖統紀》內容，並進行了修訂。

異。第一，首題不同。"真如藏本"的首題爲"謹錄邃和尚與記中異義"，而"續藏經本"作"謹錄邃和尚止觀記中異義"。將"續藏經本"的底本"藏經書院本"和"真如藏本"的首題相比較後，發現兩者相同，因此，可以確定"續藏經本"的首題，是該本在編纂過程中進行的修改。第二，文本內容不同。"真如藏本"的正文部分有三十三條異説，其中包含了"續藏經本"的二十二條異説，另有十一條異説於"續藏經本"中未見，由此説明"續藏經本"爲殘本。第三，尾題不同。"真如藏本"有尾題及題識，而"續藏經本"中未見，説明"真如藏本"可能是一個完整的本子。第四，文本結構不同。"續藏經本"附錄的三條引用文獻，於"真如藏本"中未見。根據以上的不同點，説明"真如藏本"比"續藏經本"更完善，後者的文本內容殘缺不全。

（一）"真如藏本"中補注的檢討——"異義傳本"（擬題）

"真如藏本"於 1298 年抄寫以後，禪叡對其進行了校勘。在"真如藏本"的行間和眉頭隨處可見補注文字，説明當時禪叡使用了《異義》的其他傳本進行對校（以下簡稱"異義傳本"）。"異義傳本"至今是否傳存，目前尚且不明。然而，據本文考察，"真如藏本"中的補注有三種形式：其一，該本的眉頭有兩處補注（以下簡稱"眉頭補注"）；其二，該本行間有帶記號"イ"的補注（以下簡稱"イ補注"）；其三，該本行間有直接添加的文字補注（以下簡稱"文字補注"）。以下通過三種補注和"續藏經本"相比較，考察"異義傳本"的形態特徵。

1. "眉頭補注"

"真如藏本"有兩條"眉頭補注"，其內容分布在第 23 條和第 26 條異説（表二中序號 24 和 27）。將此兩條"眉頭補注"與"真如藏本"的原文，以及"續藏經本"中對應的地方進行比較後，其結果如下表所示。

表三　眉頭補注與"真如藏本""續藏經本"原文對照表

序號	真如藏本原文	眉頭補注	續藏經本	所處位置
1	……鵰銜矢長一尺八寸，墮魏王殿前。王命朝臣共議，有言矢者……	異本：隨魏殿，王命前朝臣。	……鵰銜矢長一尺八寸，墮[1]魏王殿，王命前朝臣共議，有言矢者……	第七紙正面的眉頭

---

〔1〕"續藏經本"的底本"藏經書院本"作"隨"。

（續表）

序號	真如藏本原文	眉頭補注	續藏經本	所處位置
2	又會三藐提中，言："五衆和合故名衆生"者，記將證前法波羅藐提。師意："正是受波羅藐提，屬五衆是法攝。衆生假名，故屬受也。"	異本：<u>受波羅藐提，五衆是法，既屬法攝</u>。	又會三藐提中，言："五衆和合故名衆生"者，記將證前法波羅藐提。師意："正是受波羅藐提，五衆是法，既屬法攝。衆生假名，故屬受也。"	第八紙正面的眉頭

以上兩條"眉頭補注"，位於"真如藏本"第七紙正面和第八紙正面的眉頭處，墨筆小字書寫。禪叡在補注文字前添加"異本"兩字，説明他在校勘"真如藏本"之際，使用了"異義傳本"。上表中序號1部分，"眉頭補注"作"隨魏殿，王命前朝臣"，"續藏經本"爲"墮魏王殿，王命前朝臣"。將兩者對比後，"眉頭補注"中少一個"王"字。另外，"續藏經本"中的"墮"字，其底本爲"隨"，是"續藏經本"的編纂者所改。表中序號2部分，"眉頭補注"和"續藏經本"（下劃綫部分）的文本完全相同。因此，根據"眉頭補注"和"續藏經本"的吻合程度來看，説明禪叡使用的校本（"異義傳本"）可能是"續藏經本"這一系統的文本之一。此外，從上下文意來看，序號1中"真如藏本"的原文應該更爲準確。

2."亻補注"

"真如藏本"行間隨處可見"亻補注"，將這些補注與"續藏經本"中對應的地方進行比較後，其結果如下表所示。（下表中"×"指該本無此字，"異説出處"指前面"真如藏本"和"續藏經本"對照表格中的序號，"所處位置"指"亻補注"在"真如藏本"中書寫的具體位置。）

表四　"真如藏本"與"續藏經本"之"亻補注"對照表

序號	真如藏本原文	亻補注	續藏經本	異説出處	所處位置
1	×	記亻	記	3	第一紙正面第6行
2	意	章亻	章	5	第一紙背面第5行

（續表）

序號	真如藏本原文	イ補注	續藏經本	異説出處	所處位置
3	×	去イ		13	第三紙背面第 6 行
4	×	度イ		13	第三紙背面第 7 行
5	生	去イ		14	第四紙正面第 4 行
6	未	示イ		14	第四紙正面第 6 行
7	×	論イ	×	20	第六紙正面第 1 行
8	×	當イ	當	20	第六紙正面第 1 行
9	證	論イ	論	20	第六紙正面第 4 行
10	是	即イ	即	21	第六紙正面第 6 行
11	由	因イ	因	22	第六紙背面第 2 行
12	意	功イ	功	24	第六紙背面第 7 行
13	墮	隨イ	隨	24	第七紙正面第 2 行
14	顯	取イ	取	24	第七紙正面第 5 行
15	尚	當イ	當	25	第七紙正面第 7 行
16	破	救イ	救	29	第八紙背面第 5 行
17	×	意云イ	意云	29	第八紙背面第 5 行
18	得	同イ	同	30	第九紙正面第 6 行
19	×	去イ	去	32	第九紙背面第 4 行

　　“真如藏本”中的“イ補注”共十九條。序號 1 至 2、8 至 19 的十四條“イ補注”，全部與“續藏經本”中的文字相同。其中序號 1、8、17、19 的四條，因爲“真如藏本”的原文脱字，所以禪叡根據“異義傳本”補入。上表中序號 7 的“論イ”，位於“真如藏本”第六紙正面第 1 行首字的上方，以朱筆書寫，字體大小與正文相仿，“論”字中間用朱筆劃了一個圓圈記號，應該有所指示。另外，此處添加“論”字後，前後文意不通，以及此“論”字於“真如藏本”和“續藏經本”中皆未見。根據這些迹象，説明此“論”字可能是誤植。上表中序號 3 至 6 的四條，由於“續藏經本”脱文，兩者無法進行比較。然而，按照前面十四條“イ補注”和

“續藏經本”完全相同的情況來看，如果“續藏經本”未脫文，此四條“亻補注”和“續藏經本”中的文字吻合的概率很高。總之，根據“亻補注”和“續藏經本”文字對應的情況來看，禪叡所用的校本（“異義傳本”）與“續藏經本”之間的關係非常密切。

　　3.“文字補注”

　　雖然“真如藏本”的行間多數爲“亻補注”，但也有幾處“文字補注”，將之與“續藏經本”進行比較後，其結果如下表所示。

表五　“真如藏本”與“續藏經本”之“文字補注”對照表

序　號	真如藏本原文	補注文字	續藏經本	異說出處	所處位置
1	×	聞	聞	4	第一紙背面第 3 行
2	却	平		17	第五紙正面第 4 行
3	却	去		17	第五紙正面第 4 行
4	即	邪		18	第五紙正面第 7 行
5	×	餘	餘	33	第十紙正面第 3 行

　　上表格中的“文字補注”共五條，其中序號 1 和 5 的“文字補注”與“續藏經本”相同；序號 2 至 4，由於“續藏經本”脫文，無法進行比較。

　　根據以上三個表格的對比，“真如藏本”共二十六條補注，其中十八條補注和“續藏經本”的現存文本完全吻合；七條補注，由於“續藏經本”有脫文，兩者無法進行比較；一條補注，於“真如藏本”和“續藏經本”中皆未見，可能是誤植。“續藏經本”（或底本“藏經書院本”）的脫文部分，在“真如藏本”中仍然可見七條補注，這一現象說明禪叡使用的校本（“異義傳本”）沒有脫文的迹象，可能與“真如藏本”的文本結構相同。此外，從三種形式的補注文字和“續藏經本”相吻合的情況來看，說明“異義傳本”和“續藏經本”可能是同一文本系統所派生。

　　（二）“續藏經本”的脫文

　　“續藏經本”及其底本“藏經書院本”（刊本部分），引用了 1207 年成書的《止觀私記》，那麼“藏經書院本”所使用的底本可以推定爲 1207 年之後成立的《異義》的某個抄本（以下簡稱“異義抄本”）。《止觀私記》

成書後的百年間，仙英於 1298 年抄寫了“真如藏本”，但該本中未見《止觀私記》的引用文獻；以及禪叡在校勘該本時，也未提及《止觀私記》的情況，説明“真如藏本”和“異義傳本”的文本結構應該大致相同，即未引用《止觀私記》的内容。此外，根據前面“真如藏本”中的補注和“續藏經本”及其底本“藏經書院本”中對應的文字完全相同，可見“真如藏本”的校本“異義傳本”和“藏經書院本”以及“續藏經本”應該是由同一文本系統派生而來。

綜合以上幾點來看，本文認爲“藏經書院本”的底本“異義抄本”，可能是“異義傳本”的轉抄本之一。該本在轉抄過程中，添加了《止觀私記》等引用文獻，形成了一種全新的文本系統，其成立時間應該爲1298 年之後。爲了更清晰地説明各本之間的關係，以圖示化的形式表現如下：

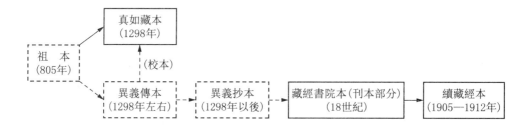

如上圖所示，貞元二十一年，最澄將《異義》請回日本，此爲祖本。該本在日本輾轉傳抄，至 13 世紀末，有多種傳本存世，其中就包含了“真如藏本”和“異義傳本”。“真如藏本”抄寫後不久，禪叡以“異義傳本”作爲校本，對其進行校勘，可見“異義傳本”的成立年代及其文本結構應該與“真如藏本”大致相同。此外，禪叡在校訂“真如藏本”時，在行間等處留下許多補注，將這些補注與“續藏經本”及其底本“藏經書院本”對比後，發現兩者完全相同，因此可以推測“異義傳本”和“續藏經本”以及“藏經書院本”是同一文本系統所派生。從“藏經書院本”引用《止觀私記》的内容來看，在“異義傳本”和“藏經書院本”之間應該還存在另外一種形式的文本，該抄本以“異義傳本”爲底本抄寫，然後在卷末添加了《止觀私記》等引用文獻，形成了以《異義》的文本爲主要部分，以《止觀私記》等引用文獻爲附錄的全新文本——“異義抄本”。隨著“異義抄本”的廣泛流傳，至 18 世紀前後，京都的書商以“異義抄本”

爲底本，進行刊刻流通，現今至少有五種刊本存世，其中就包含了“藏經書院本”[1]。後來，明治三十八年（1905）四月至大正元年（1912）十月之間完成的“續藏經本”，以“藏經書院本”爲底本進行編輯，然後發行流通。

此外，“真如藏本”和“續藏經本”對應的二十二條異說（前文“真如藏本”和“續藏經本”的對照表格中序號2至7、19至34，以下僅列序號）中，第六條異說（序號7中的下劃綫）的結尾部分“謂十非。由是此羸弱爲十非，二邊所動。言‘二邊’，即生死爲有邊，涅槃爲無邊，故云：‘内外混和也。’”等三十六字，及其之後的第七至十七條異說（序號8至18），於“續藏經本”及其底本“藏經書院本”中未見。這部分内容被連續分布在“真如藏本”的第二紙背面的第一行至第五紙背面的第一行之間，約兩紙半的分量。前文已述，“異義傳本”沒有脱文的迹象，可見脱文的原因可能是“異義抄本”或“藏經書院本”[2]。因此，“續藏經本”及其底本“藏經書院本”脱文的原因，可能有兩種情況。第一，“異義抄本”是殘本，即該本在轉抄“異義傳本”的過程中，將底本連續夾頁，遺漏了兩紙半的内容。如果這樣的話，“藏經書院本”以“異義抄本”爲底本刊刻，同樣也缺少兩紙半的内容。第二，“異義抄本”是完整的文本，即該本與“異義傳本”大體相同，僅在《異義》正文的後面添加了《止觀私記》等引用文獻作爲附錄。然而，“藏經書院本”的刊刻者，將“異義抄本”夾頁約兩紙半，導致内容的遺漏。總之，如此連續的脱文，説明“異義抄本”和“藏經書院本”並非有意删除，而是由於某個環節的疏忽導致的脱漏。

（三）文字正誤之舉證

前面在“真如藏本”和“續藏經本”的對比表格中，兩本之間有二十二條異說相互對應。由此看出兩本都存在衍字、脱字以及誤植等情況。以下試舉數例爲證。

第一，表中序號第19部分，“真如藏本”中“師意：將‘亦不無觀’

---

[1] 拙論《道邃記〈止觀記中異義〉的基礎研究——現存テキストと逸文》（未刊）一文中，指出《異義》現存有六種傳本。

[2] 可以確定“續藏經本”的底本“藏經書院本”同樣遺漏了這部分内容，因此排除了“續藏經本”的編輯者造成的脱文。

下結"，而"續藏經本"作"師意：亦將'不無觀'下結"，其中"將亦"和"亦將"不同。與之對應的地方，《摩訶止觀》卷四作"亦不以無觀得是智慧"[1]。從《摩訶止觀》的文本來看[2]，"真如藏本"的"將亦"正確，"續藏經本"的"亦將"爲倒置之誤。

第二，表中序號第 24 部分，"真如藏本"中"又有言'六國時，鶺銜矢長一尺八寸，墮魏王殿前，王命朝臣共議'"，"續藏經本"作"又有言'六因時，鶺銜矢長一尺八寸，墮魏王殿，王命前朝臣共議'"。其中，"真如藏本"中"六國""墮魏王殿前"以及"王命朝臣"，而"續藏經本"作"六因""墮魏王殿"以及"王命前朝臣"。從文意來看，"真如藏本"更符合上下文脉。

第三，表中序號第 25 部分，"真如藏本"中"我觀法相散睡不除"，"續藏經本"作"我觀法相觀睡不除"。同條中，"真如藏本"中"師云'似五停心觀'"，而"續藏經本"作"師云'以五停心觀'"。兩本中"散睡"和"觀睡"以及"似"和"以"不同。與之相對應的地方，《摩訶止觀》卷五載"我觀法相散睡不除者，當爲説止大有功能：止是壁定，八風惡覺所不能入。止是淨水，蕩於貪淫八倒；猶如朝露，見陽則晞。止是大慈，怨親俱愍，能破恚怒。止是大明咒，癡疑皆遣。止即是佛，破除障道。如阿伽陀藥，遍治一切；如妙良醫，咒枯起死。善巧方便，種種緣喻，令其破惡。是名對治，以止安心"[3]。可見"真如藏本"中"散睡"和"似五停心觀"符合《摩訶止觀》的原文。

根據以上舉例，總體上，"真如藏本"似乎比"續藏經本"的文本質量更好；當然，"真如藏本"也存在脱字及誤植現象。

如，表中序號第 4 部分，"真如藏本"作"故請引云'願誠證'也"，"續藏經本"作"故請引云'願聞誠證'也"。據《摩訶止觀》卷一記載："疑者云：'餘三昧，願聞誠證。'"[4] 顯然，"真如藏本"漏了

---

〔1〕　CBETA (2019)，T46，no.1911，p.48c17-18.
〔2〕　《異義》是對《弘決》提出的異説，《弘決》是《摩訶止觀》的注釋書，因此《異義》的文本內容，同樣也是在解釋《摩訶止觀》。那麼，在校訂"真如藏本"和"續藏經本"相異文字時，可以將《摩訶止觀》的文本作爲參考的標準之一。
〔3〕　CBETA (2019)，T46，no.1911，p.58a17-24.
〔4〕　Ibid.，p.2b22.

"聞"字。

　　類似以上例子，兩本之中還有數例，暫不列舉。從上面的舉證來看，"真如藏本"和"續藏經本"都存在著文本質量問題，因此在校訂《異義》時，必須慎重考察兩本之間的文字差異。

　　（四）文字難判之舉證

　　"真如藏本"和"續藏經本"中對應的二十二條異説中，通過文本比較，發現由於某個字的不同，而導致文意完全背離的情況。如表中序號第29部分，"真如藏本"中"止觀家破毗曇"，而"續藏經本"作"止觀家救毗曇"，其中"破"和"救"的文意完全相反。關於這條異説內容，《摩訶止觀》作爲源頭，可以找到對應的地方。此外，道邃的疑僞作《摩訶止觀論弘決纂義》（以下簡稱《弘決纂義》）在解釋《摩訶止觀》時，對此也作了相應解説。

表六　　"真如藏本""續藏經本"與《弘決纂義》異説情況表

《摩訶止觀》卷六	真如藏本	續藏經本	《弘決纂義》卷六
數人云："欲界爲貪，上界名愛。"《成論》人難此語："上界有味禪貪，下界有欲愛，愛、貪俱通，何意偏判？"若言下界貪重，上界貪輕，貪輕可非貪耶？此亦是一並。但佛有時對緣別説，假名無定，豈可一例？但令召得煩惱，即須破除，何勞静於貪、愛？[1]	又思假中，從"若下界貪重至非貪耶"，記云："彼有多並，但引一，故云'一並'。"師意："'一並'下，是止觀家破毗曇。雖如是難，恐失佛意，故云：但佛有時對緣別説，不應言毗曇全非，故云假名何定。"	又思假中，從"若下界貪輕至非貪耶"，記云："彼有多並，但引一，故云'一並'。"師意："'一並'下，是止觀家救毗曇。"意云："雖如是難，恐失佛意，故云：但佛有時對緣別説，不應言毗曇全非，故云假名何定。"[2]	論："此亦一並"者，今家且依成論師意，反難毗曇也。[3]

　　上表所示，"真如藏本"和"續藏經本"以及《弘決纂義》中的內容，皆是解釋《摩訶止觀》的文本。"真如藏本"或"續藏經本"中的解釋，

〔1〕　CBETA（2019），T46, no.1911, p.70a16-21.

〔2〕　CBETA（2019），X55, no.0918, p.741a18-21.

〔3〕　《大日本佛教全書》復刻本卷十五，名著普及會，1978 年，第 380 頁上。

可分爲三個方面。第一，提出《摩訶止觀》中"破思假"的内容。第二，總結《弘決》中解釋"破思假"的内容。[1]第三，補充《弘決》中未解釋《摩訶止觀》中"一並下"之後的"但佛有時對緣別説，假名無定，豈可一例"的内容。其中第三點的解釋，"真如藏本"作"破毗曇"，而"續藏經本"爲"救毗曇"，兩者文意相差較大。另外，《弘決纂義》中又提出"反難毗曇"。那麼，三本之間的解釋究竟有什麼關係呢？關於這個問題，可能要在理解《摩訶止觀》的基礎上，才能做出判定。

上表中《摩訶止觀》的原文，可分爲三個層面的含義。第一，提出毗曇師的見解以及成實師對此進行的批判，即"數人云：'欲界爲貪，上界名愛。'[2]《成論》人難此語：'上界有味禪貪，下界有欲愛，愛、貪俱通，何意偏判？'"[3]毗曇師認爲，欲界爲"貪"，色無色界爲"愛"，因此將欲界和色無色界的煩惱分別解釋。對於毗曇師的見解，成實師提出批判，認爲雖然色無色界有"貪"，欲界有"愛"，但"貪"和"愛"通爲煩惱，因此不必分開解釋。第二，《摩訶止觀》站在成實師的觀點，批判毗曇師，即"若言下界貪重，上界貪輕，貪輕可非貪耶？此亦是一並"。也就是説，雖然欲界的"貪"和色無色界的"愛"有"重"和"輕"的差别，但兩者都屬於"貪"。這是以"貪"爲例進行的舉證，因此稱爲"一並"。第三，《摩訶止觀》以"假名無定"的觀點，否定成實師的批判，反救毗曇，即"一並"之後"佛有時對緣別説……"的内容。《摩訶止觀》認爲，佛陀對機説教，有時也會將欲界和色無色界的煩惱分別解説，這是因衆生的根機不同，假名安立而説，並没有固定的説法模式。

關於《摩訶止觀》的内容，"續藏經本"中"師意：一並下，是止觀

---

〔1〕《止觀輔行傳弘決》卷六："數人下，明二部同異。《成論》難數人者，初以上貪下愛，相對並難。次若言下，以名異義同爲難，不應輕重而分貪愛。言一並者，準彼論師，復應更以瞋恚爲並。上界既以輕貪名愛，何不上界輕瞋名恚，而言上界不行恚耶？故彼《阿毗曇·心使品》中，亦列七使，如前所列，唯改第一名貪。"見 CBETA（2019），T46，no.1912，p.329b11-18。

〔2〕《雜阿毗曇心論》卷四："欲有、色有、無色有，此有貪欲等七使爲種。"見 CBETA（2019），T28，no.1552，p.899c18。

〔3〕《成實論》卷九："又衆生以飲食淫欲等貪欲覆心，則能受生。若貪禪定則生上界……又若得淨樂，則捨不淨樂，如得初禪則捨欲愛。"見 CBETA（2019），T32，no.1646，pp.310c14-311b10。

家救毗曇”，是指《摩訶止觀》中“一並”之後“但佛有時對緣別説，假名無定，豈可一例……”的內容，屬於《摩訶止觀》中的第三層含義，即“救毗曇”。因此，“真如藏本”中“一並下，是止觀家破毗曇”的“破”字爲誤抄。另外，《弘決纂義》中“論：此亦一並者，今家且依成論師意，反難毗曇也”，是《弘決纂義》解釋《摩訶止觀》中“一並”的含義，屬於《摩訶止觀》中的第二種含義，即站在成實師的見解批判毗曇師。因此，“續藏經本”中“救毗曇”和《弘決纂義》中“難毗曇”是分別解釋《摩訶止觀》中兩層含義，並無矛盾。

　　然而，日本著名史學家常盤大定先生在《續‧支那佛教の研究》一書中，以文獻學方法對道邃的三部疑僞作進行檢討時，用一節的篇幅論證“續藏經本”中的五條異説和《弘決纂義》中的文本可以相互對應，以此證明此三部疑僞作是道邃的真撰。其中，關於“續藏經本”中“救毗曇”的這一段，常盤氏將此與《摩訶止觀》《弘決》以及《弘決纂義》三本進行對照，然後總結説：

　　　　如將三本（《摩訶止觀》《弘決》《弘決纂義》）對比之後，便可知《異義》中“記云，彼有多並，但引一，故云一並”的意思。在此文之後，《異義》中言“師意，一並下，是止觀家救毗曇意”一文，與《纂義》（《弘決纂義》）中“今家且依成論師意，反難毗曇也”應該相對應。然而，我認爲“難”是“救”字的誤寫。如果這裏不是“救”字的話，《止觀》（《摩訶止觀》）中“亦是一並，但佛有時對緣別説”的意思不通。[1]

　　應該指出的是，常盤氏當時未發現“真如藏本”，僅依“續藏經本”進行探討。他將《摩訶止觀》《弘決》以及《弘決纂義》三書對應的地方與“續藏經本”比較後，推定《弘決纂義》中的“難”爲“救”字的誤

---

　　〔1〕“是の如く三本を対照し来れば、‘異義’の中に‘記云、彼有多並、但引一故云一並’の意が解せらる。‘異義’には、之に次ぎて‘師意、一並下是止觀家救毗曇意’とあるは、‘纂義’の‘今家且依成論師意、反難毘曇也’に相応すべし。然らば、難の字は救の誤りなるべしと思はる。之を救字とせざれば、‘止觀’の‘亦是一並、但佛有時對緣別説’の意を得ざるなり。”見常盤大定《續‧支那佛教の研究》，第192頁。

寫，並指出如果不是"救"字，則與《摩訶止觀》中"亦是一並，但佛有時對緣別說"[1]的文意不符。根據前文對《摩訶止觀》內容的解讀，《弘決纂義》中"難毗曇"和"續藏經本"中"救毗曇"皆符合《摩訶止觀》的原意。常盤氏雖然沒有誤判"續藏經本"的"救毗曇"，但是他錯解了《弘決纂義》中"難毗曇"之意。

　　導致常盤氏誤判的原因，應該是將"續藏經本"中"師意：'一並'下，是止觀家救毗曇"和《弘決纂義》中"論：'此亦一並'者，今家且依成論師意，反難毗曇也"完全對應，忽略了對文本思想的解讀。比如他忽視了《弘決纂義》中解釋的是"此亦一並"者，而"續藏經本"中解釋的是"一並"下的內容，其實兩者的解釋完全不同。《弘決纂義》解釋的是《摩訶止觀》中的第二層含義，即《摩訶止觀》將成實師的觀點總結爲"一並"，以此破斥毗曇師的見解。"續藏經本"解釋的是《摩訶止觀》中的第三層含義，即《摩訶止觀》以"佛有時對緣別說"反救毗曇師的見解。那麼，常盤氏將不同層面的解釋，混淆在一起，最終導致誤判，可見他並沒有完全理解《摩訶止觀》和《弘決纂義》及《異義》之間的思想內容。

　　根據以上分析，"真如藏本"和"續藏經本"中雖然僅一字之差，但文意截然不同；然而，僅憑兩本文字的對比，很難做出正確判斷。在兩種文本中相異文字方面，難以做出判斷的不僅以上一例。如表中序號第20，"真如藏本"爲"亦不證發"，而"續藏經本"作"亦不論發"，此中"證"和"論"之別；表中序號第30，"真如藏本"爲"只得次第"，"續藏經本"作"只同次第"，此中"得"和"同"之別等等。對於這些相異文字的取捨，恐怕要在理解《摩訶止觀》的基礎上，才能做出準確判斷。總之，"真如藏本"和"續藏經本"都存在誤植和脫字等情況，僅憑兩本之間的相互對校，也很難準確判斷正誤。因此，今後整理校訂《異義》，除了現存的文本之外，還需要參考《摩訶止觀》以及相關文獻等輔助資料。

---

　　[1]　此句是常盤氏論文中的原文引用，將之與《摩訶止觀》中"此亦是一並。但佛有時對緣別說"對比後，發現脫漏"此"字。此外，常盤氏的斷句也可能存在問題。參見上表格中《摩訶止觀》的引文。

五、結　論

通過本文以上的考察，大致可以了解以下幾點：

第一，道邃在閱讀《弘決》時，將自己的見解批注在該書之中。貞元二十一年（805），乾淑將這些批注集錄成《異義》一書。該書東傳日本後，被歷代天台僧所重視，並相互傳抄，而“真如藏本”就是諸多傳本中的一種。“真如藏本”於 1298 年由仙英抄寫，此後不久，僧人禪叡對該本進行了校勘。“真如藏本”原爲 17 世紀末期比叡山東塔實俊大僧正私人所藏，於 1954 年被移入叡山文庫，後被《澁谷目錄》著錄。

第二，通過“真如藏本”和“續藏經本”的文本結構比較，指出“真如藏本”和“續藏經本”有四點明顯差異，其中最重要的是前者比後者多三分之一的文本内容，説明“續藏經本”是殘本，而“真如藏本”保存了《異義》更爲完整的面貌。

第三，通過“真如藏本”補注的考察，可以了解到，13 世紀僧人禪叡在校勘該本時，以“異義傳本”作爲校本，該校本的抄寫時間至少與“真如藏本”相同，甚至更早。此外，將“真如藏本”的補注和“續藏經本”進行對比後，發現兩者對應的文字全部吻合，説明“異義傳本”和“續藏經本”是在同一系統文本下派生而成的，二者之間具有密切關係。

第四，“續藏經本”存在脱文，究其原因有二：第一，“異義抄本”在轉抄過程中，將底本連續夾頁兩紙半導致自身的脱文；第二，“藏經書院本”的刊刻者，將“異義抄本”連續夾頁兩紙半，導致自身的遺漏。總之，無論哪一種原因，都不是後人有意删除的。

第五，通過“真如藏本”和“續藏經本”差異文字的分析，認爲兩本皆存在誤抄、脱字、誤植等情況，因此需要對兩本進行校訂。另外，本文指出，《異義》現存的任何一種文本，都存在一定的訛誤，今後想要整理校訂《異義》，除了要利用“真如藏本”和“續藏經本”，以及“續藏經本”的底本“藏經書院本”等之外，還需要參考《摩訶止觀》等相關文獻。

需要附帶指出的是，本文考察的對象雖然是“真如藏本”，但也指出了"續藏經本"的文本質量問題。通過這一案例，提醒我們在今後研究過程中，斷不可輕信《續藏經》提供的文本，還應該注意收集《續藏經》之外的相關文本，從而使我們的研究建立在更加可靠的文獻基礎之上。

《佛教文獻研究》第四輯
2024 年，139—158 頁

朝鮮時代刊行淨土類經典考

郭　磊

内容摘要：一直以來，崇儒抑佛是朝鮮時代佛教所面臨的危機，雖然從國家主導的一些相關條例規定，以及限制佛教教團發展等方面，對佛教的傳播和發展産生了一定的影響，當時的佛教界看似受到了致命打擊，但其實不然。佛教教團順應時代變化採用了不同的應對方式，度過了這樣一段特殊的時期，爲國祈福，爲民祛灾。各種佛事持續不斷，反而呈現出生機和活力。刊印佛經就是其中一個重要的側面。本文對朝鮮時代各寺院刊行的淨土類經典進行考察，結果顯示，朝鮮時代在全國寺院發行的與淨土信仰相關的經典共有 26 種。按發行時期來看，16 到 19 世紀的這四百年間，朝鮮前期刊印了 23 次，朝鮮後期刊印了 56 次，一共刊印了 79 次。另外，從刊行地區來看，全羅道 24 次，慶尚道 19 次，京畿道 14 次，平安道 8 次，忠清道 6 次，黃海道 5 次，咸鏡道 2 次，江原道 1 次。從這樣的發行現象來看，當時淨土信仰經典不分特定地區，而是由分散在全國各地寺院分別發行。

關鍵詞：淨土信仰；刊刻；朝鮮時代；全羅道；慶尚道

作者單位：韓國東國大學

一、前　言

　　佛教自 4 世紀左右傳入朝鮮半島之後，在古代政權統治中擔當了重要角色，發揮了其宗教作用，在新羅和高麗時代被尊爲國教，風光無限。一直到了"崇儒抑佛"的朝鮮時代，佛教教團的發展雖然受到了一定的影響，但是因其根基深厚，能靈活地應對外部危機，從而呈現出與之前時代所不同的樣貌。

　　15 世紀是朝鮮性理學逐漸普及的時期，相對而言，佛教則是由盛轉衰的時期。[1]朝鮮初期雖然實行了宗派合並、縮減寺院規模等一系列抑制佛教發展的政策，但好在佛教宗派依然存在，僧科制度也没有被廢除。王室裏也一直有人在虔誠地祈求佛祖的保佑，朝鮮初期的幾代國王，如世宗、世祖等和王妃、大臣也曾主導了佛經的刊印與著述。

　　但是進入 16 世紀以後，燕山君在他執政時期廢除了禪教兩宗和僧科制度，中宗時代則删除了《經國大典》中的度僧相關内容，從而使得佛教教團失去了被國家承認的依據。明宗時期雖然臨時恢復了禪宗和教宗兩大派系，並再次實行了僧科和度牒制度，但是在十幾年後的 1566 年又廢除了。

　　可以説，經過了 15、16 世紀的發展，佛教作爲朝鮮半島支配信仰和思想的地位已經喪失。一直以來，大部分韓國學者都認爲朝鮮時代的佛教處於停滯時期，這是受到早期日本學者的研究之影響。但最近的研究指出，朝鮮時代的佛教並非如此[2]，除了積極應對外部環境的變化，還爲國爲民進行了一系列的佛事活動，是一種完全不同的景象。

　　據統計，當時在朝鮮全境共有 1650 多所寺院[3]，朝鮮八道平均下來每道能有 206 所寺院，其數量還是相當驚人的。16 世紀末，朝鮮發生了壬辰倭亂（1592—1598）[4]，當時的朝鮮佛教界迅速且有組織性的應對，最具代表性的就是派遣僧兵對抗倭亂。倭亂結束後，佛教教團在 17 世紀上半葉完善了其修行及教學體系，此時的清虚系及浮休系僧侣在全國發揮著影響力。從這些方面來看，當時朝鮮佛教界早在倭亂之前就已經對新的外部環境做出了應對和變化的準備。

　　一直以來，針對朝鮮時代的佛教研究難以擺脱主流認知的束縛，其主要原因是能够了解 16 世紀佛教的史料有限。相關資料主要以《朝鮮王朝實錄》中有限的記載爲主，而且既有的研究多針對這一時期的佛教政策以

---

　　〔1〕　大韓佛教曹溪宗教育院編：《曹溪宗史·古中世篇》，曹溪宗出版社，2004 年，第 303 頁。

　　〔2〕　金龍泰：《조선후기 불교사 연구》，신구문화사，2010 年，第 13—32 頁。

　　〔3〕　李秉喜：《朝鮮時期寺刹의수적추이》，《역사교육》61，역사교육연구회，1997 年。

　　〔4〕　又稱萬曆朝鮮之役、萬曆援朝戰争，朝鮮稱壬辰倭亂，日本稱文禄慶長の役，指明朝萬曆年間明朝和朝鮮抗擊日本侵略朝鮮的戰争。

及普愚、休静、惟政等少數高僧的生平和思想及其法脉傳承方面。爲了更好地了解 16 世紀朝鮮佛教界的發展狀況，不僅要重新解讀現有的史料，還需要發掘新的史料。所以考察那個時代的佛經刊印成爲一個新的研究切入點。

本文以朝鮮時代刊刻的淨土信仰類經典版本爲對象，通過對不同時期、不同地區的刊行情況進行分析，以查明其特徵。韓國自古以來就擁有傳統且優秀的刊印技術，留下很多文化遺産，比如現存最古老的木刻大藏經——海印寺“八萬大藏經”，以及其他各種金屬活字印刷善本。

韓國印刷文化的開始是以木板爲媒介，基於佛教的傳播和累積功德之需，各種佛經的大量刊印，主要是以寺院爲中心。特別是全羅道和慶尚道是經典刊刻發行的主要地區，兩地所屬寺院刊印和發行了大量的佛教經典。

根據前輩學者考察朝鮮時代發行的現存經典目錄可知，16 至 17 世紀刊印發行的佛教經典非常多。一直以來，韓國學界的大部分研究者認爲朝鮮時代的佛教在崇儒抑佛的大環境下處於停滯，走向沒落，但是這一時期刊印了大量經典，很多留存至今。衆所周知，16 世紀末發生了壬辰倭亂，包括經典在内的許多書籍被燒掉。儘管如此，那個時候刊印發行的經典至今仍然存世，這意味著當時的刊印發行量和流通量都很大，讓人不由得不關注這一時期的情況。

朝鮮時代刊刻淨土類經，其版本以 1440 年在京畿道加平永濟庵發行的《阿彌陀經》爲始，1898 年慶尚道表忠寺的刊本爲終，共計 26 種。本文以《全國寺刹所藏板集》《韓國書志年表》《朝鮮前期經典板本》《韓國古典綜合目錄》等基本資料爲基礎，加上筆者近年來所進行的項目考察資料，對目前爲止可以確認的現存淨土經典版本進行相對全面的考察，就其版本的發行時期、地區進行分類匯總。

二、　朝鮮時代佛教經典的刊印情況

從現存的朝鮮時代經典目錄可知，自 1393 年朝鮮建國以來，陸續在全國各地以寺院爲中心刊印流通了多種經典。分析這些目錄得出一個結論，那就是在 16 和 17 世紀刊印發行的經典數量最多。

　　不過，從朝鮮時代的官方記錄確認佛教經典刊印的內容非常困難。因爲《朝鮮王朝實錄》中有關佛教經典刊刻的記錄基本没有，而另一種文獻《考事撮要》雖然收集了 968 種古籍資料，但是其中與佛教相關的古籍只有 4 種[1]，難以通過這些了解朝鮮佛教的情況，所以只得另尋他路。

　　最早由日本學者開始，後續有韓國學者跟進，對朝鮮時代刊刻的佛教經典進行研究，雖然不多，好在給後人提供了一些研究成果和思考，他們根據自己的考證把相關佛教經典的刊印情況編輯成目錄供人參考。[2]本文以《全國寺刹所藏木板集》[3]收錄的《有刊記經典木板本目錄》爲基礎進行考察，該目錄主要收錄了 957 種刊本[4]，其中刊刻於朝鮮時代的版本有 932 種之多。本文以此爲基礎，希望通過對這些目錄的分析，可以了解朝鮮時代經典刊刻發行的發展和變化。

　　首先看一下朝鮮時代佛經刊刻的整體情況，下表以《有刊記經典木板本目錄》爲依據，對不同時期發行經典的刊行次數進行統計。

表一　有刊記經典木板本的刊行

	14 世紀	15 世紀	16 世紀	17 世紀	18 世紀	19 世紀	合　計
刊行次數	19	69	301	319	169	55	932
比　率	2.0%	7.4%	32.3%	34.2%	18.2%	5.9%	100%

　　根據上表可知，經典刊行量最多的時期是 16、17 世紀。從 16 世紀開始，經典的刊行數量逐漸增加，這種情況一直持續到 17 世紀。如果不是因爲 16 世紀末發生過壬辰倭亂，大量的佛教經典被焚毁而消失，16 世紀很可能是朝鮮時代佛教經典刊刻發行最爲活躍的時期。那麽，16、17 世紀經典刊刻發行增加的原因是什麽呢？

---

[1]　金致愚：《考事撮要의册板目錄研究》，민족문화，1983 年，第 179 頁。
[2]　黑田亮：《刊記附刻朝鮮佛典目錄》，《朝鮮舊書考》，嚴波書店，1940 年，第 43—67 頁（總 123 書種，210 版種）；金元龍：《有刊記經典目錄初考》，《書志》2−1，1961 年（總 224 書種，426 版種）；金斗鍾：《韓國古印刷技術史》，探求堂，1974 年，第 247—271 頁（總 799 版種）。
[3]　朴祥國：《全國寺刹所藏木板集》，문화재관리국，1987 年。
[4]　金致愚：《壬亂以前地方刊本의開板處에관한研究》，《서지학연구》16，1998 年，第 38 頁。

　　首先，經典的刊刻和發行是一項需要雄厚經濟實力的事情，所以刊行活動的增加可以讓我們推測出 16、17 世紀的朝鮮佛教界具有相當的社會經濟基礎，即使面對種種不利的外部環境，但也做出了積極的應對。再者，應該說當時佛教經典的刊刻和日益增加的流通情況與當時的時代背景密切相關。在當時的民間，儒學書籍的刊印發行非常活躍，佛教類經典的刊刻發行自然也會相對增加。同時也與印刷技術的發展和普及不無關係。換句話說，通過當時其他類型書籍的刊刻和發行趨勢，可以推測出佛教類書籍的刊印也處於擴大上升期。

　　下面考察不同時期刊本的刊印特點。在 15 世紀刊行的佛典中，主導者多以王室爲主，跋文中記錄了發願人的發願內容、施主以及簡單的刊印情況。大部分的施主與王室有關，刊記部分內容也比較簡單，這是延續高麗時代的刊印傳統。很多時候只是簡單記錄了發願內容、發願人以及施主名單。[1] 有時候即使有施主帙、緣化帙、刻工帙等，其相關內容記載也很簡單。有學者對朝鮮時代寺院板刻的刻工進行了細緻研究，並根據刻工的不同雕刻方式，將版本分爲朝鮮初期（1392—1500）、中期（1501—1800）、後期（1801—1901），並分析了各時代的特點。[2]

　　不同於 15 世紀的刊本，進入 16 世紀之後，這一時期的刊本在很多時候把發願文都省略掉了，形成了只保留施主名單的刊印特點，即緣化帙、刻工帙等參與刊刻的僧侶以及在家信衆的名單。通過這些刊刻記錄形式的變化，可以看出 15 到 16 世紀之間，經典刊行在內容和方式上所發生的變化。

　　16 世紀刊本的特點是，詳細記載每一位刻工所擔任的職責及其姓名，相關術語有一百種之多，如刻士、刊士、功德刀、自刊、刊工、刻功、願刻、良工等。平均刊刻一部經典需要五到八名刻工，十人以上參與刊刻的經典占多數。參與經典刊刻的刻工都是出家人，沒有普通人，這也是一個非常顯著的特點。通過緣化僧和刻僧的分工協作，各種單本和長篇經典被大量刊刻，印刷流通，這對佛教的傳播和發展起到了非常大的幫助。

---

〔1〕　朴道化：《朝鮮前半期佛經版畫의研究》，동국대박사학위논문，1998 年，第 179—184 頁。

〔2〕　金相鎬：《朝鮮朝寺刹板刻手에관한研究》，성균관대박사학위논문，1991 年，第 19 頁。

至 17 世紀，佛教經典大量刊刻發行。究其原因，應該是 16 世紀末期發生壬辰倭亂，佛經界派遣僧兵積極參與對抗外敵，使得佛教界在社會上的地位上升，倭亂結束後佛教經典的需求日益增加，從而使得刊刻活動繼續保持活躍。17 世紀到 19 世紀刊本在刊印上基本延續了 16 世紀刊本的特點。

從朝鮮時代刊刻發行的佛教經典的種類來看，大致有兩種類型：第一，各種僧科教學需要的教科書，如《法華經》《金剛經》《父母恩重經》等；第二，各種佛教儀式，特別是有關水陸齋儀文獻數量龐大。

三、 淨土類經典的刊印

信仰阿彌陀佛而往生淨土，因其簡單性和依靠他力的特點，更容易讓普通百姓了解和信奉。在佛教傳入朝鮮半島的初期，新羅時代的淨土信仰是單純的祈願往生西方淨土。隨著時間的推移，僧團的佛教思想認知也隨之提高，高麗前期出現了自性彌陀和唯心淨土的思想深化，進入朝鮮時代後其傾向更加明顯。就連禪宗僧團也接受了這一信仰，並作爲一種方便的修行法門勸導大衆念佛。不過這種信仰只是在僧團中有所發展，並沒有大而廣之，擴展到一般民衆之中。這可從一些禪僧的淨土相關著作中略見一斑。

在休靜（1520—1604）的個人修行以及他的著作《禪家龜鑒》中可以找到一些與淨土相關的內容，讓我們知道他對淨土信仰的了解和信奉。而普愚（？—1565）的《觀念要錄》和性聰（1631—1700）的《淨土寶書》中出現的淨土內容，只是把淨土修行作爲修禪的方便法門而引入，也許是這個原因，朝鮮中期的淨土信仰並沒有惠及大衆。大規模的淨土信仰展開，應該是以朝鮮末期的念佛萬日會的流行爲代表。

下面將對 15 至 19 世紀刊刻發行流通的淨土信仰類經典進行綜合考察，分別從其刊刻時間、刊刻地區的分類，以觀察各種版本的刊刻特點，同時也可作爲了解朝鮮時代的佛教界是否具有淨土信仰的思想傾向之參考。

（一）刊刻發行的淨土類經典種類

根據前輩學者的研究可知，朝鮮時期在全國寺院刊刻發行的淨土信仰類經典到目前為止共有 26 種流通，整理成表格如下：

表二　朝鮮時代刊印的淨土信仰類經典

序號	經典名	刊印年代	刊印地區	刊印寺院
1	阿彌陀經	1440	京畿道	永濟庵
		1525	慶尚道	廣興寺
		1561	平安道	解脫庵
		1572	忠清道	德周寺
		1575	全羅道	金剛寺
		1577	全羅道	龍泉寺
		1580	全羅道	身安寺
		1618	全羅道	松廣寺
		1631	慶尚道	水巖寺
		1648	全羅道	松廣寺
		1729	平安道	普賢寺
		1799	全羅道	雲門寺
		1866	黃海道	月出庵
		1881	京畿道	普光寺
		1882	京畿道	普光寺
		1898	慶尚道	表忠寺
2	阿彌陀經（諺解）	1558	全羅道	雙溪寺
		1702	慶尚道	雲興寺
		1741	慶尚道	修道寺
		1753	慶尚道	桐華寺
		1764	忠清道	伽倻寺
3	阿彌陀經要解	1753	咸鏡道	釋王寺
		1853	京畿道	內院庵
4	阿彌陀三耶三佛薩樓佛壇過度入道經	1866	黃海道	月出庵

序號	經典名	刊印年代	刊印地區	刊印寺院
5	寶王三昧念佛直指	1724	全羅道	松廣寺
		1724	全羅道	華嚴寺
6	淨土寶書	1686	全羅道	澄光寺
		1721	全羅道	證心寺
7	淨土紺珠	1882	京畿道	淨願寺
8	蓮邦詩選	1882	京畿道	甘露寺
9	蓮宗寶鑑	1564	平安道	月温古介崔根佛堂
		1686	平安道	古廟佛堂
		1777	全羅道	萬淵寺
		1800	慶尚道	龍門寺
		1853	京畿道	内院庵
10	龍舒增廣淨土文	1799	全羅道	雲門寺
11	彌陀懺撰要	1665	慶尚道	雙溪寺
12	念佛還鄉曲	1767	慶尚道	鳳泉寺
13	念佛普勸文	1764	慶尚道	桐華寺
		1765	平安道	龍門寺
		1765	黃海道	興律寺
14	念佛普勸文（諺解）	1776	慶尚道	海印寺
		1787	全羅道	禪雲寺
15	念佛因由經	1575	忠清道	殷山庵
16	念佛直指	1718	慶尚道	三藏寺
17	普勸念佛文（大彌陀懺略抄要覽）（諺解）	1704	慶尚道	龍門寺
		1741	慶尚道	修道寺
18	勸念要錄	1637	全羅道	華嚴寺

（續表）

序號	經典名	刊印年代	刊印地區	刊印寺院
19	壽生經	1454	平安道	天明寺
		1515	全羅道	華嚴寺
		1568	忠清道	法住寺
		1575	全羅道	龍泉寺
		1577	忠清道	東鶴寺
		1618	全羅道	松廣寺
		1641	全羅道	證心寺
		1670	忠清道	甲寺
		1717	全羅道	華嚴寺
		1720	慶尚道	靈覺寺
		1735	全羅道	華嚴寺
20	壽生經抄（諺解）	1796	京畿道	佛庵寺
21	無量壽經	1558	黃海道	石頭寺
		1574	平安道	松房寺
		1578	全羅道	龍泉寺
		1611	全羅道	實相寺
		1711	全羅道	神光寺
		1853	京畿道	內院庵
		1861	江原道	乾鳳寺
22	西方彙徵	1881	京畿道	淨願寺
23	西方無異路	1564	平安道	月温古介崔根佛堂
		1574	咸鏡道	釋王寺
24	現行西方經	1448	慶尚道	直指寺
		1531	慶尚道	七佛寺
		1556	黃海道	神光寺
		1709	慶尚道	雙溪寺
		1710	慶尚道	七佛寺

（續表）

序號	經典名	刊印年代	刊印地區	刊印寺院
25	願海西帆	1882	京畿道	普光寺
26	阿彌陀經（韓文版）	1759	京畿道	奉印寺
		1855	京畿道	奉恩寺
		1871	京畿道	德寺

如上表所示，這些淨土類經典都是自高麗時代流傳而來，其中《阿彌陀經》《無量壽經》刊刻流通的次數最多。此外，雖然《壽生經》在中國被認爲是僞經，考慮到當時朝鮮時代的流通和傳播情況，還是將此經列入刊刻目錄之中。

就具體寺院的刊刻情況來説，位於安東鶴架山的廣興寺，該寺的刊刻活動始於 1525 年（朝鮮中宗二十年），首先刊刻了《佛説阿彌陀經》，之後陸續分別在 1527 年刊刻了《妙法蓮華經》，1530 年發行了《金剛般若波羅密經》，僅在 16 世紀就有 23 種佛經刊刻流通。該寺的刊刻活動一直持續到 18 世紀，因爲長時間的刊刻經典而累積了豐富經驗，到了 19 世紀也刊刻和保存了很多儒家的經典。[1]

1525 年刊行的《佛説阿彌陀經》是單册木刻本，該經板是朝鮮初期發行的 6 行 12 字大字本的翻刻版，本次刊刻時字體有縮小。這部《佛説阿彌陀經》的文本内容到第 14 張，之後一直到第 18 張刻印了真言咒語等内容。該部分與正文格式有所不同，是 8 行 15 至 16 個字，密密麻麻地刻在一起。在這部經典的最後一頁刻有刊行記録："下柯山廣興寺開板嘉靖四年乙酉（1525）十月日至。"然後是施主和刻工的名單，大施主有朴末乙同、張仲南，緣化比丘有天觀和宿能，刻工是信草，大功德主是齊安大君，他是朝鮮睿宗的次子李玒（1466—1525），在王位爭奪戰中落敗。

還有《念佛普勸文》是 1704 年（肅宗三十年）在慶北醴泉龍門寺由僧侶明衍主導刊印的書籍，原名《大彌陀懺略抄要覽普勸念佛文》，其中

---

[1]　林基泳：《안동廣興寺刊行佛書의書志과研究》，《書志學研究》55，2013 年，第 453—474 頁。

“大彌陀懺”是指元代王子成的《禮念彌陀道場懺法》。

不過，這部《念佛普勸文》不僅收録了《禮念彌陀道場懺法》内容，其他有關念佛往生的記録也被抄録。明衍把他自己撰寫的文章也編入進去，然後還把與念佛有關的真言、發願文等也收録其中。

文本的構成分爲漢字原文、諺解文、漢字韓文混合文，以及純韓文部分。這部經典先於龍門寺刊行，此後八十多年間在慶尚道、黄海道、平安道、全羅道所屬的寺院裏又被刊刻了 6 次，在這個過程中對於經典的内容則有增加和删減。這部《念佛普勸文》可以説是 18 世紀朝鮮佛教刊刻文化的一個典型代表。[1]

《念佛普勸文》的 7 種版本分别是 1704 年慶北醴泉龍門寺本、1741 年大丘八公山修道寺本、1764 年大丘八公山桐華寺本、1765 年黄海道興律寺本和平安道妙香山龍門寺本、1776 年慶尚道海印寺本、1787 年全羅道禪雲寺本。以上版本中，修道寺本在原封不動地翻刻了 1704 年龍門寺本之後，又增加了《臨終正念訣》和《父母孝養文》。海印寺本的情況是，根據收藏地點的不同，其内容略有差異。比如西江大學收藏有《佛説阿彌陀經》和《玄氏發願文》。而韓國國立中央圖書館收藏本没有以上兩部分，只增加了《玄氏行迹》。禪雲寺本是對海印寺本的覆刻，兩種版本的構成及内容一致。

龍門寺本的刊刻主導者明衍的生卒年不詳，興律寺本的刊刻主導者觀休也是如此。不過，明衍在《念佛普勸文》的序文裏寫到“康熙甲申春，慶尚左道醴泉龍門寺，清虚後裔明衍集”[2]，自稱是“清虚後裔”，所以可以暫且把他歸爲是清虚系一派的弟子。

桐華寺本的刊刻主導者快善（1693—1764）有碑文傳世，後人可以了解其行迹。[3]快善是撰寫《念佛普勸文》跋文的相峰淨源（1627—1709）的法孫，被認爲是構築了 18 世紀淨土念佛信仰思想基礎的人物。[4]

〔1〕 金基鍾：《18 世紀念佛普勸文의編刊과佛教史意味》，《불교학연구》54，2018 年，第 150—153 頁。

〔2〕《韓國佛教全書》第 9 卷，第 44 頁。

〔3〕 金鐘壽：《18 世紀기성쾌선의念佛門研究》，《보조사상》30，2008 年，第 149—154 頁。

〔4〕 金鍾振：《〈回心歌〉의컨텍스트와작가론적전망》，《불교가사의계보학，그문화사적탐색》，2009 年，第 93 頁。

（二）刊刻地域分布情況

朝鮮時代全國寺院在八個地區共刊刻發行了 79 次，按地區來區分，整理如表三所示。

表三　刊刻地域

地　區	寺　院	年度	名　　稱	次數	比率(%)
江原道	乾鳳寺	1861	無量壽經	1	1.3
京畿道	永濟庵	1440	阿彌陀經	14	17.7
	奉印寺	1759	阿彌陀經（韓文版）		
	佛庵寺	1796	壽生經抄（諺解）		
	内院庵	1853	無量壽經		
	内院庵	1853	阿彌陀經要解		
	内院庵	1853	廬山蓮宗寶鑑		
	奉恩寺	1855	阿彌陀經（韓文版）		
	德寺	1871	阿彌陀經（韓文版）		
	淨願寺	1881	西方彙徵		
	普光寺	1881	阿彌陀經		
	甘露寺	1882	蓮邦詩選		
	普光寺	1882	阿彌陀經		
	普光寺	1882	願海西帆		
	淨願寺	1882	淨土紺珠		
慶尚道	直指寺	1448	現行西方經	19	24.1
	廣興寺	1525	阿彌陀經		
	七佛寺	1531	現行西方經		
	水巖寺	1631	阿彌陀經		
	雙溪寺	1665	彌陀懺撰要		
	雲興寺	1702	阿彌陀經（諺解）		
	龍門寺	1704	普勸念佛文（大彌陀懺略抄要覽）（諺解）		

（續表）

地　區	寺　院	年度	名　　　稱	次數	比率(%)
慶尚道	雙溪寺	1709	現行西方經	19	24.1
	七佛寺	1710	現行西方經		
	三藏寺	1718	念佛直指		
	靈覺寺	1720	壽生經		
	修道寺	1741	臨終正念訣		
	修道寺	1741	普勸念佛文（大彌陀懺略抄要覽）（諺解）		
	桐華寺	1753	阿彌陀經（諺解）		
	桐華寺	1764	念佛普勸文		
	鳳泉寺	1767	念佛還鄉曲		
	海印寺	1776	念佛普勸文（諺解）		
	龍門寺	1800	蓮宗寶鑑		
	表忠寺	1898	阿彌陀經		
全羅道	華嚴寺	1515	壽生經	24	30.4
	雙溪寺	1558	阿彌陀經（諺解）		
	金剛寺	1575	阿彌陀經		
	龍泉寺	1575	壽生經		
	龍泉寺	1577	阿彌陀經		
	龍泉寺	1578	無量壽經		
	身安寺	1580	阿彌陀經		
	實相寺	1611	無量壽經		
	松廣寺	1618	壽生經		
	松廣寺	1618	阿彌陀經		
	華嚴寺	1637	勸念要錄		
	證心寺	1641	壽生經		
	松廣寺	1648	阿彌陀經		

（續表）

地　區	寺　院	年度	名　　稱	次數	比率(%)
全羅道	澄光寺	1686	淨土寶書	24	30.4
	神光寺	1711	無量壽經		
	華嚴寺	1717	壽生經		
	證心寺	1721	淨土寶書		
	松廣寺	1724	寶王三昧念佛直指		
	華嚴寺	1724	寶王三昧念佛直指		
	華嚴寺	1735	壽生經		
	萬淵寺	1777	蓮宗寶鑑		
	禪雲寺	1787	念佛普勸文（諺解）		
	雲門寺	1799	阿彌陀經		
	雲門寺	1799	龍舒增廣淨土文		
忠清道	法住寺	1568	壽生經	6	7.6
	德周寺	1572	阿彌陀經		
	殷山庵	1575	念佛因由經		
	東鶴寺	1577	壽生經		
	甲寺	1670	壽生經		
	伽倻寺	1764	阿彌陀經（諺解）		
平安道	天明寺	1454	壽生經	8	10.1
	解脱庵	1561	阿彌陀經		
	月温古介崔根佛堂	1564	西方無異路		
	月温古介崔根佛堂	1564	廬山蓮宗寶鑑		
	松房寺	1574	無量壽經		

（續表）

地　區	寺　院	年度	名　稱	次數	比率（%）
平安道	古廟佛堂	1686	廬山蓮宗寶鑑	8	10.1
	普賢寺	1729	阿彌陀經		
	龍門寺	1765	念佛普勸文		
咸鏡道	釋王寺	1574	西方無異路	2	2.5
	釋王寺	1753	阿彌陀經要解		
黃海道	神光寺	1556	現行西方經	5	6.3
	石頭寺	1558	無量壽經		
	興律寺	1765	念佛普勸文		
	月出庵	1866	阿彌陀經		
	月出庵	1866	阿彌陀三耶三佛薩樓佛壇 過度入道經		

　　表三分析了朝鮮各道淨土經典的刊刻發行情況，其中全羅道 24 次、慶尚道 19 次、京畿道 14 次、平安道 8 次、忠清道 6 次、黃海道 5 次、咸鏡道 2 次、江原道 1 次。全羅道和慶尚道加起來占了 54.5%，刊行次數最多。江原道版本刊行占 1.3%；平安道發行 8 冊，發行率爲 10.1%；京畿道發行 14 冊，發行率爲 17.7%；忠清道發行 6 冊，發行率爲 7.6%；咸鏡道和黃海道分別占 2.5% 和 6.3%。

　　通過這個統計數字可知，淨土經典在全羅道和慶尚道地區刊印的最多，占整個發行數量的一半以上。雖然相比其他經典的刊刻次數有些少，但在朝鮮全國八道中都有刊刻發行。各地區的刊行時間大概是京畿道 1440—1882 年，慶尚道 1448—1898 年，全羅道 1515—1799 年，忠清道 1568—1765 年，平安道 1561—1765 年。

　　（三）刊印時期統計

　　本節以朝鮮時代 1440 至 1898 年約四百五十九年間發行的 26 種淨土類經典版本爲對象，分析經典的發行次數，按時期分類見表四。

表四　刊印時期及次數統計

刊印時期	在位國王		寺　院	次　數
朝鮮前期 （23次，29.1%）	世宗	1440	永濟庵	2
		1448	直指寺	
	端宗	1454	天明寺	1
	中宗	1515	華嚴寺	3
		1525	廣興寺	
		1531	七佛寺	
	明宗	1556	神光寺	6
		1558	石頭寺	
		1558	雙溪寺	
		1561	解脱庵	
		1564	月温古介崔根佛堂	
		1564	月温古介崔根佛堂	
	宣祖	1568	法住寺	11
		1572	德周寺	
		1574	釋王寺	
		1574	松房寺	
		1575	金剛寺	
		1575	龍泉寺	
		1575	隱山庵	
		1577	東鶴寺	
		1577	龍泉寺	
		1578	龍泉寺	
		1580	身安寺	

（續表）

刊印時期	在位國王		寺　院	次　數
朝鮮後期 （56次，70.9%）	光海	1611	實相寺	3
		1618	松廣寺	
		1618	松廣寺	
	仁祖	1631	水巖寺	4
		1637	華嚴寺	
		1641	證心寺	
		1648	松廣寺	
	顯宗	1665	雙溪寺	2
		1670	甲寺	
	肅宗	1686	古廟佛堂	10
		1686	澄光寺	
		1702	雲興寺	
		1704	龍門寺	
		1709	雙溪寺	
		1710	七佛寺	
		1711	神光寺	
		1717	華嚴寺	
		1718	三藏寺	
		1720	靈覺寺	
	景宗	1721	證心寺	3
		1724	松廣寺	
		1724	華嚴寺	
	英祖	1729	普賢寺	13
		1735	華嚴寺	
		1741	修道寺	
		1741	修道寺	

（續表）

刊印時期	在位國王		寺　院	次　數
朝鮮後期 （56次，70.9%）	英祖	1753	桐華寺	13
		1753	釋王寺	
		1759	奉印寺	
		1764	伽倻寺	
		1764	桐華寺	
		1765	龍門寺	
		1765	興律寺	
		1767	鳳泉寺	
		1776	海印寺	
	正祖	1777	萬淵寺	6
		1787	禪雲寺	
		1796	佛庵寺	
		1799	雲門寺	
		1799	雲門寺	
		1800	龍門寺	
	哲宗	1853	内院庵	5
		1853	内院庵	
		1853	内院庵	
		1855	奉恩寺	
		1861	乾鳳寺	
	高宗	1866	月出庵	10
		1866	月出庵	
		1871	德寺	
		1881	普光寺	
		1881	淨願寺	
		1882	甘露寺	
		1882	普光寺	
		1882	普光寺	
		1882	淨願寺	
		1898	表忠寺	

通過上表可知，15 世紀只有 1440、1448、1454 年 3 次發行。但在 16 到 17 世紀的兩百年間，共有 31 次刊行，占整個朝鮮時期刊行淨土經典總數的 38.2％。與此相比，之後的 18 和 19 世紀發行的次數從 31 次增加到了 45 次。由此可知，從 16 到 19 世紀的四百年間一共有 76 次的淨土類經典的刊行活動。自 16 世紀以後，因爲國家和王室不再主導並推進佛教經典的刊印與發行，所以形成了以寺院爲主的“開板佛事”之局面。

再進一步，可以看到朝鮮時代每一位國王在位時期的淨土經典刊行。朝鮮前期有 23 次，朝鮮後期有 56 次佛經的刊行。這説明壬辰倭亂並没有對佛經的刊行產生大的影響，反而是有持續性的刊印和發行活動。也就是從中宗開始，然後是明宗，接著是宣祖，在三人的統治時期，整個刊行活動呈現遞增的趨勢，占整個朝鮮時代淨土經典刊行的 20％。

據《朝鮮王朝實錄》記載，從 16 到 18 世紀前半期，朝鮮半島頻繁發生諸如氣温驟降之異常氣候，以及傳染病等各種自然灾害，發生次數從 1501 到 1550 年間有 6109 次，1551 到 1600 年間有 4785 次，1601 到 1650 年間有 3300 次。從統計數字可知，在 16 到 17 世紀，朝鮮半島因爲各種異常氣候、饑荒、傳染病等自然灾害，整個國家和民衆經歷了非常多的苦難。[1]

在如此困難時期集中進行佛典刊印，一方面是因爲國家的佛教政策發生了變化，另一方面則是佛教界想通過佛教的信仰力量來戰勝苦難，解救衆生的一種宗教式對應。而隨著在這種非常時期的佛典刊行的持續，各個寺院也都延續了這個傳統，到了 18 世紀則迎來了另外一個佛典刊印的高峰——華嚴典籍的刊行以及華嚴學的盛行。[2]

四、結　論

佛教在新羅和高麗時代被尊爲國教，但是自李氏朝鮮建國以來，其風光每况愈下。佛教教團被排除在公共領域之外，被限制到私人的領域。到

---

〔1〕 南熙淑：《16～18 世紀佛教儀式集의간행과佛教大衆化》，《한국문화》34，2004 年，第 138—140 頁。

〔2〕 郭磊：《十七世紀朝鮮半島華嚴學的盛行與《華嚴疏鈔》的刊印》，《佛光學報》新六卷第二期，2020 年，第 128—129 頁。

了 16 世紀，佛教界不得不對佛教傳入朝鮮半島以來所面臨的從未有過的新環境做出應對和適應。儘管 16 世紀的朝鮮時代佛教有著重要的意義，但這一時期佛教界的具體動向一直不被後人所了解，這是因爲從 16 世紀到 19 世紀，在官方記錄中有關佛教的相關史料不足所致。

本文考察了 16 到 19 世紀的淨土類經典刊行，分別從發行時期、發行地區等方面進行了分析，得出的結論整理如下：

根據《有刊記木版本經典目錄》可知，有組織、有計劃的大規模"開板佛事"始於 16 世紀，自 16 世紀形成的經典刊行量，17 世紀基本保持，18 世紀開始減少，到了 19 世紀則顯著減少。

經典的刊行主導機構從國家轉變爲全國各地的寺院，諸如安東廣興寺、晉州神興寺、恩津雙溪寺、黃州深源寺、兔山石頭寺、順天松廣寺等是刊行佛事相對較多的寺院。

從 16 世紀開始，在許多寺院裏都可以看到淨土類經典的刊刻發行。通過刊行這些淨土類經典來爲國家和個人祈福，讓這種依靠他力的信仰得到了一定的傳播。

朝鮮時期在全國寺院發行的與淨土信仰相關經典共有 26 種。按發行時期分析，朝鮮前期 23 次，朝鮮後期 56 次，共 79 次發行。在 16 到 19 世紀的四百年間，共發行了 76 次"開板佛事"。

朝鮮各地區的刊行時期分別是京畿道 1440—1882 年，慶尚道 1448—1898 年，全羅道 1515—1799 年，忠清道 1568—1764 年，平安道 1561—1765 年。進一步考察淨土類經典的刊行情況可知，15 世紀只發行了 3 次，而 16 到 17 世紀的兩百年間刊行了 31 次，18 到 19 世紀則增加到了 40 次。

從刊行地區來看，全羅道 24 次、慶尚道 19 次、京畿道 14 次、平安道 8 次、忠清道 6 次、黃海道 5 次、咸鏡道 2 次、江原道 1 次。其中全羅道和慶尚道一共刊行了 43 次，占據了整個淨土類經典刊行的半數以上。

就整個朝鮮時期來看，可以確認朝鮮前期有 23 次刊刻，朝鮮後期有 56 次刊刻。這樣的結果説明了壬辰倭亂以後，佛經的刊行量並沒有受到影響而減少，而是持續出現了多次的"刊行佛事"。

以上僅就朝鮮時代發行的 26 種淨土信仰經典的刊印情況做了考察和整理，後續有機會將針對個別版本的刊印和發行，以及刊經施主做更進一步的考察。

《佛教文獻研究》第四輯
2024 年，159—175 頁

傅大士作品的版刻及其流傳[*]

陳志遠

内容摘要： 唐代經樓穎編次的傅大士作品在兩宋時期曾有三種節略本，分別是《善慧大士小錄》一卷，龍津居士羅畤删潤本和樓炤編《善慧大士錄》四卷。本文刊布《小錄》日本抄本的錄文，據刊記指出該本宋初刊印地是杭州龍華寺。並重理《善慧大士錄》的版本系統，指出印光校訂本並未受到龍津删潤本的影響，與《續金華叢書》本同樣出於茂本清源重刻本。日本《卍續藏經》本則更接近樓炤本的原貌。

關鍵詞： 傅大士；印光；善慧大士錄；善慧大士小錄

作者單位： 中國社會科學院古代史研究所

一、 問題的提出

筆者最近關注梁、陳之際傅大士（497—569）的作品〔1〕，認識到從傳主/作者的生活年代，到今日所見的《善慧大士錄》〔2〕刻本付梓，傅大士的作品經歷了多重的改寫。在先行研究的基礎上，筆者已撰文討論了傅大士作品在宋以前的流傳過程。〔3〕

---

　　* 本文在寫作過程中，因故無法利用圖書館資源，承蒙陳瑞峰、王若賓、網友“九月授衣”、閆建飛諸位幫忙複製、查閱資料，謹此致謝！

　　〔1〕 本文在廣義的意義上使用“作品”一詞，既包括傅大士本人創作的，歸名於傅大士的思想文本，也包括記載傅大士及其教團成員生平事迹的傳記材料。

　　〔2〕 樓炤删定傅大士作品爲《善慧大士錄》，此後又有“善慧大士語錄”（《卍續藏經》本）、“傅大士集”（印光改訂本）等擬題，均非宋本之舊，本文仍稱《善慧大士錄》。

　　〔3〕 參見拙文《傅大士作品的早期流傳》，《魏晉南北朝隋唐史資料》第 44 輯，上海古籍出版社，2021 年，第 85—96 頁。

在唐代中期，公元8世紀或稍後，傅大士作品有三次編撰活動，分別是樓穎編次八卷本、宗密所編禪藏和佛窟遺則序次本。進入宋代以後，樓穎編次本顯示出較大的影響，先後有三個刪節本，分別是：

（1）《善慧大士小錄並心王論》：日本抄本，成書於雍熙二年（985）之前。簡稱《小錄》。

（2）龍津刪潤本：此本由北宋龍津居士、古文殿修撰羅畤（1056—1124）刪訂，李綱（1083—1140）題跋，推測成書於1108—1140年之間。

（3）樓炤刊正本《善慧大士錄》四卷：樓炤（1073—1145）知紹興軍時刊刻，成書於紹興十三年（1143）。簡稱《錄》。

這三個刪節本除龍津刪潤本外，皆有現本存世。只是《小錄》收藏在中國和日本的圖書館里，沒有完整的錄文。《善慧大士錄》有不止一個版本，學者比較容易利用的只有《卍續藏經》所收本，其他版本也不易獲見。

張勇先生的大著《傅大士研究》，無疑是關於傅大士作品研究中最重要的參考，也是一本力作。書中對《善慧大士錄》的版本源流做了系統的考察，認爲印光校訂本等一系列版本的《善慧大士錄》受到龍津刪潤本的影響。[1]筆者最近托友人拍攝了京都大學藏《小錄》翻刻本，並購買了國內刊刻的兩種《善慧大士錄》版本，仔細檢核前人論斷，發現還有一些值得澄清的問題。因此不揣淺陋，冒昧成文，一則整理刊布《小錄》全文，供研究者利用；二則重理《善慧大士錄》的版本系統。

二、《善慧大士小錄並心王論》的刊布和分析

（一）書志學概況

《善慧大士小錄並心王論》，原係日本抄本，楊守敬從日本友人柏木政矩處得到，正面題"北齊人書左氏傳"，背面則爲"小錄"，石印本今藏國家圖書館。另外一本爲册子裝，有"松坡圖書館藏""楊守敬印""惺吾海外訪得秘笈"三印，內容則只有背面《小錄》，張勇先生判斷是楊守敬在日本請人過錄的本子，並推測抄手是影寫《古逸叢書》的木村嘉平。

此外，日本還藏有兩種。一種藏於京都大學人文科學研究所北白川舊

---

〔1〕　張勇：《傅大士研究（增訂本）》，上海人民出版社，2012年，第42—67頁。

館。《京都大學人文科學研究所漢籍目錄·子部·釋家類》著錄：

> 　　雙林善慧大士小錄並心王論不分卷　原注：宋樓穎撰。昭和五年
> （1930）京都有鄰館用抄本景印。[1]

是則藤井有鄰館尚藏有另一抄本。此本未經寓目，不知與楊守敬所得抄本關係如何。待查。

另一種藏於京都大學人文科學研究所本館松本文庫，是松本文三郎舊藏，目錄著錄"民國元年（1912）宜都楊氏，景印本1冊"，是則爲國圖藏第一種的複製本，改裝而爲册子裝。松本氏起初是在富岡謙藏處得見此本，爲楊守敬在上海刊印，並撰文做了考證，將之與《景德傳燈錄》和《卍續藏經》本的《善慧大士錄》的記載相參照，指出後期傳本經過修改的事實。[2]此影印本之後如何轉歸松本氏，不詳。筆者托友人幫忙拍攝了這個本子，並對紙背《小錄》部分做了錄文（參見附錄）。

（二）内容分析

《小錄》各部叙錄如下：

> 　　00　標題：雙林善慧大士小錄（並心王論）/菩薩戒弟子進士樓穎述
>
> 　　01　《小錄》一卷：傅大士生平、立碑事、隋帝賜詔書、大士遺迹見在、元積留書事；跋：况隙駒易往，閱注難停，若不嗣其芳猷，無以傳於後代。故駮搜奇迹，呈諸英彦，餘有委細因緣，《無生義》歌頌等，如七卷《錄》中具盡耳。
>
> 　　02　《心王論》一本：松本文三郎指出其文字與《景德傳燈錄》所收多有出入。
>
> 　　03　傅大士舍利措置：大中五年（851）曾志願開塔事；天福五年（944）吴越錢氏取舍利至杭州龍華寺安置事；跋：從太建己丑

---

〔1〕《京都大學人文科學研究所漢籍目錄》上册，京都大學人文科學研究所，1979年，第412頁下欄。

〔2〕松本文三郎：《佛典批評論》，弘文堂，1927年，第462—484頁。但松本説該本爲楊守敬宣統元年（1909）在上海刊印，不確。據題記，則爲民國元年（1912）刊印。

（569）入滅，至今雍熙二年（985）乙酉，凡經四百一十六載矣。

　　04　刊印記（985）：當縣清信弟子楊仁順捨淨財雕板壹副，保安身宮及家眷。所印大士真文，冀兹妙善，散霑群品，廣濟含生，同乘般若舟航，俱達菩提彼岸。淅陽僧宗一書，永嘉僧慶芳開，知大士真殿沙門子詮助緣，當寺傳律、本州臨壇沙門子詗勘本印施。九月日記。

　　05　日本抄本題記（1078）

　　06　楊守敬跋（1912）

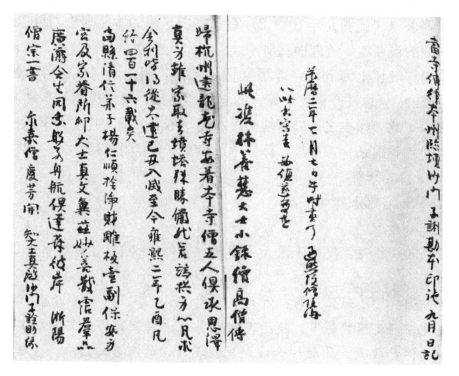

圖一　《小錄》刊印記、日本抄本題記

　　據《小錄》第四部分刊印記，《小錄》曾在杭州雕版刻印。刊印記中的出資人"當縣清信弟子楊仁順"，順承上文錢氏在杭州龍華寺安置舍利事，則知爲杭州屬縣人士。書手僧宗一，籍貫是"淅陽"，張勇先生認爲是"淅陽"之別體，隋改順陽郡而建，治南鄉，唐朝已廢，故址在今河南淅川一帶。[1]檢索舊籍，唐末五代，淅陽常指杭州。例如，吳越王錢鏐

----

〔1〕　張勇：《傅大士研究（增訂本）》，第50頁。

《建廣潤龍王廟碑》：“而況浙陽重鎮，自古吳都，襟帶溪湖，接連江海。”彙徵《上天竺寺經幢記》：“昔也鐵塔傳芳，聞諸河朔；今也石幢藏事，見之浙陽。”《宋高僧傳》卷一五《清江傳》：“於浙陽天竺戒壇求法。”〔1〕後兩篇文獻所涉及的地點皆爲杭州天竺寺，錢氏樹碑之廣潤龍王廟，亦在錢塘。再考慮開版僧慶芳爲浙江永嘉縣人，助緣、主持刊印的僧人都是杭州龍華寺的僧人，可知書手僧宗一，也是杭州本地人士。

日本抄本僅晚於《小錄》刊雕數十年，比較忠實地過錄了北宋刊本的原貌。不但完整地抄錄了原書刊記，還保留了避諱字。松本已經指出，傅大士殿上問答“敬中無敬性，不敬無不敬心”，“敬”字均缺末筆，係避宋太祖祖父趙敬之諱。〔2〕文本中尚有兩處省略：

> 當陳太建元年歲次己丑四月丙申朔二十四日己未，示衆曰：“此身甚可厭惡，衆苦所集，須慎三棄，精勤六度。若墮地獄，卒難得脫，常須懺悔（云云）。”
>
> 開皇中，文帝賜寺僧書曰：“如來大慈，矜念群品。朕君臨天下，重興教法，使三寶永隆，四生蒙福（云云）。”

第一條，對照《錄》卷一載傅大士傳：“時大建元年歲次己丑夏四月丙申朔，大士寢疾，告其子普建、普成二法師曰：‘我從第四天來，爲度衆生故。汝等慎護三業，精勤六度，行懺悔法，免墮三塗。’二師因問曰：‘脫不住世，衆或離散，佛殿不成，若何？’大士曰：‘我去世後，或可現相。’至二十四日乙卯，大士入涅槃。”〔3〕《小錄》省略的是傅大士臨終前關於修造佛殿工程的安排。

第二條，《錄》卷二載傅大士身後事：“隋開皇十五年二月十五日，文帝作書與弟子沙門慧則等曰：‘皇帝敬問慧則法師，如來大慈，矜念群品，救度一切，爲世津梁。朕君臨天下，重興法教，欲使三寶永崇，四生蒙

---

〔1〕　董誥等編：《全唐文》卷一三〇，中華書局，1983 年，第 1308 頁；卷九二一，第 9603 頁。〔宋〕贊寧撰：《宋高僧傳》卷一五《清江傳》，范祥雍點校，中華書局，1987 年，第 382 頁。

〔2〕　松本文三郎：《佛典批評論》，第 467 頁。

〔3〕　《善慧大士錄》卷一，《續藏經》第 120 冊，新文豐出版公司，1994 年，第 11 頁上欄至下欄。

福。汝等皈依正覺，宣揚聖道，想勤修梵行，殊應勞德，秋暮已寒，道體如宜也。今遣使人，指宣往意。'"[1]省略了隋文帝詔書的内容。附帶論及，張勇舉出山東省即墨市博物館藏隋文帝詔書的寫本原件[2]，該圖版收入《義烏墨韻》[3]，實即翻刻《淳化閣帖》卷五"慧則法師帖"[4]，即墨博物館所藏實即《淳化閣帖》明肅府本。凡此《錄》較之《小錄》多出的文字，可以認爲是樓穎編次本原有的内容，而爲《小錄》的抄寫者所删節。

《小錄》的第一部分包含了晚唐五代的史事，都在樓穎的生活年代之後。除了元稹（779—831）留書事，係撮要複述元稹《留書還珠記》的内容，還有傅大士爲梁武帝講《金剛經》之事，源出《傅大士頌金剛經》的序文。[5]這些内容或許是《小錄》編者採集的，但也可能反映了樓穎編次本在五代宋初經過擴增的狀態。

（三）流傳範圍

《小錄》刻成以後，應當在一定範圍内流傳。張勇先生指出，稍後成書的《景德傳燈錄》（1004），文字與《小錄》頗爲接近，當受其影響。由此又衍生出《五燈會元》（約 1254）、《隆興佛教編年通論》（1164）、《佛祖歷代通載》等宋代佛教史書，而另一系統，即《歷代編年釋氏通鑑》、《釋門正統》（1237）、《佛祖統紀》（1269），則主要參照樓炤所删《善慧大士錄》。[6]

筆者同意這一判斷的前一半，至於後一半，我們注意到曾志願開塔事，見於《小錄》和《佛祖統紀》[7]，而不見於《錄》。上文業已指出，宋代諸家僧史從來引用的是樓穎編次本，而未及樓炤。因此比較合理的推測是，北宋時期的《小錄》、龍津删潤本和南宋的樓炤刊正本，分別是樓

---

〔1〕《善慧大士錄》卷二，《續藏經》第 120 册，第 12 頁下欄至第 13 頁上欄。

〔2〕 張勇：《傅大士研究（增訂本）》，第 73 頁注 3、第 74 頁圖。

〔3〕 義烏叢書編纂委員會編：《義烏墨韻（英文版）》，上海人民出版社，2011 年，第 24 頁。

〔4〕 圖版及錄文參見水賚佑《淳化閣帖集釋》，上海古籍出版社，2009 年，第 202 頁。

〔5〕 關於《傅大士頌金剛經》的成立年代，筆者不同意達照法師的結論，參見達照《〈金剛經贊〉研究》（宗教文化出版社，2002 年，第 61—116 頁）及拙文《傅大士作品的早期流傳》。

〔6〕 張勇：《傅大士研究（增訂本）》，第 13—15 頁。

〔7〕《佛祖統紀》卷四二《法運通塞志》："（大中五年）九月，婺州女子曾志願開雙林大士塔，見頂足連環，齒牙不壞，迎出塔供養四十九日，復藏於塔。"（CBETA〔2016〕，T49，no.2035，p.387b24-27）

穎編次本的一種節抄本。《釋氏通鑑》等書編撰之時，尚可得見樓穎編次本，而不必專守《小錄》或樓炤刊正本的任何一種。只有到了元、明之際，以抄本形式流傳的樓穎編次本和龍津删潤本均被淘汰[1]，刊刻於杭州的一卷本《小錄》或許因其文字過於簡省，僅僅流傳於日本，而樓炤刊正上板的四卷本《善慧大士錄》才成爲明以降諸刻本的來源。

三、《善慧大士錄》的版本系統

關於《善慧大士錄》的版本系統，張勇先生給出了一張譜系圖。[2]筆者根據個人研究的結論，在此先公布新繪的版本譜系（見文末圖）。筆者與張勇先生主要的意見分歧在於，我認爲明以降諸家刻本，都是樓炤刊正本的改編，難以見到龍津删潤本的影響。這涉及幾個方面的問題。

第一，龍津删潤本不見於明以後著錄。宋濂（1310—1381）《潛溪別集》第七《題〈善慧大士錄〉後》説："龍津與樓公蓋同時人，[惜]乎其不及見此書也。余因記其事卷後，而歸諸佛日，幸訪龍津之本而刻焉。"[3]可見生活在元、明之際的宋濂和雙林寺住持佛日大師致凱[4]都没有見過龍津删潤本。

第二，印光改訂本與《續金華叢書》本的差別，並非由於祖本不同，而很可能是印光做了改動。首先追溯一下印光改訂本的源流。筆者在孔夫子網上購得印光改訂本一册，特點與張勇先生的描述完全符合。[5]此本書末附有茂本清源《〈傅大士集〉後序》，説明最早的版本來源正是正統元年（1436）雲黄山雙林廣濟禪寺住持茂本清源"廣求殘編斷簡，繕對較正，重繡於梓"的本子。

---

〔1〕張勇注意到，《宋史》卷二〇五《藝文志》"樓穎《傅（傅）翕小錄要集》一卷"，是則《小錄》宋末仍有流傳，參見《傅大士研究（增訂本）》，第50頁。至於龍津删潤本，筆者認爲最晚亦當在元、明之際散佚，與張勇先生判斷不同，説詳下文。

〔2〕張勇：《傅大士研究（增訂本）》，第67頁。

〔3〕《善慧大士錄》卷四附錄，《卍續藏經》第120册，第52頁上欄。按：宋濂作品，今有《宋濂全集》（人民文學出版社，2014年），未收入此文。

〔4〕致凱（生卒年不詳），元末臨濟宗僧孚中懷信法嗣，參見《天童寺志》卷三，《中國佛寺史志彙刊》第一輯第13册，明文書局，1980年，第248頁。

〔5〕張勇：《傅大士研究（增訂本）》，第59—60頁。

書首冠有龔廷謨的《〈傅大士集〉重刻序》，序文大意是説，其人早年信奉道教黄白之術，戎馬倥偬，偶然於書笥中檢得此書，讀之生信，“遂拂袖歸”，隱居在寶林寺（即傅大士所創之雙林寺）所在的雲黄山。一日“於聖殿隅，見《語錄》板盡皆朽腐”，遂決意下山化募資財重新開雕。值得注意的是，序文中説“思昔之以梨板朽，而壽之棗；思昔之以明書褻，而重之宋”，也就是説，選擇更爲經久耐用的棗木作爲雕版，又以宋本校訂了錯訛較多（“褻”）的明本。

龔氏序文不題年代，張勇先生的判斷有些模糊。他提到“由龔氏董其事的庚辰本”，實則所謂庚辰本乃是光緒庚辰（1880）朱一新等人的刻本，而龔氏似乎生活在明末清初。[1]今網友“九月授衣”幫忙在義烏當地查閲了私人收藏的《松門龔氏總譜》，知龔廷謨“字元之，號熙臺（1580—1644），龔元佐子。誥封文林郎、知縣。博學多聞，通内外典，尤嫻天文武略，兼通禪理。閩撫熊疏題團練水師，固辭不就，高隱雲黄。有《説劍堂集》《分燈錄》《半百藏》若干卷行世”[2]。也就是説，龔廷謨生活的年代比茂本清源晚一百餘年，他所見到的盡皆朽腐的板片就藏在雙林寺大殿中，因此很可能他所利用的明本，就是茂本清源的刻本。而所謂宋本，則可能得到了紹興十三年（1143）刊刻的樓炤本。

龔廷謨刻本在清末的幾次刊刻過程，具見印光改訂本附錄興慈的《〈傅大士集〉重刻跋》，今節引如下：

> 及（傅大士）滅，久之，有國子進士樓穎者，受佛戒之弟子也，謹錄大士一代聖迹成編，定爲八卷。宋高宗間，樓炤復刪爲三卷，附錄一卷。自來抄刻不知有幾，而光緒庚辰，住持僧傅姓募鋟，字句多誤，梓工欠精。版仍傅姓所藏，欲印不遂。傅姓即大士同族之後也。光緒辛丑（1901），愚徒慧泉住雙林，因過其寺數次，見是語錄，惜未傳諸方。然而菩薩應迹，必然行於天下。迄光復初，愚較初卷，改正一二，因事無暇，後即請常熟張鍾瑾居士校訂，又改“語錄”二字而定名曰“集”，遂刻於虞山。戊午（1918）秋，移版於揚州藏經院，

〔1〕張勇：《傅大士研究（增訂本）》，第56頁。但同書第67頁版本譜系圖，又列出了康熙庚辰（1700）本，似乎意識到龔廷謨是清初之人，於是在可能的時段内找了另一個庚辰年。
〔2〕《松門龔氏總譜》行華八百八十一，1914年刊本。

會普陀印光法師亦在，因而閱之曰："誤字多矣，刻亦未精。理當重梓，方可流通。"由是請法師重爲校正，悉按文義，正其字句，使復本真，畢登梨棗……民國辛酉（1921），天台山觀月比丘興慈募鐫謹跋。

據序文所述，清末民初一共重刻了三次。第一次是光緒庚辰本，主持者是朱一新。印光改訂本書首龔廷謨的序文之後，有朱氏《〈傅大士集〉重刻序》，云"上章執徐之歲，月在畢相（1880），傅姓以《大士語錄》版毀，捐資重刊，而屬余序之"。朱一新（1846—1894），字蓉生，號鼎甫，浙江義烏人，其生平傳記張勇先生有考。[1]傅姓一直是義烏當地的大姓，捐資募刻此書，自然爲了表彰鄉賢。所謂"版毀"，恐怕也只是部分朽壞，並非全毀，主體部分仍然延續龔廷謨刻本。此次開版以後，版片仍歸傅姓所藏。

第二次刊印是在辛亥革命後不久。起因是天台山僧人興慈的弟子慧泉任義烏雙林寺住持，據朱中翰《雙林寺考古志》載："光緒二十七年（1901）辛丑，有僧慧泉，來自天台，來至斯寺，悲此勝迹，没於荒荆，爰邀仕紳奉化孫玉仙居士頗欣助之。"[2]對雙林寺殿宇進行了修繕，在此過程中，或許是從傅姓族人手中得到板片，由興慈、張鍾瑾先後校訂，並在常熟重刊。

第三次刊印是1921年。1918年，虞山刊本刻成後，板片歸揚州藏經院。恰在此時，印光法師（1861—1940）從普陀山來到揚州，對此本"重爲較正，悉按文義，正其字句，使復本真"。據于凌波老居士所述："印老於光緒十九年（1893）到普陀山，一住25年，直到1918年，他58歲的時候，才出山活動。原來他想到揚州刻經處去印經，以人地生疏，約高鶴年陪他去。到揚州辦完事，回到上海。"[3]校正之事，就是在印光短暫居揚州時完成的，直到1921年始付梓。通過以上回顧，筆者認爲從明初茂本清源重刻《善慧大士錄》，直至民國年間的印光改訂本，版片在義烏雙林寺基本上是傳承有序的。

再來檢討《續金華叢書》本系統的版本流傳過程。《續金華叢書》本扉頁牌記云"甲子（1924）春永康胡宗懋校鋟"，這一年正是《續金華叢

〔1〕 張勇：《傅大士研究（增訂本）》，第59頁注1。

〔2〕 朱中翰：《雙林寺考古志》，張曼濤主編：《現代中國學術叢刊》第59冊，大乘文化出版社，1978年，第81頁。

〔3〕 于凌波：《中國近代佛教人物志》，宗教文化出版社，1995年，第32頁。

書》成書之時。書末也附有茂本清源序，序末有一行題記云"永康胡宗懋據清光緒戊子（1888）刻本校鋟"。基本可以判定，該本也是由茂本清源重刻本兩次翻刻而成。書末另附一篇胡宗懋本人跋語，備引如下：

> 近世所傳《善慧傅大士傳錄》，爲國子博士樓穎編次，定爲八卷，並譌序一首。紹興十三年，樓炤删爲三卷，附錄一卷。各收藏家及四庫多未著錄，厪見《天一閣書目》。明天啓重刻，清光緒、宣統間兩次上版。義烏吳君芷泉舉以示余，余以此書去古未遠，又時值叔季，雲譎波詭，披覽是編，庶幾殭蛾離焰、寶筏渡津。此傅大士救世之苦心，亦即余鄭重校鋟之意也。

這裏最值得關注的是胡氏提及此書"明天啓重刻，清光緒、宣統間兩次上版"，結合上文所考龔廷謨生活年代及庚辰、虞山兩次重刻，或許正是指龔廷謨重刻本、光緒庚辰本（或戊子本）和虞山刻本[1]。然而由於今日

圖二　印光校訂本扉頁　　　圖三　印光校訂本卷一

---

〔1〕　虞山刻本既然開雕於辛亥革命之初，或許存在誤記。——作者注

所見，也只有《續金華叢書》本的最終形態，只得存疑，仍將該系統的祖本認定爲茂本清源重刻本。

　　最後，我們比較一下印光改訂本和《續金華叢書》的差別所在。張勇先生指出，二者除了文字上的出入，各卷篇目、順序幾乎完全一致，只有卷三歌偈部分印光改訂本多出了六首《波羅蜜布施頌》和《示諸佛村鄉歌》，並且在題下加注"附"字。[1]這説明該本刻印者知道這些作品並非《善慧大士録》原有文字，是從別處補入的。《示諸佛村鄉歌》輯自永明延壽《宗鏡録》，六首《波羅蜜布施頌》輯自《傅大士頌金剛經》。當時敦煌本尚未廣爲人知，但這些頌文被收入明清兩代編輯的各種《金剛經》集注本中[2]，因此很可能是從此類作品中輯出的。此外還有一處，在卷一《傅大士傳》中。印光改訂本在傅大士大同五年至六年（539—540）的事迹之間，多出了這樣一段文字：

　　　帝又請講《金剛經》，大士升座，揮案一拍，便下座。（帝愕然，誌公問："陛下會麽？"帝曰："不會。"曰："大士講經竟。"帝遂省此數語。是禪家提倡宗乘之寓言也，蓋誌公入滅，待十餘年士方見帝，特録以示）再請講。大士乃索柏版升座，唱四十九頌便去。大士一日，頂冠、披衲、靸履。帝問："是僧邪？"士以手指冠。帝曰："是道邪？"士以手指靸履。帝曰："是俗邪？"士以手指衲衣，遂出。故今雙林寺塑大士像，頂道冠，身袈裟，足靸履，仿此迹也。[3]

這段文字既不見於《續金華叢書》本，亦不見於《續藏經》本。前半傅大士一言不發而講經，又作四十九頌，這是糅合了《碧巖録》和《傅大士頌金剛經》兩種講法，小注指出年代問題，也是沿襲宋代《釋門正統》《佛祖統紀》之説。後半部分關於傅大士奇特衣著的描寫，出處是《釋氏稽古略》。[4]考慮到印光改訂本扉頁印有傅大士像，紙背所言堅稱大士所説"句句圓融中道

---

[1]　張勇：《傅大士研究（增訂本）》，第60頁。
[2]　參見達照《〈金剛經贊〉研究》，第87—90頁。
[3]　印光改訂本《傅大士集》卷一，第6葉背。
[4]　《釋氏稽古略》卷二："大士一日頂冠披衲靸履，帝問：'是僧邪？'士以手指冠。帝曰：'是道邪？'士以手指靸履。帝曰：'是俗邪？'士以手指衲衣，辭闕而還。"（CBETA[2016]，T49，no.2037，p.795c1-3）

妙義"，駁斥三教齊一之談，此處的加筆顯然是爲了與此呼應。這些改動涉及傅大士作品的輯佚，絕非光緒庚辰傅姓族人所能辦到，興慈只匆匆校正其書卷頭，張鍾謹則爲在家居士，也未必能有如此魄力，因此，這些改动最可能出於佛學湛深的印光大師之手。

結合這些證據看來，兩本的篇目、分卷完全一致，加入的文字和作品，乃從他書輯出而再補入相應部分，因此很難認爲印光改訂本與《續金華叢書》的差異，是受到別一系統如龍津刪潤本的影響所致，而只可能是印光等人的改動。兩系的源頭，都應當是茂本清源重刻本。

第三，日本傳本的獨特形態，使我們更容易看清茂本清源重刻本的改動情況。張勇列表比較了《續藏經》本和《續金華叢書》的差別，其中最顯著的不同在於《續藏經》本卷三收錄了元積《還珠留書記》。這篇作品也不見於印光校訂本，甚至不見於通行本元積文集，因此只可能來自其所據的祖本。另外徐陵碑在《續藏經》本卷三，《續金華叢書》和印光校訂本都在卷四。[1]這兩點最能夠反映日本傳本與中國流傳系統的結構性差異。這種差異的原因在於，日本傳本没有經過茂本清源的重編，因而更接近樓炤本的原貌。

鑒於目前僅能得見《續金華叢書》、印光改訂本和《續藏經》本三個版本，幾個早期的日本傳本尚待調查，中國系統的傳本是否有現本存世，也屬未知。本文的考察仍然只是初步的結論。

附錄一：《善慧大士小錄并心王論》 錄文[2]

北齊人書左氏傳附善慧錄

雙林善慧大士小錄（並心王論）

菩薩戒弟子進士樓穎述

大士姓傅，諱翕，字玄風，浙江東道婺州義烏縣雙林鄉稽停里人。父名宣慈，字廣愛，母王氏。叔宣炅、兄晏、弟昱，並輕宦祿，唯重三寶。當南齊建武四年（497）丁丑五月八日生。生而淳和，無所愛著。七歲，白二親曰："數夢凌虛行，多諸僕從，遇無量人諍戰，我恒獲勝。"至梁天

---

[1] 張勇：《傅大士研究（增訂本）》，第65頁。

[2] 寫本中的異體字統一爲通行繁體字，简體字則予以保留。公元紀年爲筆者標注。據文意校改者在括號中標明正字。

監十一年（512），年十六，納劉氏妙光内妻。十九生普建，二十二生普成。至年二十四，與里人稽停浦漉魚得籠，沈水中，祝曰："去者適，止者留。"時人或以内愚。因遇天竺僧達摩嵩曰："我曾同汝向毗婆尸佛發誓度生，今兜率宫中衣鉢見在，何日當還？不信，試臨水觀形狀何如？"果見圓光寶蓋滿身。遂棄魚具，笑曰："鑪鞴之所多鈍鐵，良醫之門足病人。度生内急，何暇思彼樂乎？"乃問修道方所，嵩指松山頂曰："此可棲矣。"遂種菽麥瓜果。時有懷盗者，翕私辦籃籠與盗者盛瓜而去。日常傭作，用資三課（父母、己身、妻子），夜則行道，敦崇佛法。因思惟見釋迦、金粟、定光，東來至座，放毫光數百尺集身上。師自此覺悟宿世因緣，應聲道俗相繼，七日不絶。太守王烋謂是詭詐，幽縶兼旬，不通段食，後處處現身，遂放歸山所。尋曰："我得首楞嚴定。"遂捨田宅，設無遮大會。值五穀涌貴，甘心守絶，里人傅子良减割供給，免至殞矣。大通二年（528）唱舍妻子，無人須者，賣與邑人傅重昌，獲五萬錢。將營法會，爲帝后儲君，王侯將相，州縣令長，天下民庶，六道怨親，願同成正覺。時有僧慧集法師遠投方丈，聞法悟解，高聲唱言："我師彌勒應身耳。"師意不許，恐損於法身。後四年，傳（＝傅）德寅三百人詣縣令蕭詡舉薦。詡守常見，不肯聞奏。至六年（534）正月二十八日，遣弟子傅暀致書梁高祖曰："雙林樹下當來解脱善慧大士白國主救世菩薩，今欲條上中下善，希能受持。其上善略以虚懷内本，不著内宗，妄想内因，涅槃内果；其中善略以治身内本，治國内宗，天上人間，果報安樂；其下善略以護養衆生，勝殘去殺，普令百姓俱禀六齋。今聞皇帝崇法，欲伸論議，未遂襟懷，故遣弟子傅暀告白。"暀投太樂令何昌，昌曰："慧約國師猶復置啓，翕是國民，又非長老，殊不謙謙，豈敢呈達！"暀聞艱阻，誓燒手御路。昌深仰志切，馳往同泰寺皓法師所。法師衆中知識，名稱普聞，見書隨喜，勸速呈上。當二月二十一日進書，帝覽嘆悦，遽遣招迎。來謁宸闈，亟論經典。伺其到日，遣鎖諸門，師意預知，齎槌詣闕，果遇扃扉，撾外一門，内則九重俱闢，不待詔命，直抵善言殿，端坐三榻。此榻乾竺國貢來，因見三人得坐，即昭明、智者、大士耳。帝臨御座，師不起，劉中承問："何不起？"答："法地若動，一切法不安。"帝問："從來師事誰？"答："從無所從，來無所來，師無所師，事無所事。"既入空義，因共論空，往復無滯。中承又問："何不臣天子，不友諸侯？"答："敬中無敬性，不敬無不敬心。"

貴人見坐不正，問："何不正坐？"答："正人無正性，側人無側心。"時請衆誦經，皆誦，獨不誦。問："何不誦？"答："言說内佛事，静默亦佛事。"帝及百辟緇黄，無不愧服焉。帝後於壽光殿請志公講《金剛經》，答："不能。"指大士善此。師登座，執拍板，唱經成四十九頌，後書荆渚，任人傳寫。續有智者，不顯姓名，躡五於後，總五十四頌。理旨通貫，不測聖凡之述作也，近荆南節度高從誨印施天下。大同五年（539），奏捨宅於松山下，因雙檮樹而創名，号雙林寺矣。此樹根株異植，條幹連理，各一孔，祥氣每騰，有鶴一雙，旦夕棲止。置寺既畢，弟子問："聖像若内？"答："吾自有意。"俄忽匠來，問："何遲？"曰："天宫有緣，今方獲至。"殿前原出白楊兩本，師恒宴坐其下，常聞天樂異香，兼降甘露，可伐此樹，内寶殿功德。仍於根上壘磚浮圖，高九級，能出光明，至今如初。邑中雲麾將軍賈會未全信奉，不測之間，率八十人來謁中食。師以半筥筐飯親自均行，衆皆飽足。復將餤虎，竟不減少。遂棄林野，會等咸折慢心，捨榮求道，此飯變成素石，復作五色。有智者号曰普光明石，時人競呼内飯石，琢數珠及佛毫髻，可類水精也，或投火聚，如焚糧麨，取致淨衣，竟無觸損。太清二年（548），師誓不食，捐軀内燈，自念無始劫來，幾經生死，未嘗爲法，唐失身命，取佛生日，焚身供養，願門人莫懷憂惱。至日，徐普拔、潘普成、僧慧光，道俗六十餘人代師不食燒身，劉和穆、周堅固四衆三百人然指剌心瀝耳，歷（＝瀝）血和香，請師住世。師憖而從之。時有盗者獲米及氈，求結因果，師令米釀飴魚鳥，氈塗油，燒燈内盗懺悔。承聖三年（554），復捨家貲，内四生六道，供養三寶。説偈曰：

傾捨内群品，奉供天中天，仰祈甘露雨，流澍普無邊。

紹泰元年（555），重告弟子："誰能斷食燒身？"范難陀六日不食，後三十二人蟬次赴火，誓取涅槃。天嘉二年（561），師於松山頂繞樏樹行道，感七佛相隨，釋迦引前，維摩接後，唯釋尊數顧共語，内我補處也。其山忽起黄雲，盤旋若蓋，因号雲黄山矣。時慧和法師不疾而終，頭陀於柯山靈巖寺入滅，師無信自知，謂曰："嵩公兜率待我，決不可久留也。"化緣既畢，預有徵應，四側花木，恒常秀實，欻然枯悴。當陳太建元年（569）歲次己丑四月丙申朔二十四日己未，示衆曰："此身甚可厭惡，衆苦所集，須慎三業，精勤六度。若墜地獄，卒難得脱，常須懺悔（云云）。"謂傅普敏文殊，慧集觀音，何昌阿難，同來贊助。又告曰："莫移我寢床，七日當有法猛上人送織成彌勒像並九乳鐘鎮此。"弟子問："滅後形體若内？"師云："山頂焚之。"又問："不遂何如？"答："慎勿材器，疊榻作壇，移尸於上。屏風周繞，絳紗覆之。上建浮圖，將彌勒像處其下，用標形相也。"又問："諸佛臨涅槃時，皆説功德，願聞師發迹，流傳後代。"師答："我從四天來，内度汝等，次補釋迦耳。故《大品經》云：'有菩薩從兜率來，諸根猛利，疾與般若相應。'故知世尊所記，今吾身是。"春秋七十有三，趺坐而終。衆欲殯葬，於上造塔。後猛師果是將到，恨不相覿，須臾不見，罔知去處。時本縣宰陳鐘者恨未結緣聖，取香次第傳之，至師，師猶反手捻香，宛如平昔，耆焚身供養。至六月，率境道俗，於寺設無遮會，請智璪法師結集平生所説法要及《無生義》偈頌等。後四年九月，沙門法璿等奏樹碑並請檀越敕左僕射徐凌製大士碑，侍中王固撰慧集碑，右僕射周弘政立慧和碑，並才藻美麗，至今復存。開皇（581—600）中，文帝賜寺僧書曰："如來大慈，矜念群品。朕君臨天下，重興教法，使三寶永隆，四生蒙福（云云）。"仁壽（601—604）中，又書曰："朕尊崇聖教，興顯三寶，欲使生靈，咸蒙福力。師等精誠如此，深副朕懷。"大業（605—617）中，煬帝書曰："朕欽承寶命，撫育萬方，思弘德化，覃被遐邇。今巡省風俗，爰屆淮海，山川非遠，瞻望載懷。僧等既以弘濟居心，不辭勞也。"自古及今，累朝總内檀越，並賜旌獎。今寺僧咸稟聖製，同弘法教，雖歲月淹久，規矩焕然，朝賢文士，四遠歸向，日無有暇。賦咏篇什，遝布人口，師遺迹織成像、九乳鐘、牙浮圖、麈尾扇、木帳、木（＝水）突、木机、莞蓆、龜枕、香印、石像、瓷硯、筆架、藻（＝澡）瓶、魚磬、水火珠、扣門槌、墳塔、圍井、魚池等見在。陳隋帝書，寶曆（825—827）中越州觀察使元槙（＝稹）索去不還，立碣於寺，見在。況隙駒易往，閱注難停，若不嗣其芳猷，無以傳於後代。故駁搜奇迹，呈諸英彦，餘有委細因緣，《無生義》歌頌等，如七卷《錄》中具盡耳。

小錄一卷

大士説心王論曰：

觀空心王，玄妙難測。無形無相，有大神力。能滅千灾，成就萬德。體性雖空，能施法則。觀之無形，呼之有聲。爲大法將，持戒傳經。水中鹹味，色裹膠青。決定是有，不見其形。心王亦爾，身内居停。面門出入，應物隨情。自在無礙，所作皆成。了了識心，惺惺見佛。是佛是心，是心是佛。念佛念心，念心念佛。欲得早成，戒心以律。淨戒淨心，淨心即佛。除此心王，更無別佛。欲求妙法，莫染一物。心性雖空，貪嗔體實。入此法門，端坐成佛。名到彼岸，得波羅蜜。慕道之士，好自觀心。知心在内，不向外尋。識心是佛，識佛是心。分明見佛，曉了識心。離心離佛，無所堪任。執空滯寂，於此漂沈。諸佛菩薩，非此安心。明心大士，悟此玄音。身生性海，好田（用?）無改。是故智者，放心自在。莫言心王，空無體性。能使色心，作邪作正。非有非無，隱顯不定。心性雖空，能賢能聖。是故今勸，好自妨心。刹那惡念，還却飄沈。清淨智者，出比黃金。般若伏藏，並在身心。無爲法寶，非淺非深。勸諸佛子，在意觀尋。有緣者遇，得入法林。尔時大士重説頌曰：

遍瞻四大海，觀尋五陰山。如來行道處，靈智甚清閑。

寶殿明珠曜，花座王光鮮。心王明教法，敷揚般若蓮。

淨地菩提子，蓋得天中天。觀此色身中，心王般若空。

聖智安居處，凡夫路不同。出入無門户，觀尋不見踪。

大體寬無際，小心塵不容。欲得登彼岸，高張智慧帆。

清淨明珠戒，莊嚴佛道場。身作如來相，心内般若王。

願早登蓮座，口放大圓光。廣照無邊界，内物作橋梁。

開大毗尼藏，名傳戒定香。觀達無生智，空中誰往來。

亦超三界獄，不染四魔胎。遊戲蓮花上，安居法性臺。

天人悉瞻仰，冥空贊善哉。有緣逢廣化，般若妙門開。

夜夜抱佛眠，朝朝還共起。行坐鎮相隨，坐卧同居止。

分毫不相離，如身影相似。欲知佛何在，祇個語聲是。

寂是法王根，動是法王苗。涅槃既不遠，常住亦非遙。

迴心名淨土，煩惱應時銷。欲過三塗海，勤修六度橋。

定當成正覺，喻若待來潮。伏藏不離體，珠在内身中。

但向心邊會，莫遠外於空。萬類同真性，千般體一如。

若人解此法，何用苦尋渠。四生同一體，六趣會歸余。

無明即是佛，煩惱不須除。心王論一本

師滅後，至大中五年（851）壬申九月二十八日，菩薩戒女弟子曾志願開塔取大士，猶頂足連環，齒牙完具。歸寺供養，四十九日後重迎入塔，四衆哀慕，如失至親。洎天福九年（944）甲辰六月，錢王佐差親從官張榮等三十人詣寺，至十七日夜，開塔取得遺骨都八十六片，紫金色，並淨瓶、霜鉢、香鑪、唾盂、照子、刀子、雜受用及屏風板、鉸鏈鐵等。墳壙闊五尺五寸，長九尺五寸，高七尺五寸。甕床闊五尺九寸，長九尺。斯時舍利若雨，求者皆得，道俗然指燒臂，駢闐逾月。有虎數頭，繞鑪號叫，傍山沿道，隨至州城。慈悲感人，聞者皆泣。迎歸杭州，建龍花（華）寺，安着本寺。僧五人俱承恩澤，真身雖家（蒙）取去，墳塔殊勝儼然，若端拱身心，凡求舍利皆得。從太建己丑（569）入滅，至今雍熙二年（985）乙酉，凡經四百一十六載矣。

　　當縣清信弟子楊仁順捨淨財雕板壹副，保安身官及家眷。所印大士真文，冀茲妙善，散霑群品，廣濟含生，同乘般若舟航，俱達菩提彼岸。浙陽僧宗一書　永嘉僧慶芳開　知大士真殿沙門子詮助緣　當寺傳律、本州臨壇沙門子誦勘本印施九月日記

　　承曆二年（1078）七月七日午時書了遍照院僧□□

　　以此書寫□，必值慈尊世

　　此雙林善慧大士小錄，《續高僧傳》不載，樓穎亦無考。原寫於《左傳》之背，蓋日本僧徒常以古卷子本反面書涉佛事之語，不足怪也。今以其佚文，亦並印行，以俟博識。

　　壬子（1912）仲冬守敬再識〔楊守敬印〕

附錄二：《善慧大士錄》 版本系統圖

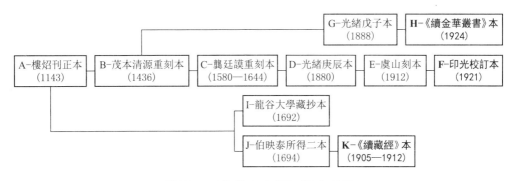

圖四　《善慧大士錄》版本系統

《佛教文獻研究》第四輯
2024 年，177—216 頁

北宗禪籍的新發現：關於《金沙論》的考察

定　源

内容摘要：《金沙論》是一部尚未被學界關注的佛教著作。本文從中國、韓國、日本共收集到此論的六種藏本，在介紹各藏本現存概况的基礎上，針對此論作者、文本流傳、現存藏本之間的文本差異，以及它與敦煌禪籍的關係做了綜合考察。指出《金沙論》當成書於 8 至 9 世紀中葉之間；成書後不久，通過日僧圓珍傳入日本，同時在 13 世紀以前傳入朝鮮半島，并且形成另一種異本。此論内容受《金剛經》影響頗大，而且與敦煌禪籍中的北宗禪籍，尤其與神秀《觀心論》的關係尤爲密切，應該也是一部北宗禪籍。

關鍵詞：金沙論；北宗禪；敦煌禪籍；神秀

作者單位：上海師範大學哲學與法政學院

我留意《金沙論》，有些偶然因緣。2009 年，我參加日本學者組織的《金藏論》研習班，開始關注與之相關材料。有一次，閲讀日僧圓珍《智證大師請來目録》，無意看到其中著録“金沙論一卷”[1]，因爲它與《金藏論》的書名僅一字之差，故而引起我的注意。然而，當我通檢 CBETA 電子佛典以及查閲各大藏經目録後得知，《金沙論》内容並未被歷代大藏經所收，爲藏外散佚的文獻，諸如 20 世紀初發現的敦煌遺書等，也未見到與之同名的著作。原以爲此論或已亡佚，但出乎意料的是，2010 年 2 月我有機會參加韓國東國大學舉辦的一次國際學術會議，會後到韓國中央圖

---

[1]《大正藏》第 55 册，第 1106 頁中欄。

書館查書，偶爾檢出一部題爲《金沙論》的著作，始知此書尚存於世，讓人喜出莫名。隨後，我便開始真正關注並收集《金沙論》及其相關資料。

收集資料後才了解到，《金沙論》一書，實際早在 1933 年日本學者小野玄妙主持編纂刊行的《佛書解説大辭典》（原爲十二卷，後加一卷，共十三卷）卷二中就已列有條目，而且著錄內容參考過圓珍《智證大師請來目錄》[1]，提示此論爲一卷，缺本，説明當年辭典編纂者尚不知此論有文本存世。《佛書解説大辭典》刊出後的第二年，即 1934 年秋，日本學者大屋德城在東京獲得一部高麗刻本《六祖壇經》[2]，他發現其中夾有一張小紙片，上有墨筆書寫“如來行迹、金沙論合部”字樣，於是他認爲這部高麗刻本《六祖壇經》原來與《如來行迹》[3]《金沙論》合刊。1964 年，日本學者小倉進平出版《朝鮮語學史》，其中也提到一種與《大報父母恩重經》《騎牛牧童歌》合刊的朝鮮本《金沙論》。[4]這就説明，大約距今五六十年前，大屋與小倉兩位先生就已提示，《金沙論》在韓國實際上是有文本存世的。其實，韓國東國大學高翊晉曾撰有《普照禪脉對淨土思想的接受——以新出〈念佛因由法門〉爲中心》[5]一文，該文儘管討論的是高麗大學藏刻本《念佛因由法門》，但因其與《金沙論》合刊，所以也附帶談到了《金沙論》。以上諸位先生雖不同程度注意到了《金沙論》，但至目前爲止，此論內容尚未引起學界的關注，更沒有專文研究。

經過多年尋訪，我目前分別在中國、韓國以及日本已收集獲得六種《金沙論》藏本，其中既有寫本，也有刻本。這些文本的抄寫或刊刻年代比較晚，大體在明清時期。不過，值得注意的是，通過比較現存《金沙論》內容，可以分爲兩大文本系統。從圓珍對《金沙論》的著錄及其現存本的內容來看，可以初步判斷，其中一個系統的文本至少成書於唐代，而

---

〔1〕《佛書解説大辭典》，大東出版社，1965 年，第 312 頁。

〔2〕 參見大屋德城《元延祐高麗刻本〈六祖大師法寶壇經〉に就いて》一文，最早刊於《禪學研究》第 23 號，1935 年；後收入《佛教史の諸問題》，《大屋德城著作集》6，國書刊行會，1988 年。

〔3〕 此所謂《如來行迹》，當指高麗時期僧人雲默撰寫的《釋迦如來行迹頌》。

〔4〕 小倉進平：《朝鮮語學史》，刀江書院，1964 年，第 269—270 頁。

〔5〕 高翊晉：《普照禪脉對淨土思想的接受——以新出〈念佛因由法門〉爲中心》（普照禪脉의净土思想受容——새로나온《念佛因由法門》을중심으로），載《佛教學報》第 23 卷，1986 年；後收入《韓國撰述佛書研究》，民族社，1987 年，第 233—254 頁。

且與唐代禪籍，尤其與唐代北宗禪籍還有密切關係。

我們知道，禪宗是最具中國佛教特色的宗派之一，自五祖弘忍以後，開始分出南北二宗。南宗以慧能爲中心，北宗以神秀爲代表。慧能以後，南宗一系因慧能弟子神會等人的努力而發揚光大。相比之下，北宗一系的發展自神秀圓寂以後不久便開始式微，加上唐末會昌法難的摧毀，北宗禪籍後來幾乎銷聲匿迹。目前我們對唐代北宗禪的了解，主要是依靠莫高窟藏經洞發現的敦煌遺書。傳世文獻中，北宗禪籍雖有遺存，但極爲罕見。因此，《金沙論》若是一部唐代北宗禪籍，無疑可以爲我們研究唐代的北宗禪提供一份珍貴的新資料，值得探討和研究。

本文首先介紹我目前掌握的六種《金沙論》藏本；其次，通過歷代目錄書、引文等考察此論在東亞範圍内的流傳及其作者；再次，分析現存兩個系統《金沙論》的文本異同以及他們之間的前後關係；最後，探討《金沙論》與敦煌禪籍的關係，藉此揭示其内容性質與資料價值。希望通過本文的初步考察，引起相關學者對此論作進一步的研究。

一、《金沙論》現存本概況

現知六種《金沙論》藏本，分別存於中國、韓國以及日本的公共收藏單位。各藏本的現存情況，大體如下：

（一）中國國家圖書館藏（國圖本）[1]

明代寫本，一册，綫裝。封面紺色，有題簽，上面僅寫草書“抄”字。卷首尾鈐有篆體陽文朱印，印文爲“京師圖書館收藏之印”。紙高31.3 厘米，長 18.7 厘米。每半葉 9 行，每行 18 字。前後共抄四個文獻，每個文獻抄寫於印刷好的板框内，四周雙邊，雙魚尾，版心標有頁碼，全書抄寫字迹工整，楷體墨書，乍看頗似刻本。四個文獻内容，前後依序如下：

（1）《頓悟入道要門論》，首尾題作“頓悟入道要門論上”。

（2）《諸方門人參問語録》，首尾題作“諸方門人參問語録”。

〔1〕 2016 年 9 月 10 日，承中國國家圖書館善本部李際寧先生的好意，筆者親自考察了該館所藏《金沙論》抄本。此外，程佳羽女史協助複印部分書影，謹此一並致謝！

（3）《初祖菩提達磨大師安心法門（附）》，卷末有洪武七年（1374）比丘妙葉所題刊記，最後有"板留天童禪寺祇洹精舍／四明朱可大刊並書"。

（4）《金沙論》，首尾題作"佛説金剛經八道門金沙論"，尾題末另有一個"終"字，表示此論原文至此結束。

前兩個文獻爲唐代禪僧大珠慧海所撰，《頓悟入道要門論》原爲一卷，後由明代沙門妙葉將之與《諸方門人參問語錄》合刊，改編分作上、下兩卷，故其首尾題作"頓悟入道要門論上"，而其下卷實際就是《諸方門人參問語錄》。

以上四個文獻，抄寫筆迹相同，乃同一人所抄。前三個文獻，《續藏經》第 63 册有收[1]，是大家比較熟悉的禪籍。根據第三個文獻末"板留天童禪寺祇洹精舍"的刊記可知，前三個文獻的底本當是寧波天童寺刻本，至於第四個文獻《金沙論》是否由天童寺的刻本轉抄而來，目前難以斷定。考慮前後四個文獻爲同一人所抄，《金沙論》同樣依某種刻本抄寫的可能性較大。由於第三個文獻所用的底本已有洪武七年刊記，故其抄寫時間肯定在此之後。從整體筆迹風格來看，最遲也是明代中晚期的寫本。

（二）韓國中央圖書館藏（韓圖本）

韓國刻本，一册，綫裝。封面籤題"理惑論"三字，右上方另題"附金沙論／圓觀儀"。另附三張貼紙，分別題有"壹六五　理惑論　魚""四三""教理"，這些顯然是圖書編號或圖書分類的標志。封面右下方鈐有篆體陰文朱印，印文爲"默潭三昧"。相同朱印另見於後述第一個文獻的首題下方。版高 19.6 厘米，寬 14.6 厘米。四周雙邊，雙魚尾，有界，有版心及版片號。每半葉 9 行，每行 16 字。前後有四個文獻，内容依序如下：

---

〔1〕《續藏經》第 63 册雖然有收入上述三個文獻，但第三個文獻末的兩行板題刊記則不見於《續藏經》本。此外，據筆者所知，日本金澤文庫另藏有一卷《頓悟入道要門論》寫本，其首題下有"建安魏信刊"，可知它是由刊本（宋代刊）抄寫而成。卷首附有一篇作者慧海所撰的原序，因此序未爲《續藏經》本所收，故移錄於此，以供參考。其文曰："夫學道者，須知用定慧是出世要宗，而不勤修是真聾俗。只如妙道，豈有多門，但解一而千從，迷一而萬惑。欲求超三界，豈越頓悟之門。直示即色即空，唯論即凡即聖。吾説空者不以空爲空，説聖者不以聖爲聖，乃至見定證淨等亦然也，皆以無二性而成理，亦無無二性也。竊見世間學者多墮二迷，不能了達是非，乃長淪生死。今集此論，以度有緣，令執滯者，發回向心。使邪見者，即歸正見。此論不傳無信，唯傳決定之人。非是慳法不傳，恐淺智聞之（者）招謗法之咎。必須擇人，不可概耳！若是不相應者，千金不示，父子不傳。若有相應者，即立而付，要須從師口決，便不可錯解，用之無功。若差之毫釐，即失之千里，此非謬言也。"

（1）《牟子理惑論》，首題"道家論辨牟子理惑論"，無尾題。卷末有"崇禎九年丙子二月日慶尚道梁山郡地/鷲栖山通度寺開刊"，之後另有校正、刻工及出資刊刻者名單，文繁不錄。

（2）《金沙論》，首題"佛說金沙論"，無尾題。卷末有"崇禎九年丙子仲春通度寺開刊　學融"，末有一行墨字牌記，約有三字，辨識不清。

（3）《圓觀儀軌序》，首題"鑴刻證師圓觀儀軌序"，篇幅不長，僅兩個半葉。文末有"康熙六十辛丑閏季夏曹溪沙門霜月璽封序"，由此可知此乃霜月禪師爲《圓觀儀軌》所作的序文。霜月，字混遠，諱璽封（一作璽對）。詳細傳記可見李澱撰《有明朝鮮國禪教都總攝國一都大禪師霜月大師碑銘並序》。[1]

（4）《夢中問答》，首題"水月道場空花佛事如幻賓主夢中問答"，後有撰號"曹溪懶庵集"，無尾題。卷末刻有施資者及刻工者名單，最後有一行刊記"全羅左道求禮縣智異山華嚴寺開刊"。本文獻由諺文與漢文混用撰寫而成。懶庵（1507？—1565），法名普雨，又號虛應堂，爲朝鮮時代佛教的中興人物，著述頗豐，《夢中問答》是其撰述之一。

上述四個文獻，分別另起版片號，故知它們原來實際上是各自開版，之後裝訂成册。四個文獻的卷首尾處共鈐有六方篆體陽文朱印，印文均爲"潭陽龍華寺所藏印"，說明此書原係全羅南道潭陽郡龍華寺舊藏，並經默潭三昧禪師[2]之手。

前兩個文獻爲崇禎九年（1636）通度寺刻本。第三個文獻的刊刻時間不明，因附有康熙六十年（1722）序文，故其刊刻年代定然在此之後。第四個文獻爲韓國智異山華嚴寺刻本，具體刊刻年代待考。

（三）東國大學圖書館藏（東圖本）

韓國刻本，一册，綫裝。封面題"道家論"三字，右下方另題"敢"字。版高 19.6 厘米，寬 14.6 厘米。四周雙邊，雙魚尾，有界，有版心及版片號。每半葉 9 行，每行 16 字。前後有兩個文獻，內容依序如下：

---

〔1〕　此碑原立於曹溪山仙巖寺，碑陰有前行禪教宗正應雲燈癟述書。碑之兩面全文可見於1918 年 7 月發行的《朝鮮佛教月報》第 10 號，第 52—54 頁。關於霜月禪師的著作，另有詩集存世，韓國中央圖書館藏有不明年代板刻《霜月大師詩集》，可參見。

〔2〕　默潭（1886—1981），俗名鞠聲祐，韓國全羅南道潭陽人。1907 年於白羊寺出家，1947 年爲曹溪宗第五至七代宗正，晚年住潭陽龍華寺。

（1）《牟子理惑論》，首題"道家論辨牟子理惑論"，無尾題。文中原有幾處殘字，後經補抄。卷末有"崇禎九年丙子二月日慶尚道梁山郡地/鷲栖山通度寺開刊"，之後另有校正、刻工及出資刊刻者名單，文繁不錄。

（2）《金沙論》，首題"佛説金沙論"，無尾題。卷末有"崇禎九年丙子仲春通度寺開刊　學融"，其後另有兩行雜寫"九曰獨/守口攝意身莫犯，如是行者能得道"。

以上兩個文獻，分別另起版片號，故知它們原來各自開版，之後裝訂成册。第一個文獻卷首尾鈐有"東國大學圖書館"藏書印。卷首還有兩方印章，印文分别爲"東國大學校圖書館藏之印"與"李月泳氏寄贈"。

此刻本與前述韓國中央圖書館藏本中的前兩個文獻相同，均爲崇禎九年通度寺刻本。

（四）高麗大學圖書館藏（高大本）

韓國刻本，一册，綫裝。版高19厘米，寬13厘米，無界，四周單邊，雙魚尾。有版片號及版心。每半葉8行，每行17字或18字。卷首有兩頁雜寫，内容爲"可笑騎牛者，騎牛更覓牛。金沙論/念佛爲/念佛爲心心和矣，貪嗔愛惡事事物物佛爲心則和矣/……自心故知也，故空寂靈知之心，是汝本來面目也"。卷末有一頁雜寫，内容爲"唐宗本禪師，姓管氏。……昇暗寄之，終爲大僧"。卷首有兩方印，印文分别爲"高麗大學校藏書"與"華山文庫"。除雜寫外，前後有兩個文獻，内容依序如下：

（1）《金沙論》，首題"佛説金沙論"，尾題"佛説金沙論終"。版心有"金沙"二字，共七版，有刻工"金敬蓮""李天日""宗惠""震◇""湖哲""比丘清洽"等名字。天頭處有四處異本注記。通過查核其注記文字，可知此本曾依上述通度寺刻本進行對校。

（2）《念佛因由法門》，無首題，尾題"念佛因由法門"。版心有"因由"二字，其中内容依序有"阿彌陀佛成佛之始""彌陀現淨土，釋迦現穢土之始""佛示念佛十種功德""念佛因由經""修三密證念佛三昧門""求生行門要出""拾遺"。末有一段跋文，這段跋文對我們了解《金沙論》的刊刻時間以及在韓國的流傳頗有幫助，故錄文如下：

　　　金沙論文，釋尊親説。念佛法門，亦佛稱贊。論唯一心明鏡，門乃遍生捷徑，合爲一秩（帙）。期儕齊眠，徹悟心地，深入性土。版本毀於回祿，真迹曠其弘傳。時有慈彥上人，近乃得之，大悦，不私於寶，謀壽其傳，出貲繡梓，印施無窮。其於來學，豈小補哉！所冀熅搜聖言，精詳理義，勤篤白業，遄登樂國耳！大（太）歲己巳四月日晴峰散人省映謹跋。皓月桑門勝益寫字仍對，幹功執事慈彥備梓董刊。己巳初夏，慶尚道金山黃岳山直指寺刊。

跋文後另有"心不背一乘之經，性不染六塵之境。……惟願諸佛作證明，三十二願入寂滅"等三十六句偈頌。最後並有出資刊刻及刻工者姓名，文繁不錄。

由前引跋文可知，《金沙論》與《念佛因由法門》的合刊本曾一度被燒毀，後由慈彥上人收集，並出資刊刻。關於此刻本之刊刻年代，文末明確說是"己巳"年。但"己巳"具體指哪一年呢？對此，韓國東國大學高翊晉曾在討論此高大本《念佛因由法門》時，他根據上述的題跋者臺山晴峰曾於康熙四十一年（1702）寫過《金陵西嶺直指寺千佛殿重創記》，故而認爲"己巳"當是乾隆十四年（1749）。[1]其實，康熙四十一年至乾隆十四年，之間相距四十七年。如果活動於康熙四十一年的晴峰省映曾寫過《金陵西嶺直指寺千佛殿重創記》，那麼乾隆四十一年撰寫上述跋文的晴峰省映，其年齡至少都在六十歲以上。雖然我們不能直接否認，《金陵西嶺直指寺千佛殿重創記》與上述跋文分別反映了晴峰省映早年與晚年的作品，但如果我們將"己巳"年假定爲康熙二十八年（1689），那麼它與康熙四十一年前後僅差十三年，顯然更能將晴峰省映的生活及創作年代進一步縮小範圍。因此，相比之下，將上述題跋中的"己巳"推定爲康熙二十八年可能更加合理。也就是説，高大本刊刻於康熙二十八年。

（五）首爾大學奎章閣藏（首大本）

韓國刻本，一册，綫裝。封面題"警誡文"三字。右下方貼有一張白紙，印有"古，1730，42"字樣，是爲藏書的分類與編號。板高21厘米，寬15.5厘米，有界，四周單邊，雙魚尾。第一頁上方鈐有朱文篆書印章，印文爲"京城帝國大學圖書章"。幾乎每頁天頭都有墨書雜寫，文多不錄。

〔1〕　參見高翊晉《普照禪脉對淨土思想的接受——以新出〈念佛因由法門〉爲中心》，載《佛教學報》第23卷，1986年；後收入《韓國撰述佛書研究》，第233—254頁。

此刻本前後有七個文獻，内容依序如下：

（1）《警誡文》，每半葉 8 行，行 12 字。首題 "警誡文"，無尾題。文至 "集其龍象德，恐其野干鳴"，戛然而止，内容似乎不完整。

（2）《訓蒙要抄》，每半葉 9 行，行 16 字。無首題，尾題 "訓蒙要抄終"。文起 "法塵半，合心一半，中根於法塵，佛爲愚色愚心者説者……"，卷首内容或有脱落，中間雜有部分諺文，文末有 "右抄散在諸錄，不宜别集。然碧松先師凡訓蒙則必先於此，其導人不獵等也，切矣，今慕訓之恩之爾"。

（3）《淨土文》（擬），每半葉 8 行，行 16 字。原無題目。僅半葉，文起 "夜乃至七日七夜"，至 "如是等人所不能入也" 止。未知作者，查其内容，似摘抄自《拔陀菩薩經》《觀無量壽經》以及知訥《真心直説》等文字而成，故暫擬此名。

（4）《金沙論》，每半葉 8 行，行 16 字。首題 "佛説金沙論"，尾題 "佛説金沙論終"。有版心 "金" 字，有版片號，從第七版開始，至十三版止，文中有墨筆句讀符號，留下閱讀過的痕迹。

（5）《跋文》（擬），每半葉 8 行，行 14 字。原無題目，首存尾缺。查其内容，頗似某種禪籍的跋文。因爲剛好是接在《金沙論》之後，或爲《金沙論》的刊刻跋文，亦未可知，現錄文如下：

> 原夫道體廓然，心性衝虛，其衝虛之性，人人本具，個個圓成。只爲眾生沉迷夢宅，汩没風塵，其廓然之體，隱而不顯，循環三界之中，匍匐九居之内。故我佛無言説中，興教海之真詮，横説豎説，於是依經解義，依義知歸者，則正似因指而覩當天之月，籍（藉）筌而得水中之魚。然則見月忘指，得魚忘筌之語，奚嘗違哉！爭奈將以去聖時遙，正法澆漓，滯於言論，在世之有餘，迷而不返。所以普賢及慶喜自解雖明，而哀末學之未悟，懇於黃面老子，老子遂以金口親宣此經。兹論真詮妙旨，至矣盡矣！可謂迷途之指南，出世之舟航也。吁！兹板本中間曾散失之，幾致蔑聞，山野慨然於惟欲構以（後缺）。

文至 "山野慨然於惟欲構以"，戛然而止，因爲内容不完整，而且又是正好爲一版，所以我懷疑文後有缺版。僅從現存内容看，此文開頭的遣詞造句及大段內容有濃厚的禪學色彩，並有"茲論真詮妙旨，至矣盡矣！可謂迷途之指南，出世之舟航也"一文，查此內容，顯然是在交待論典開版情況，而這一論典內容必然與禪有關，不然不會有前面一大段與禪思想有關的鋪墊文字。此外，值得注意的是，上文還提到"普賢"和"慶喜"兩人。慶喜是阿難，號稱多聞第一，他是經藏的誦出者。阿難之名雖然不見於《金沙論》，但普賢菩薩在首大本《金沙論》中則是以提問者的角色出現的。如此看來，上文內容很可能是爲開版《金沙論》而作的跋文。

（6）《碧松堂野老行狀》，每半葉 7 行，行 10 字。首題"碧松堂野老行狀"，無尾題，卷首署"門人真一編，判禪教兩宗事都大禪師兼奉恩寺住持休靜撰"。

（7）《碧松堂野老集》，每半葉 7 行，行 10 字。首題"碧松堂野老集"，無尾題，門人真一編。

以上七個文獻，除了最後兩個文獻版式相同之外，其他各有差異，版片號也不相連，可知原本各自印刷，之後裝訂成冊。七個文獻均無刊記，奎章閣網絡主頁介紹說，此本有"高麗國光明山大法住寺開刊"字樣，但據筆者查看原本，未見有此類刊記，所以其具體刊刻年代有待進一步考察。不過，最後兩個文獻所謂的"碧松堂野老"，即指高麗僧人智儼（1454—1534），他圓寂後，休靜禪師爲其撰寫《碧松堂野老行狀》，時在明嘉靖三十九年（1560），所以此合刊本的成立時間肯定在此之後。

（六）東京大學綜合圖書館藏（東大本）

韓國刻本，一冊，綫裝。板高 30 厘米，寬 21 厘米，有界，四周單邊，白魚尾。封皮墨書"佛說"二字，背面鈐有朱文篆書"東京帝國大學圖書館"印章，下方粘貼一小片宣紙，倒寫"佛說經"三字，旁有貼紙"開 1，架 21"字樣。扉頁有釋迦說法圖，背有"皇圖鞏固，帝道遐昌。佛日增輝，法輪常轉"牌印。前後共有五個文獻，內容依序如下：

（1）《四十二章經科文》，首題"佛說四十二章經科文"，無尾題，版心文字與首題相同。共三版，但第二版誤置在第一版前，需要注意。

（2）《四十二章經注》，首題"佛說四十二章經注"，尾題"佛說四十二章經注終"。版心有"佛說四十二章經注"，卷末有"大明慈聖宣文明肅皇太后刊／板在金臺西直門裏迤南永祥寺"。

（3）《遺教經科文》，首題"佛遺教經科文"，無尾題，版心文字與首題相同。

（4）《遺教經注》，首部附有"重刊遺教經注解序"（古靈了童撰）、"大唐太宗文武聖皇帝施行遺教經敕"（文末小字注：出《文館詞林》第六百九十三卷）、"大宋真宗皇帝刊遺教經"。首題"佛遺教經注"，並有撰號"欽依皇壇傳講紫衣沙門特賜金佛寶冠永祥禪師古靈了童補注"，尾題"佛遺教經終"。版心文字與首題相同。尾題後有"大明慈聖宣文明肅皇太后刊"字樣。隨後有崇禎九年（1636）由通燈所撰的考證性跋文，牌記"武林沙彌海珍保母施氏，如宗壽齡／，東海念崧居士廣磐、劉祖錫捐資全刻／《佛說四十二章經》《佛遺教經》二經注。夏通燈／助緣手書，劉大訏、大神、大音、師明、師文、師／安同較，金陵胡守正刊刻／。崇禎十一年二月徑山寂照庵識"。最後有一篇崇禎十一年（1638）由沙門司元所題的"重刊四十二章、遺教二經跋"。文末有"山中碩德太暉比丘／太欽比丘／端肅比丘／捨財願刻斗牛比丘　刻員李泰業／少者德望／慶尚晉陽智異山三莊寺重刊"。

（5）《金沙論》，首題"佛說金沙論"，尾題"佛說金沙論終"。每半葉9行，每行20字。版心有"金沙"二字。尾題下有"祐印／廣宣／李德望／狀言"四行小字，後有"捨財願刻斗牛比丘"，其下又有小字"省奎／李泰業／刻手"。卷末有一行刊記"康熙五十七年四月日晉州三莊寺重刻"。

以上五個文獻，第一、二兩個文獻共二十一版，版片號相連。第三、四兩個文獻共二十八版，版片號相連。第五個文獻共五版，版片號另起，故知原來由三種不同版片印刷，之後合訂成册。這五個文獻均屬於三莊寺重刻本，前四個文獻版式相同，每半葉10行，每行20字。據第四種文獻卷末刊記，前四種文獻的底本可追溯至明代《徑山藏》。至於最後《金沙論》的底本來源，目前尚不清楚。但據卷末康熙五十七年（1718）的重刻刊記，顯然也是來自某種刻本。

在上述六種藏本中，本文主要關注的是其中的《金沙論》部分。對此，可歸納以下幾點：

（1）目前散藏於中國、韓國以及日本的《金沙論》，除了中國國家圖書館藏爲寫本外，其餘都是韓國刻本。刻本中根據刊刻時間及版式差異，又可分爲四種：其一，韓國中央圖書館與東國大學圖書館的兩種藏本均爲崇禎九年刊刻的通度寺本，兩者爲同一版印刷，版式、内容完全相同；其二，高麗大學藏己巳年刊刻的直指寺本；其三，首爾大學奎章閣藏不明年代刻本；其四，東京大學綜合圖書館藏康熙五十七年重刊的三莊寺本。

（2）現知《金沙論》均非單行本，都是與其他文獻合抄或合刊的形態流傳。與之合抄或合刊的文獻，大體爲一些比較常見的經典。從現存文本來看，至少從 17 世紀初開始，《金沙論》在韓國相續刻版，印刷流通，說明此論在韓國流傳頗廣。至於東京大學綜合圖書館藏本，當是 19 世紀前後由韓國傳入，具體以何因緣東傳日本，詳情待考。

（3）據高麗大學圖書館藏直指寺本跋文"論唯一心明鏡，門乃遍生捷徑"可知，《金沙論》與《念佛因由法門》兩書，分別代表明心見性和念佛往生的要典，而且其他藏本《金沙論》也多於禪籍合刊。由此可見，在韓國佛教史上，普遍將《金沙論》視爲一種禪籍。《金沙論》在韓國的流傳雖然遭受火災之厄，但目前依然有多種藏本存世。甚至我們還了解到，高麗大學圖書館藏直指寺本的原木版片尚完好保存至今，可謂彌足珍貴。[1]

（4）相對韓國現藏多種《金沙論》文本而言，《金沙論》在中國現知僅有中國國家圖書館所藏寫本一種，而與之合抄的三種文獻也是禪籍，這側面說明《金沙論》在中國也是與禪籍共同流傳。

（5）目前我們雖然已經掌握了上述多種韓國刻本《金沙論》，但實際上在韓國還獲知有其他藏本，比如，在蔚山廣域市有形文物第 22 號中，存有一種與《訓蒙要抄》《碧松堂野老頌》《自警文》等合刊的《金沙論》。韓國國立中央博物館也藏有一種與《血脉論》《直指論》《修心決》《成佛論》《決疑論》等合刊的《金沙論》。[2]本文開頭提到的小倉氏也曾見到一種與《大報父母恩重經》《騎牛牧童歌》合刊的朝鮮本《金沙論》。至於大屋氏所說的原本與《六祖壇經》《如來行迹》合刊的《金沙論》，目前尚不知所在。除此之外，日本學者神尾弌春先生曾經在其所編《真珠莊藏朝鮮

---

〔1〕　參見韓國文化財管理局出版《全國寺刹所藏木板集》，1987 年，第 308 頁。其中揭有一張《金沙論》卷首書影。此外，直指寺本版木圖影可見於直指聖寶博物館網頁 http://www.jikjimuseum.org/remain/view.asp?pRemID=150。

〔2〕　通過韓國國家文化遺產的網頁我們知道，韓國國立中央博物館收藏有一種《金沙論》，綫裝本，朝鮮時代刻，一册，長 24.6 厘米，高 14.2 厘米。封面"金沙論"三個字特別大，其下有小字"諸經論合部"，旁邊另有小字"血脉論、直指論、修心決、成佛論、決疑論"。看來，這一刻本也是與《血脉論》等合刊的文本，詳細情況待考。

本佛書目錄》[1]　"疑僞"目下著錄過兩種《金沙論》，其中一種與《念佛因由法門》合刊，可以推定它與前述高麗大學圖書館藏直指寺本相同。另一種沒有透露任何版本信息，不知屬於哪種刻本。總之，《金沙論》在韓國應該還有不少散存，有待今後進一步查訪。

以下爲了行文方便，根據上述六種藏本的現藏地，依序將各自所藏的《金沙論》文本略稱爲國圖本、韓圖本、東國本、高大本、首大本與東大本。

二、《金沙論》在東亞的流傳及其作者

在歷代書目中，現知最早提到《金沙論》的是日本僧人圓珍的入唐求法目錄。圓珍分別在他的三種目錄中著錄過此書，詳情如下：

（一）《福州温州台州求得經律論疏記外書等目錄》

金剛引一本
八金剛名一本
金剛經懺悔一本（已上十五本複一卷）
金沙論一卷（一帖）
南宗菏澤禪師問答雜徵一卷（一帖，已上徐十三捨與）
金剛般若經宣演一卷（上未足）
……
已上於温州永嘉郡求得。[2]

（二）《日本比丘圓珍入唐求法目錄》

六祖和上觀心偈一卷
見道性歌一卷

---

〔1〕　這一目錄原文最早發表於《資料公報》第 3 卷第 5 號，筆者所看到的内容是 1957 年據《資料公報》所抄的寫本。
〔2〕　《大正藏》第 55 册，第 1094 頁上欄。

金沙論一卷
西唐和尚偈一卷
佛窟集一卷
百丈山和尚要決一卷
⋯⋯

已上並於福、溫、台、越等州求得，其錄零碎經論部帙不具。又延曆寺藏闕本，開元、貞元經論等，抄寫未畢，不載此中，在後收拾隨身。[1]

(三)《智證大師請來目錄》

六祖和上觀心偈一卷
見道性歌一卷（永嘉）
金沙論一卷
西唐和尚偈一本
佛窟集一卷
百丈山和尚要決一卷
⋯⋯

已上一百七十四本，五百五卷，並別家章疏傳記部，於福、溫、台、越并浙西等傳得。[2]

圓珍於大中七年（853）入唐求法，大中十二年（858）返回日本。以上三種目錄都是他在唐期間所撰。第一種目錄撰於入唐後第二年，具體是大中八年（854）九月。也就是說，圓珍入唐後不久，便已收集大量典籍，僅在溫州永嘉郡地區就求得包括"金沙論"在內的四十八種文獻。其中，《金沙論》與《南宗菏澤禪師問答雜徵》兩書，是由"徐十三捨與"。徐十三其人，具體情況難以稽考，大概是圓珍當時在永嘉郡時認識的在家信徒。

圓珍的第二種目錄成書於大中十一年（857）十月，其中再次記錄他

---

〔1〕《大正藏》第 55 册，第 1101 頁上、下欄。
〔2〕同上书，第 1106 頁中欄—1107 頁上欄。

在福、溫、台、越等獲得"金沙論"。第三種目錄成書於大中十二年五月。最後這種目錄實際是綜合前兩種目錄抄撰而成，其中《金沙論》著錄部分抄自第二種目錄。具體而言，圓珍在閩、浙地區先後兩次獲得《金沙論》，均爲一卷本。

圓珍對《金沙論》的著錄，至少可以說明三點：第一，《金沙論》成書於圓珍入唐求法的大中七年以前。第二，在大中七年前後，《金沙論》一書已廣泛流傳於閩、浙等江南地區，並受到在家學佛者的關注，隨後通過圓珍傳至日本。第三，前揭著錄中圓珍將《金沙論》與一些禪籍著錄在一起，這看似無意之舉，但考察其整個目錄的編排結構，應該是圓珍根據文獻內容有意做出的分類，說明在圓珍心目中，《金沙論》是作爲一種禪籍而接受的。

圓珍攜回的《金沙論》，其後在日本的流存情況如何，目前尚不清楚。現在唯一知道的是，日僧道範撰《秘密念佛抄》卷中"十萬億佛土事"一節開頭有一段引自《金沙論》的内容：

> 圓珍和尚請来《金沙論》云："問曰：西方有極樂國世界，佛土過十萬億。"答曰："西方者，汝身是爲有，十萬億煩惱爲纏，衆善莊嚴，得見妙體明心，故名極樂世界。"[1]

道範（1178—1252）是日本高野山正智院僧人，主要活動於平安後期至鎌倉前期。道範的著作不少，他的《秘密念佛抄》是從密教的立場對阿彌陀佛信仰以及西方淨土思想進行解釋的著作。[2]其中所引如上一段文字則明確引自圓珍請來的《金沙論》，意味著圓珍攜回的《金沙論》遲至12、13世紀左右尚有文本流傳。值得注意的是，上引《金沙論》的部分文字，並不見於現存的《金沙論》，說明圓珍當年見到的《金沙論》與我們目前見到的《金沙論》在内容上或有一定差異。

《金沙論》雖是唐代的佛教著作，但在唐代目錄書中，尚未見到任何

---

〔1〕《淨土宗全書》續15卷，淨土宗開宗八百年記念慶贊準備局發行，1974年，第19頁。

〔2〕佐藤もな女史曾撰有《道範著〈秘密念佛抄〉引用文獻出典注記》（載《佛教文化研究論集》4，東京大學佛教青年會，2000年3月），其中已列出道範所引的《金沙論》一文。

著錄信息。在中國，現知最早著錄《金沙論》的是宋代王堯臣撰《崇文總目》，即該目錄卷十云：

> 辯正論八卷
> 大乘百法明門論疏二卷（闕）
> 金砂論一卷
> 福田論一卷（闕）

《崇文總目》是一部宋代官修目錄，成書於慶曆元年（1041），共六十六卷，基本按經、史、子、集四部進行分類著錄。子部共著錄釋氏著作五十七部，計三百三十六卷，其中有"金砂論一卷"，此"砂"便是"沙"的俗字，清代錢東垣、金錫鬯等輯《崇文總目輯釋》卷四云："金砂論一卷，錫鬯按：《通志略》砂作沙，不著撰人。《宋志》亦作沙，釋政覺撰。"據此可知，《通志略》（即《通志·藝文略》）與《宋志》（即《宋史·藝文志》）均將《金砂論》寫作《金沙論》，並依《宋志》指出，《金沙論》的作者爲釋政覺。從《崇文總目》的前揭内容看，在《大乘百法明門論疏》《福田論》等書目之後均有一"闕"字，意指該書在當時屬於缺本。相反，如果没有標注"闕"字的書目，則表明當時有現存本。如果真是這樣，那麽《崇文總目》著錄的《金沙論》，當時應有現存本。

隨後，宋鄭樵撰《通志·藝文略》卷五著錄云：

> 勸修破迷論一卷（探微子撰）
> 金沙論一卷
> 寶藏論三卷（僞秦釋僧肇撰）

《通志·藝文略》成書於紹興三十一年（1161），其中著錄釋氏著作凡三百三十四種，共一千七百七十七卷，依著作内容分爲"傳記、塔寺、論議、詮述、章抄、儀律、目錄、音義、頌贊、語錄"十類，就中將《金沙論》歸入"論議"類。《藝文略》採入的書目極爲廣博，既著錄現存書，也編輯亡佚著述，其中所載《金沙論》是否爲現存本，難以得知。考慮此前《崇文總目》情況，依現存本著錄的可能性較大。這一著錄後來被明代焦竑輯《國史經籍志》所承襲，因兩者内容無甚差別，故不引述。

此外，元代脱脱撰《宋史·藝文志》共著錄釋氏著作凡二百二十二種，其中對《金沙論》一書前後著錄兩次，内容如下：

> 勸修破迷論一卷
> <u>金沙論一卷</u>
> 明道宗論一卷
> 偈宗秘論一卷
> 四論不知撰人
> ……
> <u>僧政覺金沙論一卷</u>
> 僧神會菏澤顯宗記一卷

第一次著錄包括《金沙論》在内等四種論書，謂不知是何人所撰，但第二次著錄則明確交代《金沙論》乃是僧人政覺所撰。《宋史·藝文志》爲何在對同一部書中前後兩次著錄《金沙論》，也許是該目錄編者在獲知《金沙論》作者信息後有過補錄，而忘記删除前一著錄的結果，當然這是我個人的猜測。無論如何，《宋史·藝文志》對《金沙論》的著錄，後來又被明代柯維騏《宋史新編》以及錢東垣、金錫鬯等輯《崇文總目輯釋》所承襲。因隨後著錄内容均不出《宋史·藝文志》範圍，故不贅述。

關於《金沙論》在中國的流傳，除了上舉目錄書外，還有兩條資料值得關注。

第一，日本成簣堂文庫藏北宋僧人元照《芝園文後集》所收“金剛經後跋”一文載：

> 西竺解釋，則有無著、天親、功德施三論，今見藏中，諸師造疏，皆宗本論。近世有《金砂論》《六祖口決》，或加禪頌，或作圓相，皆假他名字，欲得流行。然而詞理淺陋，蕪穢真經，般若微言，於兹殆絶矣！

上文所謂《金砂論》，當與《金沙論》爲同一部書，另一部《六祖口決》，即相傳爲慧能所撰的《金剛經解義》。根據上文記錄，元照不僅親自見過《金沙論》，而且對其評價不高，認爲它與《六祖口決》一樣，屬於一部"詞理淺陋，蕪穢真經"的僞作而已。

第二，元代普度在《廬山蓮宗寶鑒》中對茅子元創立的白蓮教信徒有過强烈批評，並舉出白蓮教信徒的十種不應奉行之事，其中有云"妄撰僞經，自稱《真宗妙義（經）》《歸空集》《達摩血脉論》《金沙論》等，九不應也"。據此可知，宋元之際，《金沙論》與《達摩血脉論》等禪籍，曾被白蓮教信徒所奉行讀誦。但在普度看來，《金沙論》則是一部中國撰述的佛教僞經，當予以禁止流行。

我們知道，元明以來，白蓮教因被傳統佛教視爲一種"異端"，加上他的"反叛"運動而受到當時政權的多次鎮壓，逐漸走向式微，最終消失在人們的視綫中。白蓮教信徒對《金沙論》的重視，無疑容易使人對其印象也染上"異端"的色彩。《金沙論》在中國目前僅存一種文本，而未見有太大影響，這或許與元照、普度等的不良評價，以及曾被白蓮教信徒所利用的背景等有一定關聯。

無論如何，與日本、中國的情況相反，《金沙論》在韓國的流傳却相當廣泛，這一點通過前節《金沙論》的文本叙錄可以大致了解，即從 17 世紀以來，《金沙論》在韓國相繼刊刻，並與其他著述合刊，共同流通。問題在於，《金沙論》到底什麼時候傳入韓國？關於這一點，我查閱了義天《新編諸宗教藏總錄》以及韓國古代其他佛教目錄，均未見著錄。目前就我所知，韓國國家文化遺産寶物第 877 號署名爲全澤泉居士集注的《金剛般若經》中有兩處《金沙論》引文，可以爲我們考察《金沙論》傳入韓國給出最晚的時間，具體內容如下：

（1）按《金沙論》[1]，文殊問佛：何名四句偈？佛言：眼不貪色，耳不貪聲，鼻不貪香，舌[不]貪味，若有受持四句偈，其福德不可思議。

（2）般若者，唐言清淨，又云智慧，必若《金沙論》所謂無眼、耳、鼻、舌，則能清淨。

---

[1] "金沙論"三字，韓國國家文化遺産網頁公開的此書錄文中錄作"金涉論"。

全澤泉的生卒年代現不清楚，但上述由其集注的《金剛般若經》卷末有"至正十七年丁酉六月日刊　全州開版"，至正十七年，是公元 1357年。由此推定，《金沙論》最晚在 14 世紀中葉以前就已傳入韓國。不僅如此，上揭第一處引文還可以爲我們考察《金沙論》傳入韓國之後的文本變遷提供珍貴信息，關於這一點，容後再叙。

最後想談談《金沙論》的作者問題。

目前我們掌握的六種《金沙論》藏本均未署作者名字。關於此論作者，前已述及，最早見於《宋史·藝文志》，著錄的是僧人政覺所撰，隨後其他目錄均承襲這一觀點。《宋史·藝文志》爲元人脱脱撰，它著錄的唐代《金沙論》作者，其資料來源是否可靠，當然也值得注意。王重民先生曾在《中國目錄學史論叢》中指出"《宋史·藝文志》所依據的材料不是宋代官修目錄，而是國史藝文志"[1]。可見該書主要是依據呂夷簡等編《三朝國史藝文志》、王珪等編《兩朝國史藝文志》、李燾等編《四朝國史藝文志》以及《中興國史藝文志》編纂而成。《宋史·藝文志》將《金沙論》作者歸在僧人政覺名下，是否承襲此前目錄而來，因其所據的四種國史藝文志業已亡佚，現已不得而知。關於釋政覺其人，史籍缺載，詳情無考。不過，"政"與"正"二字古代文獻經常通用。按照佛教歷代僧人取名用字的習慣，釋政覺或名釋正覺，亦未可知。如果根據這一點，唐代僧人中至少有兩位釋正覺，而且均是禪宗僧人。一位是永嘉玄覺禪師（665—713），他又稱真覺禪師或正覺禪師。[2]另一位見於贊寧《宋高僧傳》卷十三"圓紹傳"中，該傳提到正覺禪師曾住明福寺，圓紹十八歲時曾依止其出家。根據圓紹的生卒年推算，此正覺禪師的生活年代當不會晚於唐文宗太和三年（829）。僅從年代推斷，永嘉玄覺禪師與明福寺正覺禪師均有可能是《金沙論》的作者。

然而，從《宋高僧傳》卷八收"玄覺傳"以及宋代楊億撰《無相大師行狀》等資料看，永嘉玄覺除了撰有《證道歌》一卷、《禪宗悟修圓旨》一卷以及《永嘉集》十卷（實爲魏靖輯）之外，並無任何資料表明他曾撰述過《金沙論》。此外，圓紹師事的明福寺正覺禪師，詳細傳記雖不得其

---

〔1〕　王重民：《中國目錄學史論叢》，中華書局，1984 年，第 109 頁。

〔2〕　如《宋史·藝文志》著錄有"頌證道歌一卷，篇首題正覺禪師撰"。

詳，但通過傳中"紹即七祖菏澤神會禪師五葉法孫也"一句逆推，正覺禪師應是神會門下的第四代法孫，他與永嘉玄覺同屬於慧能南宗一系僧人。如後所述，《金沙論》與敦煌禪籍，尤其與北宗禪籍的關係非常密切，受北宗禪思想的影響頗大，似非南宗僧人作品。因此，上述南宗系的兩位禪師不太可能作爲《金沙論》的作者。當然，以上僅是嘗試以"釋正覺"爲前提而做出的推論，《宋史·藝文志》畢竟將《金沙論》的作者歸於"僧政覺"名下。因此，學術研究如果假設的前提不能成立，隨後的推論自然也就無法信服於人。

　　需要注意的是，假托他人之名的佛教論著，在歷史上並不鮮見。就禪籍而言，在敦煌禪籍中，冠名在菩提達摩名下的作品，至少就有《二入四行論》《天竺國菩提達摩禪師論》《南天竺國菩提達摩禪師觀門》《絶觀論》《息諍論》等多種，其中除了《二入四行論》尚有爭議外，其餘基本可以判定非達摩所撰。再如《六祖口決》一書，雖號稱六祖慧能所述，但如前文所説，至少從宋僧元照開始，就已認定它不過是假借慧能之名欲得以流行的作品而已。元照的這一觀點實際也得到近現代學術界的普遍認同。[1]對《金沙論》而言，應該注意的是，如果有意假托他人之作而廣加流傳，常理推斷，一般也是假托類似達摩這樣的有名人物，將釋政覺這麼一位鮮爲人知的人物作爲它的作者，似乎也看不出有充分的假托理由。當然，也許正因爲這樣，釋政覺或許就是《金沙論》的真正作者。

三、兩系統《金沙論》的文本異同及其前後關係

　　通過現知六種《金沙論》文本的內容比較可以知道，國圖本與韓國刻本之間的差異較大，由此可分爲兩大系統：國圖本單獨爲一系統，其餘五種韓國刻本爲另一系統。以下爲了敘述方便，根據文本的現存形態，茲將國圖本稱爲"寫本系統"，將五種韓國刻本統稱爲"刻本系統"。

　　需先説明的是，我雖把五種韓國刻本統稱爲刻本系統，但並非意味著刻本系統的內容就完全一致，相反，刻本之間因各自刊刻及版刻的時間不

　　[1]　如伊吹敦教授認爲，《六祖口決》一書應該是 8 世紀至 9 世紀初，由神會一系内部編修的作品。請參見他的論文《〈金剛經解義〉の成立をめぐって》，載《印度學佛教學研究》第 45 卷第 1 號，1996 年，第 63—67 頁。

同，至少有四種版式，即通度寺刻本、直指寺刻本、三莊寺刻本以及不明地點的刻本，而且不同刻本之間又有若干文字差異。根據校勘顯示，高大本與東大本之間僅有一兩字差異，但它們與通度寺刊刻的韓圖本和東國本相比，相互差異則多達十九個字。其主要原因是，韓圖本與東國本脫落了其中"佛言：自性本來清淨，無法可說"一句十二個字。至於首大本，雖然沒有脫落這十二個字，但與韓圖本、東國本、高大本、東大寺相比，另外脫漏"普賢問佛"四字。因此，在刻本系統中，首大本是介於高大本、東大本與韓圖本、東國本之間的一個文本，相對其他刻本而言，高大本與東大本內容則最爲完整。

造成刻本系統之間的文字差異，實際並不難理解，蓋與每種刻本的刊刻情況各不相同有關。正如高大本題跋所示，其先由沙門勝益書寫上版，之後再行刊刻。故限於書寫時依據的底本及其在抄寫或刊刻過程中因疏忽而誤植等情況，導致同一部書出現不同階段刻本之間的差異，是任何一部古籍難以避免的正常現象。韓國刻本之間固然有若干差異，總體而言，依然可以歸爲同一系統。但若將韓國刻本與國圖本進行比較，兩者之間的差異則非常明顯，業已形成不同系統的文本。現將兩系統的主要異同，歸納簡述如下：

（一）首尾題之異同

寫本系統首尾題均作"佛說金剛經八道門金沙論"，刻本系統除了個別文本沒有尾題外，其他均題作"佛說金沙論"，不見有"金剛經八道門"六字。

兩系統《金沙論》論題雖冠以"佛說"，但從其內容來看，它不可能是翻譯的論典，而是中國佛教撰述之一，這一點可以肯定。兩系統首尾題作"佛說"云云，其目的無非想借佛說之名，以加強其所述內容之權威性。

"金沙"一詞，常見於佛教文獻，且大多與"布地"二字連用。但此論題中的"金沙"，並非"金沙布地"之意，而應該與寫本系統開篇"如是我聞，一時佛在金剛會上河沙海衆之前，有一無相比丘，出衆胡跪，合掌拜禮世尊，請問云"一文有關。我認爲，論題"金沙"二字當源自其中"金剛會上河沙海衆"一句而來，意在強調此論是佛在金剛會上恒河沙海衆之前向大衆宣說的。

僅見於寫本系統論題的"金剛經八道門"六字，同樣可以在其文本中找到相應依據，即寫本系統卷末有"金剛始見，何名爲道，故曰在天有八分，在地有極門"一文。後兩句的文意不甚清楚，但"金剛經八道門"六字，除了"經"字外，其餘五字均見於此文之中，顯然此六字經題與此文有關。此外，寫本系統另有"回八邪爲八正"一句，此句刻本系統相應作"回八邪成八正道"。因此，寫本系統論題所謂的"八道"，或許還有八正道的意思。

兩系統的論題儘管文字多寡不一，但將"金沙論"作爲書名，兩系統是一致的。由此看來，刻本系統的論題當是寫本系統論題的簡稱。

（二）經典形態之異同

寫本系統除去首尾題，正文部分共有兩千六百五十八字，而刻本系統本文僅一千六百餘字，兩系統文字相差約一千字。兩系統文字的廣略不同，同時也表現在經典形態上。寫本系統具有一般翻譯經典的序、正宗、流通三分形態，但刻本系統僅有正宗分和流通分，而沒有序分。茲將兩系統的卷首尾，即序分與流通分的相應部分對照如下：

表一　兩系統《金沙論》形態異同比較

	刻本系統	寫本系統
卷首	明心通性，且各悟本性成佛，然後我本心廣大，求不内行，一切迷人，不覺不知，不識本性，不依正教。我今爲説四生、四果、四句偈等，三明、六通、八解脱、四禪定、六波羅密、三十二相、八十種好，萬行方便，不離一身之内，不説身外之事。	如是我聞，一時佛在金剛會上河沙海衆之前，有一無相比丘，出衆胡跪，合掌拜禮世尊，請問云：後代兒孫持《金剛經》有何利益？伏望我佛大慈大悲開我迷雲，如何得入金剛三昧？佛言：若有善男子、善女人看持此經，回光自照，識取自己妙性金剛一句，勝如看轉《金剛經》萬卷，感得天龍稽首，外道皈依。
卷尾	爾時普賢菩薩涕淚悲泣，復白世尊，我等昔來雖有佛性，未聞此法，會下有三千大衆百八聲聞，皆嘆不可思議功德，作禮而退，信受奉行。	略説觀心之要，但除妄想，俱指一念不生，超脱輪回。十二時中，常常警策，不棄剪甲之功，究竟方能諦當，以表後昆。金剛始見，何名爲道，故曰在天有八兮，在地有極門。諦聽諦聽，聞佛所説，皆大歡喜，信受奉行。

寫本系統從"如是我聞"開始，儼然具有一般經典序分的六種成就（信成就、聞成就、時成就、處成就、主成就、衆成就）要素，但刻本系統比較突兀，直接從"明心通性"開篇，不具備一般經典的序分形態。至於卷末部分，兩系統雖以"信受奉行"結尾，具有流通分形態，但兩系統

文字差異則一目了然。僅從卷首尾來看，甚至讓人會誤以爲兩系統之間的
關係不大。當然，事實並非如此，仔細再看刻本系統的卷首一段，它其實
相當於寫本系統卷首的第二部分：

> 然後説本心見佛性，即是千百億化身。佛即爲世間人，不覺不知
> 不悟，執文錯解，意爲言持經，成道作佛，即不知本體心性，元來是
> 佛，執我持經，無有是處。又云：我滅度後，恐無人説此法要，我今
> 請爲再説四果、四句偈、五眼、五根、三十二相、八十種好，具足莊
> 嚴，方便修行，俱不離於人身。若説大乘經典，即不離汝本心性。若
> 見自己本性彌陀，自然一相純熟。

刻本系統的卷首文字，與上段文字雖有不同，但兩者的内容結構與想
要表述的文意幾乎一致，不難推斷它們之間的相互影響和密切關係。

（三）正文内容之異同

除卷首尾外，兩系統正文部分均由問答體構成，寫本系統有 33 問，
刻本系統有 21 問。回答問題者，兩系統都是佛或世尊，但關於提問者，
兩系統則明顯不同。寫本系統除前揭序文提到的由"無相比丘"發問之
外，其餘均由"文殊菩薩"發問，但刻本系統則全部改爲"普賢菩薩"發
問。有關兩系統提問内容的異同情況，可看下表：

表二　兩系統《金沙論》正文内容異同比較

序號	寫本系統	刻本系統
1	後代兒孫持《金剛經》有何利益？	一身之内四句等，云何受持？
2	此經爲復在身上，爲復在經上？	何名四生？
3	此福得（德）過於東西南北，四維上下，虛空可思量不？	眼〔等〕造何罪，墮於四生？
4	如何是四句偈福德？	何名四種因緣，通達四果？
5	何名四生？	何名四門天王？
6	眼、耳、鼻、舌作何罪業而墮四生之苦？	何名四恩三友（有）？
7	〔何名〕胎、卵、濕、化	何名四蛇二鼠？

（續表）

序號	寫本系統	刻本系統
8	［何名］無餘涅槃而滅度之？	何名三十三天？
9	何名四諦？	何名五漏？
10	何名八苦？	何名五眼？
11	如何是第一義諦？	何名五佛而種善根？
12	何名受持四句偈？	何名六波羅蜜？
13	何名四果？	何名若以色見我，以音聲求我？
14	何名諸漏已盡，無復煩惱？	何名十八不共法？
15	何名五眼？	何名三車？
16	此五眼本來清淨，無有分別，同歸一體，在凡名爲五眼，入聖名爲五佛。何以故？	何名六相天火？
17	何名六波羅密？	何名六年苦行念？
18	西天佛法，究竟如何？	何名三牛？
19	心性如何是道？	何名無法可說？
20	何名三保（寶）？	何名佛法也（耶）？
21	何名四大鑊湯？	以何善男子、善女人，乃是七寶羅漢之身？
22	何名地獄、餓鬼？	—
23	何爲黑暗地獄？	—
24	何名七寶布施？	—
25	何名財施無窮，法施無盡？	—
26	何名王舍城？	—
27	何名四大有性？	—
28	何名菩薩？	—
29	何名三業障？	—
30	何名七修？	—
31	［何名］五濁？	—
32	何名無法可說？	—
33	誦與念者如何？	—

　　如上表所示，兩系統各自提問的問題，大多是一些佛教的基本概念，且有不少帶有數字的名相，即所謂法數，意味著此論創作者主要是站在初學者的立場進行發問並闡述自己的禪學思想。從各自提問的順序看，前後問題看不出有什麼必然的邏輯關聯，法數名相的排列也比較隨意，並沒有嚴格按照從小到大的順序，這說明此論並非經過縝密組織，而是信手拈來，不拘一格。另外，通過比較，兩系統之間只有七組問答內容可以真正對應。具體的對應關係：刻本系統的第 1 問與寫本系統的第 4 問（四句），刻本系統第 2 問與寫本系統第 5 問（四生），刻本系統第 3 問與寫本系統第 6 問（四生），刻本系統第 4 問與寫本系統第 13 問（四果），刻本系統第 10 問與寫本系統第 15 問（五眼），刻本系統第 11 問與寫本系統第 16 問（五佛），刻本系統第 12 問與寫本系統第 17 問（六波羅蜜）。需要指出的是，在可以對應的七組問答中，雖然所提的問題相同，但回答的內容並不一致，詳情如下：

表三　兩系統《金沙論》有關問答內容的異同

序號	刻本系統	寫本系統
1	普賢問佛：一身之內四句等，云何受持？佛言：眼、耳、鼻、舌是也。若善男子、善女人，眼不觀惡色，是名一句。耳不聽惡聲，是名二句。鼻不貪惡香，是名三句。舌不了惡味，是名四句偈等。又復受持，其福不思議。	文殊菩薩又問：何名受持四句偈？請爲分別。佛言：眼是一句，不貪色名爲受持。耳是二句，不貪聲名爲受持。鼻是三句，不貪香名爲受持。舌是四句，不了味名爲受持。若有善男子、善女人受持四句偈，其大福德不可思議。
2	普賢問佛：何名四生？佛言：眼是卵生，耳是胎生，鼻是濕生，舌是化生。	爾時文殊菩薩又問：世尊！佛說即不離人身，何名四生？世尊答曰：四生者，眼、耳、鼻、舌，此乃是四生也。又云：眼是卵生，耳是胎生，鼻是濕生，舌是化生。
3	普賢問佛：眼造何罪，墮於四生？佛言：眼能貪色分別之罪，墮於卵生，化爲雞、鴨、飛禽之類。耳能貪聲分別之罪，墮於胎生，化爲牛、馬被毛戴角之類。鼻能貪香分別之罪，墮於濕生，化爲黿、鼉、龜、鱉水族之類。舌能了味分別之罪，墮於化生，化爲蚊虫、螻蟻、蛤蚌之類。佛言：四生皆入無餘涅槃者，唯寂靜也。	文殊菩薩又問：眼、耳、鼻、舌作何罪業而墮四生之苦。世尊答曰：眼爲貪色分別之罪，故墮卵生。耳爲聽聲分別妄想之罪，故墮胎生之苦。鼻爲貪香分別之罪，故墮濕生。舌爲貪味分別之罪，故墮化生之苦。 文殊菩薩又問：胎、卵、濕、化。世尊答曰：禽形相是卵生，獸形相是胎生，水族是濕生，螻蟻是化生。經云：四生者，我皆令入無餘涅槃而滅度之。

（續表）

序號	刻本系統	寫本系統
4	普賢問佛：何名四種因緣，通達四果？佛言：眼不貪物相，無分別之罪，不入色、聲、香、味、觸、法，證得須陀洹果。耳不貪一切惡聲，無分別之罪，證得斯陀含果。鼻不貪香，無分別之罪，應諸香臭，悉皆平等，證得阿那含果。舌不了味，粗細平均，不說他過失，證得阿羅漢果。於四門天王，即無染著。	文殊菩薩又問：何名四果？請爲分別。佛言：眼見色不動無分別之罪，不入色、聲、香、味、觸、法，是名須陀恒果。耳不聽聲無分別之罪平等，是名斯陀含果。鼻不嗅香無分別之罪，是名阿那含果。舌不貪味無分別之罪，是名阿羅漢果。此是四門清淨無分別，不染不觸，則是離欲。
5	普賢問佛：何名五眼？佛言：眼是天眼，耳是法眼，鼻是肉眼，舌是慧眼，心是佛眼。此是五眼。同皈一體，觀名五眼，一切賢聖，而有差別。	文殊菩薩又問：何名五眼？世尊答曰：眼是天眼，耳是慧眼，鼻是法眼，舌是肉眼，心是佛眼。
6	普賢問佛：何名五佛而種善根？眼是定光佛，耳是無聲佛，鼻是香積佛，舌是了味佛，意是無分別佛，故名五佛而種善根。	文殊菩薩又問：此五眼本來清淨，無有分別，同歸一體，在凡名爲五眼，入聖名爲五佛。何以故？眼是定光佛如來，耳是聽聲如來，鼻是香積如來，舌是了味如來，意是分別如來。故名五佛而種善根。
7	普賢問佛：何名六波羅蜜？佛言：眼是不貪一切惡色，即得眼根清淨，是名一千二百種善根功德莊嚴淨土。耳不貪一切惡聲，即得耳根清淨，是名一千二百種善根功德莊嚴淨土。鼻不貪一切惡香，即得鼻根清淨，是名一千二百種善根功德莊嚴淨土。舌不貪了味，不說一切人是非之過，即得舌根清淨，是名一千二百種善根功德莊嚴淨土。若是身根清淨，萬行方便，被打罵辱不退，不踏虫蟻一切物命之類，即得身根清淨，是名一千二百種善根功德莊嚴佛土。若心根清淨，作善無怨，酬心不害一切物命之類，常行方便，內外光明，森羅萬象，昏朝於心，即得心根清淨，是名無量無邊善根功德莊嚴佛土。	文殊菩薩又問：何名六波羅密？世尊答曰：眼、耳、鼻、舌、身、意是也。眼清淨有八百功德莊嚴，名慈悲波羅密。耳清淨有千二百功德莊嚴，名羼提波羅密。鼻清淨有八百功德莊嚴，名毗離耶波羅密。舌清淨有千二百功德莊嚴，名方便波羅密。身清淨有八百功德莊嚴，名檀波羅密。意清淨有二百功德莊嚴，名禪波羅密。佛告文殊菩薩，修行皆是從六波羅密而生，汝當信受，當得成佛。一切衆生，亦復如是，三世諸佛，亦復如是，真實不虛。

　　上述關於第 3 條 "四生" 的問答，刻本系統是一問一答，寫本系統作兩問兩答，而且兩系統除了將胎、卵、濕、化四生對應眼、耳、鼻、舌之外，刻本系統對胎、卵、濕、化四生的舉例説明更爲具體。至於第 5 條 "五眼" 的問答，兩系統的排列順序亦有差異，刻本系統作 "眼是天眼，耳是法眼，鼻是肉眼，舌是慧眼，心是佛眼"，寫本系統作 "眼是天眼，耳是慧眼，鼻是法眼，舌是肉眼，心是佛眼"。此外，第 7 條 "六波羅蜜" 問答，儘管刻本系統文字較多，但没有列出眼、耳、鼻、舌、身、意六根對應的六波羅蜜名稱，而寫本系統有明確列舉，眼、耳、鼻、舌、身、意六根，依序對應的是慈悲、羼提（忍辱）、毗離耶（精進）、方便、檀（布施）乃至最後的禪。稍需注意的是，此謂六波羅蜜，與一般經典常見的布施、持戒、忍辱、精進、禪定、智慧等六波羅蜜概念及順序有所不同，這裏用慈悲與方便來替換六波羅蜜中的持戒與智慧。類似這種概念替換，不知其依據何在。

　　通過以上兩系統的題名、經典形態以及正文内容的比較可知，兩系統既有共通部分，也有各自特點。僅以具體的問答内容而言，應該承認，兩系統的相同部分較少，而差異部分較大。雖則如此，兩系統的相同特點也是非常明顯的，試舉兩點如下：

　　首先，兩系統均明顯受到《金剛經》的影響。寫本系統論題明確有 "金剛經" 三字，而内容方面，兩系統提問的四句、四生、四果、五眼、五佛等也都是《金剛經》常見的重要概念，並且多次直接引用《金剛經》本文，如 "我皆令入無餘涅槃而滅度之" "若以色見我，以音聲求我" 等。此説明《金沙論》是以《金剛經》内容爲依托背景而進行創作的，試圖通過解釋《金剛經》的某些概念來表達自己的思想。相對而言，寫本系統篇幅較長，所提出的問題相對要多，由此寫本系統受《金剛經》的影響也就更大。但需要指出，刻本系統第 15 問提到的 "何名三車"，這一概念是來自《法華經》，而且不見於寫本系統。可見，刻本系統在《金剛經》之外，應該還受到《法華經》的影響。

　　其次，兩系統問答内容的共通部分儘管有限，但所有回答的表述風格是一致的。即對其中的許多提問，兩系統並非按常識作答，而是普遍採取 "六經注我" 的方式自由發揮，尤其喜歡用眼、耳、鼻、舌、身、意六根進行對應解釋，比如關於 "四生"，兩系統均主張 "眼是卵生，耳是胎生，鼻是濕生，舌是化生"，類似這種表述，顯然非一般的解釋，值得注意。

如上所述，兩系統《金沙論》的異同情況顯而易見。就兩系統共同提問的部分來看，刻本系統的提問順序基本沒有超出寫本系統的範圍。因此，兩系統之間應該有過交叉和相互影響。圓珍當年在中國江南地區先後兩次獲得《金沙論》，但他沒有交待有過兩種版本。因此，在圓珍以前，兩系統文本是否同時並行，或者某一系統成立在先，之後影響並形成另一系統？這涉及兩系統的先後關係問題。基於兩系統文本存在上述異同，首先可以排除兩系統在互不影響下同時成立的可能，相反還應該考慮某一系統先行成立，而後影響另一系統的問題。對此，我的初步看法是，寫本系統成立在先，刻本系統是受寫本系統影響之後形成的。其具體理由主要有以下三個方面：

其一，《金沙論》的名稱，如前所述，是由寫本系統開頭"金剛會上河沙海衆"一句簡化而來。這句經文不見於刻本系統，所以刻本系統本身沒有論題依據，刻本系統的論題當承襲寫本系統而來。既然如此，寫本系統的成書肯定在刻本系統之前。

其二，前揭道範《秘密念佛抄》所引《金沙論》文字，雖不見於現存的《金沙論》，但圓珍當年看到的《金沙論》明顯更接近寫本系統。因為圓珍在《福州溫州台州求得經律論疏記外書等目錄》中，將《金沙論》著錄在"金剛引一本、八金剛名一本、金剛經懺悔一本"等與《金剛經》相關的文獻之後，這種著錄順序絕非偶然，而是《金沙論》與《金剛經》有著密切關係的緣故。還有，相對刻本系統而言，無論題目還是內容本身，寫本系統受《金剛經》的影響更大。因此，我們有理由相信，圓珍看到的《金沙論》與寫本系統相近，藉此可以確定寫本系統《金沙論》成立的下限時間。

其三，通過下一節考察，我們可以得知，《金沙論》與北宗禪籍有著密切關係，兩系統中，寫本系統內容受大通神秀（606?—706）《觀心論》的影響更大，而這一影響在刻本系統中體現並不明顯。說明寫本系統《金沙論》成書的上限時間不會早於《觀心論》成書的 8 世紀初。如此看來，寫本系統《金沙論》的成書時間大體可以限定在 8 世紀初至 9 世紀中葉約一百五十年之間。

需要説明的是，既然可以認爲寫本系統成立在先，刻本系統成立在後，那麽刻本系統目前僅見於韓國，其文本到底是在中國成立之後傳入韓國，還是寫本系統傳入韓國後，再據寫本系統進行改編的呢？關這一問題，前揭至正十七年刊全澤泉集注的《金剛般若經》所引的《金沙論》部分頗值得注意，兹再引如下：

（1）按《金沙論》，文殊問佛，何名四句偈？佛言：眼不貪色，耳不貪聲，鼻不貪香，舌［不］貪味，若有受持四句偈，其福德不可思議。

（2）般若者，唐言清淨，又云智慧，必若《金沙論》所謂無眼、耳、鼻、舌，則能清淨。

上揭兩處引文，在現存兩系統《金沙論》均見不到一一對應的文字，但根據第一處引文，基本可以判斷他是引自寫本系統。首先，第一處引文的提問者是文殊菩薩，正與寫本系統相同，而與刻本系統不同，因爲刻本系統的提問者全是普賢菩薩。其次，就其問答内容，與刻本系統相比，也更接近寫本系統。先看刻本系統的相應部分：

普賢問佛：一身之内四句等，云何受持？佛言：眼、耳、鼻、舌是也。若善男子、善女人，眼不觀惡色，是名一句。耳不聽惡聲，是名二句。鼻不貪惡香，是名三句。舌不了惡味，是名四句偈等。又復受持，其福不思議。

再看寫本系統的相應部分：

文殊菩薩又問：何名受持四句偈？請爲分別。佛言：眼是一句，不貪色名爲受持。耳是二句，不貪聲名爲受持。鼻是三句，不貪香名爲受持。舌是四句，不了味名爲受持。若有善男子、善女人受持四句偈，其大福德不可思議。

只要仔細比較前揭的内容，應該不難判定，全澤泉當年引用的《金沙論》當爲寫本系統。我們知道，韓國佛教最早由中國傳入，尤其受中國佛教的華嚴宗和禪宗的影響巨大。就禪宗文獻而言，在韓國至今保存的禪籍中，既有中國傳入的禪籍，也有經韓國人改編或在韓國本土撰述的禪籍。比如，海印寺本《祖堂集》，它是五代時期的中國禪籍，但其現存面貌，則是經過古代朝鮮人的改訂。再如，朝鮮本《菩提達摩四行論》（現存有天理圖書館藏天順本、朝鮮《禪門撮要》本、《少室六門集》本）與敦煌遺書發現的《菩提達摩二入四行論》，兩者內容也存在明顯的不同。朝鮮本《菩提達摩四行論》除了可以彌補敦煌遺書的殘缺之外，其整體內容分爲四十四門，這種分門形態，未見於敦煌遺書。日本學者椎名宏雄先生曾經提出，朝鮮本《菩提達摩四行論》的現存形態，當是經過古代朝鮮人改訂的結果。[1]這些例子，説明了中國佛教著作傳入古代新羅、高麗、朝鮮之後，一度被改編的現象並不鮮見。再看上述兩系統《金沙論》的異同及其在韓國的引用情況，我們可以認爲，寫本系統《金沙論》至少在14世紀以前就已傳入朝鮮半島，而刻本系統是受寫本系統的影響，在朝鮮半島改編的可能性較大。其改編時間，可以限定在14世紀至17世紀之間。刻本系統的文本之所以僅見於韓國刻本，這與刻本系統本來就在朝鮮半島改編的事實，或許不無關係。當然，爲何要將三分具足形態的寫本系統，改爲僅有正宗分和流通分的刻本系統，其改編理由何在，改編的思想背景又是什麼，則有待今後加以注意和解決的問題。

四、《金沙論》與敦煌禪籍的關係及其內容性質

現存《金沙論》文本，其抄寫或刊刻時代雖遲至明代以後，但考察其內容可知，它與莫高窟藏經洞發現的敦煌禪籍有著密切關係。

（一）與大通神秀《觀心論》的關係

《觀心論》，別名《破相論》，僅一卷，有説菩提達摩所作。據唐慧琳

---

〔1〕　參見椎名宏雄《天順本〈菩提達摩四行論〉》，《駒澤大學佛教學部研究紀要》54，1996年；同氏《天順本〈菩提達摩四行論〉の資料價值》，《宗學研究》38，1996年。這兩篇論文後由程正先生翻譯成中文，題名爲《天順本〈菩提達摩四行論〉》，《中國禪學》第2卷，中華書局，2003年。後收入光明主編《達摩禪學研究》下，中國禪學研究系列叢書，廣州華林禪寺編，中國大百科全書出版社，2003年。

《一切經音義》第一百卷“觀心論（大通神秀作）”[1]記載，實乃北宗禪之祖大通神秀的作品，所以它是研究北宗禪思想的重要資料。目前普遍認爲，此論成書於8世紀初的長安或者洛陽，隨後西傳至敦煌，東傳至朝鮮半島和日本，傳播範圍相當廣泛。通過比較，《觀心論》與《金沙論》之間，至少具有以下四個方面的共同特點：

1. 體例一致。現存《觀心論》除序文與結語部分外，主體内容由十四組問答構成。《金沙論》的主體部分同樣由問答體構成，兩者體例無甚差別。當然，問答體是初期禪宗語録的普遍特點，主要是作者想通過自問自答的方式，闡述自己的禪法思想。

2. 部分文字相似。先看僅見於寫本系統《金沙論》最後“誦與念者如何”問答内容一文（以下録文括弧内的序號，是爲了方便比對而新加的）：

> 文殊菩薩又問：（1）誦與念者如何？佛答曰：在口曰誦，在心曰念。故知念誦從心起，名曰覺行之門。不識誦念音聲，執相求福，終無是了。凡在有相，皆是虛妄。文殊菩薩曰：經中若以色見我，以音聲求我，是人行邪道，不能見如來。佛言：以此觀之，故知過去諸佛、未來諸佛、見在諸佛，一切賢聖，所修功德，皆非外説。心即是佛，唯只論心。心即是衆善之源，故號本源。心本是佛，佛本是心。不即不離，十二部經。先除我相、人相、衆生相、壽者相，執此四心，不能了了。（2）又心是萬惡之主，所造惡業皆由自心。涅槃常樂，亦由心生。三界輪回，亦從心起。心是出世之門，究竟是解脱之體。若未解脱，覺悟未知。既覺悟未知，不識慚愧，不知布施，不知喜捨，祇逐世間貪欲爲樂。如此之人，不覺不知，常懷三毒，貪欲六親，回邪歸正，返本還源，至彌勒佛下生，無有出離。有人若能除邪去惡爲善者，是名而種善根。若能捨離一切惡，去一切煩惱障，回光返照，將三百六十骨節，八萬四千毛竅，撒向空中絶迹，故名節節支解也。若能不嗔不静，柔和慈悲，捨除鬚髮，汲妻棄子，是名割截身體。又念過去於五百世作忍辱仙人，（3）但能攝心内照，覺觀常明，不忘三昧，照破五蘊、六賊，方顯五百世忍辱仙人。識性圓通，虔躬

---

〔1〕《大正藏》第54册，第931頁下欄。

佛道，智理本來無我，心明了了自知，（4）方見恒沙功德，種種莊嚴法門，一切成就，超凡證聖，頓悟菩提。了了法身，倏然具足。

這段核心內容講的是“誦”與“念”的問題，指出在口曰誦，在心曰念的區別，並強調心即是佛，佛即是心。心是衆善之源，也是萬惡之本，所謂“涅槃常樂，亦由心生。三界輪回，亦從心起”，進而強調“攝心內照，覺觀常明”，如果能觀照本來無我，心明了了，即能超凡入聖，頓悟菩提。通過查核，這段文字與《觀心論》的最後一段存在驚人的相似，相應部分引述如下：

（1）且如誦之與念，名義懸殊。在口曰誦，在心曰念。故知念從心起，名爲覺行之門。誦在口中，即是音聲之相。執相求福，終無是處乎。故經曰：凡所有相，皆是虛妄。又云：若以色見我，以音聲求我，是人行邪道，不能見如來。以此觀之，乃知事相非真真正也。故知過去諸佛所修功德，皆非外說，唯只論心。心是衆善之源，（2）心是萬惡之主，涅槃淨樂，由自心生。三界輪回，亦從心起。心是出世之門户，心是解脱之關津。知門户者，豈慮難成！散關津者，何憂不達！竊見今時淺識，唯事見相爲功。廣費財寶，多積水陸。妄營像塔，虛役人夫。積木疊泥，圖丹畫緑。傾心盡力，於己迷他。未解慚愧，何曾覺悟，見〔於〕有〔爲〕勤勤執著，說於無相〔則〕兀兀如迷。但貪目下之小慈，不覺當來入（之）大苦。此之修學，徒自疲勞。背正歸邪，詐言獲福。（3）但能攝心內照，覺觀常明。絶三毒永使消亡，〔閉〕六賊不令侵擾。（4）自然恒沙功德，種種莊嚴。無數法門，悉皆成就。超凡證聖，目擊非遥，悟在須史，何煩皓首。法門幽秘，寧可具陳。略而論心，詳其少分。[1]

---

〔1〕《大正藏》第 85 册，第 1273 頁上、中欄。《大正藏》本是依斯 2595 號錄文。敦煌遺書現存《觀心論》有七號，分別是斯 00646 號、斯 02595 號、斯 05532 號、伯 2460 號背、伯 2657 號背、伯 4646 號以及日本龍谷大學藏本。根據通然法師近年的最新研究，敦煌遺書《觀心論》可以分爲兩個系統，而斯 02595 號內容最接近原始面貌。此外，通然法師指出，《觀心論》在日本有六種傳本，在韓國有六種傳本。參見通然《新出金澤文庫殘欠本〈破相論〉的本文紹介、ならびに日本・朝鮮所傳〈觀心論〉〈破相論〉諸本對校》，《國際禪研究》第 1 卷，2018 年 2 月。

這段文字也是從"誦"與"念"二者的差異展開論述，其中許多措詞與前揭寫本系統《金沙論》文字完全一致，即使有若干表述不同，兩者想表達的意思也沒有多大差別，具體可以對照（1）、（2）、（3）、（4）的下綫標示部分。至於前揭寫本系統《金沙論》文中沒有標示下綫的部分，查其內容，主要也是涉及"人相、我相、衆生相、壽者相""而種善根""節節支解""割截身體"以及"忍辱仙人"等出自《金剛經》的一些概念。因此，就上引《金沙論》與《觀心論》對應的文字而言，《金沙論》除了受《金剛經》的影響更加明顯之外，其餘內容幾無差別。

3. 思想相近。《觀心論》作爲北宗禪的代表著作，部帙雖小，但思想豐富。其前半部分主要闡明淨染之心、凡聖之果，以及作爲無明根本煩惱的三毒、由六根而起的六賊、由六賊而起的六趣，從而指出需要通過修行才能解脱。其後半部分則談到菩薩道的三聚淨戒、六度以及造寺、造像、燒香、散花、齋食、禮拜、念佛等。《觀心論》旨在強調"觀心"，同時提倡"無相"，主張"頓悟"，但其核心思想依然還是"觀心"，如其開篇提到"唯觀心一法，總攝諸行，名爲最要"。其實，《觀心論》的這些思想在《金沙論》中也基本可以找到相應內容。比如寫本系統《金沙論》卷末有一段涉及"觀心"思想的重要文字：

> 略説觀心之要，但除妄想，俱指一念不生，超脱輪回。十二時中，常常警策，不棄剪甲之功，究竟方能諦當，以表後昆。

這段話可以説是《金沙論》作者對該論內容的一個總結，闡明"觀心"的重點在於去除妄想，一念不生，如此便可超脱輪回。關於"觀心"，《觀心論》第三問有"何觀心稱之爲了"。所謂"了"，當有覺知明了之意。類似概念在寫本系統《金沙論》中出現多次，如"執此四心，不能了了""理智本來無我，心明了了自知"，等等。

至於《觀心論》提倡的"無相"思想，在《金沙論》中也能看到一些影子。比如寫本系統《金沙論》開篇第一問便由"無相比丘"提出。"無相比丘"當然並不能簡單認爲是一位實在人物，它可能是爲了表達"無相"思想而擅擬的人名，這種做法在禪籍中並不少見。

最後，有關"頓悟"方面，寫本系統《金沙論》也明確談到"超凡證聖，頓悟菩提"，此文《觀心論》相應作"超凡證聖，目擊非遥，悟在須臾"。所謂"悟在須臾"，實際説的就是頓悟。可見，兩者均含有"頓悟"思想。

4. 禪法表述一致。《金沙論》内容除了對四諦、八苦等個别提問有按常識作答之外，大多以答非所問的方式而自由解釋，尤其常用六根等法數概念進行非常識性的闡發，比如"眼是卵生，耳是胎生，鼻是濕生，舌是化生""眼是天眼，耳是慧眼，鼻是法眼，舌是肉眼，心是佛眼""眼是定光佛如來，耳是聽聲如來，鼻是香積如來，舌是了味如來，意是分别如來"，等等，凡此充分體現了"六經注我"的精神。類似這種表述方式，可謂是北宗禪籍的普遍特色，在《觀心論》中有所體現，例如論中第八問有"六波羅蜜者，即浄六根也"，第十一問有"三斗者三聚浄戒，六升者六波羅蜜"，等等。

通過以上四個方面的比較，足可看出《金沙論》與《觀心論》之間的密切關係。由於《金沙論》現存有兩個系統的文本，到底哪個系統與《觀心論》的關係更爲密切，對於這一問題，實際從以上的比較已經可以看出，尤其第二"部分文字相似"方面，只有寫本系統的文字才能與《觀心論》對應。第三"思想相近"方面，《觀心論》明確提到的"觀心""無相""頓悟"等思想，同樣僅見於寫本系統。這就表明了，相對刻本系統《金沙論》而言，寫本系統《金沙論》與《觀心論》的關係更爲密切。明確這一點之後，我們再看《金沙論》與《觀心論》之間的關係，我想答案只能是《觀心論》影響了《金沙論》。因爲《觀心論》是大通神秀著作，爲早期北宗禪籍的代表，它的成書當比《金沙論》要早。此外，如《觀心論》的論題所示，它的核心思想是强調"觀心"，《金沙論》的"觀心"思想受《觀心論》的影響是極其正常的。再仔細考查《金沙論》内容，其整體結構並非經過縝密組織，更像是參考了多種資料雜糅編撰而成。關鍵還有，《金沙論》通篇幾乎答非所問。這種表述正是北宗禪籍的顯著特點。因此，總合考慮，《金沙論》只能受北宗神秀《觀心論》的影響，而不可能相反。

（二）與敦煌遺書《大辯邪正經》的關係

《大辯邪正經》，又名《大辯邪正法門經》，一卷，《大周刊定衆經目錄》和《開元釋教錄》等將此經列入僞經錄。此經文本現僅見於敦煌遺書，曹凌曾經統計共有 17 號。[1]據我所見，日本國立國會圖書館還有一號，尚未被列入統計。通過考察，《大辯邪正經》與《金沙論》之間有些文字表述極其相似，或有一定關係，請看下表：

表四　兩系統《金沙論》與《大辯邪正經》的關係比較

刻本系統	寫本系統	《大辯邪正經》
—	請爲分別，佛言：一切衆生，皆悉愚痴顛倒，不會吾意，不識本源心性，執著福德。若會吾意，與吾不別。	吾當爲汝分別解説：一切衆生，從無始以來，熾然流浪生死者，只爲不會吾意。何以故？一切衆生，若會吾意，與吾無異。
若能回四惡作四種威儀，能回八邪成八正道。……能回六根成六波羅密，能回六塵成六神通，自在出入，即無染著，能回六識成六神通王，常守護法，諸邪不侵。	若有衆生皆捨三毒必爲三保（寶），皆回四毒必爲四威儀中，回五毒爲五戒，回六賊爲[六]波羅密，回七識爲七寶，回八邪爲八正。轉慳貪爲布施，一切方便建立佛法僧寶，達於彼岸。	善知識者，能回三毒惡心爲一體三寶。善知識者，能制四毒惡蛇乃成四種威儀。善知識者，能回五毒乃爲五戒。善知識者，能制六識治作六齋。善知識者，能向七識之中求得七佛。善知識者，能回八苦爲八解脱。善知識者，能回妄想顛倒轉爲恒沙功德。善知識者，能回無明爲慧日。善知識者，能回煩惱爲菩提。善知識者，能回貪瞋癡爲三業清淨。善知識者，能回瞋恚疾妒乃成四無量心。善知識者。能回八邪歸入八正道分。……制得六識生六波羅密，不染六塵名爲六通，制回六賊爲六神通，防護法城。

由上表可以看出，《大辯邪正經》的第一段文字，其相應內容可見於寫本系統，而且兩者文字表述相似度極高。至於第二段，無論文字表述，還是內容順序，與《金沙論》的刻本系統相比，寫本系統與《大辯邪正經》的關係也更爲密切。談及寫本系統與《大辯邪正經》的關係，尚有兩點值得注意：第一，《大辯邪正經》的現存形態三分具足，這與寫本系統的現存形態一致；第二，《大辯邪正經》內容共分十一品，每品內容的提問者均是文殊師利菩薩，這正好又與寫本系統的提問者相同。對此，或許有人認爲這可能是一種巧合，可是，如果結合上表所示兩者的關係而加以考慮，寫本系統或有參考《大辯邪正經》的可能。

---

[1] 參見曹凌編著《中國佛教疑僞經綜錄》，上海古籍出版社，2011 年，第 338—340 頁。

《大辯邪正經》最早被《大周刊定衆經目錄》著錄，故其成書年代不會晚於《大周錄》成書的天册萬歲元年（695）。[1]《大辯邪正經》内容含有如來藏和唯心論的特點，並提到“安心妙法”“心及與佛亦成爲一”“忽悟諸法性空，了知必［畢］竟寂滅”等，甚至其中有常見於禪宗典籍的“五陰山”概念，凡此表明他與禪宗的某些思想似有共通之處。當然，《大辯邪正經》是否爲禪宗僧人所撰，能否視爲一部禪籍，目前學術界仍然普遍持否定態度。[2]雖則如此，《大辯邪正經》在流傳過程中，或許基於其思想特色，他與禪籍共同流傳的事實是不容否定的。比如，在現存敦煌遺書中，BD04548 號《六祖壇經》和旅順博物館藏《六祖壇經》均與《大辯邪正經》連抄。此外，日本國立國會圖書館有一號敦煌遺書《大辯邪正經》也與禪籍連抄。附帶指出，日本國立國會圖書館這號敦煌遺書，館藏請求號爲 WB32—1，首殘尾全，册子本（有點像粘葉裝），現存卷首内容是《禪門經》，卷末是《大辯邪正經》。從筆迹來看，前後文獻當是同一人所抄。前後兩個文獻之間没有首尾題，只在卷末有尾題“佛説法句經、禪秘要經、大辯邪正經”。據此可知，此號寫本原來至少抄有三個文獻，前後順序是《法句經》《禪秘要經》和《大辯邪正經》。可惜《法句經》部分現已不存，但可以想象當是禪宗僞經《法句經》。另外，其尾題所謂的《禪秘要經》，其内容實際就是《禪門經》。

（三）與其他敦煌禪籍的關係

除《觀心論》《大辯邪正經》外，《金沙論》與其他敦煌禪籍也有一些關係。首先看一下《菩薩總持法》（現存敦煌遺書有三號：伯 3777 號、BD02498 號、羽 395 號）。《菩薩總持法》，又名《破相論》，前述《觀心論》也名爲《破相論》，兩者同名異書。根據田中良昭先生的研究，《菩薩總持法》與《觀心論》之間具有某種共同的思想特點，有一定關聯。由此之故，我們在比較《金沙論》與《菩薩總持法》之後，兩者之間也能看到一些共同特點。比如寫本系統《金沙論》有一句“何名三寶？佛答曰：眼

---

〔1〕　我認爲《大周刊定衆經目錄》的初稿完成於天册萬歲元年，隨後於聖曆三年（700）又有修訂，其修訂稿内容現主要保存於日本古寫經《大周刊定衆經目錄》中，詳情可參見拙稿《論〈大周錄〉的疑僞經觀》一文，收錄拙著《佛教文獻論稿》，廣西師範大學出版社，2017 年。

〔2〕　可參見齋藤智寬《〈大辯邪正經〉と〈六祖壇經〉》，《古典解釋の東アジア的展開——宗教文獻を中心として》，京都大學人文科學研究所，2017 年，第 137—164 頁。

是僧寶，耳是法寶，心是佛寶，爲三寶”。相應此文，《菩薩總持法》有“心大禪定，是名佛寶；口大智慧，是名法寶；身大清淨，是名僧寶。此名一中具三，故名三寶”。這裏《金沙論》用心、耳、眼來對應解釋佛、法、僧三寶，而《菩薩總持法》用心、口、身來對應解釋佛、法、僧三寶，兩者在具體的對應名目上雖有少異，但它們的表述方式大體相同。實際上，《菩薩總持法》有不少類似這種表述，諸如“心爲貪界，口爲瞋界，身爲癡界”“今時禪師合是心法，今時法師合是口法，今時律師合是身法”，等等，這與《金沙論》慣用“六根”概念進行解釋，具有異曲同工之妙。

其次，我們注意到《金沙論》與敦煌禪籍《佛爲心王菩薩説頭陀經》也有類似之處。例如，寫本系統《金沙論》有一句“眼是定光佛如來，耳是聽聲如來，鼻是香積如來，舌是了味如來，意是分別如來，故名五佛而種善根”。此句刻本系統作“眼是定光佛，耳是無聲佛，鼻是香積佛，舌是了味佛，意是無分別佛，故名五佛而種善根”。類似這種表述，一般文獻罕見，目前我們只有在《佛爲心王菩薩説頭陀經》中找到相應的表述，即該經云：

> 妙色身佛從眼根三昧安詳而出，妙音聲佛從耳根三昧安詳而出，香積如來從鼻根三昧安詳而出，智明如來從身根三昧安詳而出，法喜如來從舌根三昧安詳而出，法明如來從心根三昧安詳而出。[1]

兩相比較，《金沙論》少了身根及其對應的佛名稱，雖然五根或六根所對應的佛或如來有所不同，但以鼻根對應香積如來（佛）這點兩者是完全一致的。這是一種比較有趣的詮釋方法，充分體現了禪學思想不拘一格的特點。敦煌遺書現存《佛爲心王菩薩説頭陀經》附有惠辯禪師所作的注，其注疏行文也相當隨意，比如對四部弟子的解釋説“眼、耳、鼻、舌，名爲四部；心王所制，不染色、聲、香、味，故言弟子”。這與《金沙論》的解釋方式極其相似，具有明顯的共同特點。

---

〔1〕　此據方廣錩先生的整理錄文，參見方廣錩主編《藏外佛教文獻》第 1 册，宗教文化出版社，1995 年，第 314 頁。

　　通過以上比較，除了《大辯邪正經》是否爲一部禪籍尚有異議，可忽略不計之外，其他與《金沙論》具有密切關係的《觀心論》《菩薩總持法》《佛爲心王菩薩說頭陀經》均屬於禪籍，而且是北宗禪籍。這就給我們提出另一個問題，《金沙論》是否也是北宗禪籍？因爲這個問題涉及《金沙論》的內容性質，故而有必要再做進一步討論。

　　我們知道，"北宗"是相對"南宗"而言，最早提出這兩個對應概念的是開元二十年（732）成書的神會《菩提達摩南宗定是非論》。"北宗"主要用來概括以大通神秀爲核心，在北方長安、洛陽等地所提倡的一派禪法，區別於在嶺南曹溪一帶以慧能爲代表的"南宗"所倡導的禪法，形成了後人所謂"南能北秀"或"南頓北漸"的禪法特點。本來包括北宗禪在內，我們對中國早期禪宗的了解不多。但自從 20 世紀初敦煌藏經洞發現敦煌遺書以後，因其中保存的大量禪籍，爲我們研究提供了前所未有的資料。根據前人的研究成果，在敦煌禪籍中，除了《六祖壇經》《大潙警策》《南陽和上頓教解脫禪門直了性壇語》《南陽和尚問答雜徵義（神會語錄）》《菏澤寺神會和尚五更轉》《南宗贊》《禪門秘要決》等大體屬於南宗一系的禪籍之外，大部分都是北宗禪籍。然而，面對各色各樣的敦煌禪籍，真正要判別它到底是北宗禪籍，還是南宗禪籍，並非一件容易的事情。具體而言，何謂北宗禪籍，目前學術界似乎沒有一種公認而行之有效的判斷標準。說實話，禪籍內容千姿百態，具體內容需要具體分析，想形成一種固定的判斷標準，既不現實，也不客觀。那麼，判定北宗禪籍是否就沒有任何標準呢？當然不是。結合前人研究，想要判斷一部書是否屬於北宗禪籍，以下三個方面，至少是需要考慮的：

　　第一，作者身份。即判斷某部禪籍是否屬於大通神秀及其弟子等北宗一系僧人的作品。這種方法雖然方便且行之有效，但如果遇到不明作者的禪籍，或者僅知作者姓名，不知其派系歸屬時，則需另尋其他方法。

　　第二，思想特色。通過某部禪籍的思想內容，來判斷它是否屬於北宗禪籍，比如類似《楞伽師資記》或《傳法寶紀》等燈史類著作，因爲它們是記述北宗法統，所以可以輕易判定是北宗禪籍。一般認爲，北宗的思想特色是"觀心""看心"或"五方便"等，如果一部禪籍含有這些思想，那麼就比較容易判定。不過，有些禪籍思想多元而複雜，同時研究者在分析禪籍思想時，難免還會受到個人讀解能力的制約，甚至存在一種先入爲主的判斷。比如，一般認爲"南頓北漸"可以用來區別南、北二宗的思想差異，但事實上並非如此簡單，因爲有些北宗禪籍也具有頓悟思想。再如，敦煌遺書《大乘開心顯性頓悟真宗論》一書，曾經就因其南、北宗禪籍的歸屬問題有過一番討論，有人認爲它是南宗文獻，有人主張它是北宗作品。[1]因此，用思想内容作爲判定的標準之一，比較容易落入主觀詮釋，需要更加慎重。

第三，語言風格。通過前人對中國早期禪宗的研究可以知道，相對南宗禪師而言，北宗禪師更善於運用隱喻的方式來接引學人，於是在北宗禪籍中出現了大量比喻或者所謂的"方便"，體現在語言風格上便是自由隨意，即不以解釋對象固有的意思爲目的，而更多是利用經文或某個概念，以闡發自己的思想。這種解釋方式我們一般稱之爲"觀心釋"。這一概念實際源於天台智者大師《法華文句》中提到的"因緣""教相""本迹""觀心"四種解釋方法中的最後一種。"觀心釋"的具體表現方法，《法華文句》本身解釋是"觀釋者，王即心王，舍即五陰。心王造此舍，若折五陰舍空，空即涅槃城"[2]，這完全是"六經注我"的解釋方法，類似這種方法，後來被北宗禪師所承襲，並廣泛運用於語言教化之中。如《觀心論》"三界者，即是三毒，貪爲欲界，瞋爲色界，痴爲無色界"，如《大乘無生方便門》"大方廣佛華嚴經，大方廣是心，華嚴是色，心如是智，色如是慧，是智慧經；金剛經，金是心，剛是色，心如是智，色如是慧，是智慧經"。類似這種解釋方式，其他北宗禪籍還有許多，不勝枚舉。總之，這種語言風格，基本成爲後來判斷北宗禪籍的標準之一。

根據以上三種標準或角度，再看《金沙論》是否屬於一部北宗禪籍，可能會更加清楚。

第一，《金沙論》的作者，宋代目錄載錄是"僧政覺"。關於政覺其人，如前所述，其生平尚且不明，其宗派歸屬更無從了解。因此，僅從作者角度，無法判定《金沙論》是否屬於北宗禪籍。不過，前已指出，《金沙論》在受《金剛經》影響的同時，也受到神秀《觀心論》等北宗禪籍的影響。從這一點來看，儘管無法斷定《金沙論》作者是北宗一系，至少也

---

〔1〕　參見田中良昭《北宗禪研究序説——〈大乘開心顯性頓悟真宗論〉の北宗撰述について》，《駒澤大學佛教學部研究紀要》第 25 號，1967 年，第 44—58 頁。

〔2〕《大正藏》第 34 册，第 5 頁下欄。

是諳熟北宗禪籍的僧人所撰，這一點恐怕没有問題。

第二，《金沙論》的整體内容比較蕪雜，缺乏嚴密組織，但寫本系統傾向於在强調"觀心"的重要性，並以此作爲它的思想核心，這與神秀《觀心論》强調的"觀心"主旨是一致的。而其中藴含的"無相""頓悟"思想，也與《觀心論》相通。由此看來，《金沙論》具有明顯的北宗思想特點。因此，它是一部北宗禪籍，應該没有大的錯誤。

第三，《金沙論》是否作爲一部北宗禪籍，還可以通過它的語言風格加以進一步論證。《金沙論》通篇幾乎借用《金剛經》的名相和六根等一些常見概念，以自問自答的方式進行解釋，而其解釋的目的並不在乎概念本身的含義，而是典型的以一種"六經注我"的方式來闡述作者自己的禪學思想。這一點與北宗禪籍慣用的"觀心釋"方法完全相同。從這一角度看，《金沙論》可謂是一部比較典型的北宗禪籍。

誠如上述，在現存兩系統《金沙論》中，寫本系統受《觀心論》的影響更大，而且有直接參考其他北宗禪籍以及《大辯邪正經》的痕迹。至於刻本系統，其内容並非直接受北宗禪籍影響，而是在寫本系統的基礎上改編而成的。也就是説，通過《金沙論》與敦煌禪籍關係的討論，可以側面證明寫本系統成立在先，刻本系統成立在後的觀點。

五、結　語

綜上所述，本文的研究内容大體可以歸納以下幾點：

（一）《金沙論》未被歷代藏經所收，亦未見於敦煌遺書，至今尚未被學術界關注和研究。現知六種《金沙論》文本，散藏於中、日、韓三國公共收藏單位，一種是中國寫本，其餘五種是韓國刻本，説明《金沙論》在韓國的流傳比中國更廣，影響更大。《金沙論》現存本的抄寫或刊刻年代均在明代以後，而且都與其他文獻，更多與禪籍合抄或合刊，未見有單行本流通行世。

（二）《金沙論》之書名，最早見於日僧的圓珍求法目錄，可以肯定此論成立於圓珍入唐求法的 9 世紀中葉之前。此論經過圓珍傳入日本，日本真言宗僧人道範曾引述過圓珍攜回的《金沙論》，説明此論至遲於 13 世紀前後在日本尚有流傳。道範之後，《金沙論》在日本的流傳情況不得而知。

不過，圓珍攜回的《金沙論》與現存的《金沙論》內容未必一致，這一點應該注意。中國方面，宋代目錄始著錄《金沙論》，《宋史·藝文志》最早記載它爲僧人政覺所撰。宋僧元照曾見過《金沙論》，但對其評價不高。宋元時期，此書曾被白蓮教信徒所奉行讀誦，受到元僧普度的強烈抨擊。此書未見在中國廣泛流傳，或許與元照、普度等對它的不良評價有一定關係。

（三）根據現存《金沙論》內容，可分爲兩大系統，即寫本系統（中國寫本）和刻本系統（韓國刻本）。寫本系統篇幅較長，具足三分經典形態，刻本系統篇幅較短，沒有序分。通過比較分析，兩系統均受到《金剛經》的影響，某些問答內容及其語言風格完全相同，可知兩者之間有著密切關係，寫本系統成立在先，刻本系統成立在後。由於寫本系統有直接參考過大通神秀《觀心論》，故其成書時間，可以限定在《觀心論》成書的 8 世紀初之後，圓珍於大中七年（853）入唐以前的約一百五十年之間。至於刻本系統，我認爲是 14 世紀至 17 世紀之間，依寫本系統在韓國改編而成。如果這一推論無誤，可以作爲中國佛教典籍傳入韓國之後，究竟如何被韓國佛教接受並改編的一個例子。

（四）由於寫本系統《金沙論》明顯受《觀心論》等北宗禪籍的影響，思想上具有比較濃厚的北宗禪色彩，加上其語言風格，完全與北宗禪籍慣用的“觀心釋”表述特點相同。所以我認爲《金沙論》應該是一部北宗禪籍，至少是受北宗禪籍影響，具有北宗禪思想特點的一部禪籍。

最後應該稍加説明，現有的北宗禪籍，主要保存於 20 世紀初發現的敦煌遺書中，敦煌遺書之外的北宗禪籍極爲少見。《金沙論》如果是一部北宗禪籍，則其文獻價值彌足珍貴。因爲，北宗禪的發展，從唐末五代以後幾乎淡出歷史舞台，《金沙論》的存世，可以爲我們研究北宗禪籍在後代的流傳、演變，乃至在東亞範圍內的傳播等問題提供新的資料。

敦煌遺書研究

《佛教文獻研究》第四輯
2024 年，219—233 頁

敦煌遺書《摩利支天經》文獻研究史*

王　孟

内容摘要：敦煌遺書《摩利支天經》現存二十八號，除伯 3912 號 1 外，其餘都是北魏菩提流支譯本的縮編本。學界對此經的研究興趣濃厚，先後出現多篇研究論文。本文對至今爲止的前人研究進行編年、介紹和評述，進而對該經今後的進一步研究提出自己的觀點。

關鍵詞：敦煌遺書；《摩利支天經》；研究編年；研究述評

作者單位：山東農業大學馬克思主義學院

一、　相關資料

《摩利支天經》，又名《佛説摩利支天陀羅尼咒經》《佛説摩利支天菩薩陀羅尼經》《佛説大摩里支菩薩經》，一卷。

現存情況：

在《大正藏》中，共收入五部《摩利支天經》：

1. "失譯人名今附梁錄"：《佛説摩利支天陀羅尼咒經》，一卷。[1]

2. 唐阿地瞿多譯：《佛説陀羅尼集經卷十·摩利支天經》，一卷。[2]

3. 唐不空譯：《佛説摩利支天經》，一卷。[3]

4. 唐不空譯：《佛説摩利支天菩薩陀羅尼經》，一卷。[4]

---

　　* 本文爲 2017 年度教育部人文社会科學研究青年基金項目 "敦煌佛教疑僞經基礎資料整理與研究（17YJC730008）" 階段性研究成果。

[1] 參見 CBETA（2018），T21，no.1256，pp.261b26-262a15。

[2] 參見 CBETA（2018），T18，no.0901，pp.869b22-874b24。

[3] 參見 CBETA（2018），T21，no.1255b，pp.260b02-261b22。

[4] 參見 CBETA（2018），T21，no.1255a，pp.259b14-260a23。

5. 北宋天息災譯：《佛説大摩里支菩薩經》，七卷。[1]

該經現在敦煌遺書中共有二十八號，分屬爲兩個不同的傳本系統：

系統一：

伯 3912 號 1，首題作："佛説摩利支天陀羅尼咒經，三藏菩提流支奉詔譯。"尾題作："佛説摩利支天經。"卷尾有題記作："太平興國七年（982）七月七日寫在朔方。"該經首尾完整。

該號實際即爲《大正藏》所謂"失譯人名今附梁録"者，翻譯者實爲北魏菩提流支，可惜敦煌遺書中僅存有 1 號。

系統二：

系統二共有二十七號，爲《大正藏》"失譯人名今附梁録"《佛説摩利支天陀羅尼咒經》的縮編本，依據其陀羅尼咒語的不同，又可以分爲兩種異本，具體如下：

異本一，共五號：

斯 05646 號 4，首題作："佛説摩利支天菩薩陀羅尼經，三藏法師菩提留支奉詔譯。"尾題作："佛説摩利支天經。"卷尾有題記作："於時大宋乾德七年己巳歲四月十五日，大乘賢者兼當學禪録何江通發心敬寫大小經三策（册）子，計九卷，晝夜念誦，一心供養，故記之耳。"該經首尾完整。

伯 3110 號 1，首題作："佛説摩利支天菩薩陀羅尼經，三藏法師菩提留支奉詔譯。"尾題作："佛説摩利支天陀羅尼經一卷。"卷尾有題記作："清信弟子僧會兒敬寫《摩利支天經》一卷、《延壽命經》一卷，逐日各持一遍，先奉爲國安人泰，社稷會旦，使主遐壽，寶祚長興，合皂枝羅常無者慶□往父母不歷三塗，次爲己□同霑此福，示交供養。丁亥年四月十四日書寫經人僧會兒題記之耳，後有。"該經首尾完整。

伯 3759 號 2，首題作："佛説摩利支天菩薩陀羅尼經，三藏法師菩提留支奉詔譯。"尾題作："佛説磨（摩）利支天陀羅尼經一卷。"卷尾有題記作："戊子年閏五月十六日於弟子某甲持誦《八陽經》，書寫《磨（摩）利支天經》，日誦三遍，日日持經念戒，依食索然，日日家興業。"該經首尾完整。

斯 02059 號，首題作："佛説摩利支天菩薩陀羅尼經，三□…□。"尾

題作："佛説摩利支天陀羅尼經一卷。"該經首殘尾全。卷首有抄寫者張伄序言。

斯 05392 號，首題作："佛説摩利支天菩薩陀羅尼□。"尾題作："佛説摩利支天菩薩陀羅尼經。"該經首尾均殘。

異本二，共二十二號：

伯 3136 號 3，首題作："佛説摩利支天經。"尾題作："摩利支天經一卷。"尾有題記作："衙李順子一心供養，清信佛弟子郎度押。"該經首尾完整。尾題後有畫，一男子雙膝跪地，雙手夾花合十，頭頂有花，後還有樹。

伯 3824 號 5，首題作："摩利支天經。"尾題作："摩利支天經。"尾有題記作："辛未年四月十二日□寫經却宋本主用三界寺僧永長記耳。"該經首尾完整。

BD01598 號 2（來 098、北 8241），首題作："摩利支天經。"尾題作："摩利支天經。"該經首尾完整。

BD15366 號（新 1566），首題作："摩利支天經。"尾題作："摩利支天經。"該經首尾完整。

中散 0371 號 17（上博 48 號 17），首題作："摩利支天經。"尾題作："摩利支天經。"該經首尾完整。

中散 1643 號 3（甘博 016 號 3），首題作："佛説摩利支天經。"尾題作："佛説摩［利］支天經一卷。"該經首尾完整。

斯 02681 號，首題作："摩利支天經。"尾題作："摩利支天經。"該經首尾完整。

斯 05531 號 6，首題作："摩利支天經。"尾題作："佛説摩［利］支天經一卷。"尾有題記作："庚辰年十二月廿日。"該經首尾完整。

日散 0299 號 2（杏雨 299 號 2），首題作："佛説摩利支天經。"該經首尾完整。

日散 0508 號 2（杏雨 508 號 2），首題作："佛説磨（摩）利支天經。"尾題作："佛説磨（摩）利支天經一卷。"該經首尾完整。

俄藏 00927 號 4，首題作："佛説摩利支天經。"尾題作："佛説摩利支天經一卷。"該經首尾完整。

斯 05618 號 4，首題作："佛説摩利支天經。"該經首全尾殘。

斯 05391 號，尾題作："摩利支天經。"該經首殘尾全。

斯 00699 號，首題作："□…□天經。"尾題作："□□支天經。"該經首尾均殘。

伯 2805 號，僅存尾題作："佛説摩利支天經一卷。"尾題後有題記作："天福六年（941）辛丑歲十月十三日，清信女弟子小娘子曹氏敬寫《般若心經》一卷、《續命經》一卷、《延壽命經》一卷、《摩利支天經》一卷。奉爲己躬患難，今經數晨藥餌頻施，不蒙抽撼。今遭卧疾，始悟前非。伏乞大聖濟難拔危鑒照寫經功德，望仗危難消除，死（怨）家債主領資福分，往生西方，滿其心願，永充供養。"

俄藏 00213 號、俄藏 00227 號、俄藏 00323 號、俄藏 00336 號、俄藏 01509 號、俄藏 01615 號、俄藏 02384 號，以上七號可以綴接爲一首尾均殘的寫卷，首題作："佛説摩利支天經。"

另，中國國家圖書館藏明永樂元年（1403）鄭和刻本《佛説摩利支天菩薩經》，首題作："佛説摩利支天菩薩經，大唐三藏沙門不空奉詔譯，大元三藏沙門法天奉詔譯。"尾題作："佛説摩利支天菩薩經。"卷首爲摩利支天三面像，以猪馭車，繼而爲"高宗御贊"，下接經文内容，尾題後面緊跟立在雲中的韋陀天像，最後爲釋道衍（姚廣孝）的跋語。經文内容與唐不空所譯《佛説摩利支天經》基本相同，但所誦的陀羅尼咒語不同。

另外，大谷文書 4784 號[1]，殘片。現存 3 行："……無人能捉我不……""……我其財物不……""……曰……"[2]

此外，敦煌遺書中還有摩利支天畫像四號，爲：MG.17693 號、EO.3566 號、ch.00211 號、伯 3999 號。

在現存漢譯佛教經典中，唐阿地瞿多譯《陀羅尼集經·佛説摩利支天經》，唐不空譯《佛説摩利支天經》《末利支提婆華鬘經》《攝無礙經》所載摩利支天形象均作"天女形"，MG.17693 號、EO.3566 號、ch.00211 號屬此。北宋天息灾譯《佛説大摩里支菩薩經》，宋法賢譯《佛説瑜伽大教王經》所載摩利支天之一種爲"忿怒相"，伯 3999 號屬此。

---

〔1〕　陳國燦、劉安志主編：《吐魯番文書總目》（日本收藏卷），武漢大學出版社，2005年，第 293 頁。

〔2〕　［日］小田義久：《大谷文書集成》（第三卷），法藏館，2003 年，第 35 頁。

又，斯 04509 號爲佚經《摩利支修法》[1]。該經首尾均殘。

經文內容：有摩利支天，常行日月前，能隱身不現，又神通廣大。若有人能夠知道它的名字，書寫、讀誦、受持《摩利支天經》，可以不爲行路、賊難、兵厄、疾病等諸惡所害。

二、 研究編年

1931 年

陳垣在《敦煌劫餘錄》[2] 中著錄了 "來 98 號（BD01598 號 2）"《摩利支天經》。

這是迄今所知學界對敦煌遺書《摩利支天經》的最早著錄。

1936 年

松本榮一發表《陽炎、摩利支天像の實例》[3] 一文，該文結合《大正藏·圖像部》所收摩利支天像，對藏經洞紙畫 ch.00211、MG.17693 做了考證。

1957 年

翟林奈《大英博物館藏敦煌漢文寫本注記目錄》[4] 著錄了斯 05646 號，並認爲它是僞經。

1962 年

《敦煌遺書總目索引》[5] 著錄了英國斯 00699 號等 7 號，法國伯 2805

〔1〕 黃永武主編《敦煌寶藏》（新文豐出版公司，1981 年）第 36 册第 384 頁作《密教經典》。林世田、申國美《敦煌密宗文獻集成續編》（上，全國圖書館文獻縮微複製中心，2000年）第 431 頁作《摩利支修法》。李小榮從林世田、申國美觀點，亦作《摩利支修法》，見《敦煌密教文獻論稿》，人民文學出版社，2003 年，第 19、22 頁。

〔2〕 陳垣：《敦煌劫餘錄》，黃永武主編：《敦煌叢刊初集》（四），新文豐出版公司，1985年，第 1173 頁。

〔3〕 ［日］松本榮一：《陽炎、摩利支天像の實例》，載《國華》547 號，1936 年。後收入《敦煌畫の研究》"圖像篇"，第 473—479 頁，"附圖" 一二五 ab，東方文化學院東京研究所刊，同朋舍，1937 年。

〔4〕 Lionel Giles，"Descriptive Catalogue of the Chinese Manuscripts from Tunhuang in the British Museum"，黃永武主編：《敦煌叢刊初集》（一）之《英倫博物館漢文敦煌卷子收藏目錄》，第 31 頁。

〔5〕 商務印書館編：《敦煌遺書總目索引》，商務印書館，1962 年；中華書局，1983 年，第 123、149、163、218、221、224、273、279、280、294、296、297、322 頁。

號等 6 號，散 0460 號[1]，共計著錄敦煌遺書《摩利支天經》14 號。

1984 年

賴富本宏發表《中國密教史における敦煌文獻》[2] 一文，該文認爲敦煌遺書斯 00699 號、伯 3824 號等《摩利支天經》爲不空譯本，屬於初期密教經典。

1986 年

黃永武主編：《敦煌遺書最新目錄》[3] 著錄敦煌遺書《摩利支天經》十八號，其中十四號與《敦煌遺書總目索引》相同，多著錄孟 00832 號（舊 927 號）、孟 00833 號（舊 213B 號）、孟 00834 號（舊 519 號）、中國國家圖書館北 8241 號四號。

1996 年

1. 上海古籍出版社出版的《俄藏敦煌文獻》[4] 發表了把上述俄藏 00213 號等七號殘片綴接在一起的圖錄。

2. 敦煌研究院出版《敦煌石窟內容總錄》[5] 一書，該書著錄莫高窟第八窟位於主室南壁上部西段的晚唐壁畫爲 “西段有日天赴會”[6]，榆林窟第三十六窟前室西壁門上南、北側壁畫分別爲 “南側存唐畫紅日與一婦人二侍女”[7] “北側存唐畫月亮與一婦人二侍女”[8]。

未考證出以上壁畫內容實爲摩利支天像。

1998 年

《敦煌學大辭典》[9] 著錄了伯 3999 號，認爲此畫像與宋天息災譯《佛說大摩里支菩薩經》卷一所記略同。

---

〔1〕 散 0460 號即杏雨書屋 299 號 2，下同。
〔2〕 ［日］賴富本宏：《中國密教史における敦煌文獻》，［日］牧田諦亮、福井文雅主編：《講座敦煌 7・敦煌と中國佛教》，大東出版社，1984 年，第 162 頁。
〔3〕 黃永武主編：《敦煌遺書最新目錄》，新文豐出版公司，1986 年，第 25、73、97、189、194、199、614、684、704、706、740、744、749、812、892 頁。
〔4〕 ［俄］孟列夫、錢伯城主編：《俄藏敦煌文獻》，上海古籍出版社，1996 年，第 138 頁。
〔5〕 敦煌研究院編：《敦煌石窟內容總錄》，文物出版社，1996 年。
〔6〕 同上書，第 7 頁。
〔7〕 同上書，第 218 頁。
〔8〕 同上。
〔9〕 季羨林主編：《敦煌學大辭典》，上海辭書出版社，1998 年，第 239 頁。

1999 年

孟列夫主編的《俄藏敦煌漢文寫卷叙錄》[1] 漢譯本出版。該書上册著錄了俄藏 00927 號 4，判爲不空譯本。

2000 年

1. 中國美在《敦煌密宗文獻集成·序言》[2] 中主張敦煌遺書中的《摩利支天經》爲唐不空譯本。

2.《敦煌遺書總目索引新編》[3] 出版，著錄英國、法國、中國國家圖書館所藏敦煌遺書《摩利支天經》共十四號。與《敦煌遺書總目索引》《敦煌遺書最新目錄》相比，缺少散 0460 號。

2002 年

1. 顏廷亮發表《有關張球生平及其著作的一件新見文獻——〈佛説摩利支天菩薩陀羅尼經序〉校錄及其他》[4] 一文，該文主要對張球生平及著作進行考證，認爲依據筆迹和時間，認爲斯 02059 號《佛説摩利支天菩薩陀羅尼經》的序文作者“張俅”即是唐末五代敦煌地區著名文士“張球”，並對斯 02059 號的序文進行校錄。

2. 陳玉女發表《〈佛説摩利支天經〉信仰内涵初探——從鄭和施刻〈佛説摩利支天經〉談起》[5] 一文，該文的目的是探討鄭和出使西洋之前施刻《摩利支天經》的原因。文章首先梳理了明代之前《摩利支天經》的傳譯情况，接著統計了歷代大藏經和《敦煌寶藏》中的《摩利支天經》傳本[6]，

---

〔1〕 ［俄］孟列夫主編：《俄藏敦煌漢文寫卷叙錄》（上册），上海古籍出版社，1999 年，第 328 頁。該册叙錄爲孟列夫主編的《亞洲民族研究所藏敦煌漢文寫卷叙錄》（第一册）1963 年俄文版的中譯本。

〔2〕 申國美：《敦煌密宗文獻集成·序言》，林世田、申國美編：《敦煌密宗文獻集成》（上），第 2 頁。

〔3〕 敦煌研究院編：《敦煌遺書總目索引新編》，中華書局，2000 年，第 24、62、82、166、170、174、255、268—269、297、300、304、388 頁。

〔4〕 顏廷亮：《有關張球生平及其著作的一件新見文獻——〈佛説摩利支天菩薩陀羅尼經序〉校錄及其他》，《敦煌研究》2002 年第 5 期，第 101—104 頁。

〔5〕 陳玉女：《〈佛説摩利支天經〉信仰内涵初探——從鄭和施刻〈佛説摩利支天經〉談起》，《麥積山石窟藝術文化論文集——2002 年麥積山石窟藝術與絲綢之路佛教文化國際學術研討會論文集》（下），蘭州大學出版社，2004 年，第 448—475 頁。

〔6〕 陳玉女教授找到的敦煌遺書《摩利支天經》有斯 00699 號、斯 02059 號、斯 02681 號、斯 05391 號、斯 05392 號、斯 05531 號、斯 05618 號、伯 3824 號、伯 3110 號、伯 3136 號、伯 3759 號，共計 11 號。

認爲《敦煌寶藏》所輯録的《摩利支天經》或《佛説摩利支天菩薩陀羅尼經》最爲簡略，它們大抵以伯 3110 號 1 唐菩提流支譯本爲底本。文章從斯 02059 號序文、伯 3136 號跋尾説明了當時敦煌的人們信奉摩利支天菩薩的情況，並將摩利支天菩薩圖像分爲天女像、三尊像、三面多臂摩利支天菩薩像三類。

在文中，作者將北魏菩提流支誤作唐菩提流志；另外，"三尊像"實即"天女像"，可分爲兩種。

2003 年

李小榮出版《敦煌密教文獻論稿》一書，在該書第一章"敦煌密教文獻概述"[1] 中，作者公布了二十四號敦煌遺書《摩利支天經》，認爲它們大都與《大正藏》中的"附梁録失譯人名"的經本較爲接近。同時，根據伯 3110 號的題下注"三藏法師菩提流（留）支奉詔譯"，主張"附梁録失譯人"可能爲菩提流（留）支。

2004 年

1. 張小剛發表《敦煌摩利支天經像》[2] 一文，主要内容爲：第一，考訂出敦煌遺書《摩利支天經》都是北魏菩提流支譯本系統。"失譯人名今附梁録"《佛説摩利支天陀羅尼咒經》即《開元録》中的《小摩利支天經》，翻譯者是菩提流支，駁斥了有不空譯本的觀點。對二十號敦煌遺書[3]進行分類，僅伯 3912 號 1 爲完整本，其餘的皆爲菩提流支譯本的縮編本。同時，探討敦煌遺書《摩利支天經》書寫年代在歸義軍時期，來源於靈州，可能在晚唐時期由張俅傳入敦煌。第二，將敦煌摩利支天畫像分爲兩類：一是敦煌遺書 MG.17693、EO.3566、ch.00211 三幅紙畫，莫高窟第八窟南壁一幅壁畫，榆林窟第 36 窟前室西壁兩幅壁畫屬於産生於中國本土的"天女形"摩利支天像；二是敦煌遺書伯 3999 號屬於受到印度波

---

〔1〕 李小榮：《敦煌密教文獻論稿》，人民文學出版社，2003 年，第 4 頁。其中 B.8421 應爲北 8241，即 BD01598 號 2。

〔2〕 張小剛：《敦煌摩利支天經像》，敦煌研究院編：《2004 年石窟研究國際學術會議論文集》（上），上海古籍出版社，2006 年，第 382—409 頁。

〔3〕 20 號敦煌遺書爲：斯 00699 號、斯 02059 號、斯 02681 號、斯 05391 號、斯 05392 號、斯 05531 號 6、斯 05618 號 4、斯 05646 號 4、伯 2805 號、伯 3110 號 1、伯 3136 號、伯 3759 號 2、伯 3824 號 5、伯 3912 號 1、俄藏 00213 號、俄藏 00927 號 4、BD01598 號 2、甘博 16 號 3、上博 48 號 19、杏雨書屋 299 號 2。

羅王朝佛教及其藝術影響的"忿怒相"摩利支天像，認爲它們都集中在歸義軍時期。另外，探討了莫高窟第 3 窟西壁龕内的清代斗姆塑像，體現了道教與佛教摩利支天信仰的融合。第三，指出從宋代開始，摩利支天"護人於兵革"功能被突出，也被日本武士奉爲保護神，同時梳理中國古代摩利支天信仰發展的四個階段：初傳階段（南北朝至隋代）、發展高潮階段（唐朝至五代）、第二個高潮（宋代）、深入民間階段（元、明、清）。敦煌摩利支天信仰在兩個發展高潮期都有集中反映，是其重要的組成部分。第四，據元代《西遊記》雜劇中猪八戒出場時自我介紹説其是"摩利支天部下馭車將軍"，説明猪八戒藝術形象的形成也受到了摩利支天的影響。

　　該文從經典、圖像、信仰等角度全面論述摩利支天，考證精到、闡釋有據，是目前研究摩利支天最有建樹的一篇文章，也對我們研究同類對象在方法論上具有重要的借鑒意義。但對於菩提流支譯本到縮編本的演變缺乏動態分析，對縮編本的性質認識不足。

　　2. 王荔發表《摩利支天爲何方神氏》[1] 一文，認爲伯 3999 號摩利支天與猪在一起的圖像不是來源印度，而是來源中國原始天神的形象。

　　該文在論述猪是北斗的化身、北斗四星爲大帝之乘的基礎上，認爲摩利支天用猪拉車是理所當然的。僅爲推論，缺乏具體論證。該文在此推論基礎上，又推出摩利支天圖像是中國原創神"出口轉内銷"的結論，不易讓人信服，對没有猪的"天女形"摩利支天像也缺乏解釋。

　　2005 年

　　方廣錩先生在日本公開講演《中國敦煌遺書與日本奈良平安寫經》[2]，在論述中國敦煌遺書與日本奈良平安寫經研究的互補作用時，以《摩利支天經》爲例進行説明。主要内容爲：第一，發現日本大阪天野山金剛寺本《摩利支天經》，並且錄文。第二，認爲金剛寺本《摩利支天經》是依據失譯本及不空譯本摘抄改編而成，是繼《大正藏》中的失譯人名附

---

〔1〕　王荔：《摩利支天爲何方神氏》，常書鴻先生誕辰一百周年紀念會編：《常書鴻先生誕辰一百周年紀念文集》，2004 年，第 161—169 頁。

〔2〕　方廣錩：《中國敦煌遺書與日本奈良平安寫經》，《方廣錩敦煌遺書散論》，上海古籍出版社，2010 年，第 330—347 頁。本文原爲日本東京"古寫經研究の最前線"2005 年公開講演稿。日文載《古寫經研究の最前線，シンポジウム講演論文集》（日本國際佛教學大學院大學，2005 年）、《古寫經研究の最前線，シンポジウム講演資料集成》（日本國際佛教學大學院大學，2010 年）。中文原載《敦煌研究》2006 年第 6 期，但前部文字有缺漏。

梁錄本、唐阿地瞿多本、兩種不空譯本的第五種異本。第三，公布敦煌遺書中的 17 號《摩利支天經》。對斯 2059 號《佛說摩利支天菩薩陀羅尼經》序文進行錄文，指出正是出於交通順暢及安全的考慮，使得古代敦煌的人們對該經具有虔誠的信仰。第四，認爲金剛寺本《摩利支天經》的底本來自中國，爲古代中國人依據大藏經本改編而成。

2006 年

侯沖《大理國寫經研究》[1] 一文，著錄大理國寫經《摩利支天菩薩經》1 號。

2009 年

1. 楊寶玉《敦煌本佛教靈驗記校注並研究》[2] 一書，因與一般佛經經序主要記述傳譯過程不同，遂將斯 02059 號《佛說摩利支天菩薩陀羅尼經》前面的張球序文定名爲《摩利支天菩薩咒靈驗記》並校注，同時對張球的事迹進行了相關輯補。

2. 鄒建林《多維語境中的護身女神——從後期演變看大足北山石刻中的摩利支造像》[3] 一文，同意張小剛（2004）的觀點：第一，《開元錄》《貞元錄》所說的"小摩利支天經"即《大正藏》第 21 册所收錄的"失譯人名今附梁錄"《佛說摩利支天陀羅尼咒經》，其譯者實即北魏菩提流支。第二，晚唐五代的摩利支天圖像多爲"天女形"。第三，敦煌遺書伯 3999 號摩利支天像從印度傳來，繪製時間在 10—11 世紀。

2013 年

李翎《摩利支天信仰與圖像》[4] 一文，在梳理摩利支天印度源流與中國發展的基礎上，指出烏拉蓋地區發現的摩利支天造像來源有二：一是當地王爺爲保一方平安而立，二是日本軍人爲戰爭而立。

---

〔1〕 侯沖：《大理國寫經研究》，汪寧生主編：《民族學報》第四輯，民族出版社，2006 年，第 20 頁。

〔2〕 楊寶玉：《敦煌本佛教靈驗記校注並研究》，甘肅人民出版社，2009 年，第 101—139、288—293 頁。

〔3〕 鄒建林：《多維語境中的護身女神——從後期演變看大足北山石刻中的摩利支造像》，大足石刻研究院編：《2009 年中國重慶大足石刻國際學術研討會論文集》，重慶出版社，2013 年，第 280—300 頁。

〔4〕 李翎：《摩利支天信仰與圖像》，《中國美術館》2013 年第 4 期，第 7—14 頁。

2014 年

白化文、李際寧《摩利支與摩利支天經典》[1] 一文，主要内容是：第一，指出摩利支原爲古代南亞次大陸民間信仰的神靈，後被佛教選爲"護法諸天"的摩利支天，由男性變爲女性，其形象顯著標志多與猪有關，或現猪面，或以猪爲坐騎，或以猪馭車。第二，梳理了藏經中的多種摩利支天經典。第三，對中國國家圖書館藏鄭和刻本《佛説摩利支天菩薩經》進行著錄，並指出與以上經典内容的不同。

2018 年

邢鵬《摩利支天、天蓬元帥與猪八戒——用文物解讀〈西遊記〉系列》[2] 一文，指出在儒、釋、道三教合一背景下，《西遊記》中"猪八戒"形象繼承了元代雜劇"摩利支天馭車將軍"的猪貌基礎上，又藉助道教"天蓬元帥"像而成。

三、 研究述評

（一）摩利支天經典的調查與研究

文獻資料的收集、分類、整理是研究的第一步。關於摩利支天經典，既有經藏中的譯本，也有敦煌遺書、刻本等，種類繁多，數量也較大，對它們的論述，多爲目錄著錄、寫卷題解、文獻概述、摩利支天或張球研究的舉例，雜而不精，少而不全，甚至出現"敦煌遺書《摩利支天經》有不空譯本""將北魏菩提流支誤作唐菩提流志"等錯誤觀點。目前，張小剛《敦煌摩利支天經像》一文是最有分量的一篇，雖然著錄敦煌遺書僅有 20 號《摩利支天經》，但比較系統全面地解決了摩利支天經典的種類與判定，令人信服。

在《大正藏》中，共收入五部《摩利支天經》：第一，"失譯人名今附梁錄"《佛説摩利支天陀羅尼咒經》一卷，今據李小榮、張小剛、鄒建林等的考訂，指出其譯者實是北魏菩提流支，即伯 3912 號 1，目前在敦煌遺

〔1〕 白化文、李際寧：《摩利支與摩利支天經典》，《文獻》2014 年第 1 期，第 188—191 頁。
〔2〕 邢鵬：《摩利支天、天蓬元帥與猪八戒（上）——用文物解讀〈西遊記〉系列》，《收藏家》2018 年第 9 期，第 79—84 頁；《摩利支天、天蓬元帥與猪八戒（下）——用文物解讀〈西遊記〉系列》，《收藏家》2018 年第 10 期，第 65—70 頁。

書中也僅保存一號。第二，唐阿地瞿多譯本《佛説陀羅尼集經卷十·摩利支天經》一卷。第三，唐不空譯《佛説摩利支天經》一卷。第四，唐不空譯《佛説摩利支天菩薩陀羅尼經》一卷。第五，北宋天息災譯《佛説大摩里支菩薩經》七卷。

　　在敦煌遺書中，除伯 3912 號 1 外，經筆者調查，尚有二十七號《摩利支天經》，依其陀羅尼咒語的不同，又可分爲兩種異本，張小剛考訂出它們都是北魏菩提流支譯本的縮編本，它們也正是筆者在這裏所要考察與研究的對象。因此，在今後的研究中，要明確《摩利支天經》的種類，正確區分《大正藏》五種譯本與縮編本的不同，同時由於摩利支天信仰一直流傳，也要注意收集諸如刻本、大理國寫經、西夏文、日本古寫經等其他方面的《摩利支天經》。例如，明朝鄭和刻本《佛説摩利支天菩薩經》署名唐不空譯、元法天譯，與不空譯《佛説摩利支天經》基本相同，對我們了解摩利支天經典的流傳、衍變具有重要意義。

　　（二）敦煌遺書《摩利支天經》（縮編本）是僞經

　　佛教疑僞經作爲研究佛教信仰層面的重要資料，越來越受到研究者的重視。關於佛教疑僞經的判別標準，筆者認同方廣錩先生提出的“翻譯標準”[1]，把凡是從域外傳入的翻譯經典都當作是真經，只要是中國人自己編撰的便是僞經。只有從這樣的標準出發，充分考慮到中國古代僧人的學術架構，才能正確把握疑僞經的本質。就疑僞經產生途徑而言，有憑空編造、添油加醋，乃至按照某種目的改編重寫等不同形式。縮編本《摩利支天經》不爲歷代經錄著錄，亦未爲歷代大藏經所收，它依據北魏菩提流支譯《佛説摩利支天陀羅尼咒經》縮編而成，而縮編正是改編重寫的一種方式。所以，可以把縮編本《摩利支天經》歸爲佛教疑僞經一類，而不是簡單地把它們作爲縮編本看待。

　　（三）《摩利支天經》的神格演變——路途保護神

　　佛教神祇很多，各自功能不同，功能本身常常也在不斷演化，但往往有個核心的東西。摩利支天原爲古代南亞次大陸民間信仰的神靈，後被佛教吸收選爲“護法諸天”，最大特點是能隱形、崇尚光。對摩利支天及其

---

　　〔1〕　方廣錩：《從“文化匯流”談中國佛教史上的疑僞經現象》，方廣錩主編：《佛教文獻研究》第一輯（佛教疑僞經研究專刊），廣西師範大學出版社，2016 年，第 19—51 頁。

經典的分析，前賢的研究往往採用相對靜態的視角處理，對於菩提流支譯本到縮編本之間的演變過程，從唐朝到明朝摩利支天經典的發展過程，缺乏動態的把握，從而忽視摩利支天在神格方面的變化，忽視摩利支天信仰中最本質的東西。

　　從經文內容來看，北魏菩提流支譯本與敦煌遺書縮編本最大的不同在於經文的最後部分（見下表）：

表一　菩提流支本與敦煌遺書縮編本《摩利支天經》對照表

菩提流支《佛說摩利支天陀羅尼咒經》	菩提流支譯本的縮編本
佛告諸比丘："若有善男子善女人，書寫是經，受持讀誦者，一心齋戒淨治一室，以香泥塗地，七日七夜誦持是摩利支天陀羅尼咒滿一百八遍。所經諸陣，一切怨賊，並皆息刃。行時書寫是陀羅尼，若有著髻中，若著衣中隨身行，一切諸惡不能加害，悉皆退散，無敢當者。若遇疾病，當請一淨戒比丘及比丘尼優婆塞優婆夷，如前淨治一室，香泥塗地，燒種種名香設七盤果餅，布五色壓設五色飯，請摩利支天，然燈續明七日七夜，誦是摩利支天陀羅尼咒經，滿二百遍，一切病鬼，皆生慈心，放於病人即得除差。若遭縣官所拘錄者，亦如前淨室如法設供敷座，然燈續明七日七夜，誦是摩利支天陀羅尼咒經五百遍，得如願已，設齋散座，一切厄難，無不滅除。 爾時，諸比丘聞佛所說，皆大歡喜，信受奉持。 佛說摩利支天陀羅尼咒經	佛告諸比丘："若有人能書寫、讀誦、受持之者。 若著髻中，若著衣中，隨身而行，一切諸惡，皆悉退散，無敢當者。" 時諸比丘等，聞佛所說，皆大歡喜，信受奉行。 佛說摩利支天經一卷

　　從上表的經文對比可以看出，最初的摩利支天及其經典的功能非常廣大，可以讓"怨賊息刃""路途除惡""疾病除差""縣官拘錄免除"，亦即摩利支天同其他佛教神靈一樣，是一位多功能神靈。但在縮編本中其他功能被漠視，"若著髻中，若著衣中，隨身而行，一切諸惡，皆悉退散，無敢當者"，重點突出其"保佑人們路途平安"護身符的這一功能。由此，多功能的摩利支天逐漸演變爲行人旅途的保護神。斯 02059 號靈驗記叙述"張佽自己因隨身攜帶《摩利支天經》的緣故，兩次得免大難。其後多次

出使，都平安無事”，正是摩利支天當時演化爲路途保護神的現實體現。關於這一點，張小剛、方廣錩諸先生都有所指出，值得肯定。

方廣錩先生（2005）指出，古代敦煌得益於它處在絲綢之路的要衝，交通的順暢與安全，是敦煌順利發展的關鍵。而在安史之亂後的相當長時間中，敦煌與內地的交通較爲困難。正是面對這樣的一種狀況，當時敦煌的人們，特別是經常出使者，極度渴望路途上的平安，這也正是縮編本風行敦煌地區的原因。其後，摩利支天在中國一直被人們視作旅途保護神，這一神格被固定下來。兩宋之際隆祐太后南奔時奉摩利支天以護身，明朝鄭和出使西洋之前刊刻《摩利支天經》，都是十分有力的證明。

以上僅就敦煌遺書《摩利支天經》對摩利支天信仰的演變做了簡單探討。大足石刻摩利支天造像、宋元之後的道教與摩利支天的融合發展出的斗姆信仰、摩利支天傳到日本成爲武士的保護神——“戰神”，其間的融合和演變是另外需要探討的問題。

（四）摩利支天像研究

關於摩利支天像的研究，最早是日本的松本榮一，他結合《大正藏》中的“圖像部”所收的摩利支天像，對藏經洞紙畫 ch.00211、MG.17693 做了考證。之後，相關專門研究不多。直到 2002 年，陳玉女發表《〈佛說摩利支天經〉信仰內涵初探——從鄭和施刻〈佛說摩利支天經〉談起》一文，將摩利支天像分爲天女像、三尊像、三面多臂摩利支天像三類。實際上，“三尊像”實即“天女像”，可分爲兩類。該文雖然存有一些疏漏，但將摩利支天經像研究引向深入，引發了學界關於摩利支天經像的持續討論，其中以張小剛建樹最多。該文將敦煌摩利支天畫像分爲兩類：一是產生於中國本土的“天女形”摩利支天像；二是受印度影響的“忿怒相”，與“豬”有關。他的這種分類基於敦煌遺書中的摩利支天的多幅圖像，也與經典記載相吻合，因爲在唐不空譯本中，摩利支天作“天女形”，而在北宋天息災譯本中，摩利支天以“豬爲坐騎”，研究值得肯定。從“天女形”到“忿怒相”，說明像的變化一直在受著經典的影響。限於主題，張小剛未對敦煌以外的摩利支天像做相關的討論。

除了張小剛之外，李翎、白化文與李際寧等對摩利支天像也有所討論，討論範圍擴大，著眼於不同時期的形象。李翎梳理了摩利支天像的印度源流與中國發展。白化文與李際寧指出該像的印度源流，它原爲古代印度民間信仰的神靈，後被佛教吸收，由男性變爲女性，其形象多與猪有關，或現猪面，或以猪爲坐騎，或以猪馭車，從而使我們對摩利支天像的認識更加豐富。

　　作爲四大名著之一的《西遊記》，已是家喻户曉。其中關於猪八戒形象的起源問題，學界多有爭論。張小剛、李翎、邢鵬普遍贊同磯部彰、黄永武等人的觀點，據元代楊景賢雜劇《西遊記》猪八戒的自我介紹“摩利支天部下馭車將軍”，指出猪八戒的形象受到摩利支天像的影響。不過，邢鵬所論“元雜劇猪八戒的名號，應是源自朱士行取經故事中的朱八戒，並賦予了摩利支天部下馭車將軍的身份，繼而爲明小説《西遊記》所繼承和沿用”，比較牽强，因爲其中的杭州飛來峰“朱士行取經”存有爭議，大多數學者認爲它只是玄奘取經的一部分，與朱士行無關。另外，筆者查詢也無“朱士行法號八戒”的説法。

《佛教文獻研究》第四輯
2024 年，235—249 頁

關於敦煌文獻斯 2546 號所含達磨資料的再探討
——兼論禪宗與唯識宗關係的演化及其學術價值[*]

——兼論禪宗與唯識宗關係的演化及其學術價值[*]

白　光

内容摘要： 在禪宗創立過程中，達磨始終被視爲連接中印的祖師，達磨形象不僅在中土禪宗内部被重視，而且也成爲其他宗派的重要議題，二者之間有密切的關係。敦煌文獻斯 2546 號屬於唯識宗資料，其中傳説達磨"此間擴嘿，耻衆逃形"的形象別具一格，達磨此種形象的産生不僅對認識禪宗中的達磨形象和禪宗思想的發展具有重要意義，而且對全面認識唯識宗與禪宗的互動關係也具有重要價值。

關鍵詞： 敦煌文獻；達磨；禪宗；唯識宗

作者單位： 江蘇師範大學

因爲近年在研究《壇經》，經常會思考《壇經·疑問品》中所反映的"達磨形象與思想"的來源問題，故而留意搜集有關達磨的傳説。2017 年方廣錩先生發表文章，談到一篇關於達磨入華的"另類材料"，即敦煌文獻斯 2546 號涉及達磨形象的資料。[1]方先生對該文獻進行初步著錄和探討，同時希望學人能夠對其中的一些問題做進一步研究，並將斯 2546 號中含有達磨形象的兩張圖片附在文中以方便學人使用。筆者注意到斯 2546 號文獻前半部分是達磨資料，後半部分雖然是唯識宗資料，但並非與達磨没有關係。應該前後結合起來分析其中所反映的達磨形象。於此同時，即便該文獻前半部分是達磨資料，其達磨形象也並非完全來自唯識宗，其中

＊ 此文爲筆者主持江蘇師範大學博士學位教師科研基金項目（18XWRS003）的階段性成果；此文對於禪宗有關達磨形象的不同説法，筆者另有拙文進行梳理。

〔1〕 方廣錩：《一條關於達摩入華的另類資料》，《敦煌研究》2017 年第 5 期，第 59 頁。

一些要素應該是社會上流傳的説法，特別來自禪宗的一些説法。因此，筆者根據斯 2546 號所反映達磨形象的形成時間將它放在禪宗與唯識宗的歷史互動關係脉絡中進行初步探討。當文章寫成後，從王招國先生（定源法師）處獲知，2012 年日本學者齋藤智寬先生曾經已利用斯 2546 號寫成《法相宗的禪宗批評與真諦三藏》一文[1]，其中不僅談論了本文所涉及的一些問題，而且還附有現存斯 2546 號録文。爲了比較全面地進行分析研究，筆者根據從方先生處獲得的斯 2546 號圖片進行了重新録文，並參照齋藤先生的研究成果對前稿做了修訂。但是，本文對斯 2546 號中達磨資料產生的時間以及其中反映的禪宗與唯識宗動態關係的演化等觀點，與齋藤先生有較大差異，並未受其影響而發生根本改變。

一、 斯 2546 號録文

從整體上看，斯 2546 號的達磨資料是嵌在唯識宗文獻之中，爲了便於以下探討，有必要先將本號文獻的所有內容進行轉録。全文如下[2]：

> 依七朝翻譯年代，大唐三藏回駕五天，慈恩疏主制疏之時，因爲《觀音品》後/偈中"音""意"二字，及《提婆品》龍女真化時間，三藏勘前後梵夾，今部七譯，一一/添品有十譯，皆具譯主名字。
>
> 此引真諦三藏來時，行龍證驗聖教東/流真僞及梵僧訛正言音，以此略明唐、梵。
>
> 《梁史內傳》云：梁末有天竺優/禪尼國沙門拘那羅陀，此云"衆依"，此是舊梵語，此稍訛也，緣國是天竺、東即[3]度之言音也。准《真諦沙門行記》，自從東印度，往優禪尼國/，往中印度，入摩竭陀國。
>
> 去時，与震旦境占波國株寶商人數十替相/隨至摩竭國人界，逢

---

〔1〕〔日〕齋藤智寬：《法相宗的禪宗批評與真諦三藏》，〔日〕船山徹編：《真諦三藏研究論集》，京都大學人文科學研究所，2012 年，第 303—344 頁。
〔2〕録文借鑒了方廣錩先生、齋藤智寬先生的成果，並得到傅新毅老師、王招國（定源）老師的指點。其中"/"表示文書的換行位置。
〔3〕"即"，疑作"印"。

一梵僧，神儀高爽，言韵清切。

稽首伴談，云從中/國來。

真諦与商附侍，請宣梵字芳猷，遂取"菩提達磨"，謂：我云有/學耶？无學耶？

真諦故將行李，一一具陳所以。

又問：支那國去此多少地/里？我要親礼臺山大聖文殊師利，如何？与我指示。

真諦既聞此語，恐是/聖德示身，一一具説。

又蒙問祖塔南北近遠，分析既了，便乃辭違，西入/中天，經八載。

《傳記》又云：來去一十三年，始却東來。今依"八年"。

復於中印/度那爛陀寺學《五明論》，兼《瑜伽》及《法花經》梵本，便欲却回來。

印國彼/寺中有尚座苾蒭，知真諦歸國，尚座遂問真諦：阿闍梨入此國來/時，逢苾蒭否？

答言：曾逢。

又問：有何請益？

真諦答尚座曰：彼曾問我/支那國去地里多少，我遂一一□他指説。

尚座聞，不兑，傷嘆：苦哉！苦哉！/真〔1〕諦！

曰：爾不應知，此非淨沙門！此非是菩薩！達磨是此中天眾内/不詳之人也！在此眾中，以非言是，以是言非，惑乱禪那，孤心外見/。苦哉！東度！福薄蒼生，遭彼罪人，毀滅正法。此間擯嘿，耻眾逃形/，因稱"巡礼"。

尚座又告真諦：師可速入支那弘流，莫使罪人損壞善/種。

真諦辭其中國，便乃東行。

經數年，至五峰山下，忽見一隊，行李異/常，神鬼三十餘人，歌樂幡花，又有王子騎馬，身服錦裳。

真諦忽逢驚訝/，回避山門。

良久，有一老人，山中出來。

---

〔1〕"真"字前，方廣錩先生疑缺"謂"。

見而問曰：此是何人行李？

老人答曰／：師不應知，適來過者，是多聞護世之行李。

三藏又問老人：汝是何處人？／

答曰：我是五峰山神，適來天王令我見師，有是咨報，請三藏速行。緣／支那主將末，恐无人翻譯正法。有妖人自稱得法，已壞金言，惑乱賢／聖，衆生顛墜，聖道永虧，正邪不辯[1]。天王憂衛，特現姿容，願師与陳／，早至梁國。

言訖，老人没。

三藏思寢懍然。

天王暗使鬼神持開五百／里高山路。

真諦至梁朝已，見達磨於武帝妖語流行，即心傳心，惑乱梁／主。

三藏雖到，尚未明言。

无賴罪人，障碍翻譯。

遂將踪迹，一一奏聞。

梁主／細知，遞過江北。

又魏國逢着菩提留支，被具述謬偽。

南北不容言。

入嵩山／少林寺，慙耻山間。

《傳法藏傳》及《法住記》《漢内法傳》《万部回[2]緣結集錄記》《五／師傳教次第》，並无"達磨"之名。實非聖德，並不可依也。

若依《唯識論》云：此／識若无便无俗諦，俗諦无故真諦亦无，真俗相依而建立故。

慈恩釋／云：若唯識无便是无俗諦，无[3]俗諦即依他故；俗諦若无亦无真諦／，以真俗相依建立故。依識俗事有真識理，此二相依而[4]相待故，闕[5]一／不可。

又論云：撥无二諦是惡趣空，諸佛説爲不可治者。應知諸法有

---

〔1〕"辯"，疑作"辨"。
〔2〕"回"，疑作"因"。
〔3〕"无"，疑衍，據窺基《成唯識論述記》。
〔4〕"而"，《成唯識論》作"互"。
〔5〕"闕"，據窺基《成唯識論述記》辨識。

空/不空，由此尊説二頌。

慈恩釋云：若撥无識及性，即撥无二諦，諸佛説/爲不可治者。沉[1]淪生死，病根深故，即清辯等。應知諸法遍計所執无/故有空，依他圓成有故有不空也。故彌勒説前二頌即前《中邊》頌言/：

虛妄分別有，於此二都无，此中唯有空，於彼亦有此。

故説一切法，非空非不空/，有无及有故，是則契中道。

又第三論云：有執大乘遣相空理爲究竟者，依/似比量撥无此識及一切法。

慈恩云：清辯无相大乘於俗諦中亦説依他圓/成有故真諦皆空；今言空者遣遍計所執相，彼執此文爲正解故，彼依/《掌珍》真性有爲空等似比量撥无此識及一切法，皆言无躰。/疏當弟四廿三紙也。

論：彼特違害前所引經。

慈恩釋云：違前染淨集起心故。/

論：知斷證修、染淨因果皆非實有，成大邪見。

慈恩釋云：知苦斷集，證滅/修道，染苦集，淨滅道，集道因，苦滅果，皆執非實，成大邪見。

彼若救/言：我依世諦不説爲无，但言非實故。

論：外道毀謗染淨因果，亦不謂/全无，但執非實故。

慈恩釋云：則同外道。外道邪見毀謗，亦不謂染淨/等皆无，現所見故，但執非實。染因不能感惡果，善因不能感善果，以/非實故，如空花等。論若一切法皆非實有，菩薩不應爲捨生死精勤修集/菩提資糧。誰有者[2]爲除幻敵求石女之兒以爲軍旅加共摧敵。惡賊是有[3]，/方求資粮而求斷故。

論：故應信有持種心，依之建立染淨因果。

慈恩釋/云：因果不无，可信此識。勸清辯等以生信也。此中可説三性有无，略述《掌/珍》清[4]本意，分二見之是非，定雙情之邪

---

〔1〕"沉"，據窺基《成唯識論述記》辨識。
〔2〕"者"，窺基《成唯識論述記》作"智者"。
〔3〕"惡賊是有"，《成唯識論述記》作"要賊是有，方求資糧而求斷彼"。
〔4〕"清"，窺基《成唯識論述記》作"清辨"，此處當脱"辯"。

見。我直[1]諦中亦非法无，但不可/爲因爲果，言語道斷故，俗諦之中依他、圓成有故，遍計所執无故（第四疏二十二品/也）。

解云：如上清辯等撥无染淨因果亦成邪見，則同外道也。

又《唯識/頌》云：

由彼彼遍計，遍計種種物，此遍計所執，自性无所有。

依他起自/性，分別緣所生，緣成實於彼，常遠離前（前字即因前遍計生，對後依名前也）性（性字因真如實性也）。

故此/与依[2]，非異非不異，如无常等性，非不見此彼（此三性中唯遍計性是空，依圓二性是有也。此說依圓二性是有者，意破空病也。自仁[3]/仍三无性）。

即依此三性，立彼三性[4]，故佛參[5]意説，一切法无性。

初即相无性（相者體相，即遍計體空，如空花故/），次无自然性（次依他立生无性，此如幻事托衆緣生，无如妄執自然性故假說无性，非性全无），後由遠離前，所執我法性（依後圓義[6]實立勝義无性，謂即/勝義由遠離前遍計所執我法性故假說无性，非性全无云）。

解云：頌言密意者，世尊密意爲破愚夫執離心之外有/真實我法，所以如來般若時隱依圓有法談遍計是空，總言无性也。自後有執/空之輩，不達世尊密意爲破有病總說三无性，即便隨文取義執依圓二性/亦是空。此執空者，諸佛説爲不可治者，沉淪生死，病根深故，即清辯等是，亦如/此方空見之人撥无如來所說依他起性，皆爲空也。依他既空，圓成真如亦應/是空。何以謂？依他是俗諦，圓成是真諦，俗諦若无亦无真諦，以真俗相/依建立故；依識俗事有真識理，此二相依互相待故，闕一不可。故《唯識論》/云：說密意言，顯非了義。謂後二性雖體非无而有愚夫於彼增益妄執/實有我法自性，此即名爲遍計所執。爲除此執故，佛世尊於有及无總/說无性。云[7]頌總顯諸

---

〔1〕 "直"，窺基《成唯識論述記》作"真"。
〔2〕 "依"，《成唯識論》作"依他"。
〔3〕 "仁"，疑作"下"。
〔4〕 "性"，《成唯識論》作"無性"。
〔5〕 "參"，《成唯識論》作"密"。
〔6〕 "義"，《成唯識論》作"成"。
〔7〕 "云"，《成唯識論》作"三"。

契經中說无性言非極了義，誠有智者不應依之/總撥諸法都无自性。

又《解深密經》云：

相（遍計性也）生（依他性也）勝義（圓成性也）无自性（此无自性三字貫通三性也/），如是我皆已顯示（如是三性三无性，佛言我皆顯示衆人也），若不知佛密意說，失壞正道不能往（若不知佛/密意於三世上說三无，爲破外道小乘執有我法之病，而撥依圓亦是空者，此人失壞正道，不能得往无上菩提也。正道者，即无漏智，種、現皆是也）。

解云：此方執空之/人，唯許真如是有，後[1]是无相。若智慧者，俱如對所治之或[2]而立智慧，所治/之或[3]若无、能治之智不有者，此即總空劫[4]无漏正道、若因若果有爲无漏/功德法也。豈可如來經三无數劫歷修万行有爲塵沙功德都无所有/、虛受勤苦耶，亦不違[5]如來所說不定不不有了義教文所明大/三祇五位六度万行等法[6]執爲如來方便之教，不肯依之起行而執般/若等空教即爲了義教文者，愚之甚矣。復哉！復哉！諸佛說爲不治病/，此正當也。《解深密》言失壞正道不能往者，此亦當也。

又如來所說大乘/正法不生一念信心，實是了義教返言不了義教，實是不了義教/文執爲了義教。如是顛倒計執，順自愚見，不生信者，即是謗於如來/大乘了義教文。聖教說謗大乘教者，罪極重也。此輩固守愚，悉邪見/縛心，沉淪生死矣。

地前加行位菩薩作真如觀時，伏煩惱、所知二分別/障，現行不起分別，我法二種現行皆除。爾時雖无分別我法二執現行，然/有緣我法空受相分及緣真如所變相分，有此空有二種相分未滅除/故，帶相觀心有所得故，非實安住真唯識理。故《唯識論》云：皆帶相故未/能證實，故說菩薩此四位中，猶於現前安立少物，謂是唯識真勝義性，以

---

[1] “後” 解釋作 “滅名爲後”。
[2] “或”，疑作 “惑”。
[3] “或”，疑作 “惑”。
[4] “劫”，疑作 “却”。
[5] “違”，疑作 “達”。
[6] “法” 後，疑缺 “而”。

彼／空有二相未除，帶相觀心有所得故，非實安住真唯識理，彼相滅已
方／實安住。慈恩釋云：心上變如名爲少物，此非无相故名帶相。相謂
相／狀。若證真時此相便滅。相即是空所執相，有依他相[1]，謂有空
相是彼／唯識真勝義性。真者，勝義之異名，第四勝義簡前三故。由
有此相未／證真理，滅空有相即能入真。（已上是疏文也。）

二、　關於斯 2546 號之命名及其性質的再討論

從思想主題上看，此則文獻可分爲前後兩部分，前面主要在於否定
“達磨”爲“聖德”，後面主要是對於唯識思想的解説，二者均屬於唯識
宗文獻無疑。然而，由於現存斯 2546 號實際是一部殘卷，没有首尾題，
所以學者們根據關注重要程度的不同，所給予的名稱也有差別。齋藤先
生認爲此則資料前部分與窺基《妙法蓮華經玄贊》有關，可稱爲《妙法
蓮華經玄贊抄》[2]；方廣錩先生認爲後半部分主要包含的是“論”“慈恩
釋”以及作者之“解”的内容，可謂是作者對玄奘翻譯的《成唯識論》以
及窺基《成唯識論述記》的解説，故而認爲整部文獻可稱爲《成唯識論述
記解》。[3]

從現在掌握的資料看，雖然還不能確定斯 2546 號到底爲何種名稱，
筆者亦不擬予以名稱；但是可以確定，學者的研究都承認該文獻屬於玄
奘、窺基一系的文獻；該文獻雖然前後各有側重，但具有一定的整體性。
這種整體性，不僅在於它們都屬於窺基一系，而且體現在内容展開的遞進
性，即先述不屬教内的執空代表達磨，然後述教内執空的代表清辯，而逐
漸表明唯識宗的特別之處。因此，該唯識文獻中所嵌入的“達磨資料”除
了能夠説明其中的“達磨形象”乃非“聖德”之外，還應看到這一形象的
另外一重性質，那便是緊緊跟在“達磨資料”後面的一段文字所指責的對
象“清辯”。此“辯”，《述記》爲“辨”，這裏被稱爲“無相大乘”的般若
中觀佛教宗派代表，其核心思想特點強調“一切皆空”，甚至在真諦的意
義上認爲“依他”“圓成”也是空的，這種看法在作爲唯識宗的“今者”

---

[1]　“有依他相”，窺基《成唯識論述記》作“有依他相名空有相”。
[2]　［日］齋藤智寬：《法相宗的禪宗批評與真諦三藏》，第 303—307 頁。
[3]　方廣錩：《一條關於達摩入華的另類資料》，第 59 頁。

看來，並不是真正的究竟之説，只是停留在“遣遍計所執相”的層次。[1]
相比較而言，如果説唯識宗對於清辯還留有一點情面，認爲他只是停留在
低層次的水準上，那麽對於達磨則是完全持否定態度，最爲代表者便是那
爛陀寺上座對達磨思想的認識，即“以非言是，以是言非”[2]。

　　斯 2546 號文獻的批評次序是先爲“教外”的達磨，後是“教内”的
清辯。這位作爲“教外”的達磨，從禪宗的立場來看，正是後世所謂“教
外別傳”正法的祖師，文獻中提到的“即心傳心”便被認爲是他廣泛流行
的思想主旨。特別值得注意的是，這種“即心傳心”的思想主旨得到廣泛
的傳播，正是流行於神會大力北傳惠能南宗之後[3]，特別是在禪宗發展
出弘忍、智詵之下的四川保唐無住系，甚至出現了“不將一字教來”[4]
的極端思想。他們共同的思想特點便是將“心法”或“正法”理解爲“般
若波羅蜜法”[5]，而與清辯爲代表的般若中觀一派具有内在的一致性。如
果按照該文獻的理解，禪宗所營造的“即心傳心”達磨，實際上乃是連清
辯一派都不如的“執空”之人。

　　總而言之，從唯識宗中所呈現的這部分達磨資料來看，單就其所賦予
的形象而言，不僅具有在身份上是位“此間擯嘿，恥衆逃形”的人物，而
且在思想層面上被評爲更爲低下的“執空”之人。

三、 斯 2546 號之形成時間的再討論

　　正如任繼愈先生曾經指出的那樣，書中的思想往往比書成立的時間更

---

　　[1]　據文中可知：唯識宗所説的“空”則只是空遍計所執，“依他”在俗諦的意義上是有，
“圓成”在真諦的意義上是有，故而是“不空”。
　　[2]　方廣錩：《一條關於達摩入華的另類資料》，第 61 頁。從此句所在的句群看，方先生
亦認爲此句乃那爛陀寺上座之言。
　　[3]　齋藤先生認爲“即心傳心”是“即心是佛”和“以心傳心”的結合，而“以心傳心”
首次被神會提出，因此推論“即心傳心”之説形成比較晚（齋藤智寬：《法相宗的禪宗批評與真
諦三藏》，第 320—321 頁）。筆者認爲，雖然禪宗文獻尚未發現“即心傳心”這種表達，但是這
種思想已經比較多地存在於比神會語錄還要早的《傳法寶紀》《楞伽師資記》之中，特別是《傳
法寶紀》之中，這種“即心傳心”之説應是早期禪宗注重心傳而淡化經傳的提煉。
　　[4]　《歷代法寶記》，《大藏經》第 51 册，第 180 頁下。
　　[5]　早期《壇經》版本中認爲這是“經法”，神會認爲早期的傳承便以《金剛經》傳之，
《歷代法寶記》則要求直指人心而傳。

早。[1]如果是這樣的話，那麼達磨入華的傳說及其資料呈現史便會異常複雜，或可籠統地稱爲此則達磨資料的"流傳史"問題。[2]在既有的條件下，如果把範圍縮小或採取不同的角度，便是比較可取的做法，比如可以根據書寫的紙張、字體、抄寫形態、整體風格等加以判斷，也可以根據此則資料所在文獻中援引《成唯識論述記》等著作產生時間以及作者可能的活動時間加以推測，還可以從禪宗與唯識宗在思想上的互動這樣一個視角加以研究[3]，以達到相互印證的效果。

值得注意的是，在既有條件下，在這些方法或視角中，筆者認爲最爲可靠的還是從宗派互動的角度，特別是禪宗與唯識宗互動的角度來確定斯 2546 號的產生時間，應該居於主導地位。因爲第一種方法存在只能說明整部文獻"抄寫"的年代，最多只能說明該文獻形成的大致下限；至於第二種方法，因爲每個文獻實際上都有確定的時間，而這部文獻作爲一個彙編，所以很難説達磨文獻就比其他援引的一些文獻更晚或更早，最多達到的結果也只能是根據文獻編輯的時間排序而確定達磨文獻的大致上限。[4]所以，剩下來第三種視角，所謂宗派關係的視角，特別是禪宗與唯識宗互動關係的視角，將其中特有的一些思想定位於不同的時期並解釋其緣由。在筆者看來，這比較能夠勝任對此文獻加以分析了解的工作。

從上文的分析中，實際上已經能夠意識到該文獻乃是唯識宗所創作或整合的"達磨材料"，並且是將其視爲類似"此方執空之人"加以對待的。實際上，這種貶低禪宗的做法，不僅表現在以法師聖德自居的唯識宗這裏，也表現在以律師爲代表的道宣《續高僧傳》之中，即將達磨視

---

［1］ 任繼愈：《任繼愈禪學論集》，商務印書館，2005 年，第 31 頁。

［2］ 方廣錩：《一條關於達摩入華的另類資料》，第 60 頁。

［3］ 齋藤先生甚至結合一般信仰環境的變化（如五臺山信仰、祖塔信仰）來推測斯 2546 形成時間和地域，認爲該文獻當形成於北方，并推測產生時間比較晚（齋藤智寬：《法相宗的禪宗批評與真諦三藏》，第 324—325 頁）。筆者認爲據此推測該文獻很可能產生於北方，但是並不能推測文獻產生的也晚，特別是認爲其中達磨傳説產生的晚，因爲在《楞伽師資記》《歷代法寶記》等文獻中也存在五臺山信仰以及祖塔信仰的成分。

［4］ 齋藤先生即根據他對於斯 2546 文獻所包含的《妙法蓮華經玄贊抄》等文獻成立的時間推測達磨資料的成立亦比較晚（齋藤智寬：《法相宗的禪宗批評與真諦三藏》，第 304—312 頁）。

作 "虛宗"[1]。他們的區別只是，法師們的評判比較冷酷無情，認爲達磨是被擯除僧籍者；道宣同時作爲律學大師和史傳作者，一方面對於擅長講説的法師以及嚴於律己的律師對達磨禪宗的評譏表示理解，一方面還算是有所同情，對於達磨依然給予很高的評價，認爲他與僧稠二人乃 "乘之二軌"[2]。從中可見，早期禪宗與其他諸宗雖然有鬥爭或摩擦，但是彼此還是相互承認爲 "佛教中人" 的，他們的矛盾只是内部矛盾，尚未出現以玄奘、窺基爲代表的這則材料將達磨視爲 "教外之人" 的情況；故而將這種形象賦予達磨，並且將己宗早期的 "真諦" 設計爲與之在印度和中國都有關係的代表，這些説法可謂以玄奘、窺基爲代表的唯識宗人的特殊創作。

　　然而，爲了要表達上述特有觀點，斯 2546 號也用到了這樣一些關於達磨的傳説：（1）作爲 "巡禮者"，（2）與菩提流支有交往，（3）與 "梁武帝" 有會面，（4）最後常住少林寺而終老，（5）以心傳心。從這些傳説在文獻中出現的先後順序來看，第 1 種主要見於《洛陽伽藍記》，第 2、4 種則見於主張《楞伽經》傳承的禪宗北宗，第 3 種則在《神會語錄》《歷代法寶記》《壇經》等文獻中有記載，而第 5 種則是禪宗南北二派的基本觀點。所以要將這些要素加以綜合的前提是：這些要素已經產生並比較流行，否則不可能被唯識宗門人所知。在這些資料中，《神會語錄》《歷代法寶記》以及現存最早的《壇經》雖然比較靠後，但是它們之間也有先後，其中哪一種最有可能是唯識宗此則達磨資料的來源呢？

　　在這些資料中，首先，我们可以排除現存最早的《壇經》以及《歷代法寶記》，因爲它們已經將《付法藏傳》作爲禪宗西方祖師譜系的文獻根據之一，而且將之與《禪經序》相聯繫來説明達磨的祖師地位，建立了含有 "達磨" 的祖師譜系，並非如斯 2546 號中所言不在祖師譜系中。其次，斯 2546 號將達磨思想判爲 "執空"，但是在傳播比較廣泛的《歷代法寶記》和《壇經》中，特別是在《壇經》中，在闡述 "般若波羅蜜法" 時特別強調 "第一莫著空"。在這種針鋒相對的情形下，筆者認爲，《歷代法寶記》以及現存最早的《壇經》關於達磨形象的説法，整體上產生於唯識宗

---

〔1〕〔唐〕道宣：《續高僧傳》，《大藏經》第 50 册，第 596 頁下。其中説 "（僧）稠懷念處清範可崇，摩法虛宗玄旨幽賾；可崇則情事易顯，幽賾則理性難通"，言辭間認爲達磨之禪不容易進行實修。

〔2〕同上。

的説法之後；換句話説，唯識宗此則達磨資料的産生時間，保守估計，應該不會超過《歷代法寶記》産生的 775 年。這樣，便只有《神會語録》滿足條件。

在《神會語録》中，關於達磨傳記的文獻分有前後兩次，一是惠能去世二十年（732）左右形成的《菩提達磨南宗定是非論》，一是惠能"滅度後四十年外"（752）[1] 左右形成的《南陽和尚問答雜徵義》中的祖師傳承説，二者均具有"立碑樹宗"的宗派意圖，特別是《南陽和尚問答雜徵義》中還別具一格地指出"有婆羅門僧，字菩提達磨"，這一説法可謂是與唯識宗之説特別相左。唯識宗的資料顯示，"達磨"非僧籍名録所存，"菩提達磨"乃是其被擯除之後，被問及"梵字芳猷"時自作之名。除此之外，神會一系還援引了流傳於《傳法寶紀》中的達磨傳説，所謂"神異"形象的一面，特別是借用"死而復生""隻履西歸""預言有驗"等來説明達磨不僅有"聖德"而且被世人重新認識到就是"聖人"[2]。對照唯識宗的達磨資料及其所塑造的形象，《南陽和尚問答雜徵義》中的達磨傳記的這些特別説明，便不應理解爲不痛不癢或隨意的臆造，因爲其中不少内容都是對唯識宗等人所發指責的一個回應，乃至後來還有禪師在撰寫達磨傳時特別強調"菩提多羅"是本名、"達磨多羅"是法名、"菩提達磨"爲俗稱等説法[3]，作傳的禪師儼然成了江湖起名先生一般。因此《南陽和尚問答雜徵義》中的達磨傳記可謂晚於唯識宗的此則達磨資料。反過來，唯識宗此則達磨資料即不應超過 752 年。實際上，《南陽和尚問答雜徵義》標題中的地名爲"南陽"而不是神會後來的去處"菏澤"，便也可以證明其説發生當在 752 年之前。如果結合神會—宗密一系所傳有關神會傳的記載，神會先是在無遮大會上宣稱"北宗是漸，傳承是旁"，特別是在發表《顯宗記》並得到兵部侍郎宋鼎的護持之後，隨著惠能南宗逐漸處於優勢地位，神會一系的對立方主要不再只是北宗，禪宗以外

〔1〕［唐］神會：《神會和尚禪話録》，楊曾文編校，中華書局，1996 年版，第 110 頁。值得注意的是，有關達磨至惠能的傳承譜系的形成時間雖然極有可能爲 752 年左右，但是此傳記譜系所在的《雜徵義》末尾有"貞元八年歲在未"的校勘時間記録，而貞元七年在"未"，八年是"申"，故而如果保守看應該在 792 年之前形成。

〔2〕同上。

〔3〕《傳法正宗記》，《大藏經》第 51 册，第 739 頁下、第 739 頁中；而《歷代法寶記》則有一個"菩提達磨多羅"的説法。

的諸宗發出的問難[1]才是禪宗未來工作的重點，所以才有必要對祖師譜系進行新的修訂和完善。各種問難在 732—752 年的二十來年間集中爆發，可能性是有的，而最有可能的是在神會發表《顯宗記》（745）之前後。在《顯宗記》中，不僅提到"衣法並傳"的關係問題，而且特別强調"西天二十八祖，共傳無住之心"的同時，將"般若"與"涅槃"融爲一體，認爲"般若涅槃，名異體同"[2]，並非認爲"一切皆空"。

那麼唯識宗的這則資料有沒有可能早於《是非論》產生的 732 年呢？筆者認爲有這種可能性，但是更有可能是晚於《是非論》。因爲《是非論》乃是神會連續多年在北方批評北宗而建立南宗並樹立自達磨至惠能"衣法相傳"正統譜系的文獻彙編，欲使"天下知聞"，故而其中關於達磨的說法理所當然會有廣泛的影響，特別是其中論及達磨西方傳承的根據在於《禪經序》，神會此說法不應該不被注重師承的唯識宗認識到。然而，唯識宗的認識可能是反向的。一方面，《禪經序》所錄傳承人之少，實乃不攻自破；另一方面，《禪經》的翻譯者佛陀跋陀羅乃是曾被擯除的著名人物，而這正提供了唯識宗構建達磨形象的基本思路。值得注意的是，作爲回應，神會一系除了修訂新的達磨傳之外，推重神會一系的《歷代法寶記》也在唯識宗等人抨擊後開始特別地將《付法藏傳》和《禪經序》結合起來構建西方祖師譜系。在禪宗與唯識宗的對立關係日益白熾化的過程中，以《歷代法寶記》爲代表的禪學一系雖然承認達磨一系曾遭受被擯的冷遇，但是編者認爲那是達磨在華傳法的弟子佛陀跋陀羅和耶舍，而並不是"不將一字教來"的"禪師"達磨，進而與那些依持"經教"的法師、律師乃至法相唯識學者[3]等劃清界限、徹底決裂，禪宗的達磨雖然在"教外"，但是却在"別傳"正法，唯識宗的批評反而成了禪宗自我標榜的資源。

---

〔1〕　在惠昕本《壇經》中便出現獨立的一門，所謂"九諸宗難問（門）"，即是這種情況的反映。在宗密所著《禪源諸詮集都序》中雖然宣導"禪教一致"，但是以禪教相譏爲背景的。有趣的是，唯識宗的此則材料把己宗視爲教內最高，而宗密則將其評爲教內最低，亦可見此中禪宗與唯識關係受到二者歷史上以及當時的對立關係所影響的痕迹。

〔2〕　［唐］神會：《神會和尚禪話錄》，第 52—53 頁。

〔3〕　《歷代法寶記》在最末的保唐無住傳記中記載有位"引諸法相，廣引文義"的"無盈法師"，無住禪師與他的對話中說"第六意識至眼等五識，盡屬有覆無記，第六意識已下至第八識，盡屬無覆無記，並是强名言之；又加第九識是清淨識，亦是妄立"（《大藏經》第 51 册，第 190 頁上），此種"加第九識是清淨識"者，以"真諦"爲代表，主張"八識"之說者則以玄奘爲代表，故而無住禪師顯然是針對唯識學者而言。

　　總而言之，從中國宗派關係的歷史來看，斯 2546 號這個唯識宗內留存的達磨材料可謂是新時期宗派關係的產物，特別表現在其將"達磨"開除到了佛教之外，這種形象的塑造應該是玄奘—窺基一系的門人所爲。就其產生的時間來看，應該發生在惠能—神會弟子在北方廣傳南宗"以心傳心"的禪法，並開始嘗試建立己宗西方祖師譜系前後，不應晚於 752 年[1]，因爲在《南陽和尚問答雜徵義》中重新改寫的達磨傳中，特別提到達磨是"僧"，"菩提達磨"是其"字"，這種書寫應該被理解爲是對諸如唯識等宗派認爲菩提達磨非僧而無名字的一種直接回應。至於該文獻產生的最早時間，筆者傾向認爲不應當早於神會《菩提達磨南宗定是非論》（732），特別有可能發生在 745 年前後，神會使得達磨"以心傳心"以及《禪經序》爲西天傳承依憑的說法流傳甚廣，而此二者却易被別宗加以反向的發揮。

四、　關於斯 2546 號所引發的思考

　　通過以上分析，唯識宗關於達磨入華此則資料，既反映了禪宗與唯識宗相互對立的一面，也反映了它們相互學習乃至批判性吸收的一面，可謂是禪宗與唯識宗交織互動的歷史留下的顯著痕迹，從而與一般的隱蔽痕迹具有非同尋常的文獻價值。

　　首先是啓發學者在宗派互動的視野下重新研究敦煌文獻。衆所周知，近代凡是致力於禪宗研究者，都不能忽視敦煌文獻中相關的禪宗早期文獻資料。也正因爲如此，引發了一批又一批學者重寫中國禪宗史。然而，通觀今人的禪宗史書寫，却發現一個重要的傾向，好像禪宗是在自我繁榮分化中孤立成長的，它與作爲宗派、作爲文化的"他者"之間是一種什麼樣的互動關係，却很少有人作深入而全面的研究。同時，又因爲禪宗學術史的撰寫在諸派別史中形成最早，當其成爲某種學術上的"典範"後，其他佛教宗派史的書寫也便向各自爲政的方向越走越遠了。因此，今所發現的唯識宗關於達磨的資料作爲諸多敦煌資料的一部分，若能據此引起未來從

---

　　[1]　當然，也有可能是禪宗自己先立說達磨是僧及"字菩提達磨"之說，然後唯識宗破之；但筆者在沒有更多材料證實的情况下，更願意相信唯識宗破之在前。

事佛教（特別是禪宗）研究者對於敦煌資料基於“互動關係”視野下的重新審視和研究，從而逐漸推開，應該會大大補益於學林。

其次是認識禪宗與其他宗派關係的辯證發展過程。敦煌文獻中有關達磨資料，比較明顯地反映了在唯識宗人心中對於“達磨形象”及其思想的認識，其中既有宗派性不理性的一方面，但同時也有基於共識或常識的理性的一方面，愚人見前，智者見後，後者常常成爲禪宗努力完善己宗的方向或目標，從而帶來了禪宗“達磨形象”的組成部分更爲豐富，乃至成爲各種優秀傳統文化的載體，這是古人創造性轉化、包容性發展的重要途徑。這種在文化間既有衝突又有融合的一面，所謂文化交流互動關係現象，隨著三教關係研究的深入開展，已經逐漸被人們認識，而作爲一種方法應用於具體領域却值得進一步推進。實際上，所謂“投之以桃，報之以李”，唯識宗思想及其學人的形象也在禪宗中便因此而得到一定的保留和塑造，例如宗密在《禪源集都序》中，便將唯識法相視爲教下獨立一派，而後來的《壇經》版本則將唯識宗人“真諦”視爲預言六祖惠能爲“肉身菩薩”並將在他所種植的菩提樹下“開演上乘”[1]。這種禪宗與唯識宗從緊張矛盾逐漸走向相互融合方向的發展情形，同樣也存在於唯識宗的文獻中。[2]

最後便是透過宗派性而體察中國佛教的精神境界。正如在分析唯識宗的“達磨資料”的過程中可以看到的，與其說他們在言說達磨，還不如說他們在將達磨視爲“引子”，以勸人更爲深入地了解唯識宗所開掘的真理性認識和實踐。研究和塑造達磨並不是他們的專業，而是副業。當泥沙俱下時，應在沙中求金。同樣，對於禪宗，雖然敦煌文獻乃至更早的文獻好像具有揭示歷史真相的意義，但是正如應該採取對待唯識宗中的“達磨資料”一樣，研究者也應該保持去其糟粕、取其精華的冷靜態度和取向。或正是這一緣由，不僅《壇經》《寶林傳》等禪宗文獻曾經因爲含有一些鄙俚繁雜的“僞妄”內容而被清理出《大藏經》[3]，而類似唯識宗這樣的資料也未被其收錄，嗔以亂智，是爲鑒也。

---

〔1〕　［日］柳田聖山：《六祖壇經諸本集成》，中文出版社，1976 年，第 316 頁。

〔2〕　［日］齋藤智寬：《法相宗的禪宗批評與真諦三藏》，第 324—327 頁。

〔3〕　《釋門正統》（《續藏經》第 75 冊，第 354 頁上）有云：“近者大遼皇帝詔有司，令義學沙門詮曉等再定經錄，世所謂《六祖壇經》《寶林傳》等皆被焚，除其僞妄條例。”

《佛教文獻研究》第四輯
2024 年，251—267 頁

菩提流支是否爲地論宗北道派的思想創始人？[*]
——通過羽 726R 對菩提流支名下早期地論文獻的再反思

［韓］李相旼　著／史經鵬　譯

内容摘要：羽 726R《大乘十地論義記》是呈現早期地論宗思想體系的稀有文獻，可能體現了菩提流支自身，或其門下弟子的觀點。然而，該疏似乎並未以阿梨耶識爲思想基礎。相反，它主張真如佛性和七識説，這在傳統上被認爲是屬於勒那摩提派，甚或是以前幾代佛教徒的思想特徵。如果根據這一稍晚的記載，南北兩道的成員擁有共同的思想基礎的話，則很難認爲這兩位印度法師因爲個人的思想分歧而分裂了地論宗。總之，如果地論宗北道派確實存在，其實際創始人應該就是中國佛教徒自己。

關鍵詞：羽 726R；菩提流支；地論宗北道派；真如佛性；七識説；勒那摩提

作者單位：韓國高麗大學
譯者單位：中央民族大學哲學與宗教學學院

---

* 本文是拙作《〈入楞伽經〉주석서에 나타난 초기地論學派의특징－둔황사본羽 726R（〈大乘十地論義記〉）을중심으로》（The Special Features of the Early Dilun School As portrayed in a Dunhuang Manuscript 羽 726R）的修改版，參見《禪文化研究》，韓國禪理研究院 no.16，Seoul：2014。

一、序　言

　　地論宗是以《十地經論》[1] 命名的一个佛教學派，在 6 世紀中國佛教思想發展史上具有極其重要的地位，這可以從地論宗大師淨影慧遠（523—592）的《大乘義章》中窺其一斑。

　　傳統上認爲，地論宗有兩位思想創始人，即勒那摩提（? —508—511—?）和菩提流支（? —508—535—?），二人合譯了《十地經論》。據説他們在地論宗内部建立了兩個不同的派別：南道派和北道派，二派各有不同的思想基礎，前者基於真如（tathātā，或法性 dharmatā、如來藏 tathāgatagarbha），後者基於阿梨耶識（ālayavijñāna）。[2]

　　然而，隨著地論宗研究的進展，學者們發現地論宗思想或哲學的發展未必與其師門傳承關係保持一致。尤其值得注意的是，對敦煌遺書中法上（地論南道派的代表僧人）的《十地論義疏》（斯 2741 號）的研究表明，南北二道擁有共同的心識説。[3] 這一發現改變了地論宗研究的方向：最近的研究開始集中在地論宗實際上發展出了什麼樣的思想或哲學面貌。[4] 毫無疑問，近來一系列被確認爲地論宗人所撰的敦煌遺書使得這一研究進路

---

　　[1]《十地經論》（Daśabhūmikasūtraśāstra），菩提流支與勒那摩提合譯於 508—511 年。此論的藏譯本題名是 Ārya Daśabhūmivyākhyāna（'phags pa sa bcu-pa' i rnam-par bshad-pa）. 參見《西藏大藏經》，vol.105（北京版），no.5499（德格版 3998）。

　　[2] 如 "一説云，初勒那三藏教示三人。房定二士授其心法，慧光一人偏教法律。菩提三藏惟教於寵。寵在道北教牢宜四人。光在道南教憑範十人。故使洛下有南北二途。當現兩説自斯始也。四宗五宗亦仍此起"（《續高僧傳》，vol.7，T50.482c），"'如地論有南北二道'者，陳梁已前弘地論師二處不同，相州北道計阿黎耶以爲依持，相州南道計於真如以爲依持"（《法華玄義釋籤》，vol.18，T33.942c）。後者是對智顗（538—597）所説 "如地論有南北二道，加復攝大乘興，各自謂真，互相排斥"（《妙法蓮華經玄義》，vol.9，T33.792a）的注釋。吉藏（549—623）與智顗同時代，也注意到北方有不同的思想派別，如 "北土二家。一云本有真如體。未有其用。從真如内。生一切功德智慧之用。如本有金朴。從人功鑪治。生金上調柔明淨之用。故是内出義。次師云非從真内。生諸功德。但轉無始來一切功德。作於報佛。依真如法身爾"（《法華統略》，vol.1，X27.469c-470a）。鑒於上述記載，可知至少對於南方的僧人來説，地論宗在 6 世紀晚期存在兩個不同的思想傳統是顯而易見的。湯用彤重新考察了地論宗的歷史，根據這些記載，主張菩提流支和勒那摩提分別是二道的創始人。在此之後，當代學者似乎廣泛接受了這一結構。參見湯用彤：1938（1983），612—615。

　　[3] 坂本：1956，380—391。

　　[4] 在此語境下，聖凱甚至認爲地論宗的分派只是一個 "虛像"。參見聖凱：2013，90。

變得可行了。[1]

　　本文介紹一件新發現的敦煌遺書羽726R，這是對《入楞伽經》（菩提流支譯於513年[2]）“法身品”的注疏。[3]在介紹該注疏之後，我將對關於地論宗分派的傳統觀點提出疑問。羽726R包含了早期地論宗的思想體系，這可能體現了菩提流支自身，或其門下弟子的觀點。然而，該疏似乎並未以阿梨耶識爲思想基礎。相反，它呈現出一些傳統上認爲是屬於勒那摩提派，甚或是以前幾代佛教徒的思想特徵。如果根據這一稍晚的記載，南北兩道的成員擁有共同的思想基礎的話，則很難認爲這兩位印度法師因爲個人的思想分歧而分裂了地論宗。

　　在第一部分，我將討論一些基本信息，比如此注疏的年代、地區及流傳歷史，以便爲我的研究奠定基礎。根據題記，羽726R抄寫於公元539年。根據這些時間與地理信息，以及標題“大乘十地論義記”，可以推知它在中國佛教史上相對準確的位置。

　　在第二部分，我將引用羽726R的幾段文字來描述早期地論宗的思想面貌。這件注疏的一些思想與《金剛仙論》相符，而《金剛仙論》是對天親《金剛般若波羅蜜經論》的注疏，或更確切地説是其講義錄。這意味著羽726R可以被認爲是另一部與菩提流支派相關的地論宗文獻。

　　最後，我將分析羽726R，並指出當時佛教徒特色的教義理解。這部注疏的思想建立在終極真理或真如的基礎上，而非阿梨耶識。當我們考慮到“真如佛性”的概念時，這一特徵更加明顯。另外，我在校訂該疏時注意到了其中的“七識説”，它意味著地論宗僧人擁有共同的哲學立場，不管他們是問學於勒那摩提還是菩提流支門下。

二、羽726R的基本信息

　　2013年，《敦煌秘笈》第9册出版，公開了羽726R圖版。該疏共有

---

　　　[1]　青木隆整理了相應的先行研究。參見青木：2010，44—62。

　　　[2]　“《入楞伽經》一十卷（延昌二年譯。是第二出。與宋世跋陀羅四卷《楞伽》廣説爲異。沙門僧朗道湛筆受）。”（《歷代三寶紀》，vol.9，T49.85c）

　　　[3]　經池田將則同意，我對此號敦煌遺書的校訂本發表於2013年。參見金剛大學校佛教文化研究所（編）：2013，515—542。另外可見李子捷的整理本，他附有短文介紹，參見李：2013，25—40。

236行，11紙，首殘。行文有重叠，這説明它可能不是原始文本，而是某一版本的轉抄本。此疏的作者是誰，是否有不同版本，這些都不得而知。然而，卷末存有寫經生的兩行題記，由此可知其標題、抄寫時間及地點：

> 大乘十地論義記一卷
> 大統五年二月七日一交竟

（一）羽726R 的抄寫時間和地點

首先來看該注疏的抄寫時間和地點。大統（535—551）是西魏（535—556）的年號。據史書記載，南北朝（420—589）政治形勢極不穩定，因爲皇室貴族階級的偏好，當時的佛教徒不得不忍受宗教迫害與保護的來回振蕩。幸運的是，對佛教徒來説，在西魏大統年間，朝廷的實際統治者宰相宇文泰（508—556）大力保護並弘揚佛法。宇文泰在國家層面上弘揚佛法，他下令從東魏（534—550）——地論宗的中心所在——引進佛教經論，並將這些經論重新按照五門加以整理。[1]毫無疑問，羽726R 書寫於西魏，但其内容却並未呈現出西魏佛教的特徵。儘管没有直接的證據，我仍願意相信這件遺書的標題之所以是“大乘十地論義記”，是由於西魏佛教徒在以“大乘十地論”的名義收集各種經疏。不管如何，我們可以猜測這件遺書是從東魏引進的，且其原始文本産生於北魏首都洛陽或東魏首都鄴城。[2]

大統五年是公元539年。因此，我們可以推測羽726R 的原始文本撰寫於513—539年間，是菩提流支譯完《入楞伽經》後、羽726R 抄寫之前。羽726R 的原始文本的假定撰寫時間表明，該注疏是呈現早期地論宗思想體系的稀有文獻。它不僅缺少五門的體系，也没有其他以後地論宗文獻所有的思想特徵，比如三種緣集、別教、通教、通宗教。[3]再者，記録上菩提流支

---

[1]　參見荒牧：2000，25—62。在此文中，荒牧嘗試重新建立從北魏至唐代的思想發展。在此過程中，宇文泰代表了在西魏形成的一種新的佛教動向，這可以從在宇文泰指導下曇顯所撰《一百二十法門》（北8388、北8389）中窺知。

[2]　菩提流支首先在洛陽展開其譯經事業，北魏分裂後，又轉移到鄴都。因此，儘管《入楞伽經》譯於洛陽，但仍難以確定羽726R 究竟是在哪座城市寫就的。參見“（癸巳）十二　二（《魏史》云：此年撮天下僧尼寺積有一萬三千七百二十七所。去承明來始三十餘年。《入楞伽經》十卷菩提流支於洛陽出）”（《歷代三寶紀》，vol.3，T49.45a），“梁武帝世，北天竺國三藏法師菩提流支，魏云道希，從魏永平二年至天平年。其間凡歷二十餘載。在洛及鄴譯”（《歷代三寶紀》，vol.9，T49，86b）。

[3]　關於晚期地論宗的思想特徵，參見青木：2010，61—88。

最後的活動是535年。[1]這表明，這件文本的撰寫時間很可能與菩提流支的生年同時，甚或它就是菩提流支親自撰寫的。若是這樣，羽726R就是一份非常重要的資料，它告訴我們至今爲止尚未揭露的菩提流支的思想立場。

（二）羽726R概述

如上所述，羽726R是對《入楞伽經》"法身品"的注疏，因此它是現存唯一的《入楞伽經》注疏。此疏的主題是法身，終極真理之身。如疏中以"……分"所示，它可以分爲三個部分：

第一分（行1—60）：此部分從幾方面闡釋法身，認爲法身有三種特性：（1）離四種法，（2）妙有非無，（3）與五陰一異。

第二分（行60—196）：這是羽726R中分量最大的部分。疏文集中於從"名"和"義"的角度闡釋法身的"不生不滅"，主張法身以名言施捨令二乘進向大乘，儘管法身自身不可以名言來理解。

第三分（行196—236）：在這最後一部分，羽726R將法身的不生不滅與外道異相區分開來。它認爲同時存在兩種層次的不生不滅：無爲與有爲。最後，該疏認爲法身是真如，並且是成佛的唯一根據。

羽726R逐段注釋了《入楞伽經》的"法身品"，是典型的注疏。然而，就其原始形式來看，仍存在一個問題：它是完本，或只是《入楞伽經》全本注疏的一部分？我認爲後者的可能性更大。據《東域傳燈目錄》記載，菩提流支親自撰寫了一部《入楞伽經疏》（五卷）。[2]因此，很有可能羽726R就是《入楞伽經疏》的逸文。

再者，注疏中的"如經"部分表明，此疏是對經的重新整理。在《十地經論》中，"如經"通常置於經文之前，引文如下：

> 經曰。①又一切菩薩不可思議諸佛法明説令入智慧地故。②攝一切善根故。③善分別選擇一切佛法故。
>
> 論曰。……此是根本入。<u>如經</u>①又一切菩薩不可思議諸佛法明説令入智慧地故。此修多羅中説依根本入有九種入。一者攝入。聞慧中

---

〔1〕 "《伽耶頂經論》二卷（<u>天平二年</u>。在鄴城般舟寺出，一云《文殊師利問菩提心經論》，僧辯道湛筆受）"（《歷代三寶紀》，vol.9，T49.86a）。

〔2〕 "《<u>入楞伽經疏</u>》五卷（中國大乘論師菩提<u>流支</u>自翻自講）"（《東域傳燈目錄》vol.1，T55.1153a）。儘管羽726R與後世引用《入楞伽經疏》的引文没有一致之處，但這並不必然意味著它們是完全不同的文本，因爲現存資料極其有限。後世對《入楞伽經疏》的引文，主要是討論心識思想。大竹晉編集了相關資料，參見竹村、大竹：2003，331—334。

攝一切善根故。如經②攝一切善根故。二者思議入。思慧於一切道品中智方便故。如經③善分別選擇一切佛法故。（T26.124b-c）

而在羽726R中，"如經"似乎表示注釋的分段符號。疏中有兩個例子可以佐證這種觀點。第一，代表章節劃分的"～分"，緊接在"如經"之後：

> 如經。第二分。（行60）
> 如經。第三分。（行196）

第二，論疏以"如經"結尾：

> "爾時世尊重說偈言"以下，有三十偈半，重頌上長行第二第三兩分經文。如經。（行233—234）

因此，羽726R的編集者似乎主要把"如經"看作一種分段符號。若是如此，這就是一種很奇怪的用法。因此，我們可以認爲"第二分""第三分"是在編輯、抄寫過程中插入的。不要忘了，羽726R是複寫本，並且可能至少抄寫了兩次。

儘管該注疏單獨流傳的情況不得而知，但這或許和南北朝佛教徒試圖解決的問題有關。它讓我們想起了廬山慧遠（334—416）——初期佛教史中的關鍵人物，他曾積極地與鳩摩羅什（344—413）通信詢問法身義。然而，如羽726R所示，對法身的思考興趣可能代表了當時佛教徒的普遍關注，而非慧遠一人的問題。我們可以認爲，這種興趣進而影響了菩提流支的翻譯。因爲羽726R的注釋對象"法身品"，只存在於菩提流支譯《入楞伽經》中，而梵文本和其他兩種漢譯本都沒有這一品。[1]

---

〔1〕 "法身"是該章的主題，但與其他版本相比，這似乎是菩提流支主觀任意的翻譯。對比一下 "*deśayatu me bhagavāṃstathāgato'rhan samyaksaṃbuddhaḥ svabuddha-buddhatā*，*yena ahaṃ ca anye ca bodhisattvā mahāsattvāstathāgatasvakuśalāḥ svamātmānaṃparāṃ ścāvabodhayeyuḥ*"（*Laṅkāvatāra Sūtra*，Nanjio Ed.，187）和"世尊！如來、應、正遍知，惟願演說自身所證內覺知法，以何等法名爲法身？我及一切諸菩薩等，善知如來法身之相，自身及他俱入無疑"（《入楞伽經》，vol.6，T16，550a）。這裏，菩提流支似乎將"*svabuddha-buddhatā*"意譯爲"法身"，或故意加入了一段話。

（三）羽 726R 和《金剛仙論》中的相應段落

爲方便起見，我將羽 726R 和《金剛仙論》的對比表列如下，以揭示二者的關係。

羽 726R 和《金剛仙論》相應段落對照表

序號	羽 726R（行）	金剛仙論（附《大正藏》頁碼）
1	修十地智，作了因。（34）	能得十地證智。終與法身作其了因。（T25，p.821a）
2	得人法二無我真如正觀現前，永斷四住及習氣不明。（68—69）	菩薩既道登初地。現見真如法無我理。永斷四住習氣及無明粗品。（T25，p.804b）
3	内二乘小心，説十二部經教，生出世間三慧，得人無我空，斷四住惑，故有二乘聖人。（154—155）	四沙門果無漏智慧。……乃至羅漢。斷四住惑。……此二乘之人無我正理及滅結無内。故名内聖。（T25，p.823a-b）
4	二乘但聞人無我智，未聞因緣真如二種法無我智故，亦非境界。（93—95）	因緣真如二種法無我。明因緣法體本來不生名爲無生。（T25，p.865b）
5	要由行人發菩提心，修十地行，證二無我空，除二障，盡現見真如法身，名爲報佛，亦名方便涅槃。（219—221）	本有之性顯用之時名爲報佛。即方便涅槃。（T25，p.858c）

數年前，大竹晉發表了《〈金剛仙論〉の成立問題》，此文成爲相關研究的標準。大竹分析了《金剛仙論》的一些複雜面貌，舉出一系列確鑿的證據，認爲此論是菩提流支的講義錄。[1]這一發現意味著《金剛仙論》反映了菩提流支所創造的學術傳統，也就是地論宗的早期思想。羽 726R 的解釋與《金剛仙論》有相同之處，也可以支持這種觀點。尤其當嘗試確定菩提流支的思想立場時，在對於阿梨耶識的觀點方面，可以看出他將《入楞伽經》作爲自己的思想根據。另一方面，《金剛仙論》呈現出重視佛性

————————————

[1] "講義錄"是日本學者爲了解釋某種中國佛教典籍而發明的新概念，它介於印度經典和中國經典之間，但兼有二者的特徵。在《金剛仙論》中，大竹發現了一些當時尚未傳至中土的印度方面的重要信息。但這並不能證明《金剛仙論》是印度撰述佛經，因爲中國僧人在解釋經義時，它也呈現出一些誤解之處。基於此，大竹宣稱《金剛仙論》是一種講義錄，混合了印度和中國的佛教思想（大竹：2001a）。受此啓發，船山徹也在同樣意義上提出"撰述經典"的概念。參見船山：2002。

或如來藏的傾向，認同一切衆生悉有佛性，這似乎與後世對菩提流支思想的解釋存在偏差。然而，如果他們在注釋思想對立的經典時，擁有共同的觀點，則早期地論宗的學者應該持有他們自己的思想體系，這種體系可能源自前代學者。

三、 羽 726R 的思想特徵

（一）二無我和煩惱

上面五組相關的段落，表明了羽 726R 和《金剛仙論》的相同點。第 2 和 3 組呈現出一種精妙的解釋，融合了過去的思想傳統與新譯經典的新要素，即二無我：人無我和法無我，分別被當作二乘和大乘。儘管這兩個無我的概念，在地論宗之前就已爲中國人所知，但到了菩提流支的《入楞伽經》才第一次明確將它們與大小乘關聯起來。

> 諸聲聞得人無我，而不得法無我空。（《入楞伽經》，vol.7，T16，p.555b）[1]

然而，羽 726R 和《金剛仙論》在解釋二乘所斷煩惱時，都使用了"四住"的概念（第 3 組）。衆所周知，這個概念源自求那跋陀羅（394—468）在公元 436 年所譯的《勝鬘經》（Śrīmālādevī-Sūtra）。

> 煩惱有二種。何等爲二。謂住地煩惱、及起煩惱。住地有四種。何等爲四。謂見一處住地、欲愛住地、色愛住地、有愛住地。此四種住地生一切起煩惱。（《勝鬘獅子吼一乘大方便方廣經》，vol.1，T12，p.220a）

與此同時，《勝鬘經》還提出一個更深層次的煩惱，無明住地煩惱，這只有佛才能斷除。

---

[1] 梵文本及在此之前的《楞伽經》漢譯本中没有與此對應之處。

世尊！如是無明住地力，於有愛數四住地，無明住地其力最
大。……阿羅漢辟支佛智所不能斷，唯如來菩提智之所能斷。(《勝鬘
師子吼一乘大方便方廣經》，vol.1，T12，p.220a)

因此，上述引文中説，二乘人得人無我智，只能斷除四住煩惱，而
大乘人道登菩薩初地時，才能斷除無明住地的根本煩惱。這意味著菩提
流支的學派積極地借鑒中國已經譯介的思想，然後在菩提流支的翻譯中
與自己的思想解釋融合起來。尤其是五住地煩惱，在地論宗之前就已作
爲一種煩惱論被廣爲接受了，這在《大般涅槃經集解》或伯2908號[1]中
就可看到。

由於羽726R和《金剛仙論》幾乎同時産生，因此很難確定孰先孰
後。[2]再者，這些對應段落是在不同的語境中討論同樣的概念，這是因爲
它們的注釋對象是不同的。然而，其作者在注釋不同思想的文本時——
《入楞伽經》是瑜伽行派，《金剛經》是空觀派，却採用同樣的思想概念和
體系，而不是以這兩者之中的某個經典或思想爲基礎。因此，可以肯定的
是，這種思想就是早期地論宗的思想。

（二）羽726R中的菩薩十地説

就羽726R的標題"大乘十地論義記"來説，值得注意的是這個文本
反復提到了"十地説"。羽726R聲稱，要獲得大乘解脱及證見真如之理，
必須修行十地。

今明真如法身，要由行者備十地行，了出證現。(行8—9)
要由十地三慧之解，作了因後，方次第證見真如之理，名"如實
修行"。(行232—233)

另外，羽726R區分了七地已還的功用智和八地所得的無功用智。疏
中還指出，在某些性質方面，每一地都是平等的，通向佛地。這些解釋可

---

[1] P2908被認爲創作於《金剛仙論》翻譯之前，可參見P2908的整理本解題。《藏外地
論宗文獻集成》：2012，110—113。最近，大竹晉研究了地論宗的煩惱論，參見大竹：待發表。
[2] 據記載，公元534年，菩提流支在洛陽譯製了《金剛仙論》(魏天平二年菩提流支三
藏於洛陽譯)。此文見於《金剛仙論》卷五、六、九。

能不是羽726R的獨特思想，但它仍然表現了地論宗對十地說的理解。

> 七地已還功用之智等，並不及八地已上無功用智，任運明進自然
> 向大菩提。（行91—93）
> 初地中亦有十自在願，八地中亦有十自在願，十地中亦有十自在
> 願。明初地已去，上通佛果，盡具十自在願故，皆能隨衆生機根，現
> 其形色長短大小不同，同說大乘不差，說如實法。（行182—185）

在解脫論方面，疏文描寫開悟的境界時，頗有些唯心論的色彩。

> 五衆生，修十地智，作了因，除虛妄取相，分別心盡，復無紛動
> 寂靜，一心無外境界，即是真法身。（行34—36）
> 初地已上寂靜常住真如證智，境智是一，更無二心。（行65）

這兩段出現了那個有名的概念"一心"。疏文說，當衆生修習了菩薩
十地智慧，就會建立成佛的了因。此時，他/她會消除所有的世俗分別，
體認到無物存在之境，因爲外物已經和一心沒有分別，一心即是法身。注
疏中的解脫論描寫可以被看作唯心論的原始形式。然而，疏中尚未提及轉
識得智，這是瑜伽行派的基本教理。而且，世俗分別消除之後，一心仍然
存在，這種觀點讓我們想起《大乘起信論》的思想。《大乘起信論》對後
來的中國佛教產生了深遠的影響，但被認爲是地論宗所造的僞經。[1]

四、菩提流支和勒那摩提兩派共有的思想

如果羽726R認爲，開悟之後，一心作爲常住之實體仍然存在，並將
此心看作終極法身的話，則可以說這是一種本體論的思想。這種思想源自
南北朝時期孕育成熟的佛性論。羽726R在另一段文字中，曾同時提及
"真如佛性"和"一心"。如：

---

[1]　參見竹村：1990。

爲大心利根，説真如佛性無相之體，究竟無外境。觀有爲法同於十喻，無體可捨，觀第一義寂滅之境，無相可證，平等一心，離虛妄分别。（行155—158）

"真如佛性"看似一個平常的表達，但作爲一個術語，在智顗和吉藏之前它僅出現於三個文本中：《金剛仙論》（26次）、《究竟一乘寶性論》（*Ratnagotravibhāga*，9次）、《妙法蓮華經優波提舍》（**Saddharmapuṇḍarīka-upadeśa*，1次）。值得注意的是，後二者是勒那摩提翻譯的。[1]再者，在《寶性論》中，通過與梵文本對比，可知勒那摩提是將dhātu和gotra譯爲了真如佛性，但也有四次是插入的，没有原文。[2]比如：

　　samāsata ime nava kleśāḥ prakṛtipariśuddhe' pi tathāgatadhātau padmakośādaya iva buddhabimbādiṣu sadāgantukatayā saṃvidyante. katame nava?（skt. p.67, I.9）[3]

　　略説有九種煩惱，於自性清淨如來法身界中。如萎華等九種譬喻，於諸佛等常外客相，諸煩惱垢亦復如是。於真如佛性常客塵相。何等以爲九種煩惱。（《究竟一乘寶性論》，vol.4，T31，p.837b）[4]

"諸佛等"可以説是"buddhabimbādi"的對譯語。這樣的話，勒那摩提插入了後面一句話，用"真如佛性"一詞來解釋前面一句。[5]我想强調的是，由於某些原因，菩提流支和勒那摩提共同使用了這個概念，而這個概念並不必然源自一個特定的梵文詞。這説明在菩提流支和勒那摩提的學派之間應該有互相交流。儘管這兩位印度法師未能和睦共處，但其學派共用了這種思想解釋的方法。再者，很難説菩提流支没有接受"真如"或

---

　　[1] *Saddharmapuṇḍarīka-upadeśa* 的兩個漢譯本分別被歸於勒那摩提和菩提流支，勒那摩提譯本被認爲是原本。參見大竹：2011，111—112。

　　[2] 小川：1969，46—48。他追溯了所有情況下"佛性"一詞的梵文，認爲是"Buddha-dhātu"。

　　[3] 《寶性論》（*Ratnagotravibhāga*）的梵文引文借鑒自奥斯陸大學（University of Oslo）的 *Bibliotheca Polyglotta*（https://www2.hf.uio.no/polyglotta）。

　　[4] 小川最早對比了這兩段經文，參見小川：1969，50。

　　[5] 小川：1969，50—51。

“如來藏”的概念，因爲《金剛仙論》和羽726R都使用了“真如佛性”一詞，且羽726R也被認爲是菩提流支門下所作。

早期地論宗曾共用一套思想解釋體系，這也可以由他們的心識説加以證明。羽726R中有所謂的“七識説”：

> “爲遠離心、意、意識”者，此明爲小乘説人無我法。“遠離心”者，是阿梨［耶］識，“意”是第二意識，“意識”者，是五識。二乘人但離六識，未離第七阿梨耶識。（行154—163）

疏中將心（citta）對應於阿梨耶識（ālayavijñāna），意對應於意識（mano-vijñāna），識對應於前五識（pañca vijñānāni），這種解釋方法被認爲是地論宗的重要思想，在法上的《十地論義疏》中已經出現。法上在注釋“法身離心意識，唯智依止”（《十地經論》，vol.1，T26.125b, tib. *chos kyi sku sems dang yid dang rnam par shes pa spangs pa ye shes 'ba' zhig gis gnas te*）時説：

> “法身”者，法性身。“心”者，第七心。“意”者，第六意。“識”者，五識。（《十地論義疏》，vol.1，T85，p.763c）

此處，第七心意味著阿梨耶識。因爲他曾在其他地方明確將阿梨耶識稱爲“第七阿梨耶識”。坂本幸男研究過這個問題，此後七識説在中國佛教心識説發展史中的作用引起了學術界的大量關注。另外，很多學者認爲《入楞伽經》是理解七識説的重要文獻，因爲它包含了其他版本的《楞伽經》所没有的獨特思想。[1]因此，作爲《入楞伽經》的注疏，羽726R展

---

[1] 衆所周知，《入楞伽經》中有一段非常著名的文字，將阿梨耶識和如來藏分離開來：“如來藏識不在阿梨耶識中，是故七種識有生有滅，如來藏識不生不滅。”（《入楞伽經》，vol.7，T16，p.556c）勝又俊教認爲，因爲“意”和“意識”形近，所以中國僧人會混淆二者；再考慮到中國唯心思想的發展，彼時染污意／末那識（Kṛṣṭa-manas）尚未傳入中國；又因爲《楞伽經》只强調了阿梨耶識，而中國僧人似乎此前也尚未對詳細闡述染污意／末那識的《攝大乘論》感興趣，所以法上的思想中並未提及染污意／末那識。與之相反，大竹晉認爲菩提流支並不認同染污意／末那識，因爲不僅他翻譯的《入楞伽經》，而且他的其他譯經，如《深密解脱經》《大寶積經論》中，都没有提及染污意／末那識。參見勝又：1961，657—664；大竹：2010，66—69。

現的七識説可以進一步證實他們的理論假設。

我們可以就此問題做進一步的闡述。羽726R 和《十地論義疏》都在關於“法身”的語境中表達了同樣的心識説。法身是羽726R 的主題，通過消除世間分別心，即可證得。七心，即使是阿梨耶識，都是染污的，儘管最後的阿梨耶識只有大乘菩薩才可體認。這樣的話，我們可以推定應有一個清靜的實體——清靜心、佛性、真如或其他稱謂——消除了所有分別心，就如羽726R 所説的“真如佛性”或“真如法身”。就此問題，值得注意的是，此時流行的兩種版本的《楞伽經》提到了“八識”説，兩版之間有些細微差異。

> 大慧！善不善者，謂八識。何等爲八？謂如來藏，名識藏心、意、意識及五識身。（《楞伽阿跋多羅寶經》，vol.4，T16，p.512b，求那跋陀羅443 年譯）
>
> 大慧！言善不善法者，所謂八識。何等爲八？一者阿梨耶識，二者意，三者意識，四者眼識，五者耳識，六者鼻識，七者舌識，八者身識。（《入楞伽經》，vol.8，T16，p.559b）[1]

如果説當時流通的兩本《楞伽經》都説明八種識，就似乎不能認爲地論宗只創立了七種識。更準確地説，地論宗提到了八種識，並認爲第一種是清淨識或佛性，其餘識是染污的。坂本也指出，七識説並不是地論宗的原創，之前在以求那跋陀羅譯《楞伽經》爲依據的思想解釋中就已出現了（坂本：1956，383）[2]。可能是菩提流支的翻譯使地論宗人認爲心是阿梨耶識，阿梨耶識是《十地經論》中才首次出現的新概念。然而，在考慮早期地論宗思想的時候，這並不會造成他們思想結構的根本變化。

---

[1] 在這兩種翻譯中，求那跋陀羅譯本更貼合梵文本：“*kuśalākuśalāḥ punarmahāmate yaduta aṣṭau vijñānāni. katamānyaṣṭau? yaduta tathāgatagarbha ālayavijñānasaṃśabdito mano manovijñānaṃ ca pañca ca vijñānakāyāstīrthyānuvarṇitāḥ*.”（Nanjio Ed.，235），但求那跋陀羅似乎在翻譯時加了“心”字，因爲梵文本無 citta 一詞。

[2] 另外，關於前文第三節提到的五住地煩惱，伯2908 號將心看作無明住地。如“即心之惑，更無作意，仍守本名，故爲無明住地”（伯2908 號，行540—541）。大竹晉詳細研究了對五住地煩惱的注釋。參見大竹：待發表。

最後，我想指出的是，早期地論宗的心識説是否特別關注阿梨耶識。撇開《金剛仙論》，僅就羽726R來説，作爲《入楞伽經》——此經在地論宗心識説的形成中具有重要作用——的注疏，除了上引文字，它對阿梨耶識的本體論性質幾無興趣。[1]可能在羽726R的原始文本——或爲《入楞伽經》的全本注疏中，對此問題有全面的探討。然而，就現存文本被單獨抄寫和流傳來看，地論宗的興趣不會局限在以阿梨耶識爲基礎的心識説。

五、結　論

本文討論了敦煌遺書羽726R中的幾個問題。它的標題是《大乘十地論義記》，但實際上是《入楞伽經》"法身品"的注疏。此疏抄寫於公元539年，但可能是在一個北魏或東魏——地論宗的根據地——的文本基礎上形成的。另外，這件注疏可能是菩提流支及其門下所作，是該經非常早期的注疏。

如其注釋對象所示，本疏的主題是法身，終極真理之身。此疏是特定章節的注疏，單獨流傳，因而它可能反映了當時佛教徒的興趣所在。這一點和當時對《入楞伽經》的普遍期待非常不同。

作爲菩提流支門下編輯的文獻，羽726R與《金剛仙論》有著極其密切的關係。首先，《金剛仙論》這部講義錄包括了菩提流支的教學及其弟子的理解，而羽726R也包含大量關於"十地説"的解釋，以及與《大乘起信論》相應的早期唯心説。其次，羽726R還呈現出至少兩個獨特的思想，即真如佛性和七識説，後者細分爲心、意、識。我們在勒那摩提和法上的著作中可以發現這種解釋，他們曾經創建了一個與菩提流支不同的學術流派，重視真如或如來藏。羽726R在提及阿梨耶識時，僅將其看作一個更高層次的煩惱識，而把佛性概念看作哲學基礎。這似乎與後世的記載不同，這些記載認爲菩提流支所創立的地論宗北道派以阿梨耶識爲思想基礎。

然而，根據菩提流支的各種譯經以及後世對其思想的引文來看，很難

---

[1]　晚期地論宗可能將阿梨耶識當作了他們的中心論題，如其他敦煌遺書斯613背在"八識義""第八識"的名號下討論了阿梨耶識。參見金剛大學校佛教文化研究所（編）：2013，60—61、84—85。

認爲他以佛性爲最高實在而忽視印度瑜伽行派佛教的真實思想。在此，我想强調的是，中國本土佛教徒在接觸和理解新譯經典及其思想時具有主導地位。當印度法師力爭準確無誤地傳達印度次大陸的思想時，早期地論宗人似乎並未如實地接受這些經典。更準確地説，他們傾向於將中國佛教現有的思想體系，如五住地煩惱或佛性，運用到新譯經典的思想解釋中去。再者，不管印度法師的中文水平如何，畢竟是本土的中國人在負責編輯整理譯經的。因此，很多思想，尤其是瑜伽行派的思想，不是印度法師，而是中國僧人確立在地論宗中的，他們非常關注新譯經典中的思想。總之，如果地論宗北道派確實存在的話，其實際創始人應該是中國佛教徒自己。

縮　寫

羽　杏雨書屋所藏，羽田亨（1882—1955）收藏的敦煌文獻

T　《大正新修大藏經》（大正新修大藏經刊行會，1924—1934）

X　《卍新纂大日本續藏經（卍新纂續藏）》（國書刊行會，1975—1989）

R　Recto

V　Verso

參考書目

西藏大藏經研究會（編）　1955，《西藏大藏經 105 -諸經疏部 2》（東京：西藏大藏經研究會）

Nanjio，Bunyu ed. 1956，TheLaṅkāvatāra Sūtra （Kyoto：Otani University Press）

金剛大學校佛教文化研究所（編）　2012，《藏外地論宗文獻集成》（서울：CIR）

金剛大學校佛教文化研究所（編）　2013，《藏外地論宗文獻集成續集》（서울：CIR）

杏雨書屋（編）　2013，《敦煌秘笈》影片册 9（大阪：公益財團法人武田科學振興財團）

University of Oslo，"Thesaurus Literaturae Buddhicae" in Bibliotheca Polyglotta（https://www2.hf.uio.no/polyglotta/index.php?page=library&bid=2）.

D. T. Suzuki trans. 1932，*THE LANKAVATARA SUTRA*（London：Routledge）

竹村牧男・大竹晉校注　2003，《新國譯大藏經 釋經論部 11　金剛仙論 上》（東京：大藏出版）

竹村牧男・大竹晉校注　2004，《新國譯大藏經 釋經論部 12　金剛仙論 下》（東京：大藏出版）

大竹晉校注　2005，《新國譯大藏經 釋經論部 16　十地經論 I》（東京：大藏出版）

大竹晉校注　2006，《新國譯大藏經 釋經論部 17　十地經論 II》（東京：大藏出版）

大竹晉校注　2011，《新國譯大藏經 釋經論部 18　法華經論・無量壽經論（他）》（東京：大藏出版）

安性斗校注　2011，《보성론》（서울：소명출판）

青木隆　2000，《地論宗の融即論と緣起説》，《北朝隋唐中國佛教思想史》（京都：法藏館）

＿＿＿. 2010，《敦煌寫本にみる地論教學の形成》，《地論思想の形成と變容》（東京：國書刊行會）

荒牧典俊　2000，《北朝後半期佛教思想史序説》，《北朝隋唐中國佛教思想史》（京都：法藏館）

深浦正文　1954，《唯識學研究——教史論》（京都：永田文昌堂）

船山徹　2002，《"漢譯"と"中國撰述"の間—漢文佛典に特有な形態をめぐって—》，《佛教史學研究》45-1（京都：佛教史學會）

＿＿＿. 2000，《地論宗と南朝教學》，《北朝隋唐中國佛教思想史》（京都：法藏館）

伊吹敦　1999，《地論宗北道派の心識説について》，《佛教學》40（東京：佛教思想學會）

石井公成　2010，《地論宗研究の現狀と課題》，《地論思想の形成と變容》（東京：國書刊行會）

勝又俊教　1961，《佛教における心識説の研究》（東京：山喜房佛書林）

金東華 2001，《金東華全集7-佛教唯心思想의發達》（서울：雷虛佛教學術院）

小川一乘 1969，《如來藏‧佛性の研究：ダルマリチェン造寶性論釋疏の解讀》（京都：文榮堂）

李子捷 2013，《杏雨書屋所藏敦煌寫本〈入楞伽經疏〉（擬題、羽726R）について》，《南都佛教》98（奈良：南都佛教研究會）

大竹晉 2001a，《〈金剛仙論〉の成立問題》，《佛教史學研究》44-1（京都：佛教史學會）

＿＿＿. 2001b，《菩提留支の失われた三著作》，《東方學》102（東京：東方學會）

＿＿＿. 2010，《地論宗の唯識説》，《地論思想の形成と變容》（東京：國書刊行會）

＿＿＿. 待發表，《地論宗の煩惱説》

坂本幸男 1956，《華嚴教學の研究》（京都：平樂寺書店）

聖凱 2013，《地論學派南北道新探》，國際學術大會"宗派佛教 成立期의 中國佛教"發表文，金剛大學校HK佛教文化研究院

湯用彤 1938，《漢魏兩晉南北朝佛教史》（北京：中華書局，1983年再版）

竹村牧男 1990，《地論宗と〈大乘起信論〉》，平川彰（編）：《如來藏と大乘起信論》（東京：春秋社）

宇井伯壽 1959，《寶性論研究》（東京：巖波書店）

王頌 2013，《昭如白日的晦蔽者：重議宗派問題》，國際學術大會"宗派佛教 成立期의 中國佛教"發表文，金剛大學校HK佛教文化研究院

安井廣濟 1976，《梵文和譯入楞伽經》（京都：法藏館）

結城令聞 1999，《地論宗北道派の行方》，《結城令聞著作選集2 華嚴思想》（京都：春秋社）

佛教文獻詮釋研究

《佛教文獻研究》第四輯
2024 年，271—285 頁

佛教三歸五戒神説研究
——以《灌頂三歸五戒帶佩護身咒經》與《四天王經》比較爲中心

伍小劼

内容摘要:《灌頂三歸五戒帶佩護身咒經》有中國佛教中重要的三歸五戒神説，該説由《耶祇經》與《四天王經》等經中的相關内容加以編撰而來。在《四天王經》的基礎上，《灌頂三歸五戒帶佩護身咒經》具體化了歸戒之神，叙述了受三歸五戒行法、歸戒之神的性質、歸戒之神的活動機制、持歸戒神名的用法、持戒及破戒的結果，中間穿插了執持長者罪福故事予以連接，形成了一個完整的宣傳歸戒之神的叙事結構。該經特別是三歸五戒神在後世屢被引用，在中國佛教律學中有較大影響。

關鍵詞:二十五戒神；三十六歸神；《三歸五戒帶佩護身咒經》；《耶祇經》；《四天王經》

作者單位:上海師範大學哲學與法政學院

在佛教中，在家者受三歸五戒之後，便可稱爲清信士女。圍繞著三歸五戒，中國佛教中有一批相關的經典，特別是宣揚持五戒有二十五神營護的經典頗爲流行。在宣揚二十五戒神的中國佛教經典中，《灌頂三歸五戒帶佩護身咒經》（下稱《三歸五戒帶佩護身咒經》）出現了二十五戒神及三十六歸神的名字，該歸戒之神在其後屢被引用，在中國佛教律學中有較大影響。

道端良秀較早對"五戒"及其相關經典進行過研究，他舉出與五戒相關的疑僞經典有《提謂波利經》《梵網經》《淨度三昧經》《五戒本行經》

《五戒經》《賢者五戒經》《度人王並庶民受五戒正信除邪經》《優婆塞五戒相經》《優婆塞五戒威儀經》《受五戒八戒文》《七佛經》《四天王經》《灌頂經》《三品弟子經》《戒消災經》《菩薩瓔珞本業經》等，他重點就《提謂波利經》中五戒與儒教的五常進行了討論，同時他也注意到了《法苑珠林》卷八八所載引《七佛經》及《三歸五戒帶佩護身咒經》中的五戒二十五戒神說。[1]真正對"五戒"及"戒神"進行專門研究的是池平紀子，2008 年她撰文全面檢視了佛道教中涉及五戒受持及二十五神守護的相關文獻，梳理了二十五神說在佛道教中的發展，視野較道端良秀有拓寬。池平認為中國佛教撰述經典中"戒神"淵源於天師道的天曹吏兵的思想，佛道教中重要的相關經典為《四天王經》《提謂波利經》和《太上老君戒經》。她還特別指出，二十五神說於佛道教來說不是單純的誰影響誰，而是雙方複雜重疊的相互影響。[2]之後，她又撰文討論了人、戒、神、鬼的本質及其相互之間的關係，她認為從佛教與道教的戒神說本質上來看，"神"為"道氣"，"鬼"為"故氣"，"戒"的本質即為"道"，"持戒"的本質即人對於大道自然的順應與遵守，人與戒神是一種共生的關係。[3]概而言之，池平認為佛道教文獻中關於二十五戒神的思想淵源於道教天師道的天曹吏兵思想，戒神與人之間是一種共生的關係。具體到《三歸五戒帶佩護身咒經》，池平認為該經是在《四天王經》所說二十五神的具體發展，與《四天王經》和《提謂波利經》不同的是，該經多了三歸三十六神的說法。同時《三歸五戒帶佩護身咒經》也具體論述了帶佩歸戒神王的方法。

　　池平紀子的討論視野比較寬廣，特別是主張戒神與道教有極其密切的關係，給人很多啓發，但就其中最重要的經典《三歸五戒帶佩護身咒經》

---

〔1〕　道端良秀：《中國佛教に於ける五戒と五常の問題》，《印度學佛教學研究》1956 年 4 卷 2 號，第 444—453 頁。

〔2〕　池平紀子：《佛・道における五戒の受持と二十五神の守護について》，《東方學》總第 116 號，2008 年，第 55—73 頁。

〔3〕　池平紀子：《佛・道文獻中の戒神説に見られる人と神々の共生について》，載田中文雄、テリー・ケリーマン編《道教と共生思想》，大河書房，2009 年，第 53—72 頁。池平紀子在該文提及田中文雄於 20 世紀 80 年代曾發表《六朝佛教に於ける五常と五戒の融合について》，《大正大學大學院研究論集》第 6 號，1982 年；《六朝知識人の五戒理解の一側面》，《豐山教學大會紀要》第 10 號，1982 年。池平紀子對這兩篇文章沒有評述，筆者沒有找到這兩篇文章，無緣加以參考。

及當中的二十五戒神缺乏細緻研究。筆者在此就《三歸五戒帶佩護身咒經》中的三歸五戒神説進行專門研究，首先對此經進行文獻學考察，其次將此經與《四天王經》進行比較，分析二十五戒神及三十六歸神的來源、性質、授受方法、施行方法及持犯的相應結果。

一、《三歸五戒帶佩護身咒經》中執持故事對《佛説耶祇經》的改編

在對《三歸五戒帶佩護身咒經》的文獻學考察中，筆者發現此經中的執持長者故事對《佛説耶祇經》（下稱《耶祇經》）進行了改編。本文先將兩部經典的相應部分進行比較，然後據此討論《三歸五戒帶佩護身咒經》中的執持長者故事改編了什麼內容，用意何在。兩經相應部分如下表所示：

表一　《耶祇經》與《三歸五戒帶佩護身咒經》對照表

《耶祇經》	《三歸五戒帶佩護身咒經》
聞如是：一時佛在迦奈國，國中有婆羅門大富姓，名耶祇。本事九十六種外道，以求福祐。聞人事佛，得富貴長壽安隱，度脱生死受福，不入三惡中，不更勤苦。耶祇自念：我不如捨置外道，當奉事佛。因詣佛所，以頭面著地，爲佛作禮，長跪白佛言："我本愚痴，無所識知，實聞佛道恢弘，大慈普濟。佛天上天下人中之尊，無不安隱者。我今欲捨置所事外道，歸命於佛，願佛哀我，當受教誡。"	佛告梵志：昔迦羅奈大國有婆羅門子名曰執持，富貴大姓，不奉三寶，事九十五種之道以求福祐。久久之後，聞其國中有賢善長者盡奉佛法聖僧化導，皆得富貴長壽安隱，又能度脱生死病死，受法無窮，今世後世不入三惡道中。執持長者作是念言，不如捨置餘道，奉敬三寶。即便詣佛，以頭面著地，爲佛作禮，長跪白佛言："我本愚痴，無所知識，久聞三寶，不能奉事。我於今日始得信解。佛法大慈，普濟天下，我今欲捨置餘道，歸命於佛。惟願天尊哀愍我等，得受法戒，爲清信士。"佛言："汝善思量之也，然人能止惡爲善者，何憂不得安隱富貴，壽命延長，解脱衆難者乎？"執持白佛言："今我以所事非真，故歸命於佛耳，當哀愍我故，去濁穢之行，受佛清淨決言。"

（續表）

《耶祇經》	《三歸五戒帶佩護身咒經》
佛言："若今所言大善，熟自思之而止惡爲善者，何憂不得安隱?"耶祇白佛言："今以我所事非真故，歸命於佛，當哀愍我曹，去濁穢之行，受清淨決言，若審爾者，大善。"耶祇便前受五戒：一，不殺生；二者，不盜；三者，不淫；四者，不兩舌惡口，妄言綺語；五，不飲酒。三自歸已，起，繞佛三匝，持齋七日而去。	佛語執持："汝審能爾者，可禮敬三寶。"執持長者即便胡跪，合掌禮佛，於是與受三歸已，歸寶竟，當有三十六善神王隨逐護汝身。佛復告執持言："善男子，汝能遠惡，求善知識，世之希有，我當更授汝五戒之法。"佛言："第一，不殺；第二，不盜；第三，不邪淫；第四，不兩舌惡口，妄言綺語；第五，不飲酒。"長者執持已受三歸及五戒竟。佛語長者："汝能持是歸戒，遊行之處可無所畏，戒神二十五、歸神有三十六，常隨護汝。外諸惡魔無敢當者。"長者從佛受歸戒竟，佛爲說法，歡喜信解，禮佛而去。
自是之後，行到他國，見人殺生射獵，盜人財物，耶祇便欲隨之；見好色女人，心意貪之；見人是不是，便論道之；見人飲酒醉亂，便欲追之，心不安定，更欲悔之。自念：我不能事是佛法，終當還佛五戒。	於是以後長者執持到他國中，見人殺生，盜人財物，見好色女貪愛戀之，見人好惡便論道之，見飲酒者便欲追之，心意如是，無一時定。便自念言：悔從佛受三歸五戒重誓之法，作如是念，我當還佛三歸五戒之法。
即詣佛所，叩頭白佛言："我前從佛受五戒，多所禁害，不得從我本意，今自思惟欲罷，不能事佛。佛法尊重，非我所能奉事，當得還五戒不？於佛意當可爾不？"佛默然不應，言未絶。口中便有自然鬼神持鐵椎，擊耶祇頭拍之；復有鬼神解脫其衣；復有鬼神以鐵鈎就口中拔取其舌；有淫女鬼神以刀探割其陰；有鬼神洋銅沃其口中；前後左右皆諸鬼神，競來分裂其肉。如是耶祇臭咤，面如土色，自然之火燒其身，求生不得，求死不得，鬼神持之甚急。	即詣佛所而白佛言："前受三歸五戒法，多所禁制，不得復從本意所作，今自思惟欲罷，不能事佛，可爾以不？何以故，佛法尊重，非凡類所事，當可還法戒不乎？"佛默然不應，言猶未絶，口中便有自然鬼神持鐵椎拍長者頭者，復有鬼神解脫其衣裳者，復有鬼神以鐵鈎就其口中曳取其舌，復有淫女鬼以刀探割其陰，復有鬼神以洋銅沃其口中者，前後左右有諸鬼神競來分裂取其血肉而啖食之。長者執持恐怖戰掉（慄?），無所歸憑，面如土色。又有自然之火焚燒其身，求生不得，求死不得，諸鬼神輩急持長者，不令得動。

（續表）

《耶祇經》	《三歸五戒帶佩護身咒經》
佛見之如是，哀愍念之，因問耶祇："若今者當云何？"耶祇口噤，不能復語，但舉手自搏，從佛求哀。佛便放威神，鬼神皆怖而走。耶祇便得蘇息，更起叩頭，前白佛言："我心中有是五賊，牽我入惡罪中，出是惡言，今受其罪。自我所爲，違負佛言，願佛哀我。"	佛見如是，哀愍念之，因問長者："汝今當復云何？"長者口噤，不能復言，但得舉手自搏而已，從佛求哀。佛便以威神救度長者。諸鬼神王見佛世尊以威神力救度長者，各各住立一面。長者於是小得蘇息，便起叩頭前白佛言："我身中有是五賊，牽我入三惡道中，坐欲作罪，違負所受，願佛哀我。"
佛言："自若心口所爲，當咎阿誰？"耶祇白佛言："從今日以往，當自改更，奉持五戒，歲三齋、月六齋燒香燃燈，供事三尊，身口意不敢復犯。"佛言："如是，大善！自若眼目所見，身體所更，自作自得，作善得善，心念不善得不善。佛者法中之師，教人去惡爲善，後長得度脱。諸天及人民愚痴者，皆使智慧，不更勤苦。從今已往，改更修善，莫得聽心意所爲，誤人之本。"　　佛説經已，耶祇心意開解，即得須陀洹道，歡喜而去。耶祇歸家，即敕舍中大小皆詣佛所受五戒、歲三齋、月六齋。耶祇便捨家，剃頭鬚被袈裟，從佛作沙門，遂得阿羅漢道。〔1〕	佛言："汝自心口所爲，當咎於誰？"長者白佛："我從今日改往修來，奉受三歸及五戒法，持月六齋歲三長齋，燒香散華，懸雜幡蓋，供事三寶，從今以去，不敢復犯破歸戒法。"佛言："如汝今所言者，是爲大善，汝今眼所見身所更，自作自得，非天授與。"〔2〕

　　兩相比較，《三歸五戒帶佩護身咒經》將故事發生的地點從《耶祇經》中的"迦奈國"變成了"迦羅奈國"，婆羅門的名字從"耶祇"變成了"執持"。引文中講述的是婆羅門本事外道，聽聞奉佛有大利益，便到佛所受三歸五戒。後到他國見人殺生盜物，婆羅門跟著去做，貪戀好色女，論道人是非，追隨飲酒。婆羅門後悔奉事佛法，便去佛所還佛五戒（三歸五戒）。當他剛向佛表明意思的時候，有"自然鬼神"持鐵椎拍其頭，解其衣，鐵鈎拔其舌，淫女鬼神割其陰，洋銅沃其口，前後左右鬼神分裂其

　　〔1〕　CBETA（2016），T14，no.0542，p.829a9-b26. 文字根據校記有所修訂。
　　〔2〕　CBETA（2016），T21，no.1331，pp.503b03-504a05. 文字根據校記有所修訂。

肉。婆羅門求生不得，求死不得。佛哀愍婆羅門，以威神使得婆羅門得以
蘇息。婆羅門懺悔是心中五賊牽其入三惡道中，當改往修來，受戒，持月
六齋和三長齋，供養三寶。佛指出，婆羅門所遭受的是其眼目所見，身體
所更，是自作自得，非天授與。兩經的故事情節幾乎完全相同，詞句也基本
相似，明顯看出《三歸五戒帶佩護身咒經》是在《耶祇經》的基礎上編撰而
成，據此可以確定《三歸五戒帶佩護身咒經》是中國佛教中的疑偽經。

《三歸五戒帶佩護身咒經》與《耶祇經》相比，也有一些不同之處。
首先，最明顯的是《耶祇經》只言及"五戒"，沒有提"五戒"有戒神。
但在《三歸五戒帶佩護身咒經》中則爲"三歸五戒"，且"戒神二十五、
歸神有三十六"，經中還列舉了二十五戒神和三十六歸神的名字和職司。
其次，《耶祇經》的經文短小，《三歸五戒帶佩護身咒經》内容較《耶祇
經》豐富。在《三歸五戒帶佩護身咒經》中，執持長者的因緣故事只是經
文的一部分，且是作爲佛與鹿頭梵志對話中的因緣故事存在，是對話的一
部分。執持長者因緣故事及相關文字占了《三歸五戒帶佩護身咒經》很大
的比重，這也是該經本身的權重。加入這個故事的目的在於突出戒神的靈
驗以及守戒的必要性。

關於執持長者故事，在與《耶祇經》相應的内容之外，《三歸五戒帶
佩護身咒經》還有一部分與之相關的内容：

> 佛語長者："汝今受是三歸五戒，莫復如前受歸戒法也。破是歸
> 戒名爲再犯，若三犯者，爲五官所得便，輔王小臣都錄監司五帝使者
> 之所得便，收神錄命，皆依本罪。是故我說是言，令清信士女勸受歸
> 戒，歸有三十六鬼神之王，隨逐護助。戒有二十五神，營護左右門户
> 之上，辟除凶惡。六天之上天帝所遣歸戒之神凡有億億恒沙之數，諸
> 鬼神王番代擁護，不令衰耗，諸天歡喜，皆言善哉，當共護之。如是
> 持戒若完具者，十方現在無量諸佛菩薩羅漢皆共稱嘆，是清信士女臨
> 命終時，佛皆分身而往迎之，不使持戒男子女人墮惡道中。若戒羸
> 者，當益作福德，布施持戒忍辱精進一心智慧，燃燈燒香，散雜色
> 華，懸繒幡蓋，歌咏贊嘆，恭敬禮拜，益持齋戒，亦得過度。若不能
> 如上修行如是功德，復持戒不完，向諸邪道求覓福祐，三歸五戒、億
> 億恒沙諸鬼神王各去離之，惡鬼數來嬈近之也。因衰致病，耗亂其

家，起諸病痛，遂致喪亡，財物不聚，所向不偶，死復還墮地獄之中。雖戒具足，不持六齋，猶華樹無果，婦人不産，種穀不滋，治生無利。折耗失本，更無衣幘，不持齋戒，無利如是。"

佛言長者："人犯所受，破是歸戒，凡爲天上二百七十神王之所得便，更非外魔所得便也。此諸鬼神視人善惡，若持禁戒不毀犯者，開人心意，示人善惡。人若不善，便爲作害，疏記善惡，奏上大王。大王執持隨罪輕重，盡其壽命，如法苦治，不令有怨，使破戒者甘心受之。"

佛告梵志："長者執持捨彼異道，於我法中受持歸戒，心不安定，而復破犯，遂爲鬼神之所得便，受諸苦痛。今自悔責，求哀懺謝，改更修善，作諸福德。滅諸惡海，今皆得道。合家大小宗族之中見長者執持罪福報應，悉從我受三歸五戒，堅持不犯，皆得法眼淨，我今於此會中廣説長者宿命因緣明驗罪福，示於後世，廣宣流布，使得聞知。"[1]

這段話中佛告訴執持長者，人受歸戒之後，有三十六歸神隨逐護助，二十五戒神在人的左右門户之上[2]辟除凶惡，似乎"歸神"主要作用是護助人，"戒神"在營護人的同時，也兼有辟除凶惡職能。歸戒之神由六天之上天帝所發遣，數如恒沙，由諸鬼神輪番擁護。可知，歸戒之神只是一個稱號，由六天之上的天帝發遣諸鬼神輪值替代。持戒完具，清信士臨終之時佛之分身往迎；持戒羸弱者作功德，也能度過惡道。持戒不完而又向邪道求福祐者，歸戒之神離身，所犯者諸事不利，死後墮地獄。持戒具足的同時還需要持月六齋[3]，也就是説需持"齋戒"，否則無相應功德。如果三犯歸戒便被五官得便，特別是其中的輔王小臣、都錄監司、五帝使者收神錄命，按照本罪處理。輔王小臣、都錄監司、五帝使者似乎是天上二百七十神王的一部分，他們視人的善惡情況，給那些持禁戒不毀犯的人開心意、示善惡；而對那些行不善作惡之人，則疏記善惡情況奏上大王[4]，

〔1〕 CBETA（2016），T21，no.1331，p.504a6-504b12. 文字根據校記有所修訂。
〔2〕 根據經文前後文意，此處的"營護左右門户"指的是人的器官或是人體的部位，而非居住的宅屋。
〔3〕 根據前文内容，筆者推斷似應加上歲三長齋。
〔4〕 此處"大王"的確指不詳，根據上下文，也許是"五官"或"天帝"。

大王根據作惡之人的罪行輕重盡壽命如法苦治，使得破戒之人甘心承受。對那些破戒之人的疏記懲罰，外魔干預不了。佛告訴鹿頭梵志，執持長者改過修善作福德之後，滅諸惡法，今已得道。執持長者的宗族之中見到長者罪福報應情況，跟著佛受三歸五戒堅持不犯，都得到了法眼淨。佛陀指出，在給孤獨園會中廣說執持長者宿命因緣，明驗罪福，示於後世得以聞知。也就是說，本經中加入執持長者宿命因緣的目的也在於此，這一點和《耶祇經》中耶祇故事有很大不同。當然，上述內容本身就是《耶祇經》沒有而本經增加的部分，無疑也是本經的特點。

在執持長者故事之前，經文借佛與鹿頭梵志的對話，列舉三自歸有三十六神擁護真正弟子，五戒有二十五神在人身左右宮宅門户之上守護。其中，三自歸前需要悔過生死之罪，具體的做法則爲梵志念“盡形壽歸命諸佛無上尊，盡形壽歸命法離欲尊，盡形壽歸命僧衆中尊”。三自歸後，則爲佛真正弟子，不被邪惡嬈亂。不被嬈亂的原因在於佛敕天帝釋遣諸鬼神擁護受三歸弟子，這與上文所提到的歸戒之神由天帝發遣相一致。三十六神均爲四天上發遣，如“四天上遣神名彌栗頭不羅婆（漢言善光，主疾病）”，格式爲先說梵文音譯，再說意譯，最後說所主職司或某一類厄難，如疾病、頭痛、寒熱、腹滿、臃腫、癲狂、愚痴、嗔恚、淫欲、邪鬼、傷亡、塚墓、四方、債主、劫賊、疫毒、五瘟、蜚尸、注連、注復、相引、惡黨、蠱毒、恐怖、厄難、産乳、縣官、口舌、憂惱、不安、百怪、嫉妒、咒詛、厭禱等。經文接著指出，三十六部神王有萬億恒沙鬼神爲眷屬輪值擁護受三歸之人，這也與前文相應，只是這裏具體指出輪值鬼神爲三十六部神王眷屬。具體做法是將神王名字帶在身上，能辟除邪惡，消滅不善，出行無畏。

受三歸之後，可受法戒。受法戒之前，應先淨身口意，然後分別進行五戒的授與，具體的做法是：

> 佛言：“十方三世如來至真等正覺，皆由三歸五戒得之。”佛言：“梵志，盡形壽，不殺生，不教他殺，是戒能持不？若能持者，有五神王隨逐護汝身，不令邪神惡鬼之所得便。梵志，盡形壽不盜他人財寶，不教他行盜，是戒能持不？若能持者，有五神王隨逐護汝身。梵志，盡形壽不邪淫，是戒能持不？若能持者，有五神王隨逐護汝身，

衆魔皆不得便。梵志，盡形壽不妄言綺語兩舌鬥亂，是戒能持不？若能持者，有五神王隨逐護汝身。梵志，盡形壽不飲穀酒、甘蔗酒、葡萄酒、能放逸酒，如是酒皆不得飲，是戒能持不？若能持者，有五善神隨逐護汝身。"[1]

是則做法爲佛要求梵志盡形壽不殺生，亦不教人殺；不盜他人財寶，亦不教他行盜；不邪淫；不妄言綺語兩舌鬥亂；不飲能放逸酒等。如果梵志能如此行持，每戒分別有五神王隨逐護身，能持五戒就有二十五神王護身於人身左右門户之上。授戒相關過程與《大智度論》卷十三等記載大致相同[2]，唯没有守一戒即有五戒乃至五戒二十五神王護身的説法。二十五神王的功能爲守護人身的器官、情志或相關行爲，令器官通暢、情志安穩、所行所求皆利。

筆者注意到三十六神王和二十五神王所主與《大灌頂經》卷二《灌頂十二萬神王護比丘尼經》神王所主内容有的非常相近，如下表所示：

表二　《灌頂十二萬神王護比丘尼經》與《三歸五戒帶佩護身咒經》相應内容對照表

《灌頂十二萬神王護比丘尼經》	《三歸五戒帶佩護身咒經》
神名破仇摩陀陀，字首安寂，此神主護某夢。	神名婆羅摩亶雄雌，主護人夢安覺歡悦。
神王女臀頭梨架羅，字師子音（此神女守護人門户宅舍，四方八神之王敕令鎮護除去不祥）。	神名波羅那佛曇，主護人平定舍宅八神；神名因臺羅因臺羅，主護人門户，辟除邪惡。
神王女滙迦陀羅遮，字香烟氣（此神女主治蜚尸客氣之鬼、復連鬼神，即便磨滅不現）。	四天上遣神，名彌栗頭三摩陀（漢言善調，主注連）。
神王女慢多羅阿佉尼，字欣樂快（此神女主五瘟疫毒，若頭痛寒熱，某若呼名者，即爲作護）。	神名鞞闍耶藪多婆，主護人不爲温瘧惡鬼所持。

兩經的幾組神王職司雖然不能完全對應，但大致相同，針對的對象是當時人們所面對的各種災厄，歸戒之神與《大灌頂經》中的其他神王没有明顯

---

[1]　CBETA（2016），T21，no.1331，p.502b21-502c6. 文字根據校記有所修訂。
[2]　CBETA（2016），T25，no.1509，pp.159c16-160a2.

區別。[1]

　　經文末尾，佛告訴梵志，如果遭遇縣官、盜賊、疾病、厄難等日，當洗浴身體，男子穿著單衣白帢，女子穿素衣，澡漱口齒，長齋菜食七日七夜，敷高坐懸繒幡蓋，香汁灑地，燒栴檀香，一日七轉灌頂章句（神王名），能消滅一切灾變。前文提及佛授歸戒的具體流程，經文在此提了人受歸戒的流程方法，爲欲受之人先禮十方佛，然後言“我弟子某甲盡形壽受三歸五戒，諸佛菩薩真人聖衆哀念我等”。佛指出受歸與戒之法没有差別。受歸戒之法後，將神王名字寫在素帛書之上。如果出行，當燒香禮敬十方佛，月八日七日持齋，將著有神王名字的素帛書置於頭頂或胸前，則除却惡魔；入神祠時，邪神驚起敬禮。

　　從經典的整體結構看，以佛與鹿頭梵志的對話來展開經文，三歸三十六歸神和五戒二十五戒神的名字、職司以及相應的奉持方法及功德是經文主要內容，執持長者因緣故事借佛與鹿頭梵志的對話出現，凸顯了犯三歸五戒之後的惡果。

二、《三歸五戒帶佩護身咒經》與《四天王經》的比較

　　筆者所見，上述《三歸五戒帶佩護身咒經》與《耶祇經》“平行文本”部分過去没有被學者注意，它的意義在於可以從文本來源及文本編撰上判定《三歸五戒帶佩護身咒經》爲中國佛教中的疑僞經，同時也能爲我們考察中國佛教中的“戒神”提供一些觀察角度。

　　上述池平紀子的研究指出《三歸五戒帶佩護身咒經》受到了《四天王經》的影響。接下來，本文以二十五戒神爲中心，討論《三歸五戒帶佩護身咒經》較之《四天王經》有哪些新的發展。

　　關於《四天王經》，學者們認爲該經是在《雜阿含經》卷四十（包括基於此抄出的經典《四天王案行世間經》）、《長阿含經》卷二十的基礎上編撰而成的經典[2]，如《雜阿含經》卷四十中雖然提到四天王派大臣、

_____

[1]　參見伍小劼《神咒與神王：〈大灌頂經〉中的“神咒”探析》，《文史》第四輯，中華書局，2012年。

[2]　望月信亨：《佛教經典成立史論》，法藏館，1946年，第393—400頁。望月認爲此經爲智嚴等人在《長阿含經》卷二十上加筆而成的產物。牧田諦亮：《疑經研究》，京都大學人文科學研究所，1976年，第168—170頁。

太子，包括自身在月八、十四、十五日案行人間，"爲何等人供養父母、沙門、婆羅門，宗親尊重，作諸福德，見今世惡，畏後世罪，行施作福，受持齋戒，於月八日、十四日、十五日，及神變月，受戒布薩?"但在《四天王經》中，則相應爲：

> 四天神王即因四鎮王也，各理一方，常以月八日遣使者下，案行天下，伺察帝王、臣民、龍鬼、蜎飛、蚑行、蠕動之類，心念、口言、身行善惡；十四日遣太子下；十五日四天王自下；二十三日使者復下；二十九日太子復下；三十日四王復自下。四王下者，日、月、五星、二十八宿，其中諸天僉然俱下。四王命曰："勤伺衆生，施行吉凶。若於斯日歸佛、歸法、歸比丘僧；清心守齋，布施貧乏；持戒，忍辱，精進，禪定；玩經散説，開化盲冥；孝順二親，奉事三尊；稽首受法，行四等心，慈育衆生者，具分別之，以啓帝釋。"若多修德，精進不怠，釋及輔臣三十二人，僉然俱喜，"釋敕伺命，增壽益算。遣諸善神，營護其身，隨戒多少。若持一戒，令五神護之。五戒具者，令二十五神營衛門户。殃疫、衆邪、陰謀消滅、夜無惡夢，縣官、盜賊、水火、災變終而無害，禳禍滅怪。唯斯四等、五戒、六齋耳猶如大水而滅小火，豈有不滅者乎! 臨其壽終，迎其魂神，上生天上七寶宮殿，無願不得"。[1]

可以明顯看出，《四天王經》較之《雜阿含經》，天神伺察内容上增加了三皈依、六度；日期從月八、十四、十五日增加了二十三、二十九、三十，且點明這幾天是齋日，齋日時諸天伺人善惡；同時也有了持一戒有五神守護，持五戒有二十五神營衛的説法。持齋戒之人壽終之後，迎其魂神上生天、上七寶宮殿的神爲四天王。

關於二十五戒神，前引《四天王經》稱四王自下之時，日、月、五星、二十八宿中諸天俱下，四王命諸天伺衆生心念、口言、身行善惡，諸天使"善"者增壽益算；四王發遣諸善神隨戒多少營護行善者，持一戒有五神守護，五戒完具則有二十五神營衛，其中似乎没有强調一定要五戒完

〔1〕 CBETA（2016），T15，no.0590，p.118b03-22. 文字根據校記有所修訂。

具。相應的，“若有不濟衆生之命、穢濁盜竊、淫犯他妻、兩舌惡罵妄言綺語、厭禱咒詛、嫉妒恚痴、逆道不孝、違佛違法、謗比丘僧、善惡反論，有斯行者，四王以聞，帝釋及諸天僉然不悅，善神不復營護之，即令日月無光，星宿失度，風雨違時”，則違犯五戒等行爲導致四王、帝釋及諸天不悅，善神不擁護，日月無光，星宿失度，風雨違時。

　　池平紀子認爲違犯齋戒導致“日月無光、星宿失度、風雨違時”，這代表了佛教對道教思想及無爲自然觀的吸收[1]，她的這個觀點和她對戒的本質的思想認識相一致。但《四天王經》中言“今日、月、星宿即諸天宮宅也”[2]，聯繫到前文提到四天王在齋日下案行人間時，日、月、五星、二十八宿中諸天隨之俱下的説法，此處“日月無光、星宿失度、風雨違時”毋寧看成是人違犯齋戒後，諸天所遣善神離人而不再營護的後果。諸天不再營護人，諸天之宮宅對人而言“日月無光、星宿失度、風雨違時”，而不必將其與道教思想和無爲自然觀直接聯繫在一起。如果有人改往修來，帝釋及四王歡喜，日月清明，星宿有常，風雨順時，毒氣消歇。也有“天降甘露，地出澤泉”的祥瑞。生時不經歷牢獄，死後得上生天上。

　　和《四天王經》相比，兩經的相同之處在於以下兩點：首先，《三歸五戒帶佩護身咒經》中歸戒之神同樣是天帝及四天王發遣。五戒二十五戒神是“敕天帝釋使四天王遣諸善神營護汝身”[3]，三歸三十六歸神是“天帝釋所遣諸鬼神以護男子女人輩受三歸者”[4]、“天帝遣善神三十六大王護助我身”[5]。其次，經中一方面突出持戒，另一方面也非常強調月六齋日持齋，提出“雖戒具足，不持六齋，猶華樹無果，婦人不產，種穀不滋，治生無利。折耗失本，更無衣幀，不持齋戒，無利如是”，這一點上也和《四天王經》相一致，即既持戒，也持齋。

　　兩經不同之處有如下六點。首先，前文已經提及，歸戒之神在《三歸五戒帶佩護身咒經》中只是一個稱號，由六天之上的天帝發遣諸鬼神輪值替代，這一點在《四天王經》中並未提及。不僅如此，本經還列舉了“彌

〔1〕　池平紀子：《佛・道文獻中の戒神説に見られる人と神々の共生について》，第69頁。

〔2〕　CBETA（2016），T15, no.0590, p.118c09-10.

〔3〕　CBETA（2016），T21, no.1331, p.502c11-12.

〔4〕　Ibid., p.501c25-26.

〔5〕　Ibid., p.502b17-18.

栗頭不羅婆"等三十六歸神、"蔡努毗愈他尼"等二十五戒神的名字[1]，後世對這套歸戒神名多有引用，這一點給予了中國佛教較大的影響。

其次，《四天王經》雖然提到了諸天等案行伺察，但並沒有具體機制。在《三歸五戒帶佩護身咒經》中則提出，人持齋戒後，歸戒之神營護是人。破犯歸戒後，同時也有天上二百七十神王疏記善惡奏上大王，大王視其輕重盡其壽命苦治。經中更注明"人犯所受破是歸戒，凡爲天上二百七十神王之所得便，更非外魔所得便"，則"天上二百七十神王"不是"外魔"，而是駐在人"身中"。在執持長者故事中，執持破戒之後有與五戒相關的"自然鬼神"持鐵椎拍長者頭等；佛救度長者後，執持言"我身中有是五賊牽我入三惡道中"，從中可以看出"自然鬼神""身中五賊"即是指戒神，受戒之後，戒神即駐在人身中。聯繫到前面所提到的歸戒之神輪值相替，筆者推測這裏的"天上二百七十神王"即是歸戒之神，在輪值期間駐在人身體之中，就此而言，筆者贊同池平紀子所主張的"戒神與人共生説"。可資説明的是，經文言"帶佩神王名者……樹木精魅、百蟲精魅、鳥獸精魅、溪谷精魅；門中鬼神、戶中鬼神、井竈鬼神、洿池鬼神、廁溷中鬼，一切諸鬼神皆不得留住某甲身中"[2]，是則樹木精魅等鬼神可以留在某人身中，可見《三歸五戒帶佩護身咒經》爲代表的中國佛教接受了鬼神駐在人身中的觀念。駐扎在人身中的鬼神，能時刻監伺人的善惡，將其疏記大王也就很好理解了。至於戒神本質爲道氣，就《三歸五戒帶佩護身咒經》而言，還不能推如此之遠。

第三，《四天王經》中持齋戒之人臨壽終之時，其魂神由四天王迎請。而在《三歸五戒帶佩護身咒經》中，持齋戒之人臨終時，由佛分身往迎。

第四，如前文所提及的，《三歸五戒帶佩護身咒經》提供了一套完整的受三歸五戒的行法，這一點在《四天王經》中並未提及。

第五，《三歸五戒帶佩護身咒經》也提供了一套使用三歸五戒神王名的行法，包括書神王名、使用時的儀式、放置在人身中的位置乃至使用時的功效。

---

[1] 傳爲晉代失譯的《七佛八菩薩所説大陀羅尼神咒經》（no.1332）卷四列舉了另一種三歸九神、五戒二十五神的説法，該説被唐道世《法苑珠林》卷八八所摘引。但除《法苑珠林》外，該説法極少被引用，影響不大。

[2] CBETA（2016），T21，no.1331，p.503a22-28.

第六，圍繞三歸五戒神王名，《三歸五戒帶佩護身咒經》改造耶祇婆羅門故事爲執持長者故事，目的在於説長者宿命因緣，從而使得世人明驗罪福。

概而言之，與《四天王經》相比，《三歸五戒帶佩護身咒經》都提出戒神爲四天王發遣，在持戒時也需持齋。不同之處在於《三歸五戒帶佩護身咒經》將戒神做了具體化，並發展了歸神。明確了受三歸五戒的行法和歸戒之神名的用法；歸戒之神駐扎在人身中，監伺人善惡，由此疏記上大王。臨終之時，由佛分身迎請天上。在其間，穿插了執持長者罪福故事，使人生信心並廣説宣傳。凡此形成一個相當完整宣傳歸戒之神的叙事結構。

三、結　語

本文首先指出《三歸五戒帶佩護身咒經》中的執持長者故事改造了《耶祇經》中的耶祇婆羅門故事，在對兩個故事進行比較的基礎上，檢視了執持長者故事所增加的内容，最重要的是由五戒發展成了“三歸五戒之神”，同時分析了《三歸五戒帶佩護身咒經》的經文結構和權重。在此基礎上，將《三歸五戒帶佩護身咒經》與《四天王經》進行了對比，指出《三歸五戒帶佩護身咒經》已將歸戒神具體化，其性質是由四天王發遣駐扎在人身中的體内神。運轉機制是輪番替代，駐在人身中疏記信人善惡，上報大王，營護持戒信人，懲罰犯戒信人。叙述了受三歸五戒以及使用三歸五戒神王名的行法。經文是一個完整的宣傳歸戒之神的叙事結構，執持長者故事的穿插讓人明驗罪福，從而使得衆人“廣説”宣傳。

《三歸五戒帶佩護身咒經》宣傳的歸戒之神在南朝時有較大影響，僧祐《出三藏記集》卷四載有“《三歸五戒神王名》一卷”，僧祐曾親見其本。[1]智昇《開元釋教録》卷十六則説：“《三歸五戒神王名》一卷，亦云《三歸五戒三十六神王名經》，陳朝大乘寺藏《録》云抄《灌頂經》，新編上。”[2]根據智昇的説法，該《三歸五戒神王名》可確認出自《灌頂經》

---

〔1〕　CBETA（2016），T55，no.2145，p.31c27-32a02.
〔2〕　CBETA（2016），T55，no.2154，p.653a20-21.

（即卷三《三歸五戒帶佩護身咒經》），這也可確定《三歸五戒帶佩護身咒經》先出，《三歸五戒神王名》抄自《三歸五戒帶佩護身咒經》，而不是相反。該神王名單獨抄出，可能是爲了清信士女帶佩神王名時書寫的需要。

　　《三歸五戒帶佩護身咒經》中的三歸五戒神王多被後世特別是律學著作引用，唐道世《法苑珠林》、唐玄惲《毗尼討要》、宋惟顯編《律宗新學名句》、明智旭集《在家律要廣集》、明一如等編集《大明三藏法數》、清書玉述《梵網經菩薩戒初津》等競相徵引，也可見該説法在律學中有較大影響。

　　本文以執持長者故事爲中心，對《三歸五戒帶佩護身咒經》進行了文獻學考察，並就其中的二十五戒神、三十六歸神及持齋戒法與《四天王經》進行了比較，總結了《三歸五戒帶佩護身咒經》中三歸五戒神王的性質及運作機制等內容。前文提到池平紀子曾完整梳理了佛道教中的二十五戒神説，以後應該對這些涉及二十五戒神説的佛道教文獻進行更細緻地考察，以便由這一觀念更準確地理解佛道教之間的交涉。

《佛教文獻研究》第四輯
2024 年，287—316 頁

《法華統略》釋序品研究[*]

〔日〕菅野博史　著/張文良　譯

内容摘要： 本文是對吉藏《法華統略》釋序品的研究，主要分爲三部分，即分科、六事，以及吉藏從一義、二義、三義、四義、七義、十義、十二義七方面對《法華經》思想内容的整理。在分科方面，吉藏在《法華統略》中擴大了"正説分"的分量，這是其分科觀念的最大特徵。在六事方面，吉藏將"如是"定義爲"信"，又以無生觀詮釋之，既表現出吉藏三論思想的學理性，也體現了吉藏重視觀行實踐的特徵。在從"一義"等七個層次分析《法華經》内容時，更體現出吉藏多層次、多角度的法華經觀。

關鍵詞：《法華統略》；釋序品；分科；六事；法華經觀
作者單位： 日本創價大學
譯者單位： 中國人民大學

一、 問題所在

關於《法華統略》卷第一"釋序品"的結構，其開頭云："昔在會稽，著此經玄文，凡二十卷。中居京兆，錄其要用……裁爲七軸。但余少弘四論，末專習一乘，私衆二講將三百遍。但斯經言約義富。更有異聞，撰錄大宗，復爲此三卷。"（《續藏經》第一編，第 43 套，第 1 頁左上[1]）接

---

　* 本研究受到 2013 年度日本學術振興會科學研究費補助金〔基礎研究（C）23520069〕資助。

　〔1〕 關於《法華統略》的原文，除了《續藏經》之外，亦可參見藏於日本名古屋市真福寺的寫本。該寫本已由筆者校注出版（《法華統略》上，大藏出版社，1998 年；《法華統略》下，大藏出版社，2000 年）。其中在此寫本中新發現的《法華統略》的原文，筆者曾有專文考察，見《新出資料〈法華統略〉釋藥草喻品、釋授記品、釋化城喻品的翻印》，《佛學研究》1999 年第 3 期，第 162—180 頁。

下來，吉藏從六個方面，對《法華統略》與此前的《法華經疏》的不同做了説明，從中可以窺知其執筆《法華統略》的動機。[1]在“釋經題”部分，對《法華經》的經題“妙法蓮華經”做了詳細解釋。這一部分的解釋，將另文進行考察。[2]在“釋章段”的部分，吉藏對《法華經》的分科提出了新的見解。而在新的分科中，所謂“説經因緣分”的部分即“如是我聞……”等六事，吉藏從無生觀的立場對“如是”做了詳細解釋，意味深長。在對六事中的第六“徒衆”部分，吉藏就列座於《法華經》法會中聽衆的名字做了解釋。《法華經》在列舉聽衆名之後云“爾時世尊四衆圍繞”（《大正藏》第9册，第262號，第2頁中），在對此解釋中，吉藏提出《法華經》有一義、二義、三義、四義、七義、十義、十二義。這是從不同角度對《法華經》所説思想内容的整理，從中可見吉藏的法華經觀之一斑，特別是《法華義疏》所未見的四處七會的觀點。吉藏還用七會的認識論述《法華經》的分科以及十方便。之後則是對序品文的詳細解釋。

在本文中，將對其中的分科，“如是我聞”等六事，《法華經》所説的一義、二義、三義、四義、七義、十義、十二義進行考察。

二、分　科

如前所述，《法華統略》在“釋經題”的下面有“釋章段”，對《法華經》的分科提出了如下新的見解：

> 昔已叙一途，今更陳異意。大明此經，凡有三分。一説經因緣分。二正説分。三信受奉持分。初六事謂説經因緣分。爾時世尊四衆圍繞竟“普賢”之末，爲正説分。從佛説此經已，第三信受奉持分。（《續藏經》第一編，第43套，第5頁左上）

“初六事”，是指經典開頭的固定套語即“如是我聞：一時佛住王舍城耆闍崛山中，與大比丘衆萬二千人俱……各禮佛足，退坐一面”（《大正

---

〔1〕　對此文的詳細考察，參見三桐慈海《法華統略的研究》，《大谷大學研究年報》1975年第27期，第65—90頁。

〔2〕　參見拙著《中國法華思想的研究》，春秋社，1992年，第二篇第三章。

藏》第 9 册，第 262 號，第 1 頁下—2 頁中）。與第三"信受奉持分"相當
的部分，也只有"普賢菩薩勸發品第二十八"最末尾的"佛説是經時，普
賢等諸菩薩、舍利弗等諸聲聞，及諸天龍人非人等一切大會，皆大歡喜，
受持佛語，作禮而去"（同前，第 62 頁上）這一經典結語。所以，實質
上，幾乎《法華經》的所有内容都相當於"正説分"。這一點是吉藏分科
的很大特徵。另一方面，"昔已叙一途"是指《法華義疏》中的分科。[1]
從《法華統略》的表述看，吉藏對《法華義疏》中的分科並非持否定
態度。

　　但《法華義疏》在進入序品經文的解釋之前，已經對部類的不同、品
次的差别、科經分齊這三義做了説明。就分科的問題，最初吉藏對於經典
解釋時章段的開與不開，介紹了印度、中國諸法師的例子，從而將自己統
合開與不開的立場表述如下：

　　　夫適化無方，陶誘非一。考聖心以息患爲主，統教意以開道爲宗。
　　若因開以取悟，則聖教爲之開。若由合而受道，則聖教爲之合。如其
　　兩曉，並爲甘露。必也雙迷，俱成毒藥。若然者，豈可偏守一徑，以
　　應壅九遠者哉！（《大正藏》第 34 册，第 1721 號，第 452 頁中）

　　這段文字幾乎以同樣的形式出現在《中觀論疏》卷第一中[2]，可以
説代表了吉藏的一貫思想，體現了吉藏重視衆生覺悟[3]，而不是將佛的
教法作爲固定教條而絶對化的態度。因爲佛説法的目的在於爲衆生"息
患""開道"，所以作爲受教一方的衆生覺悟與否就具有重要意義，即根據
衆生覺悟與否，可以自由地對經典章段的劃分進行取捨。也許有人會説，

　　　[1]　關於《法華義疏》的分科，平井俊榮曾在《關於法華文句成立的研究》（春秋社，
1985 年）第 207—216 頁加以介紹。
　　　[2]　參見"師云，夫適化無方，陶誘非一。考聖心以息病爲主，緣教意以開道爲宗。若
因開以受悟，則聖教爲之開。由合而受道，則聖教爲之合。如其兩曉，並爲甘露。必也雙迷，
俱成毒藥。豈可偏守一途以壅多門者哉！具如法華玄義以備斯意矣"（《大正藏》第 42 册，第
1824 號，第 7 頁下）。引文中的"法華玄義"當指吉藏的《法華經疏》，但具體是指哪部經疏
不能確定。
　　　[3]　吉藏的這一思維方法，在他關於《法華經》宗旨的議論中有充分表述。參見拙著《中
國法華思想的研究》第二篇第二章第七節。另，參見末光愛正《關於吉藏的"唯悟爲宗"》，
《駒澤大學佛教學部論集》1984 年第 15 期。

這種對待經典的態度是否過於隨意？但這恰恰説明，在吉藏看來，是否有利於衆生的"息患""開道"，才是如何劃分段落的基準。

此外，關於傳統的序分、正分、流通分的三分科經[1]，吉藏也云：

> 領向圓通之論，開道息患之言，足知衆途是非，寧問三段之得失耶？必苟執三章，過則多矣。而群（底本作"郡"）生因初分以取悟則初分爲正，籍後章以受道則後章非傍。何得言初後是非正經，中段乃爲宗極，將非秉執規矩局釋大方耶？（同前，第452頁下）

在這裏，吉藏也否定了將三分科經絶對化的觀點，認爲無論是經典的哪一部分，只要衆生依據此段經文能夠開悟，這一部分就是正説。這一思想與已經介紹的《法華統略》的分科有密切關係。因爲在《法華統略》的分科中，除了經典編纂者對釋尊的説法狀况的客觀描寫部分，即經典的開頭與末尾的固定表達之外，經文的其他部分都被視爲"正説分"。

吉藏在陳述了關於分科的基本見解之後，對以前的幾種分科做了介紹，並總結云：

> 若皆能開道適會根緣，衆説之中無非正宗也。（同前，第453頁上）

即只要適合衆生的根機，那麽無論何種分科説都是正確的。在這一前提下，吉藏認爲三分科經也無不妥：

> 但推文考義，三段最長。宜須用之。（同前）

---

[1]　平井在《關於法華文句成立的研究》第42頁注33中，認爲三分科經始於道安，其證據爲《出三藏記集》卷第十二的"安法師法集舊制三科"（《大正藏》第55册，第2145號，第92頁中）。但筆者認爲這段文章能否如此解釋是有疑問的。如平井在正文中的引用所示，即使是旁徵博引的吉藏也不能確定三分科經的創唱者，如《勝鬘寶窟》卷上只是云"古舊相傳，多開三分。謂序正流通"（《大正藏》第37册，第1744號，第6頁下），可見他並沒有明確將三分科經與道安聯繫起來。很可能依據假托吉藏的《仁王般若經疏》卷第一"然諸佛説經本無章段。始自道安法師，分經以爲三段。第一序説，第二正説，第三流通説"（《大正藏》第33册，第1705號，第315頁下，平井也曾引用），而出現了將三分科經與道安聯繫起來的説法。而道安自身的現存著作中並沒有三分科經的事實，也似乎佐證了筆者的疑問。

　　吉藏還列舉了十條來論述三分科經理論的妥當性，從而進一步明確了自己的分科説。簡而言之，"序品"爲序説，從"方便品"到"分別功德品"的格量偈共十五品半爲正説，之後的十一品半爲流通説。此外，序説又分爲證序分（上面所介紹的"如是我聞"等六事）與之後的發起序（開發序）；正説又分爲闡明乘方便、乘真實的部分（"方便品"到"法師品"）與闡明身方便、身真實的部分（從"寶塔品"到"分別功德品"的格量偈）；流通説又分爲贊嘆流通（到"神力品"）與付囑流通（從"囑累品"到"普賢菩薩勸發品"）。

三、"如是我聞"等六事

　　《法華義疏》在詳細解釋"如是我聞"等六事即證信序時，分爲對六事整體進行解釋的總釋，與對六事進行分別解釋的別釋[1]，但《法華統略》對六事問題的解釋則有特殊之處。如前所述，《法華統略》將六事視爲説經因緣分，其中從讓未來衆生産生信心這點來看，稱爲證信分；從闡明現在（釋尊説《法華經》時）佛説經的理由這點看，稱爲説經因緣分。其文云：

> 　　經初六事可兩望之。一爲未來生信，爲證信分。二望現在，是説經因緣分。（第 5 頁左上）

　　《法華義疏》中證信序與這裏的證信分相當。《法華義疏》的總釋六門中的第三"序來意門"中提出立六事有三個理由，其第一個理由：

> 　　一爲生信。如是即是信也。下之五句爲生信。（《大正藏》第 34 册，第 1721 號，第 454 頁上）

　　上述就證明了這一點。但《法華義疏》中没有《法華統略》中所見到

---

[1]　村中祐生曾有考察吉藏的六事解釋的論文，但没有以《法華統略》爲資料。參見其《關於嘉祥大師的諸經疏——以與天台大師的關連爲中心》，《大正大學研究紀要》1973 年 3 月第 58 期。另，該文收入《天台觀門的基調》，山喜房佛書林，1986 年。

的關於“未來”的問題意識。

《法華統略》從六事即説經因緣分的視點做了如下闡述：

> 一切諸佛要備六緣，方得説經。一衆生有信心，即如是也。二有
> 持法之人，即我聞也。三根緣時熟，即一時也。四有化主，謂佛也。
> 五要須待處，謂住處也。六所爲之人及證明衆，故有徒衆。要具六
> 緣，方得説法也。（第 5 頁左上）

對其中的有些説法需要加以具體説明。以下將結合對六事的分別闡釋
就上面的内容進行進一步的考察。

（一）“如是”

前面講到，《法華統略》對六事的解釋比較特殊，這特殊之處實際就
是對“如是”的解釋。[1]“如是即是信也”（同前）的解釋不過是自《大
智度論》[2] 以來的一般性解釋，而《法華統略》則引用了《法華經》的
“藥王菩薩本事品”與“法師品”的如下段落：

> “藥王品”云，此經於一切諸經中，窮深極大。“法師品”云，於
> 三世説中，最難信解。（同前）

關於前者，《法華經》的原文是“此《法華經》亦復如是。於諸如來
所説經中最爲深大”（《大正藏》第 9 册，第 262 號，第 54 頁上）；關於後
者，原文爲“已説，今説，當説。而於其中，此《法華經》最爲難信難
解”（同前，第 31 頁中）。吉藏對此云：“今略敘之，以驗佛語也。”（第 5
頁左上）並對“藥王品”的“深大”做了解釋。爲什麼“如是”的解釋與
藥王品中的“深大”的解釋聯繫在一起呢？吉藏這樣做的背後，是與吉藏

---

〔1〕　三桐慈海已經注意到《法華統略》中對“如是”解釋的實踐性格，他對《法華統略》
的“如是”解釋做了概説，“將如是解釋爲信，勸修無生觀。由此可以看到其宗教的實踐的一
面”。參見《吉藏的注疏中所見的宗教課題》，《佛教學講習》1977 年第 26 期。

〔2〕　參見《大智度論》卷第一，“佛法大海，信爲能入，智爲能度。如是義者，即是信。
若人心中有信清淨，是人能入佛法。若無信，是人不能入佛法。不信者，言是事不如是，是不
信相。信者，言是事如是”（《大正藏》第 25 册，第 1509 號，第 63 頁上）。吉藏也在《法華義
疏》中引用了此文（《大正藏》第 34 册，第 1721 號，第 454 頁下）。

認爲"如是"就是指對《法華經》之"深大"的信仰這一立場分不開。

吉藏對"大"與"深"做了如下的字義解釋：

> 所言大者，彌倫太虛。稱甚深者，眇然無際。（同前）

"彌倫"的"倫"當與"綸"通用。《易·繫辭傳上》云"易與天地准，故能彌綸天地之道"，吉藏應該是化用《易》的用法。"大"指涵蓋一切虛空，"甚深"則是渺茫無際。在這種字義解釋的基礎上，吉藏對"大"和"深"從教理上做了解釋。"大"有四義：

> 一明四實、四權、四因、四果即一經之大意也。二近該《華嚴》之始，竟雙樹之終也。三攝釋迦過去成佛，逸多不見其始，未來湛然不變，群聖莫測（底本作"惻"）其終。時長化廣，莫不入其内也。四總括十方三世諸佛從一切實起一切權，攝一切權以歸一切實。謂窮大矣。（第5頁左上—下）

此四義皆是解釋《法華經》何以爲"大"的理由和根據。"第一"中的四實、四權、四因、四果，是承襲經題解釋中以所乘之法、能乘之人（佛）、壽命、國土四種來説明果妙[1]之説。此四種又分爲實與權、因與果（實現上述四種的因與果）。關於其具體内容，將在後面補充説明。這些構成《法華經》的"大"意，所以《法華經》爲"大"。"第二"的"大"意是，就近言之，即限於今世來説，《法華經》包括了從佛最初所説的《華嚴經》到最後在沙羅雙樹下所説的《涅槃經》的一切經。[2]這也是《法華經》何以爲"大"的理由。"第三"的"大"意是，如《法華經》"如來壽量品"所説，《法華經》包括從釋迦的過去久遠成佛到未來的永遠

---

[1] 參見"初分經正明果妙，略有四種。一所乘法妙，二能乘人妙，三壽命妙，四國土妙"（第2頁右下）；"理更無二。約運用自在，故名爲乘。至人以此爲身，秤爲法身。無始終義，目之爲壽。聖所栖托，稱之爲土"（第2頁左下）。

[2] 參見《法華統略》的經題解釋"一切教皆是《法華》也"（第3頁左上），"若爾，則《法華》網羅衆教，衆教皆以《法華》爲宗"（第3頁左下），"《法華》攝《華嚴》等一切大乘。深大之言，其事彌顯也"（第4頁右上）等。

不變性，所以彌勒不知其始源，而聖者也不知其終端。《法華經》的所説範圍在時間上無極限，佛的教化也廣大無邊，所有的教説都包括在《法華經》之中。"第四"的"大"意是，《法華經》包括了十方三世一切佛的權實教化，即由一切實而生權，又攝權而歸實〔1〕的教化。《法華經》因爲具有這樣的特徵，所以被認爲是"大"。這裏值得注意的是，吉藏從不同的角度論證了《法華經》是包含了三世十方佛的一切教説的偉大經典。

關於"深"，吉藏在前述字義解釋的基礎上又云：

> 雖復教彌六合而無言，通現十方而不動，眇然無際，謂之深矣。
（第 5 頁左下）

即將《法華經》的説法、神通的卓越性規定爲"深"。吉藏最後的結論是：如果不能確立對《法華經》如此"深大"的信仰，那麼"如是"就不能成立：

> 若不樹此信心，則未有如是。（同前）

由此可以看出，爲什麼吉藏在對"如是"的解釋中，會不厭其煩地解釋《法華經》的"深""大"。正因爲在《法華義疏》中已經對"如是"做了十分周詳的解釋，所以吉藏在此處是從對《法華經》的信仰這一實踐的視點對"如是"進行了再詮釋。

但吉藏對"深大"的解釋不限於《法華經》的深大，也言及修行者自身的深大：

> 又若信《法華》深大，謂己身心不深大，與《法華》異者，蓋是窮子受財，謂是長者物耳。今寄如是一事，可將萬義類之。明明《法華》既深大，即己身亦深大。（同前）

吉藏還進一步運用"無生"的概念，對《法華經》的深大以及修行者

---

〔1〕 在經題解釋中也有"此經近攝能仁一化，遠該十方佛法矣"（第 1 頁左下）的説法。

自身的深大做了詳細的說明。這是應該引起重視的新的解釋。具體而言，吉藏是就無生的"大"、無生的"深"展開其論述的。

1. 無生的"大"

首先考察吉藏對無生之"大"的論述。這裏的邏輯，在筆者看來有些難解之處，下面只論其概要。這一段的結論爲：

> 故信一無生，則具四果、四因、四權、四實。謂無生之大也。（第6頁丁右上）

爲什麼這麼説呢？吉藏對此做了進一步説明。引文中的四果、四因、四權、四實的概念已經出現于上文中，這些概念就是《法華經》的"大"意，所以被稱爲"大"。吉藏在這裏也承襲了前文的意思。但這段論述的特徵是將"大"與對無生的信仰聯繫起來。爲論證這一結論，吉藏需要對無生與四果、四因、四權、四實之間的聯繫分別做出説明。但實際上，吉藏雖然對無生與四果、四因、四權之間的關係做了説明，但對四實的説明卻付之闕如。以下將按照順序考察吉藏對無生與四果、四因、四權之間關係的論述。

（1）無生與四果

首先，四果包括乘（一乘）、身（法身）、壽（法身的壽命）、土（淨土）。關於無生與四果的關係，吉藏云：

> 明此身本自不生，即本不凡。本不凡故，本非六道。若是凡，可轉凡成聖，故有三乘。既無六道凡可轉，何有成三乘聖耶？故此身超三乘越六趣。即是本來一相，名爲一乘。諸佛用本不生爲身，名爲法身。既不生，何有於滅，即是無生滅壽。既本不生，一切生心動念畢竟清淨，即是淨土。若達一身，四果便辨。（第5頁左下）

即因爲自身不生，本來就不是凡夫，所以不需要爲了轉凡夫爲聖者而設立三乘之教，和作爲凡夫迷的境界的六道，將自己本來一相視爲一乘。其次，佛也以不生爲身，此即法身。由此不生而導出不滅，不生不滅即佛的壽命。最後，將超越心念的生起、動摇的畢竟清淨規定爲淨土。在吉藏看來，只要通達了自己一身的無生，就可以理解所有四果的深義。

（2）無生與四因

關於無生與四因的關係，吉藏的説明相對比較詳細。第一，關於一乘之因，引用《大智度論》[1] 的説法做出解釋：

即此不生亦具四因。故《智度論》云：

> 順忍名乘動，無生忍爲乘出。順此不生，漸息生見，名之爲動。無生現前，出離於生，名爲乘出。故了悟無生，即一乘因也。（同前）

《大智度論》將覺悟諸法之無生的無生法忍和其之前階段的柔順忍這二者與"乘"相聯繫來論述，吉藏引用此文，將覺悟無生視爲一乘之因。

第二，關於法身之因云：

> 故無生現前，是内弘義。防令不起生念，謂内護法義。若如行而説，是外弘。亦令他防生心動念是外護。如此内外弘護，是法身因。故得無生法身果也。（同前）

即基於無生，推導出内弘法與内護法、外弘法與外護法四種義，並説明此四種義即法身之因。

第三，關於長壽之因，吉藏引用"慈悲是長壽因也"[2] 的經文，將無生與大悲的拔苦、大慈的與樂相聯繫，以此説明無生是長壽之因。

> 無生長壽因者，經云，慈悲是長壽因也。世間但悲於物，而不自

---

〔1〕　參見《大智度論》卷第五十三"動者，柔順忍。出者，無生法忍"（《大正藏》第 25 册，第 1509 號，第 440 頁下）。這是對《大品般若經》卷第七"無生品"的"於世間中能動能出，是故名出世間檀那波羅蜜"（《大正藏》第 7 册，第 223 號，第 272 頁中）的注釋，但其中没有乘動、乘出的説法。而吉藏在《法華玄論》卷第四中亦云"問：《大品》云，是乘能動能出，是何位耶？答：《論》云，動是順忍，出爲無生忍"（《大正藏》第 34 册，第 1720 號，第 392 頁上），則出現了關於乘的動出的説法。

〔2〕　經中並不見此原文，或許爲《南本涅槃經》卷第三"長壽品"，"菩薩亦爾，欲得長壽，應當護念一切衆生同於子想，生大慈、大悲、大喜、大舍，授不殺戒，教修善法……"（《大正藏》第 12 册，第 375 號，第 620 頁中）的取意引用。

傷。以理言之，先須自傷，始可悲物。如身子嘆息，云何而自欺。自
欺者，諸法本不生，而我謂有身生不生。已是顛倒。復欲滅之令入涅
槃，倒中之倒。故謂有生滅，名爲自欺。今令不起生見，是大悲拔
苦。令不生現前，謂大慈與樂。於自身既爾，化他亦然。作此行者，
即長壽之因。（第 5 頁左下—6 頁右上）

關於身子（舍利弗）的說法，出自《法華經》"譬喻品"中身子所說
偈裏的"我處於山谷，或在樹林下，若坐若經行，常思惟是事。嗚呼深自
責，云何而自欺"（《大正藏》第 9 冊，第 262 號，第 10 頁下）。"云何而
自欺"的內容，在這段經文之後的舍利弗的說法中有進一步的說明，但吉
藏離開《法華經》的上下文而做了獨自的解釋。總之，吉藏是從諸法不生
的立場出發，以不讓眾生起生見爲大悲，以使不生現前爲大慈。

第四，關於無生爲淨土之因云：

次行無生是淨土因者，得無生之壽，曉夜常淨一切生心，即除穢
土之業，恒令無生現前。謂淨土因。自行既爾，化他（底本作"他
化"）亦然。（第 6 頁右上）

以上是吉藏關於無生與四因關係的解釋。接下來，吉藏就無生與四
行，即弘佛道行、度眾生行、降邪行、護法行的關係做了論述。至於吉藏
做這樣論述的邏輯根據何在，以及將這四種行合說的經典依據何在，筆者
也難以窺知。

（3）無生與四權

最後，關於無生與四權的關係云：

次就無生起四權者，然了生宛然即無生，亦悟無生宛然而生，故
能起生用。故有二乘生滅方便。所以昔於捺菌說五眾生滅。法身無
生，無處不生，故王宮示生，即身方便。既無生而生，即無始而始，
故有始自伽耶，謂壽方便。既無始而始，亦非穢而穢，謂土方便。
（同前）

首先，即在無生與生的相即關係基礎上，承認生的作用。正如釋尊在捺薗（初轉法輪之地鹿野苑）爲弟子開示五衆（五陰）的生滅所顯示的那樣，佛教也承認以生滅爲立場的二乘方便法的存在。其次，法身雖爲無生，以釋尊誕生於王宮來顯示身體的方便。與此同理，佛壽雖然無始，但以佛在伽耶城（佛陀伽耶）近處的菩提樹下成佛來顯示壽命的方便（即有始）。最後，依據同樣的道理，佛生活的世界雖非穢土，假示穢土而爲土之方便。

如前所述，吉藏對無生與四實的關係沒有另外論述。這是因爲，相對於四權，四果本身就是四實，所以被省略了。吉藏基於以上論述，導出了最初的結論，即由於對無生的信仰而具足四果、四因、四權、四實。這同時就是對無生之"大"的解釋。

2. 無生之"深"

關於無生之"深"，吉藏只做了如下簡單的說明：

> 無生之深者，既稱本無生，則無有生。何有不生，亦生不生如是五句。故無生深矣。（第6頁右上—下）

吉藏的文章有省略，所以理解起來並不容易。"如是五句"的表述在吉藏的其他著作中也能見到。如《法華玄論》卷第四有"如是五句令言窮慮息……"（《大正藏》第34冊，第1720號，第391頁下）。另，《法華義疏》卷第十亦云"正法豈是短之與長，常無常，乃至五句可取耶"（同前，第602頁下）。但其準確的含義是什麼，即使參考前後文，也難以完全把握。筆者現在並不想列舉許多用例來論證其具體含義，大體上來說，五句中的四句應該是所謂的四句分別。用在這裏就是生、不生、亦生亦不生、非生非不生的四句。即使是這四句，吉藏的文章也有省略或脫落。一般的論書都是講四句分別的否定，而吉藏的特徵却是用了"五句"這一説法。問題是第五句所指爲何並不清楚，需要進一步討論。[1]

以上是吉藏用"無生"這一概念對《法華經》的"深大"所做的説

---

〔1〕 按照《淨名玄論》卷第一的説法，第五句爲"非非生非非不生"（《大正藏》第38冊，第1780號，第855頁下）。

明。最後，吉藏對"如是"解釋做了如下總結：

> 若作無生觀，十方三世佛法並是身內。如此，則於身有益。如是一句既爾，竟歡喜奉行，皆須入觀。故下經云，《法華》是良藥。服者，不須老病死也。（第6頁右下）

這一段結論性的文字非常重要。如上所述，吉藏用"無生"的概念對"如是"做了解釋。其基本的邏輯結構如下：首先將"如是"定義爲"信"，而此"信"既包含對《法華經》之深大的"信"，也包含對自身之深大的信。吉藏通過"無生"的概念對這一重大事實做了論證。這不單是字義的解釋，也意味著就"如是"而觀察無生的無生觀這一實踐。它體現了吉藏重視觀行實踐的特徵。吉藏甚至認爲，由此無生觀，三世十方的佛法皆備於我。而且，在吉藏看來，不僅是對於"如是"，而且對於從"如是"到"歡喜奉行"即《法華經》的全部內容都必須實踐此無生觀。過去大家都傾向於認爲吉藏的佛教思想的特徵不是實踐性的，而是偏向於學理性。這一點確乎是事實，在其思想中可以看到其注重學理性的傾向，特別是與同時代的智顗相比較，這種感覺就更加明顯。但依據無生觀解釋經文，即從自身的實踐立場出發解釋經文的態度，可以說與智顗的觀心釋相對應。吉藏在《法華統略》中如此詳盡地依無生而解釋"如是"，可以看作是吉藏力圖確立對《法華經》的實踐性的解釋方法。無論如何，這都是《法華統略》中值得專門討論的思想。

（二）其他五事

吉藏對"如是"以外的五事的解釋很簡單。首先，關於"我聞"到住處的部分云：

> 陰入無主爲我。聽受非情曰聞。衆生心行可一之時，名一時。佛者，授藥之人也。住處者，窮子服藥處，即是得子之所也。王城者，昔摩竭提界寂滅道場救子不得處，今還於此處，救子得也。昔說根本一處，今還於此處，說攝末歸本一。然本末乃異，一道不殊，如今昔處不異也。（同前）

此處所説與《法華義疏》相比較可以看出，關於"我聞"，雖然没有重複《法華義疏》的説法，但極爲簡略。關於"一時"的解釋，與《法華義疏》的四點解釋中的第三點相同。[1]關於説經因緣分，前面有"根緣時熟，即一時也"的説法，這裏也再次説明，衆生的根機已經成熟到聽聞《法華經》之時。關於"佛"與"住處"的解釋，則混用了"信解品"的長者窮子的譬喻與"如來壽量品"的良醫的譬喻來表述。關於"王舍城"，吉藏基於佛説《華嚴經》與《法華經》的場所相同，而強調其思想内容也具有同一性，這是《法華統略》的獨特解釋，在《法華義疏》中還見不到。在這裏也用了解釋"救子不得""救子得"等長者窮子譬喻之際的用語。另外，從"根本一""攝末歸本一"等用語，可以發現他用了三種法輪説。[2]

最後，關於第六的"與大比丘衆……"云：

> 與大比丘衆者，依此經，前列聲聞者，命其子也。列菩薩者，召集證明衆也。（同前）

關於説經因緣分，前面有"所爲之人及證明衆，故有徒衆"的説法，此處的"證明衆"是《法華義疏》所没有的。在《法華義疏》中聲聞、菩薩等被解釋爲"同聞衆"。而在《法華統略》中，如上引文所示，菩薩被定爲證明衆。這一點在後面對菩薩的列座的解釋中也可以看到：

> 列菩薩者，上是而命其子。今是並會親族，召集證明也。（第7頁右上）

其中的"而命其子"和"並會親族"的説法是借用長者窮子的譬喻。《法華義疏》將同聞衆分爲聲聞衆、菩薩衆、凡夫衆，並做了詳細解釋。但是，《法華統略》對聲聞衆、菩薩衆只做了簡單解釋，而對凡夫衆則没有單獨涉及，僅就"韋提希"做了字義解釋。現在，我們將《法華統

---

〔1〕 參見"三者，衆生心行可一之時，即是一乘機發，説一乘教時，故云一時"（《大正藏》第34册，第1721號，第455頁中）。

〔2〕 參見《中國法華思想的研究》第二篇第二章第二節。

略》對經典中所出現的聲聞、菩薩等名字以及經典對他們的記述所做的解釋暫且割愛，最後只就吉藏對聲聞衆、菩薩衆的定位等較大的問題略做考察。

首先，關於聲聞衆。一般的大乘經典列擧聲聞有五種意義，但《法華義疏》中未見這種解釋。

> 諸方等經列聲聞者，凡有五意。一者欲密教令回小入大。即《波若》之流。二欲顯教回小入大。謂《法華》之流。三欲擧小之劣，顯大士之勝。如《華嚴》等經明，五百在座有若盲聾。四表二乘將應悟入。五欲顯法界不隔二乘，二乘自隔法界。法界不隔二乘，故列之在座。二乘自隔法界，故有類盲聾。後之三義並約《華嚴》。（同前）

第一，在《般若經》中，釋尊秘密教化聲聞而讓他們從小乘轉向大乘；第二，在《法華經》中，公開教化聲聞而使他們由小乘轉向大乘；這些是對回小入大的菩薩[1]的論述。第三到第五的内容則是關於《華嚴經》的内容。

在吉藏看來，在三種法輪中，對聲聞的列擧方法各不相同：

> 又三種法輪列之各異。根本法輪，謂不密不顯。二支末之教，密而不顯。三攝末歸本，顯而不密。五百在座，既不見聞，故非顯教，亦非密化，名非顯密。今説大法，密欲付財，謂密不顯。此列之，唯顯非密。（第6頁右下—左上）

這是對各種經典中關於如何教化聲聞的内容的分類。在作爲根本法輪的《華嚴經》中，無顯也無密；在枝末法輪的《般若經》中唯密無顯。"密欲付財"是借用長者窮子的譬喻，顯然是指《般若經》。在作爲攝末歸本法輪的《法華經》中則是唯顯無密。

---

[1]　參見《中國法華思想的研究》第二篇第二章第四節。

最後，在對菩薩衆的解釋中，將聲聞衆與菩薩衆進行了對比。[1]其結論如下：聲聞衆被規定爲當機衆、能教衆、權行衆、失鄉之子。與此相對應，菩薩衆被規定爲發教衆、所教衆、實行衆、不失鄉之子。當機衆、發教衆的說法，在《法華義疏》中是作爲智顗之說而被引用的。[2]能教衆意味著《大品般若經》中作爲聲聞的須菩提依照佛的指示而說大乘法。權行衆，即爲救濟衆生而示現與衆生同樣的形象。實行衆即"實際上踐行大道"。失鄉之子，源於長者窮子的譬喻。

四、《法華經》中的一義、二義、三義、四義、七義、十義、十二義

《法華經》"序品"的開頭，在列舉了聽衆的種種之後云"爾時世尊四衆圍繞"。如前所述，吉藏在對此進行解釋時，指出《法華經》中有一義、二義、三義、四義、七義、十義、十二義。[3]吉藏通過這些分類，從不同的角度對《法華經》的思想內容進行了整理。由此可以窺見吉藏的法華經觀之一斑。

其中，在對四義的論述中，說到四土、四處，在七義中說到了七會。這些也是《法華統略》最早提出的說法。吉藏在《法華統略》的開頭，曾舉出《法華統略》與以前的《法華經疏》之間的六條不同，其中第一條云：

　　一，二本所無，今文方有，如四土之説及七會之文。（第 7 頁左上）

---

[1]　參見"又上是當機衆。三周説法，正爲聲聞，故云爲聲聞説《法華》也。今是發教衆。如彌勒之問，文殊之答，發起佛教也。又約昔言之，上是能教衆，今是所教衆，如命説大乘教於彌勒。又上權行衆，以我同物，欲引物同我。今是實行衆，實行大道，欲引小歸大。又上是失鄉之子，今是不失鄉子。不失鄉子，前已得悟，失鄉之子，今方改迷"（第 7 頁丁右上）。

[2]　參見"顗禪師云，一影響衆，謂在座默然。二發教衆，謂發起佛教，如身子之與彌勒。三當機衆，正禀教領悟。四結緣衆，聞即未解，但結遠因緣"（《大正藏》第 34 册，第 1721 號，第 466 頁下）。但因爲在《法華統略》中菩薩被視爲發教衆，所以與這裏將身子（舍利弗）與彌勒一同視爲發教衆的論述不同。《法華文句》卷第二下有"發起衆，當機衆，影響衆，結緣衆"（同前，第 26 頁下）的説法。

[3]　參見"釋爾時世尊四衆圍繞，叙四處七會義。此經有一義、二義、三義、四義、七義、十義、十二義"（第 7 頁左上）。

即四土和七會之説在《法華統略》以前的吉藏的兩部《法華經疏》中還没有出現。下面，按照順序對這些概念進行介紹和考察。

（一）一義——一道清淨

首先，關於一義云：

> 一義者，文雖七卷二八章，統其大歸，但明一道清淨。（第7頁左上）

即《法華經》七卷二十八章的歸趣，是説明清淨一道。應該指出的是，"一道清淨"的用語並不見於《法華經》，而是出現於《南本涅槃經》卷第十二"聖行品"，即"實諦者，一道清淨無有二也"（《大正藏》第12册，第375號，第685頁中）。此清淨一道是否就是指一佛乘，還是説一佛乘是指可以由語言概念來説明的佛教的道理、而清淨一道則是超言絶相的，更爲根源性的道理，並不能完全確定。但即使其含義是後者，清淨一道通過言語表現出來的就是一佛乘（不摻雜方便）。所以，現在對兩者的區别不加深究，爲了方便起見，在論述上，將清淨一道等同於一佛乘。

（二）二義——《無量義經》與《法華經》的比較

關於二義，吉藏云：

> 二義者，有兩種經。一《無量義經》，二《法華經》。所以説此二經者，《無量義》辨其出生，《法華》明乎收入。要須先明出生，後方辨收入。二教相成，故一處説也。（同前）

也就是説，不是説《法華經》中有二義，而是就《法華經》與在其之前所説的《無量義經》的關係，用出生與收入二義來概括。關於出生與收入的具體含義，在下面有詳細的解説。首先"出生"有三種意義，即《無量義經》"由得而生失""由體而起用""由實而生權"。關於第一的"由得而生失"，吉藏云：

> 出生失者，謂失一道清淨，故有六道不同。（同前）

《無量義經》中確實有前面所說的"一義"中的清淨一道，即由於失去一佛乘而生六道之不同。關於第二"由體而起用"云：

> 二從體起用者，謂諸佛體悟一道清淨，欲化六道衆生，出生一切身、一切教。（第 7 頁左上一下）

即一道清淨爲"體"，由此生出教化六道衆生的佛陀的一切身、一切教之"用"。[1]關於第三"由實而生權"云：

> 三從實生權，謂從一佛乘出生三乘。（第 7 頁左下）

即認爲《無量義經》的内容是講由一佛乘之"實"生出三乘之"權"。以上就是《無量義經》所說的三種出生的内容。在這裏，第一，衆生之所以六道輪回的原因被認爲是一佛乘的缺失；第二，以救度六道衆生爲志願的佛依據一佛乘之體而顯現出一切身，施以一切教；第三，在身、教之中，關於教，特別指明由一佛乘而生三乘教。

與這三種出生相對應的，是《法華經》所說的三種收入。其原文如下：

> 一收六道，同歸一原，故會一豪善，並皆成佛。二攝用歸體，始從寂滅道場終竟雙林之說，同歸一道。……三者攝權歸實，即會三乘入一乘也。（同前）

毋庸贅言，三種出生與三種收入是完全相對應的。第一，《法華經》講收入六道，同歸一原即一佛乘。具體而言，即六道衆生哪怕有微少之善，最終也全部可以成佛，此所謂"萬善成佛"。第二，從佛最初獲得覺悟的場所即寂滅道場到最後講《涅槃經》的沙羅雙林，即佛的一切身、一

---

〔1〕《法華義疏》卷第一也有《無量義經》由無相一法而生一切身、一切教的說法："非但無相一法生一切教，亦從無相一法生一切身。……問：云何無相一法生一切教、一切身耶？答：無相一法即是法身。由法身故示一切身，說一切教也。"（《大正藏》第 34 册，第 1721 號，第 467 頁下）

切教（與上面的第二出生相對應的解釋），皆歸於一道，一佛乘。第三，講三乘歸於一乘，所謂"會三歸一"等思想。

以上是《無量義經》的三種出生與《法華經》的三種收入的內容，概言之，此出生、收入說，是要表達《法華經》所説的"會三歸一"的思想：

> 然雖通明三種出生、三種收入，正爲三乘人，明三從一生，寧不歸一。（同前）

《法華統略》對於《無量義經》與《法華經》的關係，從今昔、名稱、略廣、譬喻四點做了比較。以下按照順序加以考察。

首先，用出生、收入的概念，比較作爲過去之教的《無量義經》與作爲今日之教的《法華經》的不同：

> 次判今昔。昔但當教明義，未辨出生一切、一切收入。此經是結束融會，故從體起一切用，攝一切用以歸體也。（同前）

根據這裏的解釋，《無量義經》是"當教"，即其教説只限於當下的範圍，對"出生""收入"都存而不論；而《法華經》則"結束融會"[1]古今之教，即站在統一、融合的立場，既説由體生一切用，又説一切用復歸於體。

關於《無量義經》與《法華經》的經名不同的由來云：

> 次辨二名。從體起用，用有多門，名《無量義》。從用歸體，體無有二，故受《妙法》之名。（同前）

即《法華統略》基於上述"出生"的第二種意義"從體起用"與"收入"的第二種意義"攝用歸體"（與"從用歸體"同義），説明了二經經名

---

[1] "結束融會"的説法也見於《法華統略》卷第二："古佛今佛同明七事者，以説《法華》，結束融會，一化義備。"（第18頁右上）

的不同。不過，雖然多門之用名之爲"無量義"〔1〕容易理解，而對於"體無有二"何以與"妙法"聯繫在一起，則未做任何説明。

《法華統略》又認爲《無量義經》爲略説，《法華經》爲廣説，其理由云：

> 次分略廣。從體起用則略。但有一會説法，一卷之文。攝用歸體則廣，故有多會之説者，此經正明收入故也。又三世佛以歸一爲正意，故廣明之。出生非佛正意，故略辨。有昔未辨收入，故今廣明之。昔已廣辨出生，今但略説也。（第 7 頁左下—8 頁右上）

即因爲《無量義經》的主旨是"從體起用"，説明"出生"之義，所以爲略説，内容也只有一會説法。而《法華經》的主旨是"攝用歸體"，説明"收入"之義，所以爲廣説，内容也爲多會（七會，如後所述）説法。而且，因爲"出生"非三世諸佛之正意故略説，而以講説"歸一"爲主旨的"收入"爲佛之正意，故須廣説。另外，因爲"收入"之義過去未曾講説，所以《法華經》才有必要廣説，而"出生"之義在《無量義經》以前就廣爲講説，所以《無量義經》只是略説就足夠了。

《法華統略》又引用譬喻來説明"出生"與"收入"的意義：

> 次引喻。既有二經明出生、收入，今引兩喻。出生如阿耨達池出四大河。收入如四河合流，同歸大海，同一鹹味也。（第 8 頁右上）

關於上面所引用的譬喻中的"阿耨達池"，《南本涅槃經》卷第二十三"高貴德王菩薩品"云"如香山中有阿耨達池，由是池故有四大河。所謂恒河、辛頭、私陀、博叉"（《大正藏》第 12 册，第 375 號，第 755 頁下）。引文的譬喻中，前者出自《南本涅槃經》卷第三"長壽品""譬如阿耨達池傳四大河"（《大正藏》第 12 册，第 375 號，第 621 頁中）；後者則

---

〔1〕 這裏的叙述，與《法華義疏》卷第一"今明無量義者，凡有二種。一者實相之體無有限量，謂體無量。二者從實相一法出一切教，謂用無量"（《大正藏》第 34 册，第 1721 號，第 467 頁下）中的"用無量"的意義相一致。

出自《大薩遮尼乾子所說經》卷第二"譬如大海無量百千河澗水入，入已一切皆同一味。所謂鹽味"（《大正藏》第9册，第272號，第326頁上）。

由以上内容可以看出，對《法華經》的二義分析，實際上是對《無量義經》與《法華經》的比較。其思想背景是認爲《無量義經》的"出生"之義與《法華經》的"收入"之義有著密切關係。正因爲如此，爲了說明《法華經》的思想，闡明"收入"之義的主旨，必須將其與《無量義經》的"出生"之義聯繫起來考察。在《法華義疏》卷第二，對於何以在《法華經》之前說《無量義經》，吉藏舉出了六種理由，其中第一個理由就是基於"出生""收入"之義。[1]由此可見吉藏對於這一問題的關心是一貫的。

（三）三義——《法華經》的三段落

從三義把握《法華經》，意指其三個段落：

> 次明三義。即是三段。初六事謂說經因緣分。二正說經分。三從"普賢品"卷末信受奉事分。（同前）

這在第二部分的"分科"中已經做了介紹，即按照吉藏的獨特解釋，除了《法華經》最初和末尾的固定表達以外，所有的内容都是經的正宗分。這也是《法華統略》最早提出的主張。

（四）四義——四土與四處

關於四義，吉藏論述了四土和四處。這也都是《法華統略》最早提出的解釋。首先，關於四土，吉藏用淨土、穢土的概念，將《法華經》的說法場所的變化形態總結爲四種：

> 次明四義者，即是四土。初在穢土說法。二在淨土說法。三住淨土，普爲十方淨穢人說法。四還在穢土說法。（同前）

關於四土與《法華經》的說法的具體關係云：

---

　〔1〕 參見"法華者，會一切乘，同入一乘。今將明收入之義，故前辨出生。以從一法生一切法故，一切法還歸一法。所以將辨收入，前明出生。是故前說出生，爲收入之序也"（《大正藏》第34册，第1721號，第468頁上）。

一但穢非淨。即初説處是也。二但淨非穢。第二説身權實處是也。三亦淨亦穢處。即“神力品”已去也。住於淨土，現通説法，名爲淨土。令十方淨穢同得見聞，故復有穢土也。第四還住穢土。分身已散，土還復穢。“囑累品”末已去也。此即含有非淨穢義。（同前）

講説身之權實的部分，包括“見寶塔品第十一”到“分別功德品第十七”的格量偈。[1]之前的部分是第一“但穢非淨”土；從“見寶塔品”到“分別功德品”的格量偈，或廣而言之，第三的“如來神力品第二十一”之前，是第二“但淨非穢”土；從“如來神力品”是“亦淨亦穢處”；“囑累品第二十二”的末尾，分身諸佛各歸本國，此後則是第四穢土。只是，在第四穢土中包含非淨非穢之義，就是説關於淨穢有四句分別。

而且，“土”有“收入”與“出生”之義。這裏的“收入”是收淨土、穢土而入於非淨非穢；“出生”則與“收入”相反，是由非淨非穢而生淨穢：

望前欲明收入非淨穢義，故（底本作“後”，今據別本改爲“故”）淨土雖隱，不明其隱（底本作“現”，今據別本改爲“隱”）。故知隱無所隱，雖淨非淨。穢土雖現，而不明其現。故知現無所現，雖穢非穢。故欲收入非淨非穢實相之土。望後復有出生之義。雖非淨穢，出生淨穢，故淨穢雙游。故分身還淨，釋迦住穢，妙音來時，游於穢土。皆是甚深難思議事也。（第8頁右下）

吉藏又用有、空概念説明四處，而關於有、空與《法華經》的説法之間的具體關係，與四土和《法華經》的説法的關係完全相同：

一有處説法。即初分經也。二從見塔已去升空説法。故佛住空，接衆亦在於空。三亦空亦（亦字，據別本補）有處説法。即“神力品”。此會佛及上（或爲“大”之誤）衆俱處虛空，十方同見具空有

---

〔1〕　參見《法華義疏》卷第一“次從‘見寶塔’竟‘分別功德’格量以來，明身方便、身真實”（《大正藏》第34册，第1721號，第453頁中）。

二處。四還住有處。故佛從塔起，歸於本座。大眾亦然。（同前）

這裏雖然沒有明言，但比照對於四土的說明之例，第四"還住有處"應該包含非有非空之義，從而構成有與空的四句分別。另，與對於四土的說明一樣，關於"處"，也有如下"出生"與"收入"之義：

> 望前則有收入。所以然者，釋迦（原有"經"字，疑衍文）雖從空住有，而不明其事。當知雖空不空，雖有不有。即收空有入中道非空有也。望後即出生義。雖非空有，而空有雙游。多寶住空，釋迦居有。一切佛土雖多，亦不出空有二處也。（同前）

即收空、有而入非空非有之中道，爲"收入"之義；相反，由非空非有之中道而生空、有，爲"出生"之義。

表面看起來，在這裏，吉藏只是將"穢土"置換爲"有"，"淨土"置換爲"空"，但實際上並非如此。關於二者的關係有以下的問答：

> 問：後明空有，與淨穢何異？
> 答：此即有三身三土。謂化身住穢土，應身住淨土，法身住空，即非淨穢土也。（同前）

由此看來，"穢土"與"有"、"淨土"與"空"的概念並不是對應關係。在吉藏看來，法身所住之場所爲空，而法身所住既非淨土亦非穢土，穢土、淨土相當於有，所以才在四土之外另外提出四處之說。

（五）七義——七會說法

《法華統略》提出《法華經》是佛在七會（七次法會）上說法的內容，這是《法華統略》的新提法。其開頭云：

> 次明七義者，謂《華嚴》七處八會，此經四處七會。（同前）

即通過與《華嚴經》的對比，提出《法華經》四處七會的新說。關於第一會：

　　　　初會説《無量義經》，多人得道。（同前）

　　即初會説《無量義經》。在上述的“二義”部分已經提及，《法華經》的二義包含了《無量義經》的“出生”之義，而在這裏則明確將《無量義經》置於《法華經》的七會之中，二經被密切地聯繫在一起。

　　關於第二會：

　　　　二會説乘權實法門，直往菩薩疑除，回小之人蒙記。（第8頁右下—左上）

　　即第二會説乘之權實。根據《法華義疏》的説法，這部分内容是指從“方便品”到“法師品”的部分。[1]

　　關於第三會：

　　　　三會説身權實法門。無量衆生得大法喜，種大善根。即“見塔”已去也。（第8頁左上）

　　如上所述，説身之權實的部分，有時被歸入從“見寶塔品”到“分別功德品”的格量偈，而這裏，下面的第四會相當於“提婆達多品”以下的部分，所以第三會是指“見寶塔品”。

　　關於第四會：

　　　　第四會龍宮不思議衆集，説法界達順大用淨穢二土，蒙益者多。即“提婆品”已去也。（同前）

　　即第四會指“提婆達多品”。

　　關於第五會：

　　　　第五會千世界塵數菩薩集，説壽權實法門。十二種人皆得受道。

---

　　[1]　參見《法華義疏》卷第一“始從‘方便’終竟‘法師品’，明乘方便、乘真實”（《大正藏》第34册，第1721號）。

即"踊出"竟"常不輕"也。（同前）

即第五會是以佛壽之權實爲主要內容的，"從地踊出品第十五"到"常不輕菩薩品第二十"的部分。

關於第六會：

第六會住於淨土，現五種神力，總説《法華》，十方衆生皆蒙法利。即"神力品"也。（同前）

即第六會指"如來神力品"。

關於第七會；

第七會説一切菩薩行法門，無量衆生皆悟道迹（底本作"迚"，依別本改）。"藥王"去也。（同前）

即第七會指説一切菩薩行法門的"藥王菩薩本事品"以下的部分。

綜上所述，七會教説的內容與《法華經》諸品的對應關係如下：《無量義經》、乘之權實法門（"方便品"至"法師品"）、身之權實法門（"見寶塔品"）、法界違順之大用、淨穢二土（"提婆達多品"）、壽之權實法門（"從地踊出品"至"常不輕菩薩品"）、以五種神力而總説法華（"如來神力品"）、一切菩薩行法門（"藥王菩薩本事品"以下）。由此可以看出，在吉藏看來，《法華經》的教説包括這七方面的內容。

（六）十義——《法華經》的十段與十雙

關於十義，吉藏分爲"文之十"與"義之十"，所謂"文之十"是指《法華經》的內容共分爲十段。吉藏認爲，由此十段而有上述的七會。而且，爲使七會得以成立，必須嚴守七會的次第順序，而其次第分爲"機緣次第"與"義之次第"。首先，關於"機緣次第"云：

會會中有人得道，佛應機而説。（同前）

即在七會中，衆生順次得道，而佛也順應衆生根機而説法。第二"義之次第”則説明七會的思想内容上的順序。但比較文之十段與七會就發現，“文之十段”比七會多出三段。具體而言，“十段”中多出了七會中所没有的經典的開頭部分“如是我聞”等的六事（説經因緣分）、“囑累品”、經典末尾的“信受奉持分”三段。下面介紹十段内容上的次第順序。

第一段即經典開頭的“如是我聞”等六事：

> 前如是六事，明説經因緣具足。（同前）

如前所述，此“六事”相當於《法華經》三段落的第一即説經因緣分。

第二段相當於七會的第一會：

> 將辨攝多歸一，故先明從一生多。故初會説《無量義經》也。（同前）

即爲了説明《法華經》中的“攝多歸一”，先要説明《無量義經》中的“從一生多”。在這裏强調了前述《無量義經》的“出生”義。

第三段相當於七會中第二會的乘之權實法門：

> 既明從一生多義顯，次即明攝多歸一，故第二明乘權實法也。（同前）

第四段相當於七會中第三會的身之權實法門：

> 乘權乘實者，但明所乘之法。次明能乘之人，故辨身之權實也。（同前）

即第三段明“所乘之法”，而第四段則明“能乘之人”。

第五段相當於七會中第四會，“提婆達多品”中法界違順的大用、淨穢二土：

自上從一生多、攝多歸一、所乘之法及能乘之人，明十方佛及釋迦法界順用法門。但釋迦一代有兄弟二人，作違順兩用。上已明順用，故次辨違用。釋迦既爾，十方佛亦然。（第 8 頁左上—左下）

即到第四段爲止都是説明法界順用法門，而第五段則説明違用法門。第六段相當於七會中第五會的壽之權實法門：

自上已來辨於違順，但明釋迦現在一期之事耳。故今次明久證法身未來不滅。逸多不見其始，彌勒莫測（底本作“惻”）其終。不慮而知，照窮法界。不動而應，十方現前。無言可吐，教彌八極。無權不開，無實不現。十二蒙益，八種瑞相。故有第六（一本作“五”）會明壽權實也。（第 8 頁左下）

即到第五段爲止都是説明釋迦當世的教化之事，而第六段則説明釋迦久遠以前就已經證得法身，未來也將永遠存在。這是以佛的過去、未來爲主旨的“如來壽量品”的思想。

第七段相當於七會中第六會即“如來神力品”中依五種神力總説《法華》：

自上久近諸事，但利淨穢二生之緣。別明權實之教，未暢衆聖之意。現五種神通，總説一切權實，令十方同益二世咸聞，故（底本作“故名”，“名”疑衍文，故删）有第七（一本作“六”）會。（同前）

《法華統略》中對“如來神力品”的解釋，到第六段爲止的内容是説明利益穢土衆生，接著利益淨土衆生。第七段則説明利益十方一切淨穢之土的衆生[1]，這可以幫助我們理解此段記述。

第八段爲七會中所没有的“囑累品”中佛法付囑的内容：

---

[1]　參見“初明乘權實中，三根聲聞及聞一偈，一念隨喜，皆授記。即穢土人得益。次開三權實，十二種淨土中人得益。今欲爲十方窮虛空一切淨穢土衆生，説《法華經》，悉令得益，故更現神力也。……上來現瑞，利淨穢緣竟。今三世佛共利十方有緣衆生，故共現神力，及説《法華》也”（第 87 頁左下）。

　　始自一會，終竟利於十方，皆是明十方佛及釋迦佛果事竟。又第八（一本作"七"）宜付屬也。（同前）

　　即因爲到第七段爲止講完了佛之果事，所以在"囑累品"中專門説明佛之付屬。

　　第九段相當於七會中的第七會，即"藥王菩薩本事品"之後的一切菩薩行法門：

　　付屬佛法既竟，次明十方三世諸菩薩行化法門，故有第九（一本作"八"）會。即第九章也。（同前）

　　即到第八段爲止皆是對修行之果的説明，第九段則是對菩薩的行化法門即成佛之因的説明。

　　最後第十段指經典末尾的"信受奉持分"，在七會之中没有出現。關於説此段的理由云：

　　説果明因，一期事竟。一切菩薩、一切二乘、一切凡夫歡喜禮佛而退，故有第十信受奉持分也。（同前）

　　總之，在這裏，吉藏通過補充七會中所没有的三段内容，將《法華經》的思想内容分爲十段，並一一説明了十段之所以如此的必然關係。

　　以下考察"義之十"。這是用十對概念來概括《法華經》的思想。即從體起用與攝用歸體一雙、人與法一雙、違與順一雙、久與近一雙、神通與説法一雙、因與果一雙、破兩病一雙、説與不説一雙、利與鈍一雙、依與正一雙十對概念。下面對《法華統略》的原文不一一引用，只對其要點加以整理，按照順序介紹其内容。[1]

　　第一的從體起用與攝用歸體一雙，即第二段（第一會）的《無量義經》"從體起用"與第三段（第二會）與"攝用歸體"（説明《法華經》的"乘之權實"的段落）相對。

―――――――――――――

〔1〕　參見《法華統略》卷一（第8頁左下—9頁右下）。

　　第二的人法一雙，即上面的"從體起用，攝用歸體"明"法"，與第四段（第三會）的明"人"（說明"身之權實"段）相對。

　　第三的違順一雙，即上面的"人法"明"順用"，與第五段（第四會）的"提婆達多品"明"違用"相對。

　　第四的久近一雙，即上面的"違順"闡明釋迦一代的"近"事，而第六段（第五會）說明"壽之權實"的部分則闡明"久遠之事"。

　　第五的神通與說法一雙，即上面的"久近"多爲"說法輪"，而第七段（第六會）的"如來神力品"則爲"神通輪"。

　　第六的因果一雙，即上面的"說法輪與神通輪"闡明佛的果德，而第九段（第七會）說明"菩薩行化法門"的"藥王菩薩本事品"以下則闡明"因行"。

　　第七的破兩病一雙，即第一會、第二會闡明"乘之權實"，對治執著三乘各異的衆生之病，而第三會明"身之權實"以下則對治執著于佛爲無常的衆生之病。

　　第八的說與不說一雙。三世諸佛在多數的場合，只說"乘之權實"，不一定說"身之權實"（《法華統略》舉出了日月燈明佛與大通智勝佛的例子）。其理由爲：

> 　　既明出生收入，於義已圓。何者？二乘非究竟，即是無常。佛乘究竟，名爲常住。既辨乘權實，即身權實已彰。不復須說後分。亦不須多寶佛塔。多寶佛塔爲破惡世鈍根無常執，故踴現耳。（第9頁右上）

　　第九的利鈍一雙，與第八的說與不說一雙相關聯。即利根只是聞聽"乘之權實"就可以理解"身之權實"，所以不需要說《法華經》的後分，而中根聽聞後分才能消除對於無常的執著，下根則到《涅槃經》才能最終理解"身之權實"。

　　最後第十依正一雙，即"二（底本作'三'，據別本改）種權實"（或指乘之權實與身之權實）闡明"正果法"，而下面所說的"五種土"則意味著"依果報"。"五種土"的意義未詳，但由"見寶塔品"的注可知，"見寶塔品"不僅說到身之權實，而且說到土之權實：

> 寶塔所以升空者，欲明法身栖實相土。即土照權實義。土權實者，此品明三身三土。……三土者，法身住實相土，應身居寶玉之淨，化身處土沙之穢。（第71頁左上）

這裏只出現了“三土”，而不是“五種土”。但根據上下文推測，乘、身之權實闡明佛之正報，而土之權實則與之對應，是闡明依報。

對於以上的十雙，吉藏總結云：

> 十方三世諸佛所説施爲，皆攝十雙。（第9頁右下）

（七）十二義——六會與六品

最後的十二義，是指七會中的最初六會，與相當於第七會的“藥王菩薩本事品第二十三”到“普賢菩薩勸發品第二十八”的六品，此六會與六品相加構成十二義，但其中並没有新的解釋。

以上考察了吉藏認爲《法華經》所包含的一義、二義、三義、四義、七義、十義、十二義，這是從不同角度對《法華經》所説思想內容所做的整理。吉藏欲從七個層次來説明《法華經》的多重構造和豐富的義理。其中的三義、十二義的説法，雖然吉藏希望借此表達《法華經》具有豐富的內容，但多少流於形式化；另一方面，其間增加了四處七會的新説，特別是以七會爲中心，對七會依次出現的必然關係的説明，以及在十義中，用十對概念對七會的教化內容所做的整理，均體現出吉藏注釋過程中的良苦用心。

書　評

《佛教文獻研究》第四輯
2024 年，319—332 頁

最早的漢譯《大品般若經》
——竺法護《光贊經》：
全書概介及第 1—3 品注釋翻譯 *

紀　贇 **

　　牛津大學昭田惠範佛教學講座教授左冠明（Stefano Zacchetti，1968—2020）先生突然離世，這是繼 2019 年日本創價大學高等佛教研究所辛嶋靜志（1957—2019）教授讓人驚愕又痛心地突然去世之後，國際佛教文獻學界難以估計的又一重大損失！

　　在左冠明有限的一生之中，除了三十餘篇重要文章、三部編著與兩部意大利語學術著作之外，其實只撰寫了一部英文著作，另一部剛剛殺青初稿〔1〕，只欠致謝辭等掃尾工作即可付梓。但一場突如其來的災難却帶走了幾十年方能慢慢積累的學術底蘊，在此我對左冠明的這部英文著作略作介紹，以示我們佛教學界對這位偉大學者與朋友的哀悼之情。

　　此書首章爲綜合介紹（第 1—50 頁），左冠明首先對整個漢語佛教翻譯史做了一個宏觀概介。雖然德國比較語言學家威廉·冯·洪堡

---

　　* 此書出版信息爲：*In Praise of the Light：A Critical Synoptic Edition with an Annotated Translation of Chapters 1-3 of Dharmarakṣas Guangzanjing* 光贊經，*Being the Earliest Chinese Translation of the Larger Prajñāpāramitā*，The International Research Institute for Advanced Buddhology — Soka University（Bibliotheca Philologica et PhilosophicaBuddhica VIII），Tokyo 2005。

　　** 紀贇：新加坡佛學院副教授，兼任教務主任、圖書館館長。

　　〔1〕 此書出版信息爲：*The Da zhidulun* 大智度論（* *Mahāprajñāpāra-mitopadeśa*）*and the History of the Larger Prajñāpāramitā：Patterns of Textual Variation in MahāyānaSūtra Literature*，Hamburg Buddhist Studies，Vol.11，Bochum/Freiburg：Projektverlag，2021。

（Wilhelm von Humboldt，1767—1835）曾指出，作爲漢藏語系的漢語與印歐語系的梵語、巴利語之間有著巨大差異，但左冠明却認爲，此二者同時也有一個極其緊密的聯繫點——漢語佛教譯經。確實，綿延近千年的漢語譯經史，不但產生了可能是最爲數量龐大的翻譯經典，同時也爲研究印度思想發展、漢語語言史等諸多領域提供了豐富的素材。左冠明這部著作的研究對象就是 3 世紀後半葉最爲活躍多產的佛教譯經師竺法護（Dharmarakṣa，約 229—306）於 296 年所翻譯的，目前存世最早的《大品般若波羅蜜經》的漢譯本——《光贊經》（T.222）。首先，威廉·冯·洪堡就方法論方面指出，對於漢語譯經基本有兩條研究路徑，即印度學家通過漢語譯經來追溯印度原典，因此就需要儘量抹去漢語佛經之中的中國特性，而以此來還原印度的原典；二是漢學家以漢語佛經自身爲主要研究目標。左冠明指出，其實還可以有第三條此前容易被人所忽視的路徑，即將這個從印度到中國的文本轉移過程本身來作爲研究對象。所以，作者撰寫本書的目的就是“研究《光贊經》首先是將之當成一部‘翻譯’：也即分析竺法護及其助手的翻譯與策略，盡力去理解他們的詞彙選擇，並且最好能夠發現所有這些背後的思想與教義原因”。正是在這樣一種原則之下，此書的具體研究路徑就顯得非常獨特：雖然它也參考大量《光贊經》的梵藏平行本，以此來編輯、詮釋并翻譯《光贊經》，即以《光贊經》爲“原本”，而梵語平行本則被當成是參校資料。但它主要是將研究重心放在翻譯策略之上，而非爲《光贊經》提供一個完整的譯本。這就在很大程度上實現了上述第一條與第二條研究路徑之間的平衡。這種研究取向，也與左冠明所受學術訓練的背景有關，即除了辛嶋靜志等極少數學者之外，很少有印度學家會如此重視並能夠如此熟練、深入地掌握漢文譯經材料（第4—5頁）。

　　這部《光贊經》，與《法華經》類似，非常幸運，我們擁有很多梵語資料可供參校（雖然並没有一部梵語《大品經》可以完全對應此經，有時它會與吉爾吉特本《大品經》較爲接近，有時又會與尼泊爾寫本更類似）。在左冠明的總體研究之後，他發現此經之中的錯訛之處甚多，雖然也可以理解，竺法護翻譯此部十卷本經典時速度極快，也没有時間詳細校對。而左冠明所要解決的問題是：第一，竺法護所採用的術語與翻譯策略；第二，《光贊經》所使用的語言；第三，它與其他《大品經》之間的關係。

並且參照《大品經》的注釋——《大智度論》（T.1509）來研究《光贊經》與《大品經》比較之後所體現的思想問題（第 10—11 頁）。

佛教文獻學界同仁大多知道，左冠明最近十年主要致力於《大智度論》的研究，而這一研究的起點即是來源於《光贊經》的研究。關於《光贊經》的翻譯技巧，左冠明在概介部分也作了簡評，比如"一詞雙譯"的問題，即一個梵語原語單詞，因爲漢語譯者無從抉擇其多個義項，即在同個句子中譯出兩次，並且都保留下來。此一問題學界已經有過研究，而左冠明在《光贊經》中還發現更爲獨特的表述形式（第 13—15 頁）。

其次，左冠明介紹了《光贊經》校勘所使用的版本。首先是《大品經》的梵語本，這包括從公元 6 世紀至 19 世紀各種《大品經》的梵語本，作者所使用的主要是 1931 年發現的撰成於公元 6—7 世紀的吉爾吉特樺樹皮寫本《大品經》[1]，這個寫本中與《光贊經》第 1—3 品中相對應的部分（寫本的 1—27v1 葉），也由左冠明第一次做了轉寫與刊布（第 366—400 頁）。此一梵語寫本的構成仍有若干奇特之處，比如曾經有抄手重大的誤抄行爲，左冠明對此作了詳細分析。並且通過對勘，討論了此一寫本的古文書學、語法與正字法方面的具體特徵（第 19—26 頁）。

本書校勘所使用的第二個版本爲尼泊爾梵語本《大品經》，此一寫本系列中的《大品經》，其最爲顯著的特徵就是其整部著作被置於《現觀莊嚴論》（*Abhisamayālaṃkāra*）的組織框架之內，並將《大品經》先分爲八部"現觀"，再作逐次分類。雖然因此有人稱此版本是一部"修訂過了"的梵文《大品經》，但左冠明指出，正是這種框架上的限制，使其文本不會在歷史中有太多的改變。至於此一梵文本的斷代，左冠明的推測與其他學者不同，認爲是出自公元 9 世紀。（第 27 頁注 99；第 43—44 頁注 178）。除此之外，左冠明還參校了斯里蘭卡發現的公元 8—10 世紀的《大品經》殘片，以及梵文《十萬頌般若經》（*Śatasāhasrikā Prajñāpāramitā*）。至於《大品經》的藏文本，作者則參校了北京版甘珠爾（編號：731，卷十八至十九）與臺北版德格甘珠爾。

最后，左冠明介紹了《光贊經》的漢文平行本材料，其中主要包括三

---

〔1〕 Raghu Vira 罗怙毗罗 and Lokesh Chandra 世主月 （eds.），*Gilgit Buddhist Manuscripts*，Śatapiṭaka vol.10 （3—5），New Delhi 1966—1970.

種《大品經》的漢譯本：無羅叉（＊Mokṣala?）在 291 年譯成，並於 303—304 年由竺法寂與竺叔蘭修訂的《放光經》（T.221）；鳩摩羅什於 403—404 年所譯的《摩訶般若波羅蜜經》（T.223）；玄奘於 660—663 年所 譯的《大般若波羅蜜多經》（T.220）。這三者之中，左冠明介紹了玄奘譯 本可以精確對應於某個梵語本《大品經》，故玄奘本對《光贊經》的對勘 價值大體近於藏文本。而無羅叉與羅什本則在時間與內容上，皆與《光贊 經》有更強的對應性（第 30—34 頁）。

左冠明還指出一個重要的原則性問題，即中國古代譯經有一個相當普 遍的原則，即新譯某部經典之時常常會參考以前的翻譯，有時甚至是對以 前翻譯的潤色與修改。而《光贊經》《放光經》與《摩訶般若波羅蜜經》 之間的關係，左冠明在對勘三本之後認爲，羅什所譯之中也較多地參考了 前兩經之中的舊譯，這也與佛教史中的記載相呼應。而《光贊經》與《放 光經》的關係則要複雜一些，左冠明認爲二者相互直接影響的痕迹并不明 顯，其中只有一小段可能是《放光經》參考了《光贊經》（第 35 頁）。但僅 就左冠明所舉的這一案例來看，其實更可能是一般佛經之中的套語重複，至 少在筆者看來，左冠明判定二者間有直接參考的理由依然並不充分。

左冠明在此後繼續討論般若類經典的經別（以長度分爲《八千頌》 《一萬八千頌》《二萬五千頌》《十萬頌》等）版本等問題。在經別的部分， 左冠明指出了早期的一些奇怪現象，比如，據載《放光經》在西域的原始 本約有一萬八至兩萬頌；而另一部失傳的《大品經》——《摩訶鉢羅若波 羅蜜經》也有兩萬頌。但是這些經本的長度（並非是《大品經》應該具有 的二萬五千頌）卻並沒有導致當時的中外譯經師認爲它是屬於般若經群中 的另外一部經。也就是説，在這個《大品經》最初的發展階段，這部佛經 的長度還沒有固定，大致介於一萬七至二萬二千頌之間，這種情況一直持 續到公元 6 世紀初，般若類經典中的《十萬頌》《二萬五千頌》與《一萬 八頌》等，纔逐漸定型下來（第 37—40 頁）。

對於此經，左冠明還提到一個極其重要的特點。因爲據辛嶋靜志的研 究，《正法華經》（T.263）的文本比之現存的梵語寫本，包含有大量中期 印度語形式，由於其中對長短元音無法區分，就可以大體判定其文字是用 驢脣文書寫。而竺法護所譯的另外一部佛經《德光太子經》（T.170），據 布歇（Daniel Boucher）研究也發現了類似情況。但左冠明發現同樣是竺法護所譯的《光贊經》却無這種俗語化現象，這表明《光贊經》的原本主要是用梵語書寫的，其時間大約在公元 3 世紀的後半葉（第 41 頁，注 168）。

在此之後，左冠明繼開始介紹《光贊經》的各種版本，前面説過，總體而言，此經的版本變動很大，大約從 6—7 世紀以後則可分爲三大系統，即《十萬頌般若經》《二萬五千頌般若經》與《一萬八千頌般若經》。但是，這並不代表後世的某一類經典會與其他語言的這類經典更爲接近。比如玄奘所譯的《二萬五千頌》其實更接近他自己譯的《十萬頌》，這種情況在前面已經提到，反映了早期般若經定型之前此經的混亂情況。在這種情況之下，左冠明從《光贊經》第 1—3 品的文獻分析，大致將此經分爲四大版本系統：即第一個系統，由"吉爾吉特梵語語本《大品經》""藏文甘珠爾《大品經》"與"梵文本《十萬頌般若經》"共同組成；第二個系統是玄奘的《二萬五千頌》本；第三個系統則是尼泊爾本《二萬五千頌》，此系統與第一個系統差距最大；最後一個系統就是早期的三個漢譯本：《光贊經》《放光經》與《摩訶般若波羅蜜經》（第 43—44 頁）。

在此處，左冠明提到了一種般若文獻（我感覺也是整個佛教文獻構成的重要原則），即《大品經》是由很多"文獻預製件"（textual bricks）這種半獨立的章節以一種很自由的方式組合起來，而並没有一個清晰、嚴格的模式可循。與很多其他大乘經典一樣，此經並不是整部經典機械地傳抄、轉錄、閱讀，在漫長的世紀與廣闊的地域之中，人們對此經還會加以崇拜、背誦並且做出詮釋，而在早期主要是以口傳形式傳播。在對這些經典的詮釋與修訂之中，新的思想與語詞不斷地加進來，整部經典由此得以擴增。再加上在整個佛教文獻傳播之中，"文獻預製件"的存在，導致了《大品經》與某語種中某部般若經中的個別部分相符，而其他地方又會差距很大。而地方傳播的差異性等又會使這一問題更加複雜。作者就只能動態靈活地處理此經的版本系統問題。在回答到底《光贊經》與哪部佛經最爲接近這個問題時，左冠明認爲，就版本隸屬而言，不太可能有一個斬釘截鐵的答案。不過，就總體而言，竺法護的翻譯比較接近於吉爾吉特本《二萬五千頌》，而多特（Nalinaksha Dutt）校勘的梵語本《二萬五千頌》對此項研究也同樣必不可少（第 45—50 頁）。

在本書的第二章中，左冠明討論了《光贊經》本身的文本史。作者首先考察了此經最早的文獻紀錄。分別爲僧祐《出三藏記集》中釋道安

（312—385）撰寫的《合放光贊略解序》與失名的《〈漸備經〉[1]十住胡名并書叙》。左冠明對此二經序都做了英譯（第51—60頁），其中尤以第二篇對於研究《光贊經》的流傳史至爲重要。在這個英譯部分中，也充分體現了作者極其綿密的文獻考訂作風與漢語閱讀能力。比如第二份文獻中有一處"付沙門釋道安，襄陽時齊僧有三百人"，這句中的"齊僧"二字，由於《大正藏》《中華大藏經》等的校勘記中都沒有標出有何異文，因此過去有十多位佛教名家，包括蘇晉仁的校勘本，或譯爲"南齊"，或將之當作地名。但左冠明認爲此字當是"齋"字，這是極具慧眼的，藏經之中此二字確實經常互通。並且，作者還從古藏經的罕見版本中找到了"齋"字的異讀（第60頁，注50）。通過這些材料，我們就大致可以得出此經的翻譯時間。並且，左冠明還推論，雖然《光贊經》比起完本《大品經》篇幅相差較大，但因有篇結尾部分的序，這表明《光贊經》還有可能本來就不是全譯本（第62—63頁）。

此後左冠明繼續考訂歷代經錄對《光贊經》的著錄情況，他總結説，就版本分合情況來看，有早期的十卷本，隋代《歷代三寶紀》（T.2034）記錄以十卷本爲主，此外另有一種十五卷本；而到了《大周刊定衆經目錄》（T.2153），形勢已經倒轉，則以十五卷本爲主。也即在中唐這個寫本佛經時代，是以十五卷本爲主的。但到了唐末，形勢再次發生變化，十卷本又占據了上風，一直到刻本時代爲止。這種後來變化的原因，左冠明提出可能與《開元釋教錄略出》（T.2155）有關。此錄因爲有千字文排架號，後來成爲宋代諸多刻版大藏經的基礎，而在此錄的"入藏錄"之中，《光贊經》即爲十卷本（第64—65頁）。

《光贊經》的翻譯正是處在漢傳佛教對於《大品經》興趣日增之際，但其譯出後相對於《放光經》則頗爲沉寂，而此後又出現了羅什的《大品經》新譯本，所以此經並無多少僧人閱讀或對之加以注釋研究。在此之中，釋道安則是極少數的例外，他在襄陽時期就極爲重視此經，並將之與《放光經》做了比較。

在道安之後，另一位重要的學問僧是羅什的同時代人曇影（活躍於5世紀初）。據傳他"能講《正法華經》及《光贊波若》，每法輪一轉，輒道

---

[1]　即竺法護譯《漸備一切智德經》（T.285）。

俗千數"[1]。左冠明對《合放光光贊略解序》與《漸備經十住胡名并書
叙》做了精細的文獻比較，再次考訂後者確實同爲道安的作品。而且，作
者還從這兩種文獻的比對中，得出結論，即道安在得到《光贊經》後，先
撰寫了《漸備經十住胡名并書叙》這部"內部紀錄"，其中對於此經仍帶
有不少疑問。而在不久之後了解了更多情況，道安又撰寫了一個更爲正式
的《合放光光贊略解序》，並記錄了他已經開始的對於《光贊經》的注釋
資料（第 70—73 頁）。左冠明這種細緻的梳理文獻的能力，在以上這些分
析之中顯露無遺。

此書的第三章爲左冠明校勘《光贊經》的前言。在這一部分，左冠
明先介紹了此經的兩種現代通行本——日本的《大正藏》與中國的《中
華大藏經》漢文部分。其中後者的優點在於其校勘記參考更爲廣泛，這
也是因爲在此藏經出版之時，能見到的版本更多。然而，出自校勘實
踐，左冠明也指出這兩種版本各自的缺陷，其中有些則非常能體現作者
在校勘古藏經之時所花費的工夫。他發現《大正藏》中若干重要文獻，
如《出三藏記集》（T.2145）的校勘記後雖然列出了"宮內省圖書寮"
本，但這個 1148 年的重要版本實際上並未被參校，因此就漏掉了諸多重
要的信息，並且也讓人容易誤認爲此版與高麗藏本並無不同（第 76 頁，
注 10）。

在哀嘆漢文佛教文獻學並無藏文文獻學那種校勘的激情之後，作者還
是指出對於《光贊經》這樣的早期譯經，精細的校勘工作至關重要（第
77—79 頁）。此後，作者總結了《光贊經》的版本。其中包括兩大部分，
即寫本與刻本。前者主要是數量不多的敦煌寫經本（左冠明共找到十七種
此經的敦煌寫卷），這部分材料即使是在王重民《敦煌遺書總目索引》（商
務印書館，1962 年）與施萍婷《敦煌遺書總目索引新編》（中華書局，
2000 年）中都收錄不全。後者也只收錄了八種，作者對其做了仔細的梳
理，並對每種寫卷的情況做了較爲詳細的解題（第 79—83 頁）。作者還單
獨研究了斯 5608 號卷子（收於黃永武主編《敦煌寶藏》，第 43 冊，第
678a—682b 頁），這份寫卷的抄寫時間可能是在敦煌的吐蕃占領時期
（782—848）。除了敦煌寫經之外，另外一個重要的寫經來源是奈良正倉院

---

〔1〕 T50，p.364a3-4.

聖語藏本，此藏是由天平寫經（8世紀前半葉）與隋唐寫經構成。而聖語藏本《光讚經》，作者通過其中提到光明皇后（701—760）的發願文，判定它屬於前者，而且是十五卷本。另外，名古屋七寺寫經中也有抄於公元12世紀的完整《光讚經》。此版每版27—28行，每行17字（偶有18字），其中雖然抄手錯訛不少，但依然屬於唐寫本一切經的系統。

此後，左冠明特別考察了方廣錩先生提出的寫本大藏經時代，尤其是唐代的政治中心與邊緣地帶的關係問題，其表徵即是皇家官藏（官方寫經）與地方寺院的寫經之間存在的差異問題。官寫一切經隨著漢傳佛教日益屈服於政治力量而逐漸形成，這在公元6世紀就已開始，而到了唐代則更甚。在唐王朝中，官寫一切經流通到全國各地，並且成爲地方抄經的模板，無論是藏經的結構與文字内容皆是如此。當然，對這一趨勢也不能過甚其辭而忽略整個藏經流傳的複雜性，因爲地方的一切經，也往往會保留不少差異性。不過，無論如何，在唐代佛教經典通過標準化的官寫一切經，確實存在一種同質化的趨勢。左冠明就以具體文獻比勘，來證明《光讚經》的敦煌寫經本伯2318、中散303與聖語藏本有若干共同的錯訛，顯示了這三種寫經屬於同一傳統，而其源頭很可能即爲唐代官寫一切經。因爲除了文字内容方面的綫索之外（主要是此三種版本中有很多同樣的錯誤），這三種也都是每版28行，每行17字左右，且字體類似（第86—88頁）。

但此處又産生了新的問題，即如果這三個版本確實反映了唐代官寫一切經的話，那麼爲什麼在這一系統中的《光讚經》會有那些共同的錯誤，而其他後來占據主流的版刻本反而沒有錯誤？左冠明經過考訂，認爲是慧琳的《一切經音義》錯誤地影響了這一文本系統，其中包括在京城之中的官寫一切經的抄手們。也就是説，在學問僧的影響之下，他們認爲自己有能力去理解早期的譯經，而對這些經本做了錯誤的校訂。對《光讚經》錯誤校勘的系統性分析，甚至可以發現其錯誤的模式。因此，就藏經中的譯經部分而言，作者就從方法論的高度得出結論，並沒有一部最好或者最爲正確的藏經，而要具體分析每部經典。

而且，左冠明再次指出，雖然唐代是中國佛教一切經/大藏經發展史上重要的一頁，宋代大藏經版本在内容與結構上也一般反映了唐代的一切經，不過從文獻演進的角度來看，對宋代刻本大藏經影響最大的却是相當邊緣地區的寫本系統。也就是説，從唐代到宋代的藏經演進史，我們見證的是唐代的主流傳統，也就是唐代官寫一切經。到了宋代以後主流傳統反而被邊緣化了，即從其起源地看來，是邊緣地區的中國敦煌與日本纔保存至今（第88—89頁）。

　　接下來的問題是，這些宋代刻本大藏經所保留下來的文獻傳統，至少在若干例子之中是否仍保存著更爲可靠的文字？左冠明認爲確實如此。這並非是説唐代寫本一切經系統就總體而言是個劣本，其情況仍應以個案研究而定。在不少例子之中，尤其涉及早期譯經之時，我們會發現寫本一切經本並不一定比晚期的刻本更好。這種矛盾情況發生的原因所在，左冠明推測是由於唐武宗（841—846年在位）的滅佛導致了城市，尤其是京城之中官寫一切經系統的破壞，而相對邊緣的地方一切經系統則更有可能在這次滅佛活動之中保存下來，並且對以後產生影響。在左冠明看來，整個唐宋間大藏經的歷史存在有兩種趨勢，即首先是一方面由官寫一切經統一全國藏經的趨勢，與保存地方一切經系統的另外一個趨勢，這種情況甚至也一直延續到了宋代刻本大藏經的時代（第91—92頁）。

　　此外，左冠明開始討論刻本系統的簡史，這種技術上的進步，直接導致了一切經/大藏經形態的巨變，至少以前寫本時代大量抄手的錯誤從此就大規模地減少了。與此同時，由於校勘等各種原因而導致的與原本有意的背離也依然存在，而版本覆刻的存在，也使得版本系統變得更加清晰可循。左冠明以竺沙雅章先生、方廣錩先生的研究，即刻本大藏經的三大系統（開寶藏系統、遼藏系統、南方藏經系統）爲研究起點，來重新梳理《光贊經》極其複雜的版本傳承體系。因爲這三大系統並非能概括所有藏經的内部特徵，比如高麗藏基本是開寶藏的覆刻，但有時又會以遼藏爲底本，更何況中國古代的藏經刻版也總是會不斷修版、訂補。而就某一特定藏經中的特定經典而言，因爲一般寺院總是更希望能獲得全藏，而對版本問題則沒有現代學術界那麼關注，故而一旦有某部經典殘缺，就會隨便找一部來補充進去，這也增加了大藏經版本的複雜性（第92—95頁）。

　　此後左冠明就依次分析了三大系統，首先是開寶藏系統。此系統今存有趙城金藏與高麗藏本《光贊經》，這兩種版本的版式、内容等都極爲相似，其源頭就是今已失傳的開寶藏本《光贊經》。除了漢語世界佛教文獻學中較爲成熟的研究[1]，左冠明指出對於《光贊經》研究而言，有兩個問題特別重要：第一個問題是，開寶藏本《光贊經》的原始寫本來自何處？作者在此方面同意羅炤的主張，即它來自四川的某個寫本一切經，而與 28 行、行 17 字的唐官寫一切經迥異（第 98 頁，注 100）。第二個問題是，如果開寶藏作爲官方饋贈的禮物在宋代已經送到了日本、高麗等地，那麼它對中國本土，尤其是其他南方地區藏經的編纂曾起到過何種影響？對於第二個問題，左冠明並沒有給出確定答案（第 98—99 頁）。左冠明討論的開寶藏系統中第一部完整保存至今的藏經——趙城金藏本《光贊經》，實際上他參考的就是目前《中華大藏經》本（第 7 冊，第 700—835 頁）。這部《中華大藏經》，方廣錩先生提到，即使是使用趙城金藏的部分，也並非完全忠實地覆刻影印。此姑且不提，趙城金藏本《光贊經》由三部分構成：卷一與卷十爲金藏廣勝寺本，卷四與卷六是高麗藏本，其餘爲金藏大寶積寺本。而《光贊經》的高麗再雕本也是十卷本，現收於東國大學出版社 1976 年影印本第 5 冊，第 527a—632a 頁（第 99—102 頁）。

　　第二個系統爲遼藏系統，此藏本的《光贊經》目前並未有直接發現，但是由於高麗再雕本曾參校此藏，並且在房山石經的遼刻部分中也有此藏的覆刻，因此仍有討論的餘地。首先就目前所見《光贊經》唯一可見的遼藏本全本就是房山石經本（收於《房山石經》，華夏出版社，2000 年，第 7 冊，第 206—248 頁），它刻於二十塊原石之上，雙面刻印，每面有 32—33 行（偶有 34 行），每行 75 字。在此部《光贊經》中的第五卷末有一個題記：“維大康四年歲次戊午（1078）十月寅朔十二日記。”左冠明在此提出的問題，即是否如學術界過去所認爲的，房山石經遼刻部分確實是遼藏？或者只是以遼藏爲底本？

　　因爲到目前爲止，並無遼藏本《光贊經》存世，看似此問題無解。但左冠明的解決之道則是利用目前高麗再雕本《光贊經》之中的三處“丹本云”題記來考察此一問題。在第一處之中高麗本有“一切諸法平等印（丹本云‘御’）造印三昧”，此處所標出的契丹本（遼藏）異文確實可以在房山石經本處找到，而且這處異文“平等御”乃是 samavasaraṇa（周遍、

<hr>

[1]　可參李富華、何梅《漢文佛教大藏經石窟》，宗教文化出版社，2003 年。另參李際寧（《中國版本文化叢書·佛經版本》）等人的研究成果。

攝取）在《光讚經》中的常見翻譯，故而也是正確的文字。不過，正確的文字確實不能反映問題。第二處爲"有三昧名入法印（丹本云'有三昧名善住王'）"，房山本相應之處確實作"有三昧名善住王"，這條就非常能説明問題。第三條則是"不以是故名爲菩薩亦無已字（丹本亦不以空）爲菩薩也"，這一條房山石經本也同樣如其所示。

總之，在《光讚經》高麗本中所標出來的所有遼藏本異文，都可以在房山石經本中找到，因此左冠明做出推論稱：房山本《光讚經》確實是以遼藏爲底本。至於房山本遼藏是否還參校了其他藏經，左冠明參考何梅的研究，認爲《房山石經》的遼金刻部分，從文字内容的角度來看，反映的是遼藏與唐代寫本一切經的傳統。總之，左冠明指出，房山本《光讚經》特別重要，因爲其中保存有在所有版本之中唯一正確的文字（第102—109頁）。

接著左冠明討論南方系統，首先是福州藏、思溪藏本《光讚經》。其中崇寧藏與毗盧藏本主要收藏於日本宮内省圖書寮。左冠明於 2003 年 10 月前往考察，並拿到其中《光讚經》的部分膠片。其中崇寧藏本《光讚經》的千字文號爲"河-淡"，其中有"元豐八年乙丑歲五月"（1085 年 5—6 月）的字樣。而且其中還有些文字方面的特徵，左冠明認爲可能是來自存在於福州本地的某個唐代寫本一切經（第 109—112 頁）。另外一個重要的版本即是刻版於浙江湖州的思溪藏（即圓覺、資福藏）。這個版本，左冠明只能間接參照《大正藏》與《中華大藏經》中的校勘記，而兩者也有所歧異。另外，思溪藏本《光讚經》也同樣體現了此藏的影響，比如思溪藏的《光讚經》缺了最後六品，而其他所有一直到清代爲止的南方系統中的《光讚經》也都是如此。此後作者繼續介紹屬於此一系統的磧砂藏、普寧藏、洪武南藏、永樂南藏、永樂北藏、徑山藏與龍藏（第 112—117頁）。因此，很明顯的問題就是：此一系統中《光讚經》剩下的六品到底發生了什麼情況？

首先，在這些殘本中，第二十一品"衍與空等品"是第十卷中的最後一品，也就是說，這些版本所依據的，肯定會多於十卷。作者檢查了這一系統最後一部完整本——磧砂藏本之後認爲，這可能是由於思溪藏的編者發現《光讚經》是個罕見的十二卷本，而《開元釋教錄略出》記載此經應該是十卷，故有意無意地忽略了最後兩卷。不過，無論如何，此後的南方藏經系統中再没有發現這一錯誤，由此可見，《光贊經》在中國古代並不受人重視。通過這些發現，作者還認爲，僅就《光贊經》而言，首先，思溪藏成爲後來諸藏之祖本；其次，思溪藏也與前此的崇寧與毗盧二藏中的《光贊經》並無關係。而思溪藏《光贊經》的祖本則是一個非官方標準本的寫本。也就是説，思溪藏《光贊經》本同樣是一個地方、邊緣化的版本系統（第117—121頁）。

通過以上的具體分析，左冠明得出結論：就總體而言，竺沙雅章與方廣錩所提出的三大系統是適宜的，不過還是可以發現一些有趣的例外。一般來説，《光贊經》以兩大系統爲主：一是開寶藏這條發展綫路之下的金藏與高麗藏；二是南方藏系統。而較爲複雜的則是房山石經本，其中往往又同時與金藏、高麗藏有相通之處（尤其是這三部藏經中有同樣的錯誤出現，而且絶非是抄手可能造成的錯訛，而是有意爲之）。這其中，通過金藏之中的校勘記，則可知是金藏編輯之時曾經參考過遼藏。作者還通過金藏、遼藏與高麗藏三本《光贊經》對校證明：金藏參考過遼藏，而高麗藏則保存了開寶藏的原貌。在有些地方，正是金藏與遼藏纔保存了《光贊經》的原始譯語（第122—126頁）。

南方藏經系統就是第三個系統，不過實際上這一系統中有些大藏經其實是刊刻於北方。前面已經提到，此一系統之中的思溪藏本《光贊經》中有一個文獻斷層，即丟掉了後面幾品，並且被此一系統之中的其他藏經繼承下來。所以，左冠明認爲思溪藏與福州的崇寧藏、毗盧藏也存有文獻上的斷層。不過，左冠明在對校這些大藏經本之後，還發現其中有若干極其複雜的繼承、修訂關係。具體情況，作者以一個相當複雜的版刻大藏經本《光贊經》的傳播與影響圖來顯示（第133頁）（見下圖）。

雖然左冠明一直強調，其工作重心是以梵語本來對校漢譯《光贊經》，但此部分對於漢語大藏經版本的簡明扼要又重點突出的分析，可以説是爲整個西方佛教學術界提供了到當時爲止最爲可靠且最有深度的文獻方面的基本介紹。至於此部分中基於《光贊經》本身的大量第一手資料的對勘結果，也對研究漢文大藏經之間的複雜關係起到非常好的借鑒作用。由於西方世界對於漢文大藏經對勘能力的普遍缺乏，故而左冠明的這種工作，除了極少部分文獻學者了解其工作的巨大意義之外，其學術貢獻至少在西方仍有待未來學者的消化與吸收。同樣的道理，由於此書在漢語佛教研究界

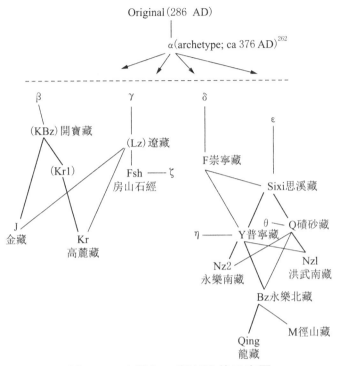

圖一　　《光贊經》版刻流傳示意圖

也並無多少介紹，迄今我們也未看到漢語佛教文獻學界對左冠明的此項研究有任何回應。

　　此書自 143 至 239 頁爲《光贊經》首三品的梵漢對照精校本，此部分不僅校勘了漢語諸本，也校勘了梵語的對應諸本，對於未來此經的進一步研究，可以說提供了一個極其方便的參考基礎。

　　自 241 至 365 頁的第三部分則是提供了一個《光贊經》首三品的翻譯與詳細注釋。此部分左冠明並不滿足於簡單的翻譯，而是從整個翻譯史的角度來關注梵漢語詞的轉換。毫不誇張地說，如果不是如作者那樣通過梵語背景知識來反觀極其晦澀難懂的漢語譯經，則要獲得作者那樣清楚明晰的翻譯是很難完成的任務。在這部分中，作者也吸收了大量學界的最前沿研究。精讀這部分的翻譯與注釋，不僅可以增長讀者對於此經的了解，還可以起到熟悉了解早期漢語譯經史研究的作用。從 366 至 400 頁是作者對吉爾吉特梵語本《大品經》與《光贊經》所研究相應部分的羅馬轉寫與校勘，這部分同樣可以爲未來的研究提供極大的便利。而從 400 至 432 頁部分，作者還編製了一個《光贊經》中漢語佛教術語的索引，這一部分實際上算是給此經前三品編製了一個小型的譯語辭典，讀者只要翻檢此書中的相應部分，就可以很方便地查到此詞的梵語對應與漢語意思，這對於研究漢語史與今後研究早期譯經都極有價值。

　　以上我對左冠明這部撰寫於十五年前的著作做了一點簡單的介紹，左冠明整個學術重心都與般若類經典相關。早在威尼斯大學（Università-Ca' Foscari Venezia）就讀本科階段，左冠明就在 1992 至 1993 年間撰寫了意大利語學年論文《漢譯〈金剛般若波羅蜜經〉：鳩摩羅什本翻譯及比較研究》[1]，其篇幅達到四百頁之多，其中若干部分作者後來用英文改寫，並在萊頓大學佛教歷史學巨擘許理和（Erik Zürcher，1928—2008）先生的鼓勵之下刊登在著名雜志《通報》（T'oung Pao）上，成爲左冠明首篇正式發表的學術文章。[2]在博士就讀期間，作者所從事的即是《大品經》研究。1999 年 3 月，左冠明順利地完成了博士學位論文《最古老的漢譯〈二萬五千頌般若波羅蜜經〉——竺法護的〈光贊經〉（T. 222）：全書概介及第 1—6 品注釋翻譯》的答辯。[3]這部博士學位論文中的部分就成爲我上面介紹的專著的底本。左冠明生命的最後十年則致力於《大品經》的注釋——《大智度論》的研究之中，可以説他的一生都與般若文獻的研究相關。記得多年前他曾向我透露他將會把後半生用在《大智度論》的精校與英語精譯上，當時他曾謙虛地説，即使用盡一生，他恐怕也未必能夠完成此任務。但萬萬没有想到的是，他爲此項工作準備了整整二十餘年，却倒在即將迎來收穫之際！在此，謹以此文聊表我對左冠明先生不幸去世的深深痛惜之情。

---

　　〔1〕 Stefano Zacchetti, *Le traduzionicinesi del Sutra del Diamante*（*Vajracchedikā Prajñāpāramitā-sūtra*）. *Uno studio comparativo con una traduzionedellaversione di Kumārajīva*, unpublished BA thesis（tesi di laurea）, academic year 1992—1993（1993）.

　　〔2〕 Stefano Zacchetti, "Dharmagupta's Unfinished Translation of the *Diamond-Cleaver* （*Vajracchedikā-Prajnaparamitā-Sūtra*）", in *T'oung Pao*, LXXXII, 1996, pp.137—152.

　　〔3〕 Stefano Zacchetti, 1999, *La più antica versionecinesedella Pañcaviṃśatisāhasrikā Prajñāpāramitā：traduzioneannotata con edizionecritica del testo cinesedeicapitoli 1—6 del Guangzanjing*（*T 222*）*di Dharmaraksa*. Università Ca' Foscari Venezia.

《佛教文獻研究》第四輯
2024 年，333—337 頁

當區域佛教研究成爲一種方法
——邵佳德《近代佛教改革的地方性實踐》評介

白照傑[*]

  《近代佛教改革的地方性實踐：以民國時期南京爲中心（1912—1949）》是聖嚴教育基金會"當代漢傳佛教論叢"的第一彈，於 2017 年 4 月由臺北法鼓文化出版社正式出版。作者邵佳德，香港中文大學博士，現任教於南京大學，本書在其博士學位論文基礎上修訂而成。不得不説，這是一部令人振奮的著作！此書嘗試將研究對象放入複雜的歷史語境中，綜合考量與佛教有關的各種因素的切實情況，還原民國時期南京佛教改革的複雜歷程。書中流暢的文字處處閃爍精到的理論辨析，不斷地衝擊著我們對中國近代佛教史的"常識理解"。

  《近代佛教改革的地方性實踐》包括六個主體章節以及大量附錄材料。首章導論對全書的理論、方法論、研究構架做出完整交代；第二、三、四、五章分別討論民國時期南京佛教基本情況、政府與佛教在改革問題上的交涉、太虛人生佛教的推行和失敗、佛教改革背景下的居士和信衆實踐；最後一章總結全書。六章各有側重，將民國時期南京佛教改革中的佛教界、政府、民衆等各種要素均考慮在内，結構較爲完整。富有學術意義的是，這部著作並未延續既往的區域佛教史寫作傳統，而是在更爲客觀的計量分析和史實描述下，不斷地突破學術界的錯誤預設，對僧人、政府、信衆等群體進行具體細分，從而達到以區域佛教研究補充和修正今人對作爲整體的近代中國佛教史的理解。作者的理論和方法論具備借鑒或覆刻價值，能夠爲當下區域研究補充活力，值得大力推薦。

---

  * 白照傑：上海社會科學院哲學研究所研究員。

　　全書開篇，作者以著名的南京毗盧寺爲例，指出儘管這樣的一些寺廟"處於民國時期國家政治和佛教改革的中心，雖然與政治力量關係密切，卻也没有順從政府對佛教的改革和監管；雖然興辦了佛學院，卻同時成了經懺窟；雖然成爲佛教改革理想的發源地，卻無法成爲改革理想的試驗場"（第 21 頁）。民國時期南京佛寺作爲複雜矛盾體的現實，使我們意識到有必要打破業已形成的二元對立思維（政治—宗教、僧人—居士、保守派—改革派等），從具體的歷史和社會語境中重新思考近代佛教的真實歷程。書中指出，當下僧俗對近代佛教情況"由衰落到復興"的變遷過程的認識，基本堅持著太虚一系僧人的立場。但此認識實際上只是善於撰述和講授的改革派僧人的話語霸權，帶有明顯的感情色彩，不完全反映真實情況。更值得注意的是，包括太虚在内的民國高僧的現實實踐未必與其説辭全然相符，他們對自身的評價也往往經不起推敲。如太虚認爲自己佛教改革失敗的原因在於僅擅長理論，而不擅長實踐，但本書第四章對人生佛教改革歷程的討論便指出太虚的理論本身也存在大大的缺陷，根本無法充當切實可行的改革藍圖。因此，打破先入爲主的誤導性預設，是推進當下研究的必要前提。作者認爲，當我們將焦點彙聚到地方佛教時，問題的複雜性便自然而然地凸顯出來。區域佛教本身並非是鐵板一塊，而是佛寺、僧人、精英居士、普通信衆、中央和地方政府及黨部，進行信仰、經濟、教化、社會權力角逐的場域。且政府内部、僧人之間也常常存在意見不一、彼此對立的群體和現象。正是由於這些"獵人"糾纏交錯、關係複雜，使他們可以在相互利用和牽制中達成自己的目的。例如，民國政府和佛教内部雖然對佛教改革的呼聲很高，但由於人事錯綜，一些佛寺可以依靠某些信仰佛教的官員的力量來抵制政策干預，使佛寺和僧衆不會在政治和制度變遷中被輕易摧毁或改造。

　　當對地方情況的複雜性有所認識後，區域佛教便具備了某種方法論意義。此前的地方佛教研究多存在重大的方法論缺陷，不少論著秉持著"微縮通史"的敘事模式，在不斷堆砌的地方資料背後仍以"大一統"的思維作爲框架。這些區域研究著作的實際研究對象是作爲整體的"國家"，而忽視了其初衷在於討論"地方"的意義和情況。然而，近年來學術界中已經興起範式反思的熱潮，糾正過時的研究思路迫在眉睫。《近代佛教改革的地方性實踐》無疑爲我們提供了一個具有啓發意義的新範式。此書不僅要求具體分析關涉民國時期南京佛教的各種因素，更非常有效地將計量分析作爲基礎方法來論證作者觀點。南京作爲中國大城市和民國時期南京國民政府的首都，其佛教寺院情況在民國時期（含日占時期）和 1949 年初多次獲得官方調查和登記的機會，一些大學教授帶隊的考察團隊也對這座城市的情況格外關注，這些報表、統計爲作者提供了"烹飪大餐"的食材。通過具體的計量分析，作者指出近代南京僧人和廟宇的數量維持長期穩定，"佛教面對戰亂等外界破壞具有恢復能力，不論是太平天國運動、抗日戰爭還是民國時期的破除迷信及廟產興學運動，均未能使南京的寺僧遭受毀滅性打擊，也没有消滅民衆的信仰熱情"（第 139 頁）。既然並未經歷"衰敗"，那麼所謂的"復興"也便無從談起，而只能是不同群體帶有相異標準的"價值判斷"。值得注意的是，作者對這些計量材料本身的缺陷引起足夠重視，指出僧人擔心公示的財産會被侵占因而瞞報産業、不少寺院抗拒登記、民衆對"宗教"概念不清楚、小廟的宗教歸屬不確定、統計人員不恰當地認爲每人只能信一種宗教等現象普遍存在，影響了資料的準確性。儘管統計資料會受到以上不確定因素的影響，但對這些缺陷引起注意後，不少資料仍能成爲較爲客觀的參數。此書正文之後的大量附錄，即這些資料（還包括一些其他資料）的合集，可用於未來的相關研究。

　　第三到第五章是對南京佛教改革幾方力量的努力和牽制的討論，突出了佛教改革失敗的具體原因，文中有不少閃光點。例如，作者將"國家力量"細化爲中央、省市、區縣的官員和黨部，指出南京佛寺成爲南京市政府與中央政府、下級行政機構、黨部之間競爭權力的場域。不同官方部門之間有關佛教和佛寺的立場與觀點常常不同，導致彼此之間出現張力，改革政策推行不利。在僧伽學校建設方面，佛教界既缺少整體規劃，又會增加學生的驕橫傲慢態度，因此受到佛教内外的不少批評。經懺作爲佛教改革的對象之一，在現實中根本無法割捨，否則便會導致佛寺經濟陷入窘境，令一切改革事宜失去經濟基礎。絕大多數精英居士和一般信衆滿足於既有的佛教實踐，對所謂的佛教改革根本不感冒，甚至還會有一定抵制。於是，作者總結稱："這些特點在以往近代佛教的研究中長期被現代性的話語所遮蔽，本研究即指出所謂佛教的現代轉型是十分有限的，民國佛教在很多層面表現出對傳統的延續而非變遷。"（第 380 頁）

　　儘管這部著作具備上述種種優點，但也存在一些可以進一步商榷的問題。第一，作者非常關注計量，但在“數字”問題上也會偶爾出現問題。
如在計算南京佛寺時，作者引用沈德符《萬曆野獲編》，此書指出嘉靖年
間拆除尼寺一百四十多座，後“尼復集，庵復興，更倍往日矣”。“更倍往
日”一般會被理解爲對整體情況的感性認識，而不是對佛寺數量的實指。
作者將之解釋爲尼寺增加到三百所，進而又將此數字與《金陵梵刹志》記
載的二百七十多所寺廟相加，得出南京佛寺近乎六百之數（第 62 頁），顯
然就大可商榷了。作者引用太虛《建僧大綱》稱：“布教所五千所，每所
十七人，共約五千人。”（第 62 頁）實際引用文字有誤，當爲“每所一人
至七人，約九千人”。第二，書中文字的撰述存在若干可提升的空間。如
第三、四、五章所涉及的資料、事件很多，作者的撰述多少有些堆砌資料
的嫌疑。第五章討論居士佛教時提出的“綜合性居士組織”和“研究型佛
教組織”的概念和區別，有稍作介紹的必要。同一章有關民衆對佛教改革
的抵制，有將矛盾擴大化的嫌疑。作者的基本思路顯然是強調傳統的延續
性對佛教改革的負面影響，但所給出的“抵制”案例却有待充分。實際
上，在多數情況下我們只能看到信衆對傳統的延續，而看不到對改革的抵
制。如果説作者秉持的是“堅持傳統就是抵制改革”的觀點，那麼難免又
落入二分法的陷阱之中。此書儘管對日占時期南京的佛教情況進行了不少
討論，但有關這一特殊時期南京佛教改革的斷裂性和延續性問題，却缺少
較爲集中的論述，而這正是一些讀者希望有所發現的内容。此外，作者對
經懺聯合會的評價可能有些前後不一致，有時認爲聯合會是應赴僧對經懺
改革抵制的結果，有時又強調聯合會對應赴僧增加諸多限制。當然，經懺
聯合會本身是“地方政府、改革派僧人及應赴僧間相互妥協後的產物”，
這樣的妥協性或許使其在社會功能上具備多重詮釋的空間。第三，更爲重
要的是，此書的基本觀點可能存在很大的商榷空間。作者認爲“近代佛教
的衰落”是綜合民間祠廟身份認知混亂、以西方宗教概念和形象爲標準、
佛教内部霸權話語等多種因素而形成的認識。即使中國佛教不經歷民國時
期的改革，其在城市中也未必會走向衰退（第 50 頁）。儘管這一説法有些
道理，且能獲得一定的證據支持，但却仍不能將僧、學二界認爲近代佛教
“衰落”“墮落”的觀點簡單視爲“偏見”。當整個世界、整個中國社會都
在發生巨變，文明的車輪急速滾動時，保持原貌便會成爲現實意義上的落
後。近代僧俗有關佛教“衰落”的認識在很大程度上是站在新的文明高度

上對佛教情況做出的體察。在重新洗牌的形勢下，佛教有必要借助"改革"的旗幟參與宗教市場的重新劃分。在傳統社會中，佛教的調適能力使其在各個時代都能發揮重要作用，因而不會被推向衰落的懸崖。但傳統社會的內在變化畢竟無法與近代以來中國的驟變相提並論。作者實際上也認爲傳教士、儒家知識分子或無神論者對僧團腐敗的批評並非全然杜撰，但晚清以來佛教是否衰落、是否需要改革很大程度上依然取決於我們對佛教興衰的界定。然而，"文明"的理念具有一定的"絕對性"，而不僅僅是文化立場和評價標準的問題。宗教的先進與落後，實際也能以是否適應文明的演變作爲尺規。如果某個宗教無法與現代文明相適應，就很可能會走向社會文化體系的邊緣。人類歷史上，包括某些宗教在內的大量文化傳統的消失已經爲我們提供了不少案例。18、19世紀文化人類學資料中的"標本"多數都因爲無法接洽現代文明而衰落，甚至消亡。因此，從文明的角度來看，近代中國佛教顯然有進行改革的必要。只是這場改革，是需要聲勢浩大的激烈推進，還是令佛教在複雜環境中默默地自我調適，或許才是值得思考的問題。最後，當作者在全書最末試圖以當今人間佛教如火如荼的情況反襯民國時期佛教改革的缺陷時，似乎過度強調了二者之間的斷裂性，而沒有將近代以至於當下的佛教改革視作一個整體。事實上，儘管前後兩段佛教改革之間確實存在斷裂帶，但二者之間仍具備跨時代的理論繼承關係。從這個角度而言，民國時期佛教改革的失敗只是佛教改革在"民國時期的失敗"，而這場改革運動在當代仍未停下腳步。

　　儘管筆者認爲這部著作存在某些細節問題，但也正因爲這些問題的存在才能激起熱烈的交流討論，從而推進整個學界的發展。所謂瑕不掩瑜，這部有關近代中國佛教的力作，很可能會廣泛地引領出區域佛教研究的新範式。

稿　　約

　　爲促進漢文佛教文獻學的發展，上海師範大學佛教文獻研究所、天聖山佛教文化研究院特編輯出版《佛教文獻研究》學術刊物，歡迎海内外學者不吝賜稿。

　　一、本刊設如下專欄：

　　（一）佛教文獻研究

　　發表有關佛教文獻的研究論文。

　　（二）書評

　　發表對佛教文獻相關研究論著的書評，對佛教研究論著的文獻學評論。

　　（三）專題綜述

　　發表對佛教研究的專題性綜述。

　　（四）研究論著目錄

　　發表關於佛教文獻研究的論著目錄。

　　二、相關説明：

　　（一）來稿（含圖版）應遵守學術規範，字數不限，要求言之有物。歡迎利用新材料、新方法研究問題。

　　（二）來稿請用 WORD 文檔，並盡可能附與 WORD 文檔相同的 PDF 文檔。如有圖版，請附清晰數碼照片。

　　（三）來稿請遵守本《稿約》所附的"《佛教文獻研究》來稿格式"。

　　（四）來稿請另附作者真實姓名、出生年月、工作單位、職稱等基本信息，以及通訊地址、電子郵箱、電話等聯絡方式。發表時使用實名或筆名，尊重作者意願。

（五）接到來稿後，本刊將在三個月內做出刊用、建議作者修訂後刊用、退稿等決定，並通知作者。在收到通知之前，請勿一稿多投。如作者不願意對文稿進行修訂，請於投稿時説明。如作者修訂後依然沒有達到發表標準者，本刊有權退稿。

（六）來稿一律不退，請自留底稿。

（七）來稿一經發表，即付稿酬。並贈奉同期本刊兩本，抽印本 20 册。

（八）在本刊發表的文章，本刊享有版權。

（九）本刊聯絡方式：

地址：上海市徐匯區桂林路 100 號

郵編：200234　傳真：021-64328950

投稿郵箱：fjwxyj@163.com

附：《佛教文獻研究》來稿格式

（一）來稿由標題、作者、内容摘要、關鍵詞、作者單位名稱、正文組成。必要時可於文末附參考文獻，參考文獻請按中、日、西文順序排列，同一文種參考文獻請按作者姓名首字音序排列。

（二）内容摘要以 300 字左右爲宜，關鍵詞不超過 5 個。

（三）來稿標題層次請按照一、（一）1.（1）的順序處理。

（四）來稿正文使用宋體。獨立引文使用華文楷體，不需引號。

（五）來稿一律採用新式標點符號，繁體橫排。注釋一律採用腳注，每頁重新編號，腳注號碼用阿拉伯數字〔1〕、〔2〕、〔3〕……表示。注釋號碼在句中的位置如下例所示：×××〔 〕，×××。〔 〕“×××”〔 〕，“×××。”〔 〕

（六）中、日文書名、論文名或雜志名均加書名號，如：《×××》。其他外文，書名、雜志名以斜體字表示，論文名加雙引號，如：“×××”。

（七）徵引格式：

1. 引用“CBETA 中華電子佛典集成”時，要求使用最新版本，並標明年代。標注格式如：CBETA（2014），T04，no.0200，p.213c23。引用紙質本藏經時，標注順序爲藏經名、卷數、經號、頁碼、欄次、行數，例如：《大正藏》第 4 卷，第 0200 號，第 213 頁下 23。頁碼連接號以"-"表示，例如：CBETA（2014），T04，no.0200，pp.213c23 - 214a13。或《大正藏》卷四，第 0200 號，第 213 頁下 23 - 214 頁上 13。

2. 作者本人對引文做文字訂正，請用腳注逐一標注。若據 CBETA（2014）或《大正藏》勘記訂正文字，可統一標注，標注格式如：CBETA（2014），T04，no.0200，p.213c23 - 28。文字據校勘記有訂正。或《大正藏》卷四，第 0200 號，第 213 頁下 23 - 28。文字據校勘記有訂正。

3. 引用專著、叢書時，標注順序爲作者名（或編者名）、書名（含卷冊數）、出版社、出版時間、頁碼。

例 1：湯用彤：《漢魏兩晉南北朝佛教史》（增訂本），北京大學出版社，2011 年 1 月，第 10 頁。

例 2：任繼愈主編：《國家圖書館藏敦煌遺書》第 44 冊，北京圖書館出版社，2007 年 1 月，第 278 頁。

例 3：敦煌研究院編：《敦煌遺書總目索引新編》，中華書局，2000 年 7 月，第 10 頁。

4. 引用論文集、文獻匯編等編輯作品時，要標出析出文獻（文章）的作者與析出文獻的名稱。標注順序爲作者名、篇名、編輯者名、書名（含卷冊數）、出版社、出版時間、頁碼。文章作者與編輯者一致時，後者可略去。

例 1：張岱年：《論宋明理學的基本性質》，任繼愈主編：《儒教問題爭論集》，宗教文化出版社，2000 年 11 月，第 50—62 頁。

例 2：陳垣：《校書法四例》，張舜徽選編：《文獻學論著輯要》，中國人民大學出版社，2011 年 3 月，第 308 頁。

5. 引用期刊論文時，標注順序爲作者名、文章名、期刊名（含卷冊數或期號）、頁碼。例如，方立天：《慧能創立禪宗與中國佛教化》，《哲學研究》2007 年第 4 期，第 74 頁。

6. 引用未正式出版的學位論文時，標注順序爲作者、論文題目類型、所屬學校、完成時間、頁碼。例如：侯沖：《中國佛教儀式研究——以齋供儀式爲中心》，博士學位論文，上海師範大學，2009 年 3 月，第 10 頁。

7. 引用未正式出版的會議論文時，標注順序爲作者、論文題目、會議名稱、地點及時間、頁碼。例如：伍小劼：《〈大灌頂經〉與〈出三藏記集〉“新集續撰失譯雜經錄”中的咒語類經典研究》，“第二屆中國密教國際學術研討會”論文集，浙江紹興，2013 年 6 月，第 12 頁。

8. 除了“CBETA 中華電子佛典集成”外，如引用網絡資料，應爲僅見於網絡之資料。標注格式請參照上列相關文獻格式，並請加注網頁地址，注明下載時間。

（八）文中第一次出現帝王年號時，請括注公元紀年。第一次提到外國人名的漢譯時，請括注外文名。引用敦煌遺書時，請用“北敦”“斯”“伯”等中文首字指代收藏單位。

（九）文中如有錄文，請參照《藏外佛教文獻》總第十六輯的《錄文校勘體例》。